Karl-Friedrich Pohlmann
Die Entstehung des Korans

Karl-Friedrich Pohlmann

Die Entstehung des Korans

Neue Erkenntnisse aus Sicht der
historisch-kritischen Bibelwissenschaft

2. Auflage

Die Deutsche Nationalbibliothek verzeichnet diese Publikation in der
Deutschen Nationalbibliografie; detaillierte bibliografische Daten sind
im Internet über http://dnb.d-nb.de abrufbar.

Das Werk ist in allen seinen Teilen urheberrechtlich geschützt.
Jede Verwertung ist ohne Zustimmung des Verlags unzulässig.
Das gilt insbesondere für Vervielfältigungen, Übersetzungen,
Mikroverfilmungen und die Einspeicherung in und Verarbeitung
durch elektronische Systeme.

2., unveränderte Auflage 2013
© 2012 by WBG (Wissenschaftliche Buchgesellschaft), Darmstadt
1. Auflage 2012
Die Herausgabe des Werkes wurde durch
die Vereinsmitglieder der WBG ermöglicht.
Lektorat: Dr. Hildegard Mannheims
Satz: SatzWeise, Föhren
Einbandgestaltung: Peter Lohse, Heppenheim
Gedruckt auf säurefreiem und alterungsbeständigem Papier
Printed in Germany

Besuchen Sie uns im Internet: www.wbg-wissenverbindet.de

ISBN 978-3-534-25925-0

Elektronisch sind folgende Ausgaben erhältlich:
eBook (PDF): 978-3-534-73694-2
eBook (epub): 978-3-534-73695-9

Inhalt

Vorbemerkungen 9

Abkürzungen 11

Hinführung und Vororientierung 13

I Mohammed und die Entstehung des Korans – Traditionelle Sichtweisen und Stand der Forschung

1   Zur Sicht muslimischer Autoren und Gelehrter der Gegenwart   19

2   Zur Frage einer wissenschaftlich edierten historisch-kritischen
    Textausgabe des Korans   20
2.1 Der Koran und seine derzeitige Textausgabe als *textus receptus*   20
2.2 Neue Textfunde alter Koranmanuskripte in Sanaa – Die Aufgabe einer
    textkritischen Textausgabe   22

3   Mohammed und die Entstehung des Korans aus der Sicht
    „westlicher" Islam- bzw. Koranwissenschaft   25
3.1 Die traditionelle/herrschende Auffassung von der Entstehung des
    Korans in der „westlichen" Koranwissenschaft und ihre Hintergründe . . .   25
3.2 Neuere Trends der Koranforschung   32
3.3 Resümee   38

II Bibelwissenschaftliche Methoden und Erkenntnisse – Zur Frage entsprechender Annäherungen an koranisches Textgut

1   Alttestamentliche Prophetenbücher und die Frage ihrer Genese   41
1.1 Grundzüge der älteren wissenschaftlichen Forschung   41
1.2 Die Problematisierung der klassischen Sichtweisen alttestamentlicher
    Prophetenbuchforschung   43
1.3 Neuere Einsichten und Trends der alttestamentlichen Prophetenbuch-
    forschung   44
    1.3.1 Die redaktionsgeschichtliche Fragestellung   44

	1.3.2 Redaktionsgeschichtliche Beobachtungen – Beispiele für redaktionelle Intentionen und Verfahrensweisen	45
	1.3.2.1 Die Problematik chronologischer Vorgaben	45
	1.3.2.2 Das Prinzip der „Wiederaufnahme"	46
	1.3.2.3 Von der Prophetenrede zur Gottesrede – Textvorschaltungen und Theologisierungen älteren Textguts	46
	1.3.2.4 Von der Prophetenrede zur Gottesrede – Deklarierungen als Jahweworte	47
	1.3.2.5 Mehrere Redaktionsstufen	48
	1.3.2.6 Redaktionelle Einschaltungen vorgegebener Texteinheiten – Ihr ursprünglicher „Sitz im Leben" und ihr „Sitz im Prophetenbuch"	50
2	Fazit: Einsichten und Anregungen zu einer kritischen Korananalyse	51

III Koranisches Textgut im Lichte bibelwissenschaftlicher Untersuchungsmethoden

1	Zur Frage einer historisch zutreffenden Verortung von Einschüben und Zusätzen im koranischen Textgut	55
1.1	„Medinische Einschübe" in mekkanischen Suren – Zu Sichtweisen der muslimischen Tradition	55
1.2	„Medinische Einschübe" in mekkanischen Suren – Zu Sichtweisen der „westlichen" Forschung	56
(2)	Beobachtungen zu Formen der Gottesrede im Koran	59
2.1	Zur Problemstellung – Sichtweisen der Forschung	59
2.2	Ich-Rede Gottes und Wir-Rede – Zum Textbefund	62
2.3	Ich-Rede Gottes in ihren Kontexten	63
	2.3.1 Vorsortierung	63
	2.3.2 Analysen zur Frage von Stellenwert und Funktion der Ich-Rede	66
	2.3.3 Ergebnis	71
	2.3.4 Folgerungen	72
2.4	Zum auffälligen Neben- und Ineinander von Wir-Rede und Er-Berichten (Aussagen über Gott)	73
	2.4.1 Wir-Reden – Zu den Belegstellen	73
	2.4.2 Zur Frage des Sprechers in den Wir-Reden	74
	2.4.3 Beispiele für Suren in der Form von Er-Berichten (Aussagen über Gott) mit Einschüben von Wir-Rede Gottes	75
	2.4.4 Fazit	78
2.5	Resümee	78

3 Beobachtungen zu Textbearbeitungen nach dem „Prinzip der Wiederaufnahme" 80

4 Die Iblis/Satan-Texte 81
4.1 Die Iblis/Satan-Texte als Parallelversionen 83
    4.1.1 Überblick 83
    4.1.2 Zur Stellung im jeweiligen Kontext 84
    4.1.3 Fazit 90
4.2 Die Iblis/Satan-Texte – Analysen und vergleichende Gegenüberstellungen . 91
    4.2.1 Zur Forschung 91
    4.2.2 Die Iblis/Satan-Passagen und die Frage nach ihrer Funktion in einer gesamtkoranischen Systematik – Vororientierung 94
    4.2.3 Die Iblis/Satan-Texte: 2,30–38; 7,11–24 und 20,115–123 – Textvergleiche 95
        4.2.3.1 2,30–38 95
        4.2.3.2 20,115–123 103
        4.2.3.3 7,11–24 106
    4.2.4 Die reinen Iblis-Texte 15,26–43; 17,61–65; 18,50–51; 38,71–85 110
        4.2.4.1 38,71–85 als Primärversion 110
        4.2.4.2 Die Iblis-Erzählung in 38,71–85 und die Hintergründe ihrer literarischen Verarbeitung im koranischen Textgut 112
    4.2.5 Zur Frage der Herkunft des Iblis-Stoffes – Die Iblis-Version in 38,71–85 und die Berührungen mit jüdischen und christlichen Parallelversionen . 116
        4.2.5.1 Zu Berührungen zwischen dem „Buch der Schatzhöhle" und Sure 38,71–85 116
        4.2.5.2 Zu Berührungen zwischen Vita Adae et Evae 11,1–16,4 und Sure 38,71–85 118
        4.2.5.3 Fazit – Nähe und Ferne von Sure 38,71–85 zu jüdischen oder christlichen Parallelversionen 119
    4.2.6 Die Konzipierung der Iblis/Satan-Texte 2,30–38; 7,11–24 und 20,115–123 und die Frage der Berührung mit frühjüdischen und christlichen Traditionsstoffen bzw. entsprechenden Schriften 121
        4.2.6.1 Indizien für die Kenntnis und Berücksichtigung frühjüdischer und christlicher apokrypher Schriften 122
        ⟨Exkurs zu Sure 7,26.27⟩ 123
    4.2.7 Resümee und Folgerungen 130
4.3 Die Iblis/Satan-Texte und die Frage der Vermittlung von jüdischen oder christlichen Traditionsstoffen (Erzählgut u. Ä.) während der Abfassung des koranischen Textguts 131
    4.3.1 Sichtweisen und Probleme der bisherigen Forschung 131
    4.3.2 „Kontakte" zwischen Mohammed und jüdischen oder christlichen Kreisen – Zu Nachrichten und Hinweisen in islamischen Traditionen 135

4.3.3 Die Iblis/Satan-Texte und die Verortung ihrer Abfassung/Autoren	137
4.3.3.1 Zur Problematik der Herleitung von Mohammed	138
4.3.3.2 Die Iblis/Satan-Texte als Belege schriftgelehrter redaktioneller Bearbeitung	140
4.4 Resümee	145

5 Beobachtungen zu koranischen Versionen der Mose-Erzählung – „Mose und die Kinder Israel nach der Errettung vor Pharao" 146

5.1 Vororientierung	146
5.2 Textvergleiche und Analysen	149
5.2.1 Zu den Textfolgen 10,75–93; 20,9–98; 7,103–166; 2,49–93	149
5.2.2 2,47 ff. und 7,138 ff.	151
5.2.3 Zur Frage der Genese von 2,40–93	155
5.2.3.1 2,40 im Vergleich zu 2,47	156
5.2.3.2 2,93 und 2,40–46	157
5.2.3.3 2,40–93* – Grundkonzeption und „Neuauflage"	161
5.2.3.4 2,40–93* als Ergebnis von literarischen Fortschreibungsprozessen	163
5.2.3.5 2,40–93* – Erwägungen zur Verfasserfrage	164
5.2.3.6 2,40–93 – Zur Frage späterer Interpolationen und Nachträge	165
5.3 Resümee	166

6 Beobachtungen zu koranischen Aussagen über Rolle und Rang Jesu 168

6.1 Vororientierung	168
6.1.1 Gott und seine Gesandten – Jesus	168
6.1.2 Christus Jesus, Sohn der Maria, und Gottes Geist	170
6.2 Textvergleiche – Maria und die jungfräuliche Geburt Jesu und Gottes Geist	173
6.2.1 66,12 und 21,91	173
6.2.2 19,16–21; 5,110 und 19,34–36; 3,42–51	173
6.3 Zur Frage der Genese von 3,33 ff.	176
6.3.1 3,42–51 in Gegenüberstellung zu 19,16–33.34–36	176
6.3.2 3,46–51 und die Berührungen mit 5,110	177
6.3.3 3,33–41 und die Berührungen mit 19,7–15	179
6.3.4 3,33–51 und die Berührungen mit christlichen Traditionen	179
6.3.5 3,33–51 – Zur gemeindegeschichtlichen Verortung	180
6.4 Zusammenfassung	184

IV Ergebnisse und Folgerungen

Literaturübersicht	195
Stellenregister (in Auswahl)	203
Autorenregister	207

Vorbemerkungen

Die hier vorgelegten Untersuchungen befassen sich mit den in mehrfacher Hinsicht derzeit noch offenen Fragen der Genese des Korans und stellen sich die Aufgabe, die in den Bibelwissenschaften zumal bei der Erforschung der alttestamentlichen Prophetenbücher bewährten historisch-kritischen Untersuchungsmethoden bei Analysen des koranischen Textguts einzusetzen und so erhellende und weiterführende Einsichten zur redaktionellen Gestaltung des koranischen Textguts auf dem Weg zur Endversion des Korans zu gewinnen.

Dass ein solches Unternehmen an der Zeit ist und für die jetzige Koranforschung nicht uninteressant sein dürfte, ist von wichtigen Vertretern der Islam- und Koranwissenschaft jüngst mehrfach angedeutet worden:

„… for the history of the Qurʾān we are mainly still in the world … of the ‚Marvels of Alladin's Lamp,‘ when compared with research in the field of Biblical studies, for instance. For this reason Andrew Rippin can write: ‚In teaching undergraduate students I have often encountered individuals who come to the study of Islam with a background in the historical study of the Hebrew Bible or early Christianity, and who express surprise at the lack of critical thought that appears in introductory textbooks on Islam'"[1].

„Qurʾānic studies might well benefit from the continuing discussion in Biblical studies over the just equilibrium between, on the one hand, a historical-critical analysis that excavates and continually fragments the text and, on the other, a reading that takes the text seriously as a canon"[2].

„… contemporary scholarship on the Qurʾān is greatly hampered by the fact that a view of the Qurʾān as part and parcel of the biblical tradition, more particularly in its Late Antique formations, is seldom accompanied by the kind of microstructural literary analysis that is routinely applied to biblical literature"[3].

Die hier vorgelegten Untersuchungen konnten sich naturgemäß nur auf ausgewählte Problem- und Textbereiche des Korans konzentrieren; denn entsprechende das gesamte koranische Textgut erfassende Analysen wären nur im Rahmen eines breit angelegten Forschungsprojekts zu leisten. Dennoch könnten dieser aus der Sicht historisch-kritischer Bibelwissenschaft erarbeitete Diskussionsbeitrag sowie die hier gewonnenen Erkenntnisse immerhin Anstoß und Anregung sein, bei der künftigen Er-

---

[1] Vgl. Gilliot, Reconsidering the Authorship of the Qurʾān (2008), 88.
[2] Vgl. Madigans Vorwort zu dem wichtigen Sammelband „The Qurʾān in Its Historical Context" (2008), XII.
[3] Vgl. Neuwirth/Sinai, Introduction (2010), 15.

forschung des koranischen Textguts und seiner redaktionellen Gestaltungen bis hin zur Endfassung neue Wege zu gehen.

In den folgenden Ausführungen wurde auf die Wiedergabe der koranischen Texte in der Originalsprache verzichtet, da die Argumentationsgänge auch für interessierte, nicht mit dem Arabischen vertraute Leser nachvollziehbar sein sollten. Die deutsche Übersetzung der Korantexte, zumal in Fällen synoptischer Textvergleiche, orientiert sich weitgehend an der konkordanten Übertragung von Bubenheim/Elyas (Der edle Qurʾān, 2002); aber in Fällen rätselhafter oder mehrdeutiger Wörter und Andeutungen des arabischen Textes wurden auch die Koranübersetzungen von Paret (Der Koran. Übersetzung von R. Paret), Khoury (Der Koran [2004]) und zumal von Bobzin (Der Koran [2010]) berücksichtigt.

Wo der Hinweis auf arabische Wörter angebracht war, wurde deren Umschrift wesentlich vereinfacht. Von diakritischen Zeichen, von der Kennzeichnung der Längen und der emphatischen Laute sowie der im Arabischen unterschiedlichen h-Laute wurde weitgehend abgesehen.

Wegen der zahlreichen Zitate aus der einschlägigen Sekundärliteratur waren leider unterschiedliche Schreibweisen, zumal von Eigennamen (z. B.: Mohammed bzw. Muhammad; Zaid b. Thabit bzw. Zaid b. Tabit; Umar bzw. Omar u. v. m.), nicht zu vermeiden.

Abkürzungen

Zeitschriften, Reihen etc.

ATD	Altes Testament Deutsch
BK	Biblischer Kommentar
BZAW	Beihefte zur Zeitschrift für die alttestamentliche Wissenschaft
CSCO	Corpus Scriptorum Christianorum Orientalium
EQ	Encyclopaedia of the Qur'an, hg. von J. McAuliffe, Leiden 2001–2006.
FRLANT	Forschungen zur Religion und Literatur des Alten und Neuen Testaments
GdQ I–III	Nöldeke, Th., Geschichte des Qorāns. Zweite Auflage (vgl. das Literaturverzeichnis)
JAOS	Journal of the American Oriental Society
JQS	Journal of Qur'anic Studies
JSHRZ	Jüdische Schriften aus hellenistisch-jüdischer Zeit
OLZ	Orientalistische Literaturzeitung
TRE	Theologische Realenzyklopädie
VT	Vetus Testamentum
WBG	Wissenschaftliche Buchgesellschaft Darmstadt
WdF	Wege der Forschung
ZAW	Zeitschrift für die alttestamentliche Wissenschaft
ZThK	Zeitschrift für Theologie und Kirche

Abkürzungen biblischer und außerkanonischer Schriften

Bücher des Alten Testaments

Gen	Das 1. Buch Mose
Ex	Das 2. Buch Mose
Num	Das 4. Buch Mose
Dtn	Das 5. Buch Mose
2. Kön	Das 2. Buch der Könige
Jes	Das Buch Jesaja
Jer	Das Buch Jeremia
Ez	Das Buch Ezechiel
Zeph	Das Buch Zephanja
Ps	Die Psalmen
Neh	Das Buch Nehemia

Schriften des Neuen Testaments
Mt   Das Matthäusevangelium
Lk   Das Lukasevangelium

Außerbiblische Schriften
Gen. Rab   Midrasch Genesis Rabba
Jub   Das Buch der Jubiläen
ProtevJak   Protevangelium des Jakobus
Schatzhöhle   Syrisches Buch der Schatzhöhle
VitAd   Vita Adae et Evae
TR   Tempelrolle aus Qumran

Hinführung und Vororientierung

Zu Beginn eines 1979 in Tunis-Karthago stattfindenden Treffens zwischen Muslimen und Christen soll der Direktor für Angelegenheiten des Kultus des tunesischen Premierministers, der Scheich Mustafa Kamal at Tarzi, in seinen Begrüßungsworten auf folgende Weise den Versuch unternommen haben, den christlichen Teilnehmern die Wünschbarkeit, ja die Notwendigkeit solcher Kontakte zu illustrieren:

„Sie glauben, daß Jesus auf wunderbare Weise aus Maria der Jungfrau geboren ist. Doch haben Sie keinerlei Beweise dafür in Ihren Evangelien, die das Werk von Menschen wie Lukas und Matthäus sind, das Werk fehlbarer Menschen also. Doch, Gottseidank – al-hamdu lillah –, bestätigt diese Ansicht der Koran in der Mariensure (Sura 19,19 ff). Also, der Koran ist Gottes direktes Wort: Sie können getrost in ihrem Glauben verharren."[4] Ähnlich argumentieren die im Internet zugänglichen Ausführungen von „Answering-Christianity.de"[5]: „Es ist wahrlich ein Glücksfall für die Christen, dass der Quran in seiner ganzen Authentizität, die wir im folgenden besprechen werden, die Existenz des wahren Jesus (as) bestätigt und Lügen über ihn und seine Geschichte zerstreut – sonst wäre den Angriffen der Leugner tatsächlich nichts entgegenzusetzen gewesen. Mit anderen Worten, der Quran stellt den einzigen unleugbaren Beweis für die Existenz des Jesus (as) dar".

Der Koran also als Gottes direktes Wort, die Evangelien bzw. die Bibel in der überkommenen Gestalt als das Werk fehlbarer Menschen – das ist auch heute noch die in der islamischen Welt verbreitete Auffassung. In der Tat können mit Verweis auf die historisch-kritische Bibelwissenschaft, so wie sie seit dem 19. Jh. an den evangelisch-theologischen Fakultäten in Deutschland betrieben und gelehrt wird, die Schriften und Texte der Bibel als von Menschenhand konzipierte Zeugnisse durchaus unterschiedlicher Glaubensüberzeugungen eingestuft werden; und entsprechend werden an diesen Fakultäten die wissenschaftlich erarbeiteten Erkenntnisse von der Genese biblischer Bücher und ihrer Theologien künftigen Religionslehrern und Geistlichen vermittelt. Für die historisch-kritische Betrachtung enthalten die biblischen Texte, obwohl sie von Gott zu reden wissen oder gar Wort Gottes wiedergeben wollen, zunächst nichts anderes als die Überzeugungen derjenigen, denen wir sie verdanken. Erst nach dieser Vorklärung kann es um die Frage gehen, ob und inwiefern biblische Texte als Zeugnisse menschlicher Rede von Gott als „Wort Gottes" in Anspruch genommen werden können[6].

---

[4] So nach Kropp, Den Koran neu lesen (2002), 152.
[5] Vgl. http://www.answering-christianity.de/article14.html (so am 9.10.2008).
[6] Also: „Offenbarungstheologie ... wird ... sich als Wissenschaft mit der Analyse der Spiegelungen Gottes im menschlichen Bewußtsein bescheiden" (Müller, Mythos und Kerygma [1991], 214).

Dagegen ist für Muslime „jedes Wort des Korans unmittelbar zu Gott. So und nicht anders wurde es ihrem Propheten durch Gott eingegeben, und dank solcher unmittelbaren Herkunft von Gott unterscheidet sich der Koran von jeglicher anderen Rede, die zu Mohammeds Lebzeiten, lange vor und bis zum jüngsten Tag nach ihm geäußert wurde und wird: Die Originalität der koranischen Verlautbarungen des Propheten liegt … darin, daß sie Gottes unmittelbares Wort sein sollen"[7].

Man ist aber nicht nur davon überzeugt, dass Mohammeds Verkündigungen in arabischer Sprache in den Jahren 610 bis zu seinem Todesjahr 632 n. Chr. einst authentisch Gottes Wort wiedergaben, man hält auch für sichergestellt, dass Mohammeds Offenbarungstexte alsbald nach seinem Tod von seinen Anhängern zuverlässig gesammelt, rezensiert und zu einem Kodex zusammengestellt wurden. Demzufolge und auf Grund der über die Jahrhunderte kontrollierten und nachvollziehbaren Tradierungsgeschichte des Korans soll sich der zeitgenössische Muslim darauf verlassen, dass seine arabische Koranausgabe „Gottes direktes Wort" enthält.

Unter muslimischen Gelehrten wird in der Regel lediglich diskutiert, ob und seit wann die nach Mohammeds Auffassung ihm von Gott gewährten Offenbarungen schriftlich festgehalten wurden, ferner ob und in welchem Umfang Mohammed frühere Suren auf Grund weiterer Offenbarungserlebnisse ergänzt hat sowie seit wann der Koran insgesamt als abgeschlossenes Buch vorlag. Generell stimmen jedoch die in der islamischen Tradition enthaltenen Vorstellungen von der Entstehung des Korans in Anliegen und Bemühen überein, auf diese oder jene Weise jegliche Unklarheiten oder gar Zweifel an der göttlichen Herkunft der Texte und eben auch an der Zuverlässigkeit des Tradierungsprozesses abzuwehren. So ist der Islam „die Religion, deren Bekenner behaupteten und bis heute behaupten, das echte, unverkürzte, unverfälschte Wort Gottes zu hüten; allein hierauf gründen sie ihren uneingeschränkten Wahrheits- und Machtanspruch"[8].

Insgesamt erinnert diese soeben zunächst nur knapp skizzierte Einschätzung des Korans[9] *mutatis mutandis* an Auffassungen, wie sie christliche Theologen bis ins 18. Jh. vor dem Aufkommen der historisch-kritischen Exegese von der Bibel vertraten. Zumal Theologen des orthodoxen Luthertums verstanden die Bibel als direktes Wort Gottes. Gelehrte wie z. B. Joh. Buxtorf (gest. 1664) oder auch noch Joh. Gottlob Carpzov (1669–1767) pochten darauf, dass die alttestamentlichen Bücher göttlich inspiriert seien, und suchten deren zuverlässige Textüberlieferung nachzuweisen[10]. Die von ihnen propagierte Sichtweise war durch das Judentum vermittelt worden. Um 1538 von dem jüdischen Gelehrten Elias Levita vertreten wurde sie von den Genannten aufgegriffen und als Beleg für die Lehre der Verbalinspiration ins Feld geführt. Letztlich geht sie zurück auf

---

[7] So z. B. die Wahrnehmung und Beschreibung der islamischen Position aus Sicht der „westlichen" Koranwissenschaft; vgl. Nagel, Mohammed (2008), 896.
[8] A. a. O., 87.
[9] Vgl dazu weitere Einzelheiten im folgenden Überblick (bei Anm. 22).
[10] Vgl. zu Einzelheiten z. B. Diestel, Geschichte des Alten Testaments in der christlichen Kirche, Jena (1869), 354 f.

das wohl um 100 n. Chr. entstandene 4. Esrabuch[11], in dem gegen Ende erzählt wird, dass Esra im 30. Jahre nach dem Untergang Jerusalems darüber geklagt habe, dass das Gesetz verbrannt sei und nun niemand mehr Gottes Taten und Zukunftspläne kenne. Er habe dann Gott gebeten: „Schicke in mich hinein den heiligen Geist. Dann will ich alles, was in der Welt von Anfang an geschehen ist, was in deinem Gesetz geschrieben war, niederschreiben …" (XIV, 22).

Dass die Behauptung der göttlichen Inspiriertheit der Schrift[12] sowie die entsprechende Auffassung von der Entstehung des alttestamentlichen Kanons schließlich doch diskutiert und in Frage gestellt wurden, hat sicher mehrere Ursachen (z. B. die kritischen Sichtweisen des Rationalismus und der Aufklärungsphilosophie), denen hier aber nicht weiter nachzugehen ist. Jedenfalls konnte sich allmählich in den theologischen Fakultäten immer mehr die historisch-kritische Bibelwissenschaft durchsetzen; und so gelangte man zunehmend zu Einsichten und Ergebnissen, die der über Jahrhunderte hin gängigen Annahme entgegenstanden, die Existenz der einzelnen Bücher sei einzelnen Gottesmännern, also göttlich Inspirierten, zu verdanken. Dass bei genauerem Hinsehen zumal in fast allen alttestamentlichen Büchern buchkonzeptionelle Inkongruenzen, unterschiedliche theologische Akzentuierungen, sprachlich-stilistische Auffälligkeiten, Dubletten etc. wahrgenommen werden mussten[13], ließ sich schließlich nur noch mit durchweg längeren und komplexen Entstehungsprozessen solcher Schriften erklären. Literarkritische und redaktionsgeschichtliche Analysen z. B. prophetischer Schriften wie des Jesaja- oder Jeremiabuchs ergaben, dass zahlreiche Textpassagen sowie auch buchkonzeptionelle Neuarrangements von Texteinheiten nicht einem historischen Jesaja oder Jeremia (auch nicht dessen „Sekretär" Baruch) zugeschrieben werden konnten. An der Buchgenese mussten Personen und Gruppierungen beteiligt gewesen sein, die im Rückgriff auf vorgegebenes prophetisches Spruch- und Textgut literarisch tätig wurden und auf Grund eigener theologischer Reflexionen überhaupt erst zur literarischen Konzeption „Prophetenbuch" gefunden hatten. Für die meisten Bücher ließ sich schließlich zeigen, dass für die Entstehung der Endfassung sogar mehrere aufeinander folgende Bearbeitungsprozesse mit entsprechenden Textergänzungen und Neustrukturierungen ausschlaggebend gewesen sind[14]. Damit konnten die Hintergründe für die Vielschichtigkeit der Schriften und für die „seltzsame weyse zu reden, als die keine ordnunge halten, sondern das hundert yns tausent werffen", aufgedeckt und zugleich wesentliche Verständnisbarrieren im Blick auf die Aussageanliegen abgebaut werden.

Dass im koranischen Textgut ebenfalls wie im alttestamentlichen Schrifttum von

---

[11] Vgl. IV. Esra XIV, 18–47; dazu Schreiner, Das 4. Buch Esra (1981).
[12] Vgl. dazu weitere Einzelheiten z. B. bei Kraus, Geschichte der historisch-kritischen Erforschung des Alten Testaments (1982), 31–35.
[13] Martin Luthers Urteil über die Prophetenbücher lautete deswegen: „Sie haben eine seltzsame weyse zu reden, als die keine ordnunge halten, sondern das hundert yns tausent werffen, das man sie nicht fassen noch sich dreyn schicken muge" (vgl. Martin Luther, Werke, Kritische Gesamtausgabe [Weimarer Ausgabe] XIX, 350).
[14] Vgl. dazu die Ausführungen unten nach Anm. 109.

komplizierten Textverhältnissen auszugehen ist, ist „angesichts der Fülle der Wiederholungen, der Brüche in der Gedankenführung, der Ungereimtheiten im Aufbau vieler Themen"[15] nicht von der Hand zu weisen. „Die Komposition des Korans ermangelt einer einheitlichen, systematischen oder chronologischen Ordnung der Suren. Dazu bilden die längeren Suren meist ein schwer zu entwirrendes Mosaik verschiedenartigster und den verschiedensten Zeiten angehöriger Offenbarungen"[16]. Nöldekes Hinweis auf den „wie bekannt oft sprunghaften Stil des Qorans"[17], woraufhin für ihn Schwierigkeiten einer Angliederung von Aussagen „nach vorn wie hinten" „noch nicht entscheidend sein" können, hilft hier nicht weiter; denn gerade eine solche Charakterisierung der literarischen Textverhältnisse des Korans verlangt nach der Aufhellung ihrer Ursachen[18].

Muslimische Gelehrte haben sich mit diesem Sachverhalt durchaus befasst und dafür Erklärungen angeboten. So versuchten z.B. mu'tazilitische Theologen (10. Jh.) die Argumente von „Gottlosen" zu entkräften, die die islamische These von der unnachahmlichen, weil von Gott hergeleiteten Sprachkunst des Korans mit Verweis auf Widersprüche im Text, aber auch auf Wiederholungen und Weitschweifigkeiten in Frage stellten[19]. Ihnen meinte man entgegenhalten zu können: Gott habe während des 23 Jahre langen Vorgangs der Herabsendung des Korans im Blick auf die wechselnden Situationen des Propheten, seine Kümmernisse, Beleidigungen, Nöte etc. Mohammed immer wieder Mut zugesprochen, indem er ihm die Geschichten der früheren Gesandten wiederholt vor Augen hielt, wobei sie natürlich jeweils mit zusätzlichen Informationen und weiteren Hinweisen den aktuellen Gegebenheiten angepasst wurden[20].

Dem Bibelwissenschaftler, zumal dem Alttestamentler, stellt sich jedoch bei der Lektüre des Korans die Frage, ob nicht die oft merkwürdigen Textkonstellationen, die „Fülle der Wiederholungen, der Brüche in der Gedankenführung, der Ungereimtheiten im Aufbau vieler Themen" zum Teil jedenfalls mit ähnlichen literarischen Eingriffen und Bearbeitungen zusammenhängen, wie sie die historisch-kritische Forschung in den

---

[15] So Nagels Auflistung von Sachverhalten, die jedenfalls den sich um den Koran mühenden Nichtmuslim „bestenfalls ratlos" machen, vgl. Nagel, Einschübe (1995), 17.
[16] So Fischer, Der Wert der vorhandenen Koranübersetzungen (1937); das Zitat nach Paret, Der Koran (1975), 8.
[17] GdQ I, 154; vgl. auch schon a.a.O., 64.
[18] Vgl. Watt, Bell's Introduction (1970), 100f.: „The vast number of dislocations and the roughness of some of them cannot simply be ascribed to ‚the Qur'ānic style'."
[19] Vgl. Nagel, Einschübe (1995), 110f.
[20] Vgl. Wansbroughs Hinweis (Quranic Studies [1977], 20f.) zu häufigen Wiederholungen bzw. Parallelversionen („variant traditions"): „In the Muslim exegetical literature the latter (scil. „variant traditions") were explained, or evaded, by reference to the chronology of revelation, by means of which unmistakable repetition in the Quranic text could be justified". Sinai (Fortschreibung [2009], 35) meint im Blick auf die „literarische Uneinheitlichkeit des Koran", man dürfe hier „nicht anachronistisch überhöhte Erwartungen an den ‚Verfasser' Mohammed" richten. „Betont man dagegen das Hervorgehen des Textes aus einer zunehmend heterogenen Anhängerschaft und einer Gruppe von seine Autorität polemisch in Frage stellenden Gegnern, so erscheint die literarische Heterogenität des Korans durchaus verständlich".

alttestamentlichen Prophetenbüchern wahrnehmen musste. Entsprechend ist zu erwägen, ob man nicht der Aufhellung der eigentlichen Hintergründe der auffälligen Textverhältnisse im Koran sowie der Klärung der Frage der Entstehung der Endversion näher kommt[21], indem man analog zu den biblischen Schriften auch das koranische Textgut und seine Arrangierungen genauer „mit der Brille" des Bibelwissenschaftlers betrachtet.

Im Folgenden soll also geprüft werden, inwieweit sich die in der alttestamentlichen Prophetenbuchforschung bewährten Sichtweisen und Untersuchungsmethoden auf das koranische Textgut anwenden lassen.

Bevor hier Versuche in dieser Richtung unternommen werden, folgen zunächst noch weitere Informationen und Belege zu den oben nur kurz angedeuteten muslimischen Sichtweisen sowie eine grobe Skizze der derzeitigen Forschungstrends der sog. westlichen Koranwissenschaft.

---

[21] Man kann hier von einem Thema sprechen, „das ohne Zweifel zu den größten blinden Flecken in der muslimischen Auseinandersetzung mit dem Koran gehört: die Umwandlung der laut muslimischer Überzeugung vom Propheten Mohammed im Laufe von über 20 Jahren empfangenen Einzeloffenbarungen in den sogenannten *mushaf*, das heißt in ein zwischen zwei Buchdeckeln gefasstes Schriftstück von abschließender und unveränderlicher Form. Diese Umwandlung, die Muslime zumeist für einen derart zuverlässig ausgeführten und inspirierten Akt halten, dass ihr Resultat genau die Art von Buch war, die / Gott von Anfang an im Sinn hatte, ist für Historiker natürlich ein zutiefst menschlicher Kodifizierungsprozess, den man in seinen Einzelheiten analysieren kann – oder könnte, denn an dieses Projekt hat sich in der islamischen Welt noch niemand ernsthaft gewagt"; vgl. Hildebrandt in seiner Einleitung zu „Nasr Hamid Abu Zaid, Gottes Menschenwort" (2008), 31 f.

I Mohammed und die Entstehung des Korans – Traditionelle Sichtweisen und Stand der Forschung

1 Zur Sicht muslimischer Autoren und Gelehrter der Gegenwart

Die muslimischen Sichtweisen lassen sich schön mit Motzkis Ausführungen zu *The Muslim point of view* wie folgt skizzieren[22]: „According to current Muslim opinion, the canonical text of the Qur'ān as it now exists and has been found in manuscripts dating at least from the third century AH, possibly even from earlier times, came into being as follows: When the Prophet died, there was no complete and definitive collection of his revelations authorized by him. More or less extensive pieces of his revelation had been remembered by his followers and some had been partly written down on various materials by several persons. Shortly after his death, a first collection of everything was made by order of the first caliph Abu Bakr and it was written on leaves. The reason for this was that several Companions who were famous for their knowledge of the Qur'ān had died during the *ridda* wars, and people were afraid that parts of the Qur'ān might become lost. Abu Bakr gave Zayd b. Thabit, a former scribe of the Prophet, the task to collect what was available of the Qur'ān. When Abu Bakr died, the leaves on which Zaid had written the Qur'ān passed to the former's successor 'Umar and after his death to his daughter Hafsa, one of the wives of Muhammad. Some 20 years after Abu Bakr's collection, during the caliphate of 'Uthman, dissension between followers of other collections induced the caliph to issue an official collection of the Qur'ān, to deposit a copy in the most important administrative centers of the empire and to suppress other existing collections. This canonical version was again edited by the Medinan Zayd b. Thabit, helped by three men from Qur'aysh, on the basis of the collection he had already made on Abu Bakr's behalf which Hafsa put at the disposal of the committee. This caliphal edition of the Qur'ān ... became quickly universally accepted and thus the *textus receptus* among Muslims"[23].

Muslimische Koranwissenschaftler gehen demnach durchweg davon aus, dass für das gesamte Textgut des Korans eine sichere Überlieferungskette von Mohammed bis zum dritten Kalifen Uthman (644–656 n. Chr.) veranschlagt werden kann. Um noch ein konkretes Beispiel zu nennen, sei hier auf die Ausführungen des türkischen Koran-

---

[22] Vgl. Motzki, Collection (2001), 6.
[23] Motzki betont, dass zahlreiche Autoren als Vertreter dieser muslimischen Sichtweise genannt werden könnten, beschränkt sich aber auf GHANIM QADDURRI AL-HAMAD, Rasm al-mushaf, Baghdad 1402/1982, 100–128; vgl. a. a. O., 6, Anm. 12.

gelehrten Mehmet Paçacı[24] zur Textgeschichte des Korans verwiesen: „Der Koran, wie wir ihn heute haben, ist das Arbeitsergebnis der unter dem Vorsitz von Zayd Ibn Thâbit zur Zeit Abû Bakrs und Uthmâns gebildeten Kommissionen. Dabei fiel der Kommission unter Abû Bakr die Aufgabe zu, aus den Schriftstücken von unterschiedlichstem Beschreibmaterial einen Codex zwischen zwei Buchdeckeln herzustellen. Dagegen hatte die Kommission unter Uthmân den Auftrag, diese Sammlung nun zu redigieren …" Man könne „mit einiger Sicherheit sagen, dass es sich eher um eine Bearbeitung von Grammatik, Orthographie und Idiomatik handelte … / Denn den Überlieferungen zufolge schärfte Uthmân dem Vorsitzenden der Kommission, Zayd Ibn Thâbit, ein, im Zweifelsfall dem Dialekt der Quraysch zu folgen"[25]. Körner hält dazu fest: „Muslimischerseits wird die Geringfügigkeit der Abweichungen zwischen den einzelnen Lesarten betont. Dies und die hier von Paçacı vorgetragene Textgeschichte des Koran haben vor allem zum Ziel, die Zuverlässigkeit des heutigen Standardtextes zu untermauern"[26].

2 Zur Frage einer wissenschaftlich edierten historisch-kritischen Textausgabe des Korans

Für die „klassischen" muslimischen Koranwissenschaften ist es auf Grund ihrer Prämissen konsequenterweise völlig überflüssig und abwegig, das Projekt einer Koranausgabe ins Auge zu fassen, wie sie nach den Standards der westlichen historisch-kritischen Wissenschaft zu fordern wäre. Muslimische Theologen erklären „die Varianz der Versionen und damit die Relevanz der Textkritik für extrem niedrig und halten so die Zuverlässigkeit des *textus receptus* hoch"[27].

2.1 Der Koran und seine derzeitige Textausgabe als *textus receptus*

Für die islamische Welt gilt als maßgebliche Textausgabe der sog. „Kairiner Koran", der „auf Veranlassung von König Fuad von einem Gremium von Azhar-Gelehrten erarbeitet und 1923 in Kairo erstmals gedruckt wurde"[28]. Seine Textfassung[29] ist inzwischen auch die maßgebliche Vorlage für Druckausgaben und Übersetzungen außerhalb der

---

[24] Mehmet Paçacı (geb. 1959) ist Professor für Koranexegese an der theologischen Fakultät der Universität Ankara.
[25] So die von Körner übersetzten Ausführungen Paçacıs zur Textgeschichte des Korans (in: Körner, Alter Text – Neuer Kontext (2006), 200 f.
[26] Körner, a.a.O., 199, Anm. 52.
[27] So Körner, a.a.O., 200, Anm. 54.
[28] Vgl. Bobzin, Der Koran (2007), 105.109; die Angaben zum Erscheinungsjahr der „Standardausgabe" können divergieren.
[29] Vgl. dazu die ausführliche Einführung von Bergsträßer, Koranlesung in Kairo (1932).

islamischen Welt[30]. Von den für den deutschsprachigen Bereich interessanten zweisprachigen Textausgaben seien hier die von Khoury (2004) sowie die von Bubenheim/Elyas (2002) genannt[31]. Üblicherweise verwendet man heute die sog. kufische Verszählung dieser offiziellen Kairiner Koranausgabe. Die Versangaben in älteren wissenschaftlichen Werken stimmen häufig damit nicht überein, da sie sich auf die sog. Flügel'sche Textausgabe[32] (seit 1834) beziehen[33]. Die meisten Textausgaben und Übersetzungen klassifizieren nach den Vorgaben der islamischen Tradition die einzelnen Suren als mekkanisch oder medinensisch, also als von Mohammed in Mekka oder nach 622 n. Chr. in Medina verkündet[34].

Einen speziellen Hinweis verdient noch jene Textausgabe des Korans, deren Druck und Verbreitung am 14. Januar 1962 vom „Ausschuß zur Überprüfung der Koranexemplare" („ein Gremium des Lehrkörpers der Al-Azhar-Universität") in Kairo genehmigt wurde[35]. Denn interessant ist an dieser Ausgabe, dass darin nicht mehr „jede mekkanische Sure ..., wie häufig der Brauch, im ganzen als eine solche ausgewiesen wurde; vielmehr wurde in nahezu allen mekkanischen Suren eine Reihe von einzeln aufgeführten Versen als Einschübe aus medinensischer Zeit bestimmt"[36].

Der sog. Kairiner Koran kann zwar „als ... die weitaus beste derzeit vorliegende Ausgabe gelten"[37]; es handelt sich aber keineswegs um eine wissenschaftlich edierte historisch-kritische Textausgabe, vergleichbar etwa den in den Bibelwissenschaften erarbeiteten Ausgaben des alttestamentlichen und neutestamentlichen Schrifttums.

Wie oben skizziert ist zumindest aus muslimischer Sicht eine solche Textausgabe auch kein wirkliches Desiderat. Aber auch in der älteren sog. westlichen Koranforschung gab es Stimmen, die sich von einer solchen Ausgabe keinen besonderen Gewinn versprachen.

Pretzl führte 1938 in GdQ III zum „Stand der Handschriftenforschung" aus: „Aus der engen organischen Verbindung der Koranlesung mit dem Othman'schen Korantext scheint sich als notwendige Folge zu ergeben, daß ein Studium der Handschriften ...

---

[30] Zu neueren Koranausgaben und Übersetzungen vgl. auch Neuwirth, Der Koran als Text der Spätantike (2010), 273 ff.
[31] Einen schönen Überblick über arabische Koranausgaben bietet der von Bobzin/Kleine herausgegebene Katalog „Glaubensbuch und Weltliteratur" (2007); vgl. darin (58) auch Bobzins kurze Rezension zur Koranausgabe von Bubenheim/Elyas, Der edle Qur'ān (2002).
[32] Vgl. dazu Bobzins Hinweise in: Bobzin/Kleine, Glaubensbuch und Weltliteratur (2007), 36.
[33] Zu weiteren Einzelheiten der unterschiedlichen Zählweisen vgl. z. B. Khoury, Der Koran (2004), 42 f.
[34] Zu Fragen und Problemen der chronologischen Verortung der einzelnen Suren sowie einzelner Textanteile und ihrer Etikettierung als mekkanisch bzw. medinisch in der islamischen Überlieferung vgl. GdQ I, 58 ff. Einen schnellen Überblick über Nöldekes eigene Untersuchungsergebnisse mit den Unterscheidungen in drei mekkanische und eine medinische Periode der Verkündigung Mohammeds ermöglicht z. B. Khoury, Der Koran (2004), 44–48; zur Kritik an Nöldekes Modell vgl. z. B. Reynolds, Subtext (2010), 4–18 (s. dazu unten Anm. 475).
[35] Vgl. Nagel, Einschübe (1995), 13 f.
[36] A. a. O., 14.
[37] So Neuwirth, Der Koran als Text der Spätantike (2010), 273.

nichts Neues bieten würde ... Tatsächlich haben auch die Koranhandschriften selbst in der muslimischen Koranwissenschaft spätestens seit dem 4. Jahrhundert d. H. keine Rolle mehr gespielt ... Bei oberflächlicher Orientierung konnten sich auch okzidentalische Gelehrte der Mühe einer Kollation der Handschriften enthoben fühlen" (GdQ III, 249). Pretzl verweist dann auf die von ihm und von Bergsträßer geplanten Forschungsarbeiten und die ersten Anfänge „der Erforschung eines bedeutenden Quellenmaterials" (GdQ III, 250).

Pretzls, Bergsträßers und auch schließlich Jefferys dann leider wegen ihres frühen Todes abgebrochene Arbeiten erwähnt 1975 Paret in seinem Vorwort zu dem von ihm herausgegebenen Sammelband „Der Koran". Er meint dazu: „Es ist allerdings fraglich, ob die Auswertung der handschriftlichen überlieferten Lesarten und der Lesartenliteratur speziell für die historische Deutung des Korans in seiner ursprünglichen Gestalt besonders ergiebig geworden wäre. Ein wertvolles praktisches Ergebnis des von Muslimen immer noch gepflegten Studiums der Lesarten steht uns heute jedoch jederzeit greifbar zur Verfügung: die amtliche ägyptische Koranausgabe vom Jahr 1924"[38].

2.2 Neue Textfunde alter Koranmanuskripte in Sanaa – Die Aufgabe einer textkritischen Textausgabe

Paret hatte damals offensichtlich noch keine Kenntnis von der Entdeckung der wahrscheinlich sehr alten Koranfragmente in Sanaa (Jemen) 1972 (oder schon in den 60er Jahren?). Seit diesen Textfunden immerhin konnte man gespannt sein, ob und inwiefern von einer neuen Forschungslage auszugehen war.

„Wichtige Einsichten in Schrift und Orthographie alter Korankodices" erwartete 1987 Neuwirth „von dem derzeit in Sanaa/Jemen laufenden, von A. Noth und G. Puin geleiteten Projekt der Aufnahme und Restauration von Koranhandschriften aus der großen Moschee von Sanaa"[39]. 2001 erhoffte sich Motzki von diesen Textfunden, dass diese Fragmente „will produce specimens which can be dated with more certainty"[40]. Offensichtlich lagen bis dahin keine genaueren Untersuchungsergebnisse zu diesen möglicherweise gegen Ende des 7. bzw. Anfang des 8. Jh.s entstandenen Handschriften vor, oder sie waren noch nicht veröffentlicht.

Inzwischen sind Restaurierung und Mikroverfilmung der 1972 entdeckten Koranfragmente[41] abgeschlossen. Doch wissenschaftlich edierte und kommentierte Textwiedergaben sind leider immer noch nicht verfügbar. Immerhin vermittelt Puin „exem-

---

[38] Vgl. Paret, Der Koran (1975), Vorwort, XXII; vgl. im selben Band (389 ff.) auch die Ausführungen von Bergsträßer u. Jeffery zu ihren Plänen eines Apparatus Criticus zum Koran.
[39] Vgl. Neuwirth, Koran, in: H. Gätje (Hg.), Grundriß der arabischen Philologie (1987), 112.
[40] Collection (2001), 2, Anm. 1.
[41] Vgl. dazu Puin, Observations on Early Qurʾān Manuscripts in Sanʿaʾ (1996); ferner ders., Über die Bedeutung der ältesten Koranfragmente aus Sanaa (1999), 37–40; vgl. auch von Bothmer, Die Anfänge der Koranschreibung (1999).

plarisch, Einblick ... in die Arbeit, wie mit Hilfe der ältesten Textüberlieferung die Textgestalt und -geschichte des sogenannten Kairoer Korans erforscht werden kann". Gegen Ende des vom 21. bis 25. Januar 2004 in Berlin abgehaltenen und von Neuwirth, Marx und Sinai (FU Berlin) geleiteten Symposiums „Historische Sondierungen und methodische Reflexionen zur Koranexegese – Wege zur Rekonstruktion des vorkanonischen Koran" hat sich „ein Teil der Teilnehmer zu einem Team zusammen(gefunden), das tragfähig genug erscheint, endlich das gravierendste Desiderat der Koranforschung anzugehen: die Wiederaufnahme der seit dreißig Jahren ruhenden Arbeiten an einer kritischen Koranausgabe ... Das Projekt ... soll u.a. die von Puin gesicherten Sanaaer Koranfragmente endlich wissenschaftlich zugänglich machen"[42].

Einige Hintergrundinformationen zur Entdeckung und weiteren Geschichte der Sanaa-Fragmente sind Lesters Artikel „What Is the Koran?"[43] zu entnehmen:

„The first person to spend a significant amount of time examining the Yemeni fragments, in 1981, was Gerd-R. Puin, a specialist in Arabic calligraphy and Koranic paleography based at Saarland University, in Saarbrücken, Germany. Puin, who had been sent by the German government to organize and oversee the restoration project, recognized the antiquity of some of the parchment fragments, and his preliminary inspection also revealed unconventional verse orderings, minor textual variations, and rare styles of orthography and artistic embellishment. Enticing, too, were the sheets of the scripture written in the rare and early Hijazi Arabic script: pieces of the earliest Korans known to exist, they were also palimpsests – versions very clearly written over even earlier, washed-off versions. What the Yemeni Korans seemed to suggest, Puin began to feel, was an evolving text rather than simply the Word of God as revealed in its entirety to the Prophet Muhammad in the seventh century A.D.

Since the early 1980s more than 15,000 sheets of the Yemeni Korans have painstakingly been flattened, cleaned, treated, sorted, and assembled; they now sit (‚preserved for another thousand years,' Puin says) in Yemen's House of Manuscripts, awaiting detailed examination. That is something the Yemeni authorities have seemed reluctant to allow, however. ‚They want to keep this thing low-profile, as we do too, although for different reasons,' Puin explains. ‚They don't want attention drawn to the fact that there are Germans and others working on the Korans. They don't want it made public that there is work being done at all, since the Muslim position is that everything that needs to be said about the Koran's history was said a thousand years ago.'

To date just two scholars have been granted extensive access to the Yemeni fragments: Puin and his colleague H.-C. Graf von Bothmer, an Islamic-art historian also based at Saarland University. Puin and Von Bothmer have published only a few tanta-

---

[42] Vgl. den im Internet (http://www.wissenschaftskolleg.de/index.php?id=1c1434&âlli;) abrufbaren Bericht von Marx u. Sinai vom 25.2.2004 am Schluss.
[43] Lester, What is the Koran?, in: Atlantic Monthly, January 1999, wieder abgedruckt in: Ibn Warraq, What the Koran Really Says (2002), 107–128); das folgende Zitat nach Ibn Warraq (2002), 108 ff.

lizingly brief articles in scholarly publications on what they have discovered in the Yemeni fragments. They have been reluctant to publish partly because until recently they were more concerned with sorting and classifying the fragments than with systematically examining them, and partly because they felt that the Yemeni authorities, if they realized the possible implications of the discovery, might refuse them further access. Von Bothmer, however, in 1997 finished taking more than 35,000 microfilm pictures of the fragments, and has recently brought the pictures back to Germany. This means that soon Von Bothmer, Puin, and other scholars will finally have a chance to scrutinize the texts and to publish their findings freely – a prospect that thrills Puin. ‚So many Muslims have this belief that everything between the two covers of the Koran is just God's unaltered word,' he says. ‚They like to quote the textual work that shows that the Bible has a history and did not fall straight out of the sky, but until now the Koran has been out of this discussion. The only way to break through this wall is to prove that the Koran has a history too. The Sana'a fragments will help us to do this.'

Puin is not alone in his enthusiasm. ‚The impact of the Yemeni manuscripts is still to be felt,' says Andrew Rippin, a professor of religious studies at the University of Calgary, who is at the forefront of Koranic studies today. ‚Their variant readings and verse orders are all very significant. Everybody agrees on that. These manuscripts say that the early history of the Koranic text is much more of an open question than many have suspected: the text was less stable, and therefore had less authority, than has always been claimed.'"[44]

Dass die Koran-Fragmente aus Sanaa immer noch nicht wissenschaftlich ediert vorliegen, hat nach Reynolds Einschätzung (2008) damit zu tun, „that they caused so much excitement in the West. This attention was unwanted. The Yemeni authorities came under great pressure to intervene, as the impression grew in the Islamic world that they had allowed anti-Islamic Orientalists to handle, and manipulate, Muslim religious property"[45]. Neuwirth betont zwar: „Einen substantiellen Fortschritt in unserer Handschriftenkenntnis leitete der Manuskriptfund von Sanaa ein", geht aber nicht weiter auf Einzelheiten und Besonderheiten dieser Textfragmente ein[46]. Sie versichert: „Die Erforschung der Textgeschichte" sei „heute dank internationaler Zusammenarbeit auf dem besten Wege" (a.a.O., 271 f.) und verweist auf das *Corpus-Coranicum*-Projekt der Berlin-Brandenburgischen Akademie der Wissenschaften sowie ein „deutsch-französisches Forschungsprojekt *Coranica*".

In der jüngsten Zeit mehren sich also die Stimmen[47], die dringenden Handlungsbedarf wahrnehmen. Donner betont gegen Ende seiner Ausführungen zu den „Chal-

---

[44] Lesters Artikel ist auch im Internet zugänglich: http://www.theatlantic.com/magazine/archive/1999/01/what is the koran.
[45] Reynolds, Introduction (2008), 7; zu weiteren Informationen zu den „San'a manuscripts" vgl. a.a.O., 22, Anm. 35.
[46] Neuwirth, Der Koran als Text der Spätantike (2010), 269; vgl. auch a.a.O., 249.253.
[47] Vgl. z.B. auch Kropp, Antikes Lernen (2007), 93.

lenges and desiderata" der heutigen Koranforschung: „There can be no doubt that the most cherished dream of everyone who works with the Qur'ān ... would be the preparation of a truly critical edition of the text"[48]. Er warnt jedoch vor dem Risiko, „making many false starts and possibly calamitous failure of the enterprise, as laboriously edited parts of the text were shown to be incorrect by new discoveries ... What we need to do now, then, is to construct some tools, or working aids, that can help this and the next generation of scholars resolve the fundamental issues, and thus make possible the eventual preparation of a critical edition"[49]. Donner schlägt daher vor, zunächst zwei „web-based databases" aufzubauen, zum einen eine *„Qur'ān Manuscripts Database (QMD)* ... containing a high-quality scanned image of every known early Qur'ān leaf – anything prior to perhaps the third or fourth century AH"[50]; zum anderen empfiehlt er, ein *Hypertext Qur'ān Project (HQP)* zu starten: „Whereas QMD would be aimed at resolving problems of orthography, HQP would adress the question of variant readings"[51]. Man darf gespannt sein, ob diese Anregungen aufgenommen und realisiert werden.

3   Mohammed und die Entstehung des Korans aus der Sicht „westlicher" Islam- bzw. Koranwissenschaft

3.1 Die traditionelle/herrschende Auffassung von der Entstehung des Korans in der „westlichen" Koranwissenschaft und ihre Hintergründe

Im Verlauf der Forschungsgeschichte war offensichtlich die „Geschichte des Qorāns" von Nöldeke/Schwally/Bergsträßer/Pretzl (1909–1938)[52] von großem Einfluss. Nöldekes GdQ gilt immer noch als „Grundlegendes Standardwerk"[53], dessen Sichtweisen bis heute zahlreiche sog. westliche Koranwissenschaftler beeinflusst haben[54].

Zu den muslimischen Traditionen darüber, wie Mohammed die Offenbarungstexte nach Empfang sichergestellt haben soll, stellte Nöldeke fest[55]: „Die Angaben der Muslime über diesen Punkt widersprechen sich geradezu ... Im allgemeinen sind die Sunniten mehr dagegen, daß er lesen und schreiben konnte, die Schi'iten dafür" (GdQ I, 12).

---

[48] The Qur'ān in recent scholarship (2008), 43.
[49] A. a. O., 44.
[50] A. a. O., 45.
[51] A. a. O., 46; zu Donners ausführlichen Begründung und Beschreibung seiner Vorschläge vgl. a. a. O., 43–46.
[52] Vgl. unten das Literaturverzeichnis.
[53] Vgl. Bobzin, Der Koran (2007), 124.
[54] Vgl. z. B. Khoury, Der Koran (2004), 45: „Es gibt in weiten Kreisen der Islamwissenschaftler eine Art Konsens über die Grundlinie der Theorie von Nöldeke/Schwally zur chronologischen Anordnung der Koransuren".
[55] Es geht ihm hier um die Klärung der Frage, ob und inwiefern Mohammed direkte Kenntnis der jüdischen und christlichen Schriften haben konnte (GdQ I, 1–20).

Welche Seite Recht habe, sei nicht zu entscheiden; denn in den fraglichen Überlieferungen könne mit dem arabischen *kataba* ebenso gut wie das Schreiben Mohammeds auch sein Diktieren gemeint sein. „Auch aus dem Qorān selbst erhalten wir über diesen Punkt keine Sicherheit"; mit *qara'a* sei entweder „vortragen" (rezitieren) gemeint. „Heißt es aber ‚lesen' oder ‚Gelesenes vortragen'", so führe auch das nicht weiter, „da es sich eben um himmlische Texte handelt, zu deren Lektüre die Kenntnis keiner menschlichen Sprache noch Schrift befähigte, sondern einzig und allein die göttliche Erleuchtung" (a.a.O., 13f.).

Diejenigen, die die Auffassung vertreten, der Prophet sei nicht schriftkundig gewesen, daher könnten seine Offenbarungsinhalte auch nicht auf Kenntnis der Schriften der Juden und Christen beruhen, sondern allein auf göttlicher Inspiration, berufen sich auf Sure 7,157.158, wo der Prophet *an-nabīya l-ummīya* genannt ist, „Worte, welche fast bei allen Auslegern als ‚der des Lesens und Schreibens unkundige Prophet' erklärt werden" (a.a.O., 14). Diese Formulierung signalisiert jedoch nach Nöldeke lediglich, dass Mohammed „mit den alten heiligen Büchern nicht bekannt sei und die Wahrheit nur durch Inspiration kenne, bedeutet aber nicht den, der überhaupt nicht lesen und schreiben kann" (ebd.). Eine eindeutige Klärung dieser Frage ist nach Nöldeke kaum möglich; es sei aber immerhin wahrscheinlich, dass Mohammed „nicht nur in seiner Eigenschaft als Händler ... soviel (vom Schreiben) verstand, wie zum Notieren von Waren, Preisen und Namen notwendig war, sondern sich vielleicht auch wegen seines Interesses für die heiligen Schriften der Juden und der Christen noch mehr anzueignen gesucht hatte" (a.a.O., 15f.).

In GdQ II. „Die Sammlung des Qorāns mit einem literarhistorischen Anhang über die muhammedanischen Quellen und die neuere christliche Forschung" betont Schwally eingangs, dass der Prophet „sehr früh die Schaffung einer neuen Offenbarungsurkunde sowie ihre schriftliche Fixierung ins Auge gefaßt" hat (GdQ II, 1). „Die Tradition sagt es ganz ausdrücklich und verzeichnet auch die Namen der Personen, denen der Prophet Offenbarungen in die Feder zu diktieren pflegte" (GdQ II, 2). Es sei allerdings schwer zu entscheiden, „bis zu welchem Grade die Vereinigung von Einzeloffenbarungen verschiedener Herkunft in einer Sure dem Propheten selbst oder nur späteren Redaktoren zuzutrauen ist" (GdQ II, 2). Außerdem gab es neben den von Mohammed selbst veranlassten Niederschriften „wahrscheinlich auch solche kleineren wie größeren Umfanges, die eifrige Anhänger seiner Lehre selbst angefertigt oder in Auftrag gegeben hatten" (GdQ II, 4).

Das Verdienst an der Sammlung des Korans nach Mohammeds Tod schreibe „die Überlieferung mit bemerkenswerter Einhelligkeit den drei ersten Chalifen zu. Hierüber gibt es eine beträchtliche Zahl älterer und jüngerer Traditionen. Wenn viele derselben auch in wesentlichen Zügen übereinstimmen, so gehen sie doch in wichtigen Einzelheiten wieder auseinander" (Schwally, GdQ II, 4). Für Schwally ist nach Sichtung dieser Traditionen deutlich, dass „sich bei den Muslimen drei verschiedene Ansichten über die Entstehung der ersten Qorānsammlung gegenüber[stehen]. Nach der ersten Ansicht – der sog. herrschenden Tradition – vollzog sich dieselbe unter der Regierung Abu

Bekrs[56], nach der zweiten während der Herrschaft Omars[57], nach der dritten erfolgte die Inangriffnahme unter Abu Bekr, die Vollendung erst unter seinem Nachfolger" (GdQ II, 18).

Schwallys, wie er selbst sagt, notwendigerweise „umständliche Untersuchung" (ebd.), „um in diesem Wust von Widersprüchen und Irrtümern die geschichtliche Wahrheit zu ermitteln" (GdQ II, 21), ergibt, dass weder unter Abu Bakr noch unter Umar eine offizielle Koranausgabe zustande kam, dass aber eine von Zaid b. Thabit besorgte Koransammlung im Besitz der Tochter des Kalifen Umar, Hafsa, existierte, die dann zur Zeit Uthmans die Basis für die endgültige Kodifizierung des Korans darstellte. Die diversen Traditionen vom offiziellen Mitwirken der Kalifen Abu Bakr und Umar verweist Schwally in den Bereich der Legende: „Nachdem die Gläubigen sich mit der bitteren Wahrheit abfinden mußten, daß ein so unfähiger und mißliebiger Herrscher wie Othman der Vater der kanonischen Rezension geworden war, mochte es ihnen als ein Gebot der ausgleichenden Gerechtigkeit erscheinen, dem jenen soweit überragenden Vorgänger (scil. Umar) wenigstens an der Vorarbeit zu dieser Rezension einen Anteil beizumessen" (a.a.O., 22). Im Falle Abu Bakrs, „einer der ersten Gläubigen und der nächste Freund Muhammeds", … „mochte es vielen verwunderlich erscheinen, daß ein solcher Mann nicht ebenfalls bereits die Schaffung der Qoransammlung betrieben hätte, und dieser fromme Wunsch sich allmählich zu einer geschichtlichen Aussage verdichten" (a.a.O., 23f.). Die offizielle Koranausgabe kommt nach allem erst unter dem Kalifen Uthman (644–656) zustande[58]. Schwally meint feststellen zu können, „daß Othman behufs Herstellung eines einheitlichen Qorantextes nichts anderes tat, als den damals angesehensten, in Medina vorhandenen Kodex (scil. der Hafsa) kopieren zu lassen" (GdQ II, 62), und dass es deswegen „zur Leitung dieser Kopierarbeit keine bessere Kraft geben konnte als gerade Zaid (b. Thabit), den einstmaligen Schreiber oder Redaktor dieses Musterkodex" (GdQ II, 56).

Insgesamt bedeutet das nach Schwally: Der Koran „ist nicht das Werk mehrerer Schriftsteller, sondern eines einzigen Mannes und deshalb in der kurzen Spanne eines Menschenalters zustande gekommen. Die Gestalt des Qorāns, wie wir sie jetzt haben, ist im wesentlichen zwei bis drei Jahre nach dem Tode Mohammeds fertig gewesen, da die

---

[56] Vgl. GdQ II, 11 ff. zu weiteren Einzelheiten: Als in einer entscheidenden Schlacht (ca. im Jahre 11 od. 12 der Hidschra) viele sog. Koranleser gefallen waren, habe Umar – der spätere Kalif (634–644) – in großer Besorgnis, dass bei weiteren Verlusten solcher Koranleser der größte Teil des Korans verloren gehen könnte, dem Kalifen Abu Bakr (632–634) geraten, die Offenbarungen zu sammeln. Dieser habe Zaid b. Thabit, den einstigen Sekretär und Schreiber Mohammeds, mit der entsprechenden Aufgabe betraut. Zaid habe daraufhin die zum Teil verstreut und auf unterschiedlichen Materialien festgehaltenen Koranstücke „auf gleichmäßige Blätter" (GdQ II, 15; vgl. dazu ferner a.a.O., 24 ff.) niedergeschrieben und diese dem Kalifen übergeben. Nach Abu Bakrs Tod „kamen sie an seinen Nachfolger Omar, der sie selbst wieder durch testamentarische Verfügung seiner Tocher Hafsa, der Witwe des Propheten, hinterließ" (GdQ II, 15).
[57] Hier werde betont: „Omar ist der erste, welcher den Qoran auf Blättern sammelte" (GdQ II, 15).
[58] Vgl. dazu Schwallys „allgemeine historische Erwägungen" GdQ II, 91.

othmanische Ausgabe ja nur eine Kopie des Exemplares der Hafsa ist, dessen Bearbeitung unter Abu Bekr oder spätestens unter der Regierung Omars vollendet wurde. Diese Bearbeitung erstreckte sich jedoch wahrscheinlich nur auf die Komposition der Suren und die Anordnung derselben. Hinsichtlich der Einzeloffenbarungen dürfen wir das Vertrauen haben, daß ihr Text im allgemeinen genau so überliefert ist, wie er sich im Nachlasse des Propheten vorfand" (GdQ II, 120).

Im Folgenden sei kurz an einigen Beispielen illustriert, inwieweit sich Vertreter der sog. „westlichen" traditionellen Koranforschung bis in die Gegenwart an den Sichtweisen und Ergebnissen von GdQ I–III orientieren bzw. damit den Vorgaben der islamischen Tradition Rechnung tragen.

Paret meinte in seinem Vorwort zu seiner Koranübersetzung[59] betont festhalten zu können, „daß der Text im großen ganzen zuverlässig ist und den Wortlaut so wiedergibt, wie ihn die Zeitgenossen aus dem Munde des Propheten gehört haben … Wir haben keinen Grund anzunehmen, daß auch nur ein einziger Vers im ganzen Koran nicht von Mohammed selber stammen würde".

Für Schoeler z. B. lag der Koran „bei dem Tode Muhammad's *tatsächlich* noch nicht in einer vom ‚Autor' redigierten Sammlung vor. Darin stimmen jedenfalls die einheimische Überlieferung und die überwältigende Mehrzahl der europäischen Forscher überein. Nach der Überlieferung existierten beim Tode des Propheten zwar zahlreiche zerstreute Aufzeichnungen auf Zetteln (aus Papyrus oder Pergament …, Palmstengeln …, Schulterknochen …, Rippen …, Lederstücken … und Brettchen … Einig ist sich die Überlieferung aber darin, daß es zu diesem Zeitpunkt noch kein Exemplar gab, das *durchweg* aus Blättern von gleichem Material und Format *(suḥuf)* bestand; daß noch keine Sammlung ‚zwischen zwei Deckeln' *(baina l-lauḥain)* da war"[60]. Zwar könnte in „den auf uns gekommenen Berichten über die erste vollständige Zusammenstellung oder Sammlung des Korans, nach der herrschenden Überlieferung unter dem ersten Kalifen Abu Bakr (reg. 632–634)[61], … manches legendenhaft und auch falsch sein. Als wahren Kern wird man aber wohl mit F. Schwally festhalten dürfen, daß der Urheber dieser Sammlung entweder der spätere Kalif 'Umar (reg. 634–644) oder (wie Schwally eher annehmen möchte) 'Umar's Tochter Hafsa war (?); daß der mit der Durchführung Beauftragte Zaid b. Tabit, der ‚Schreiber der Offenbarung', war; und schließlich daß sich das hergestellte Exemplar längere Zeit im Besitz der Hafsa befand und als Grundlage der vom Kalifen 'Utman (reg. 644–656) angeordneten, ebenfalls von Zaid b. Tabit geleiteten, ersten offiziellen Ausgabe diente"[62].

---

[59] Der Koran (1979/2007), 5.
[60] Schreiben und Veröffentlichen (1992), 21; Schoeler hält sich weitgehend an die Belege in GdQ II, 11 ff.
[61] Verweis auf GdQ II, 11 ff.
[62] A.a.O., 21 f.; nach Schoeler (vgl. a.a.O., 23 f.) war für Utman der immer häufiger aufkommende Streit (Verweis auf GdQ II, 47 ff.) über den richtigen Text des heiligen Buches der ausschlaggebende Grund für eine offizielle Redaktion des Korantextes. Die sog. Koranleser, die zur Unterstützung des Gedächtnisses schriftliche Aufzeichnungen benutzten, „hatten von irgendeinem

Eine ähnliche Sicht vertritt z. B. auch Motzki. Er beschreibt zunächst *The Muslim point of view*[63] und referiert anschließend die dieser muslimischen Sichtweise gegenüber kritischen Positionen einiger westlicher Koranwissenschaftler (wie z. B. Goldziher, Schwally, Mingana, Wansbrough u. a.)[64]. Nachdem er dazu feststellt, „that premises, conclusions and methodology of these studies are still disputable" (a. a. O., 15), versucht er daraufhin eine Antwort auf die Frage, „[w]hether their alternative views on the history of the Qur'ān are historically more reliable than the Muslim tradition on the issue" (a. a. O., 15). Er kommt zu dem Ergebnis: „… it does seem safe to conclude that reports on a collection of the Qur'ān on Abu Bakr's behalf and on an official edition made by order of 'Uthman were already in circulation towards the end of the 1st Islamic century and that al-Zuhri[65] possibly received some of them from the persons he indicated in his *isnads*"[66]. In seiner „Conclusion" heißt es dann: „We cannot be sure that things really happened as is reported in the traditions". Immerhin seien die muslimischen Berichte deutlich älter als bisher angenommen. „Admittedly, these accounts contain some details which seem to be implausible or, to put it more cautiously, await explanation, but the Western views which claim to replace them by more plausible and historically more reliable accounts are obviously far from what they make themselves out to be" (ebd.).

Auch Nagel[67] bleibt bei der von der muslimischen Tradition überkommenen Sichtweise, wie es zur abschließenden Konstituierung des Korans kam. Seine eigenen Sondierungen und Erwägungen wollen jedenfalls weitgehend deren Vorgaben und Informationen bestätigen.

Für Nagel ist von besonderer Bedeutung die „Überlieferung von den medinensischen Einschüben" in mekkanische Suren. Sie ist Anlass zur „Vermutung …, die Verschriftung der prophetischen ‚Lesungen' habe schon in Mekka begonnen". Das erkläre auch, „warum wir nur verhältnismäßig geringfügige Textvarianten kennen – der Wortlaut ist durch Muhammads Autorität gedeckt … es wurde zu Lebzeiten Muhammads immer wieder in den Text eingegriffen"[68].

Nagel folgt „bei der Chronologie der Verkündigungen Mohammeds so weit, wie es

---

Zeitpunkt an vollständige Exemplare, die auf eigene Sammlungen zurückgingen (Verweis auf GdQ III, 57 ff.) … Da es aber noch keine ‚offizielle Ausgabe' gab, entstanden unterschiedliche Überlieferungen, und man stritt über die ‚wahre Gestalt' des Korantextes" (a. a. O., 24; Verweis auf GdQ II, 47 ff.); jüngst betont Schoeler, „that the compilation and redaction of the Qur'ān under 'Uthman is, if not proven, then at least extremely probable" (The Codification of the Qur'ān [2010], 789).

[63] Motzki, Collection (2001), 6; vgl. dazu das ausführliche Zitat oben bei Anm. 22.
[64] Vgl. a. a. O., 6 ff.
[65] Auf al-Zuhri (starb 742!) gehen alle erst später erreichbaren Berichte über Zeit und Umstände der Korankodifizierung zurück.
[66] A. a. O., 31.
[67] Vgl. zuletzt sein *Opus magnum* „Mohammed" (2008).
[68] Nagel, Einschübe (1996), 62; vgl. so schon ders., Einschübe (1995), 118; vgl. ferner ders., Mohammed (2008), 851: „… schon in Mekka begann die Verschriftlichung seiner Verkündigungen";

plausibel ist, der islamischen Überlieferung, die voraussetzt, daß Mohammed die Suren zwar als Einheiten betrachtete, sie aber in vielen Fällen einer Revision unterzog und Verse einfügte, die die betreffenden mekkanischen Partien den veränderten Bedürfnissen der medinensischen Zeit anpassen sollten"[69]. Nach Mohammeds Tod setzte insofern eine Art „Redaktionstätigkeit" ein, als man sich mit der Beantwortung der Frage befassen musste, wie die einzelnen bereits verschriftet vorliegenden Suren letztlich anzuordnen waren[70]. Obwohl der in den Gottesdiensten der medinensischen Zeit ununterbrochen gepflegte liturgische Koranvortrag den Text in das Gedächtnis der Muslime eingepflanzt habe, woraufhin „ein Versuch, ganze Passagen zu fälschen, zu Lebzeiten Mohammeds nur schwer vorstellbar ist, und auch in den ersten Jahren nach seinem Tod ... dies kaum möglich gewesen sein" dürfte (a. a. O., 529), hatte „dennoch 'Umar ein dringendes Interesse daran, ein für allemal festzulegen, welche Texte Bestandteile der ‚Lesung' waren und wie man sie vorzutragen hatte". 'Umar habe sich dann auf die unter Abu Bakr besonders von Zaid b. Tabit geleisteten Vorarbeiten stützen können (ebd.). „Der zweite Beweggrund für die Vereinigung der Suren der ‚Lesung' in einem einzigen Kodex war das Streben nach einer Abgrenzung von allen anderen Textgattungen" (a.a.O., 533), d.h. von Prophetenerzählungen (Hadith). 'Utman, der Nachfolger 'Umars, war dann „der Vollender der kanonischen Fassung des Korans" (a.a.O., 536).

Neuwirth vertritt in „Erste Qibla" (1993) die Auffassung, „daß sämtliche Korantexte auf Muhammad zurückgehen und zum guten Teil auch durch ihn ihre Endredaktion erfahren haben, während große Teile des aus Medina datierenden Textmaterials ihre überlieferte Form in der Tat erst der von 'Utman eingeleiteten Initiative der Sammlung und Redaktion verdanken"[71]. Zur Kodifizierung unter 'Uthman vermerkt sie: „Die autoritative Kodifizierung des Konsonantentextes durch 'Utman ca. 53[sic.]/642 läßt sich zwar nicht als historisch sicher erweisen, eine frühe Fixierung des Corpus ‚Koran' ... stellt jedoch ... gegenüber anderen Modellen noch immer die plausibelste Hypothese dar"[72]. „Mag diese erste offizielle Kodifizierung auch aufgrund der vielfach mehrdeutigen Schrift noch provisorisch gewesen sein, so wurde sie doch durch eine verlässliche mündliche Tradition abgesichert, bis die Textgestalt durch eine Orthographiereform eindeutig fixiert werden konnte"[73]. Neuerdings schließt Neuwirth nicht aus, dass der Koran „spätestens aber in der Zeit 'Abd al-Maliks um 690, seine verbindliche Textgestalt ... erhalten hat"[74]. Im Blick auf den zeitlichen Abstand zwischen Mohammeds

---

„Mohammed diktierte den Text seinen Schreibern, wobei er es nicht immer peinlich genau nahm" (a.a.O., 529).

[69] Mohammed (2008), 911; vgl. dazu a.a.O., 756, Anm. 99.
[70] Nagel, Mohammed (2008), 143.
[71] A.a.O., 231, Anm. 9; auch jüngst in „Der Koran als Text der Spätantike" (2010), 44f. bleibt sie dabei, „daß der Verkünder selbst es war, der den Texten ihre sprachliche Form und literarische Gestalt gab"; vgl. auch a.a.O., 243.
[72] Neuwirth, Rezitationstext (1996), 78, Anm. 24.
[73] Neuwirth, Archäologie (2007), 130.
[74] Der Koran als Text der Spätantike (2010), 252.

Tod und diesem Zeitpunkt meint sie einerseits, dass eine Frist von 60 Jahren „zu kurz ist, um hinreichend Raum für maßgebliche, d. h. gezielte, theologisch relevante Modifikationen des Textes … zu bieten"[75]; andererseits heißt es nur zwei Seiten später: „Gewiß, innerhalb von 20 oder sogar 60 Jahren könnten Verse manipuliert, hinzugefügt oder auch eliminiert worden sein … Hier liegt eine wohl nie mehr voll ausleuchtbare Grauzone" (a. a. O., 252).

Bobzin rechnet damit, dass schon zu Lebzeiten Mohammeds koranisches Textgut schriftlich festgehalten wurde; dass also auch „einige Suren des Korans ihre heutige Form im wesentlichen dem Propheten Mohammed verdanken, erscheint durchaus wahrscheinlich"[76]. Im Übrigen folgt er im Wesentlichen der traditionellen Auffassung von der endgültig unter Uthman abgeschlossenen Koransammlung (a. a. O., 102 ff.).

Diese grobe Skizzierung des derzeit überwiegend favorisierten Modells der Korangenese mag hier genügen[77].

Fazit: Die muslimischen Gelehrten gehen generell davon aus, dass, welche redigierenden Hände auch immer an der Konzipierung einzelner, zumal der besonders umfangreichen Suren wie auch der Endversion des Korans beteiligt waren, das gesamte koranische Textgut authentisches Wort Mohammeds ist.

Die Mehrheit der sog. „westlichen" Koranwissenschaftler erkennt zwar in den alten muslimischen Traditionen von der Sammlung und Komposition der Korantexte auch einige Unklarheiten oder Ungereimtheiten, entscheidet sich aber – oft unter Bedenken – dafür, dass den muslimischen Berichten durchaus zuverlässige Anhaltspunkte für die tatsächlichen Konstituierungsprozesse des Korans zu entnehmen sind. Das koranische Textgut gilt wie den Muslimen auch hier als Mohammeds authentisches Wort[78], und es ist möglicherweise teilweise noch von ihm selbst, aber in jedem Fall kurz nach seinem Tod von einem engsten Kreis seiner Vertrauten kompositionell und redaktionell in die Textfolge gebracht worden, wie sie heute noch vorliegt. Allerdings (nach Schwally, GdQ II, 1) „erschwert es die homiletische Anlage der meisten Suren außerordentlich, in das Geheimnis der Komposition einzudringen und ein Urteil darüber abzugeben, bis zu welchem Grade die Vereinigung der Einzeloffenbarungen verschiedener Herkunft in einer Sure dem Propheten selbst oder nur späteren Redaktoren zuzutrauen ist". Als relativ gesichert gilt, dass man die kanonische Version des Korans unter dem Kalifen Uthman zur Verfügung hatte.

---

[75] A. a. O., 250. – Daß im Verlauf der Genese religiösen Schrifttums innerhalb kürzerer Zeiträume beachtliche Texteingriffe, Modifikationen und Ergänzungen möglich sind, lässt sich mit Verweis z. B. auf das neutestamentliche Schrifttum deutlich vor Augen führen (vgl. Umstellungen und Ergänzungen im Corpus Paulinum wie auch die Entstehungsgeschichte der Evangelien).
[76] Der Koran (2007), 101.
[77] Weitere Informationen enthalten unten die Ausführungen zu den genaueren Argumentationsgeflechten z. B. von Nagel bei Anm. 450.
[78] Nagels Auffassung, „daß der bei weitem größte Teil des Korans tatsächlich durch die Autorität Muhammeds gedeckt ist" (vgl. Geschichte der islamischen Theologie [1994], 24), provoziert die Rückfrage nach dem nicht „durch die Autorität Muhammeds" gedeckten Teil des Textguts.

3.2 Neuere Trends der Koranforschung

Die traditionelle Auffassung von der Genese der kanonischen Koranversion orientiert sich an islamischen Überlieferungen, muss aber auch zugeben, dass deren Nachrichten nicht in jedem Fall als historisch zuverlässige Informationen einzustufen sind. Es sind zumal folgende Problemkomplexe, deren sichere Aufarbeitung noch aussteht[79]:

Die Möglichkeit, dass die in den islamischen Traditionen übermittelten konkreten Informationen über die Abläufe der Korankodifizierung, was die beteiligten Personen und die Zeiträume betrifft, die historische Wirklichkeit korrekt widerspiegeln, wird man zwar nicht von vornherein ausschließen. Es ist aber schon wegen der erst spät belegten Berichte[80] auch nicht von vornherein auszuschließen, dass die islamischen Traditionen eher rückprojizierte Vorstellungen enthalten, wann und wie es hätte gewesen sein können oder müssen, dass man sich also bestimmte konkrete Angaben erst im Nachherein zurecht gelegt und miteinander kombiniert hat. Denn veranschlagt die islamische Tradition bis zur endgültigen Korankodifizierung nach Mohammeds Tod mehrere Vorgänge und einen Zeitraum von mehreren Jahrzehnten, so ist daraus zu schließen, dass es offensichtlich zur Zeit dieser Traditionsbildung nicht mehr in Frage kommen konnte, die aus späterer Sicht allein wünschenswerte von Mohammed selbst autorisierte Kodifizierung des gesamten koranischen Textguts zu propagieren. Man wuste also – und zwar in breiten Kreisen –, dass zum Zeitpunkt von Mohammeds Tod der Koran nicht fertig war; und man wusste: Es hatte längere Zeit gedauert, bis er schließlich fertig war; und ferner: An der Zusammenstellung der Offenbarungstexte waren mehrere Hände beteiligt.

Das Wissen um diese Umstände der späten Genese einer Endversion war offensichtlich nicht mehr aus der Welt zu schaffen. Selbst wenn man es gewollt hätte, war eine Legende derart, dass Mohammed noch vor seinem Tode seinen Gefährten ein von ihm autorisiertes Koranexemplar hinterlassen habe, gegen dieses verbreitete Wissen nicht durchsetzbar. Um jedoch Zweifel ausräumen zu können, ob wegen der über einen längeren Zeitraum nach Mohammeds Tod verzögerten endgültigen Korankodifizierung die Herkunft des koranischen Textguts von Mohammed gewährleistet sei, konnte man gar nicht anders verfahren, als diesen Zeitraum möglichst einzugrenzen. Also spätestens am Ende der Regierungszeit des „rechtgeleiteten" Kalifen Uthman (644–656 n.Chr.) und in jedem Fall vor der ersten *fitna*, dem ersten islamischen Bürgerkrieg und der Glaubensspaltung nach 656 n.Chr., musste der fertige Koran vorgelegen haben.

Mit anderen Worten: Die Angaben der islamischen Traditionen können historisch zuverlässige Daten enthalten; aber man muss auch die Möglichkeit in Betracht ziehen,

---

[79] Böwering stellt dazu fest: Sowohl die traditionelle muslimische als auch die sog. westliche Wissenschaft „agree that the redaction and canonical completion was a complex process, one whose study presents a minefield of historical problems from its inception until the appearance of the final vocalized text" (Recent research on the construction of the Qurʾān [2008], 73).

[80] Zu beachten ist ja, dass entsprechende Berichte erst gegen Ende des 7. Jh.s zirkulierten; vgl. oben nach Anm. 63 die Hinweise auf Motzkis Position.

dass hier eine spätere theologisch motivierte retrospektive Geschichtskonstruktion vorliegt zur Absicherung des Dogmas vom Koran als dem authentischen Wort Mohammeds[81].

Mit der somit nicht eindeutig geklärten Problemstellung „Zu welchem Zeitpunkt war der Kodifizierungsprozess tatsächlich und endgültig abgeschlossen?" ist zugleich die Frage verknüpft: „Welche Personen waren für die Konzipierung der kanonischen Version zuständig?" bzw. „Wie soll man sich konkret die ja in jedem Falle zu veranschlagende redaktionelle Bearbeitung vorstellen, die aus dem von Mohammed stammenden koranischen Textgut die Endversion gestaltete?".

Auffällig ist hier, dass die „westlichen" Koranwissenschaftler, die sich weitgehend an den Vorgaben der islamischen Tradition orientieren, dazu kaum erhellende Auskünfte liefern. Das mag daran liegen, dass sich aus den alten Traditionen keine wirklich eindeutigen Rückschlüsse ziehen lassen; aber mir ist auch kein Versuch bekannt, der die Frage nach redaktionellen Techniken etc. und den Hintergründen der Textarrangements im Korangut selbst aufwirft und entsprechend konsequent die erforderliche Spurensuche zur Aufdeckung literarischer Bearbeitungsprozesse nach Mohammeds Tod aufnimmt. Vernachlässigt bzw. ausgeblendet ist m. E. auch die Fragestellung, inwieweit der kanonische Koran trotz der zu veranschlagenden Bearbeitungs- bzw. Redaktionprozesse tatsächlich, wie Nöldeke und viele bis heute als sicher verbürgt ansehen, ausnahmslos authentisches Wort des in Mekka und Medina wirkenden arabischen Offenbarungsempfängers Mohammed enthält.

Angesichts solcher offener Fragen und Schwachstellen ist es erstaunlich, dass zu dem sich überwiegend an den Vorgaben der islamischen Tradition orientierenden Erklärungsmodell zur Korangenese nur selten deutliche Gegenpositionen bezogen wurden.

Besonderes Aufsehen erregten die 1977 erschienenen *Quranic Studies* von Wansbrough. Seine komplexe Beweisführung läuft darauf hinaus, dass erst seit Beginn des 9. Jh.s n. Chr. von einer kanonischen Version des Korans die Rede sein kann[82]. Zu dieser Auffassung gelangt Wansbrough, weil er in der frühen exegetischen bzw. Kommentar-Literatur der arabischen Gelehrten keine Anhaltspunkte dafür ausmachen kann, dass hier auf einen festen Kanon Bezug genommen werde: „Logically, it seems to me quite impossible that canonization should have preceded, not succeeded, recognition of the authority of scripture within the Muslim community. Chronologically, the data of Ara-

---

[81] Für Neuwirth (Koran [1987], 103) sind die einheimischen Traditionen über die ersten Sammlungen „offenkundig nicht ohne Tendenz"; andererseits meint sie auch jüngst wieder (Der Koran als Text der Spätantike [2010], 243, Anm. 27) festhalten zu müssen: „So unsicher die einzelnen Traditionen im einzelnen sein mögen, so bietet ihre Darstellung des Hergangs doch noch die plausibelste Erklärung für die Gestalt des uns heute vorliegenden Textes".

[82] Gegen diese Spätdatierung spricht jetzt allerdings der Nachweis einer „Fragmentgruppe" unter den sog. Sanaa-Manuskripten (vgl. dazu bereits oben nach Anm. 38), „mit einer als gesichert anzusehenden Datierung in die 2. Hälfte des ersten Jahrhunderts", also vor 700 n. Chr. (so von Bothmer, Anfänge der Koranschreibung [1999], 46).

bic literature cannot be said to attest to the existence of the canon before the beginning of the third/ninth century" (a. a. O., 202). Für den Koran selbst betont Wansbrough: Die Analyse der im Koran zahlreichen „variant traditions" „will not support the theory of an *Urtext* nor even that of a composite edition produced by deliberations in committee"; sie führe eher auf „the existence of independent, possibly regional, traditions incorporated more or less intact into the canonical compilation, itself the product of expansion and strife within the Muslim community"[83]. „Particularly in the *exempla* of salvation history, characterized by variant traditions … ellipsis and repetition are such as to suggest not the carefully executed project of one or of many men, but rather the product of an organic development from originally independent traditions during a long period of transmission" (a. a. O., 47).

Wansbrough neigt dazu, „to postulate the growth of *logia* collections in environments essentially sectarian but within the mainstream of oriental monotheism" (a. a. O., 50), und zwar im Bereich Mesopotamien, also im abbasidischen Irak und nicht im Bereich Mekka/Medina. Der Koran ist demnach Produkt der muslimischen Gemeinde (vgl. a. a. O., 51). Damit ist natürlich zugleich die Vorstellung von einem im Zeitraum von 610 bis 632 n. Chr. erst in Mekka und dann in Medina wirkenden historischen Propheten Mohammed hinfällig. Inwieweit prophetische Logien bzw. Logiensammlungen auf einen historischen Mohammed zurückzuführen sind, wird nicht weiter thematisiert.

Auf unter Wansbroughs Einfluss konzipierte Arbeiten wie z. B. das ebenfalls 1977 veröffentlichte Buch von Patricia Crone und Michael Cook „Hagarism. The Making of the Islamic World"[84] ist hier nicht näher einzugehen; es ist klar, dass darin die traditionellen Auffassungen von den Anfängen des Islams und der Genese des Korans grundsätzlich in Frage gestellt sind. Sofern man sich auf Wansbroughs Einschätzungen der koranischen Textverhältnisse einlässt und seiner tiefen Skepsis gegenüber den arabischen Traditionen folgt, also hier mit ihm jeweils „salvation history" veranschlagt, ist entsprechend für die Frühzeit des Islams und der Korangenese mit Rippin zu folgern: „The actual ‚history' in the sense of ‚what really happened' has become totally subsumed within later interpretation and is virtually, if not totally, inextricable from it"[85].

Wansbroughs Thesen wurden und werden zwar weithin zurückgewiesen[86]; es wird aber auch festgehalten, dass „Wansbroughs description of the literary nature of the

---

[83] Quranic Studies, 21; Wansbrough veranschlagt z. B. im Fall der Parallelversionen in Sure 55,46–61 und 55,62–76 „juxtaposition in the canon of two closely related variant traditions, contaminated by recitation in identical contexts, or produced from a single tradition by oral transmission" (vgl. a. a. O., 27.).
[84] Im Übrigen gelten Wansbrough und Cook/Crone als „bestens ausgewiesene Kenner der einschlägigen arabischen Quellen" (so Nagel, Mohammed [2008], 838).
[85] So in „Literary Analysis" (1985), 156.
[86] Anders z. B. Rippin, der als einer der energischsten und profiliertesten Verfechter des Wansbrough'schen Forschungsansatzes gilt.

Qurʾān presents a meaningful challenge to the standard hermeneutic used in reading it"[87]. Für Neuwirth ist Wansbroughs „Hypothese ... unvereinbar mit der tatsächlichen Form des Koran"[88], doch haben seine „Quranic Studies" „zu einer heilsamen Skepsis gegenüber einem von der Sira diktierten Vorverständnis geführt"[89].

Dass es nach Wansbrough so gut wie unmöglich ist, die tatsächlichen Entstehungsprozesse des Korans, seine Vorgeschichte, zu rekonstruieren, resultiert für ihn, wie vermerkt, zum einen aus seiner kritischen und skeptischen Beurteilung der traditionellen islamischen Berichte. Wie weit man ihm hier in seiner Einschätzung folgen kann, sei dahingestellt. Dass es zum anderen die Textverhältnisse im Koran dann selbst wären, die eine Aufhellung der tatsächlichen Entstehungsprozesse bis zur Endversion als völlig aussichtslos erscheinen lassen, ist jedoch m. E. eine Einschätzung, deren Begründungen keineswegs überzeugend oder zwingend sind. Im „Preface" zu seinen „Quranic Studies" betont Wansbrough im Blick auf den Koran: „As a document susceptible of analysis by the instruments and techniques of Biblical criticism it (der Koran) is virtually unknown" (a.a.O., IX). In seinen Argumentationsgängen selbst hält er zwar hin und wieder Verweise auf Methoden und Erkenntnisse der Bibelwissenschaften für angebracht. Auffällig und ein unübersehbarer Schwachpunkt der Position Wansbroughs ist nun allerdings, dass er selbst die Anwendung des in den Bibelwissenschaften erprobten Methodenapparates gar nicht praktiziert und also auch gar nicht auf darauf basierende Textanalysen verweisen kann, die seine Beurteilung des Korans als sukzessiv entstandene Kompilation von wie auch immer gearteten „variant traditions" bzw. „originally independent traditions" absichern könnten. Mit dem Fehlen oder dem Verzicht auf entsprechende, zumal literarkritische Analysen[90] hängt möglicherweise auch zusammen, dass Wansbrough es lediglich bei vagen Hinweisen zur Genese des Korans belassen muss – der Koran „rather the product of an organic development from originally independent traditions during a long period of transmission"[91] – und auch den Hintergründen der Kompilationsvorgänge sowie entsprechenden literarischen Bearbeitungstechniken nicht auf die Spur kommen kann.

Anders als Wansbrough, für den in seinen *Quranic Studies* vorwiegend die Probleme der Entstehung der Endversion des Korans und nicht die Suche nach dem ältesten koranischen Textgut im Mittelpunkt stehen, konzentrieren sich die Arbeiten von Lüling „Über den Ur-Qurʾān" (1974) und von Luxenberg „Die syro-aramäische Lesart des Koran" (2000) in erster Linie auf die Frage, welche Rückschlüsse aus den Textverhält-

---

[87] So Reynolds, Introduction (2008), 12.
[88] Rezension zu „Quranic Studies" (1984), 541.
[89] Neuwirth, Rezitationstext (1996), 73; zur aktuelleren Auseinandersetzung mit Wansbroughs Thesen vgl. z.B. Sinai, Fortschreibung (2009), 23–35.
[90] Neuwirth moniert zu Recht (Introduction [2010], 10): „It is remarkable that none of the later adherents of Wansbrough's approach made an attempt to back up his a priori verdict with more detailed textual analyses"; vgl. auch Neuwirth, Der Koran als Text der Spätantike (2010), 93.
[91] A.a.O., 47; vgl. auch das Zitat oben bei Anm. 83.

nissen der kanonischen Version auf die Anfänge der koranischen Überlieferungen bzw. der islamischen Bewegung möglich sind[92].

Lüling meint im überlieferten Koran bestimmte „Grundtexte" erkennen bzw. rekonstruieren zu können. „Diese Grundtexte des Qur'ān sind ... zweifelsfrei als vorislamisch-christliche Texte zu identifizieren. Sie sind allem Anschein nach eine beträchtliche Zeitspanne (wohl mindestens ein Jahrhundert) vor dem Auftreten des Propheten Muhammad von christlichen, theologisch gebildeten Verfassern verfaßt worden"[93]. Lüling postuliert damit eine Art „Urqur'an", der „in der speziellen literarischen Form des arabischen Strophenliedes verfaßt ist" (a. a. O., 3). Diesen „christlichen Grundtexten" wäre dann „unter gewissen redaktionellen Textveränderungen" ein islamischer Sinngehalt oktroyiert worden, der zweifellos „von pagan-arabischen Vorstellungen, letztlich von der altarabischen paganen Religion geprägt ist, und von dieser Position aus anti-christlich eingestellt ist" (a. a. O., 5 f.). Insgesamt ist der „überlieferte islamische Qur'āntext ... das Endergebnis mehrerer aufeinanderfolgender redaktioneller Überarbeitungen" (a. a. O., 9). „An dem sich offenbar über Jahrzehnte hinziehenden Prozeß der redaktionellen Bearbeitung lassen sich drei wesentliche Motive erkennen, die höchstwahrscheinlich drei wesentliche Epochen der redaktionellen Arbeit am Qur'ān kennzeichnen" (ebd.). Lüling erwägt, dass die oben bereits angesprochene „anti-christliche" „Neudeutung und redaktionelle Überarbeitung des christlichen Ur-Qur'ān schon längere Zeit vor dem Propheten Muhammad einsetzte und also nicht von ihm begonnen wurde" (a. a. O., 10). Eine erneute „Überarbeitung und Erweiterung des schon überarbeiteten Qur'ān" resultiere aus „dem Sieg des Islam über die mekkanischen mušrikun, ... die Christen ‚westlicher' Theologie" (a. a. O., 11). Schließlich „erst spät, möglicherweise erst nach dem Tode des Propheten (= nachmohammedanisch)" scheine „die hochsprachliche Textüberarbeitung als generelles Prinzip ... voll zur Wirkung gekommen zu sein" (a. a. O., 13).

Insgesamt ist Lülings Arbeit von 1974 wenig Konkretes über die Konzipierung der Endversion des Korans zu entnehmen[94]. Sein eigentliches Anliegen ist eben, „an vielen verstreuten einzelnen Textkomplexen des Qur'ān die Reste eines als Ganzes verlorenen vorislamischen Qur'ān auf(zu)weisen" (a. a. O., 23). So bleibt ungeklärt, ob und in welchem Umfang das koranische Textgut aus der Hand des historischen Mohammed stammt. Kaum weiter führt auch der Hinweis, dass „den literarisch gebildeten Hoftheologen (Qur'ān-Schreibern) ein größeres Maß am Zustandekommen des Qur'āntextes zuzurechnen (sei), als die Tradition dies allgemein tut" (a. a. O., 9).

---

[92] Die folgenden Ausführungen beschränken sich auf die für unsere Fragestellung wichtigsten Grundzüge dieser Arbeiten; ein umfassendes Referat enthält z. B. Böwerings Artikel „Recent research on the construction of the Qur'ān" (2008), vgl. 74–79; vgl. auch Neuwirth, Der Koran als Text der Spätantike (2010), 96–102.
[93] Ur-Qur'ān (1974), 2.
[94] Auf Lülings spätere Arbeiten (vgl. bes. „Die Wiederentdeckung des Propheten Muhammad", 1981) kann hier nur hingewiesen werden; vgl. dazu unten das Literaturverzeichnis.

Lülings Arbeit erzielte zunächst wenig Resonanz. Erst die englische Übersetzung einiger seiner Schriften verschaffte ihm größere Beachtung. Neben zahlreichen Kritikpunkten wird immerhin vermerkt: „Nonetheless, his work is full of interesting insights of many kinds; it has, however, never received the kind of full and open examination it deserved"[95].

Luxenbergs Untersuchungen basieren auf der auch früher schon häufig vertretenen These[96], dass Einflüsse seitens des syrischen Christentums während der Genese des Korans eine Rolle gespielt haben. Das Hauptanliegen ist der Nachweis, dass es eine Ur-Koran-Fassung gegeben hat, in der ganze Textpassagen nicht in arabischer, sondern in syrischer Sprache abgefasst waren, eine Art Lektionar bestehend aus biblischen Texten, liturgischen Gebeten, Psalmen und Hymnen. Der zunächst schließlich in einer Art Mischsprache aus Arabisch und Syrisch konzipierte Koran wäre dann später nach Mohammeds Tod, als man nur noch mit dem Arabischen und nicht mehr mit dem Syrischen vertraut war und also die ursprüngliche Mischsprache als solche nicht mehr wahrnahm, zu dem Koran in arabischer Sprache überarbeitet worden, wie er uns heute vorliegt. Luxenbergs Sichtweisen sind überwiegend auf Ablehnung gestoßen. Immerhin: „... Luxenberg's basic hypothesis that the ‚Ur-Qur'ān' contained elements of Syriac phraseology, certainly seems to me highly plausible and deserving of further study"[97].

Die Arbeiten von Wansbrough, Lüling und Luxenberg, wie auch immer insgesamt oder im Einzelnen zu gewichten, haben jedenfalls bewirkt, dass man sich mehr der Frage öffnete, ob und inwiefern die Genese des Korans anders verlaufen sein könnte, als die islamische Tradition vorgibt. Ihre Publikationen dürften mit dazu beigetragen haben, dass man neuerdings wieder mehr den spätantiken Kontext während der Entstehung des koranischen Textguts in die Untersuchungen miteinbezieht[98]. Die jüngsten Beispiele für Forschungen zum Koran in seinem spätantiken Kontext sind die Sammelbände „The Qur'ān in Its Historical Context"[99] und „The Qur'ān in Context"[100] sowie Neuwirths jüngst (2010) erschienene umfassende Monographie „Der Koran als Text der Spätantike".

Dass man inzwischen wieder verstärkt den Zugang zum „Qur'ān in light of the Late Antique context in which it arose"[101] sucht, ist sicher eine richtige und längst fällige Entscheidung. Es fällt allerdings auf, dass man dabei von unterschiedlichen Prämissen ausgeht. Neuwirth z.B. propagiert eher „eine Koranforschung, die das kulturelle Umfeld des Koran in seiner Diversität in den Blick nimmt, und die gleichzeitig den – unter

---

[95] Donner, The Qur'ān in recent scholarship (2008), 33.
[96] Vgl. z.B. Mingana, Syriac influence (1928).
[97] Donner, The Qur'ān in Recent Scholarship (2008), 40; vgl. auch Gilliots Hinweise auf Luxenberg (Gewährsmänner [2005], 168).
[98] Vgl. Madigan über Luxenbergs Arbeit im Vorwort zu dem wichtigen Sammelband „The Qur'ān in Its Historical Context" (2008), XI.
[99] Herausgegeben von Reynolds (2008).
[100] Herausgegeben von Neuwirth, Sinai und Marx (2010).
[101] Reynolds, Introduction (2008), 18.

dem kanonisch fixierten Korantext selbst verborgenen – Kommunikationsprozess zwischen Sprecher und Gemeinde als die älteste Quelle für unsere Kenntnis der Korangenese als ihren zentralen Gegenstand erkennt"[102]. Sie meint aber, wie bereits erwähnt, weiterhin die Annahme vertreten zu können, „daß der Verkünder selbst es war, der den Texten ihre sprachliche Form und literarische Gestalt gab"[103].

Forscher wie Gilliot dagegen stellen die Herleitung der Korantexte allein von Mohammed letztlich in Frage. Gilliot rückt von der Position Nöldekes (bzw. GdQ) und seiner Nachfolger ab, indem er kritisch an ihren im doppelten Sinn hypothetischen Charakter erinnert: „In fact, this proposition contains two hypotheses: On one hand, that the Qur'ān we have is in fact the 'Uthmanic codex; and on the other hand, that this 'Uthmanic codex in fact contains the authentic revelations delivered by Muhammad"[104]. Er setzt dagegen: „In fact the more we become acquainted with the Arabic Islamic sources, the more we become convinced of the hypothesis that the declarations delivered by Muhammad (as coming from God) could be partly the product of a collective work at the different phases of their proclamation, before they were collected or amended to become a ‚recitation' and/or ‚lectionary *(qur'ān)*'"[105].

Somit werden zumindest folgende Punkte derzeit kontrovers diskutiert:
a) der Zeitpunkt der endgültigen Kodifizierung des koranischen Textguts,
b) der Umfang des von Mohammed herzuleitenden koranisches Textguts,
c) Intensität und Art der Kontakte der entstehenden islamischen Gemeinschaft zu jüdischen und christlichen Milieus,
d) die Konzipierung von Textfolgen und Suren im Bereich Mekka und Medina,
e) die Existenz eines „Urkorans" bzw. Lektionars als Ursprungstext der kanonischen Version.

3.3 Resümee

Mehrfach ist neuerdings im Blick auf den derzeitigen Stand der Koranwissenschaften von einem gewissen Chaos die Rede. Neuwirth überschreibt den ersten Abschnitt ihres Artikels „Zur Archäologie einer Heiligen Schrift. Überlegungen zum Koran vor seiner Kompilation" (2007) mit der Frage: „Ein hoffnungsloses Chaos in der Koranfor-

---

[102] Archäologie (2007), 145; vgl. dazu umfassend Neuwirth, Der Koran als Text der Spätantike (2010).
[103] Vgl. dazu bereits oben Anm. 71.
[104] Reconsidering the Authorship of the Qur'ān (2008), 100; vgl. auch schon a. a. O., 93, wo betont wird, „we do not know exactly how the so-called 'Uthmanic Qur'ān came into being, and we also do not know whether the Qur'ānic text we have at our disposal today represents this 'Uthmanic Qur'ān".
[105] A. a. O., 88; vgl. auch ders., Une reconstruction critique du Coran (2007), 102 f.; ders., Gewährsmänner (2005), 148: „Denn wir sind mit der Zeit persönlich davon überzeugt, dass der Koran teilweise die Arbeit einer Gruppe oder ein Gemeindeprodukt ist"; zu Gilliots Fragestellungen und Thesen vgl. auch unten bei Anm. 438.

schung?" (a.a.O., 130). Madigan spricht im Vorwort zu dem wichtigen Sammelband „The Qur'ān in Its Historical Context" (2008) von einem „complex, even chaotic, field of contemporary Qur'ān scholarship" (XI). Donners erster Satz seines Artikels „The Qur'ān in recent scholarship" (2008) lautet: „Qur'ānic studies as a field of academic research, appears today to be in a state of disarray" (a.a.O., 29).

Ob und in welchem Maße man diese Einschätzung seitens anerkannter Koranwissenschaftler teilen muss, sei dahingestellt. Den Alttestamentler erinnern die Entwicklungen und Trends der Koranwissenschaft durchaus an ähnliche Forschungskonstellationen in der Geschichte des eigenen Fachs, zumal im Blick auf die Frage der Genese der alttestamentlichen Prophetenbücher. Dieses Schrifttum konfrontiert die alttestamentliche Wissenschaft ja mit Problemstellungen vergleichbar denen, um deren Klärung die Koranwissenschaft ringt.

Im Folgenden soll anhand eines knappen Überblicks über die Entwicklungen der historisch-kritischen Prophetenbuchforschung belegt werden, dass man einer Aufhellung der Genese der alttestamentlichen Prophetenbücher und damit zugleich der entsprechenden geistes- bzw. theologiegeschichtlichen Hintergründe lange Zeit deswegen nicht wirklich näher kam, weil man zwar die prophetischen Literaturwerke zunehmend mittels historisch-kritischer Untersuchungsmethoden analysierte, aber dabei durchweg von der Prämisse ausging, in diesen Literaturwerken im Wesentlichen historisch zuverlässige Daten bzw. Anhaltspunkte (Informationen über Personen, Ereignisse etc., den Zeitrahmen, die Auffassungen von Prophetie) zur Verfügung zu haben. Demzufolge meinte man, jeweils einen klar umrissenen historischen Horizont voraussetzen zu können, in den die Ergebnisse einzupassen waren. Erst indem man diese Prämisse hinterfragte, als methodologisch nicht reflektierte Schwachstelle der alttestamentlichen Prophetenbuchforschung wahrnahm und in Rechnung stellen konnte, dass solche Vorgaben auch aus den Reflexionen späterer Bearbeiter resultieren könnten, also nicht unbedingt historisch zutreffende Informationen über die tatsächliche Abfassungszeit und den Autor des Textes enthalten müssten, war gewährleistet, dass ergebnisoffene Forschung auf dem Wege entsprechend methodologisch reflektierter Analysen betrieben werden konnte.

Es ist keine Frage, dass eine ergebnisoffene Erforschung des Korans und der Korangenese ebenfalls nur unter der Voraussetzung gelingen kann, dass ähnliche Schwachstellen wie in der alttestamentlichen Prophetenbuchforschung erkannt und behoben sind.

II Bibelwissenschaftliche Methoden und Erkenntnisse – Zur Frage entsprechender Annäherungen an koranisches Textgut

1 Alttestamentliche Prophetenbücher und die Frage ihrer Genese

1.1 Grundzüge der älteren wissenschaftlichen Forschung

Lässt man die Forschungsgeschichte Revue passieren, so wird deutlich, dass man, solange man weiterhin Vorgaben der Tradition wie auch theologisch-dogmatische Kriterien berücksichtigte, kaum wissenschaftlich haltbare Aussagen zu den Hintergründen der komplizierten Textverhältnisse in den Prophetenbüchern erreichen konnte.

Wie oben bereits dargelegt, galten die alttestamentlichen Schriften bis ins 18. Jh. generell als „inspiriert" und somit als „Wort Gottes", und zwar in der kanonisch überlieferten Version. Schließlich konnte man sich von diesem Dogma freimachen, weil nach genauen Analysen der Textverhältnisse diese Auffassung nicht mehr haltbar war; denn man stieß immer mehr auch auf Textgut, das nicht dem jeweiligen Propheten zugewiesen werden konnte. Bis in die zweite Hälfte des 20. Jh.s gingen jedoch die wichtigsten Repräsentanten der Erforschung der alttestamentlichen Prophetenbücher davon aus, dass immer noch die größeren Textanteile eines Prophetenbuches aus der Hand des betreffenden Propheten oder zumindest aus dessen Schülerkreis stammen mussten.

Nachdem man z. B. für das Jesaja-Buch (Kap. 1–66) feststellen musste, dass die Kapitelfolge 40–66 nicht aus der Hand des im letzten Drittel des 8. Jh.s v. Chr. wirkenden Propheten Jesaja stammen konnte, war klar, dass authentisches Textgut nur noch in Kap. 1–39 enthalten sein konnte. Hier stand man alsbald vor der Problematik, dass selbst nach Abzug eindeutig erst sekundär eingeschalteter Texteinheiten weiterhin auffällige Spannungen und Widersprüche die Herleitung des verbliebenen Textguts gänzlich aus der Hand ein und desselben Jesaja nicht gerade plausibel erscheinen ließen. Da nun das Jesaja-Buch selbst in der Einleitung 1,1 auf eine äußerst lange Wirkungszeit verweist, meinte man als plausible Erklärung für divergierende Aussageausrichtungen in den Texten auf unterschiedliche sukzessive Verkündigungsphasen Jesajas verweisen zu können.

Danach wäre der Prophet seiner Grundauffassung vom Gericht Gottes „Zeit seines Lebens treu geblieben, wenn auch die Vorstellungen von der Art des Gerichts bei ihm wechseln. Das planvolle Walten des lebendigen Gottes läßt sich eben nicht in rationale menschliche Begriffe einspannen 28,23 ff. Aus diesem Grunde sind auch die Vorstellungen vom Heil bei Jesaja nicht immer die gleichen. Neben Worten von der völligen

Vernichtung hat er doch schon in der Frühzeit die Rettung eines Restes verkündigt ...; im syrisch-ephraimitischen Krieg scheint er den Restgedanken auf ganz Juda ... bezogen zu haben, später hat er die Trennung zwischen Nation und Religion vollzogen und in dem Rest eine Gemeinde der Gläubigen gesehen 28,16, ohne die Hoffnung auf die Rettung Jerusalems aufzugeben"[106].

Im Falle des Ezechiel-Buches, meinte Zimmerli[107], werde man „schon beim Propheten selber neben der mündlichen Verkündigung rhythmisch geformter Worte ... mit der Zweitform der lehrhaften Kommentierung und weiteren Ausführung seines Wortes, d. h. mit einer Art ‚Lehrhaus-Betrieb', rechnen müssen". Im Einzelfall sei es allerdings oft unmöglich, „die Grenzlinie festzustellen, an der des Propheten eigene Arbeit in die der Schule übergeht". Aus der Hand der Schule Ezechiels stamme zweifellos das vorliegende Ezechielbuch. Dabei sei der Prozess der Gesamtredaktion von dem der Fortschreibung nicht mehr säuberlich zu isolieren. Bei der sukzessiven Entstehung des Buches seien zum Teil schon fest abgeschlossene Teilgrößen wie z. B. 1,1–3,16a.22– 17,24; 19,1–24,27; 33,21–39,29* zusammengefügt und Zusammenhänge störende Nachträge eingefügt worden (vgl. 113 f.*). Der Endredaktor habe „lieber Störungen der geordneten Reihenfolge der Daten in Kauf genommen, als daß er vorgefundene Textaussagen geändert hätte" (114*).

Auch im Fall des Jeremia-Buches blieb die Forschung lange Zeit bei dem Ergebnis, dass das Textgut des Buches überwiegend von Jeremia oder Jeremias „Schreiber" Baruch herzuleiten sei, obwohl man zugeben musste, dass weder der Prophet noch seine zeitgenössischen Tradentenkreise für die jetzt vorliegenden Buchversionen[108] verantwortlich zeichnen können.

Die Prophetenbücher galten in erster Linie als Primärquellen für die Rekonstruktion von Auftreten und Verkündigung der jeweiligen Propheten. Das Interesse konzentrierte sich auf die religiös-politisch wirksame, prophetische Individualität. Das von einem Propheten herleitbare Wort erschien als besonders gewichtig und wertvoll.

Die oben angesprochenen Sicht- und Erklärungsweisen mit dem Ziel, zahlreiches Textgut trotz Spannungen und theologisch divergierender Reflexionshorizonte weiterhin den historischen Propheten zuzuweisen, werden erst seit den 70er Jahren intensiver hinterfragt. Bis dahin war man überwiegend darauf konzentriert bzw. fixiert, möglichst umfangreiches Textgut dem Namengeber des jeweiligen Prophetenbuches zuzuweisen. Offensichtlich herrschte anders als bei den Forschungen zur Genese des Pentateuchs und der alttestamentlichen Geschichtswerke „gerade in der Propheteninterpretation eine besonders starke Hemmung, eine wechselseitige Durchdringung von angeblich

---

[106] So z. B. Weiser, Einleitung in das Alte Testament (1963), 175; Fohrer sprach von den „Wandlungen Jesajas" ([1981], vgl. bes. 13 f.16 ff.).
[107] Ezechiel 1–24 (1969/1979), 109*.
[108] Vgl. zu den Unterschieden zwischen der hebräischen Textfassung (M) und der griechischen (LXX) z. B. Kaiser, Grundriß der Einleitung. Band 2 (1994), 67 ff.; s. dort auch die immer noch aktuellen Hinweise zur redaktionsgeschichtlichen Erklärung des Buches.

authentischer Prophetenbotschaft und nachfolgender redaktioneller Neugestaltung auch nur in Gedanken zuzulassen"[109].

1.2 Die Problematisierung der klassischen Sichtweisen alttestamentlicher Prophetenbuchforschung

Die atl. Prophetenbuchforschung wurde sich schließlich immer mehr der Schwierigkeiten bewusst, wie sich angesichts der Textverhältnisse in den prophetischen Schriften überhaupt sicherstellen lässt, dass Texteinheiten oder -abfolgen tatsächlich aus der Hand des jeweiligen Propheten stammen und nicht erst die verschrifteten Ergebnisse späterer Theologien darstellen, die im Rückblick auf aktuelle geschichtliche Ereignisse (z. B. die Zerstörung Jerusalems 587 v. Chr.) den Stellenwert von Prophet und Prophetenwort reflektieren. Man musste sich schließlich der Frage stellen, „ob ... nicht schon die ersten Vermittler der Tradition keineswegs nur getreue Sammler waren, sondern zumindest in der Anordnung, wenn nicht bereits in der Formung, Ergänzung und Fortführung des Überlieferungsgutes im Sinne der sie bewegenden aktuellen Interessen einen beträchtlichen eigenschöpferischen Anteil an der Bildung der Tradition selbst genommen haben, der die Rückgewinnung der authentischen prophetischen Grundlage außerordentlich erschwert"[110]. Entsprechend war zu fordern: „Sachgemäße Prophetenexegese müßte primär redaktionsgeschichtlich verfahren, – wobei unter ‚Redaktion' nicht nur Sammlung, Verknüpfung und Rahmung überlieferter Prophetensprüche zu verstehen ist, sondern die in nicht unerheblichem Umfang erfolgte eigenschöpferische Anpassung von ‚Tradition' im weitesten Sinne an die gewandelte eigene Situation der Traditionsvermittler" (a. a. O., 293). Damit würde dem Sachverhalt Rechnung getragen, „daß uns prophetische Traditionen ja nicht unmittelbar als in ihrer Authentizität verbürgte Einzelworte, sondern in den uns vorliegenden, redaktionell in bestimmter Weise geformten Prophetenbüchern nur vermittelt durch das Medium Traditionen verarbeitender Redaktion zugänglich sind" (a. a. O., 293 f.).

---

[109] Gerstenberger, „Gemeindebildung" in Prophetenbüchern? (1989), 46; vgl. auch a. a. O., 47: „Die Sehnsucht nach den ‚ipsissima verba' schlägt unter Alttestamentlern beim Umgang mit dem ‚allerheiligsten' Prophetenkanon noch unreflektierter durch als bei neutestamentlichen Kolleginnen und Kollegen, die gelernt haben, auch zentrale Jesusworte als ‚Gemeindebildung' ansehen zu dürfen".
[110] Schottroff, Jeremia 2,1–3. Erwägungen zur Methode der Prophetenexegese (1970), 283 f.

1.3 Neuere Einsichten und Trends der alttestamentlichen Prophetenbuchforschung

1.3.1 Die redaktionsgeschichtliche Fragestellung

Nachdem man also weithin und lange Zeit in der alttestamentlichen Prophetenbuchforschung weniger an der Frage der Buchgenese interessiert war[111], konzentrierte man sich nun immer mehr darauf, die Entstehungsstadien eines Buches, also seine Redaktionsgeschichte, auf dem Wege jeweils buchübergreifender Analysen aufzudecken[112].

Es galt zu klären, ob und inwiefern Textanteile des jeweiligen Buches nur zu dem Zweck literarisch konzipiert und in ihrem jeweiligen Kontext verankert waren, um auf diese Weise im bereits vorgegebenen Textgut bestimmte Aussagerichtungen zu ergänzen bzw. zu verstärken oder abzuschwächen oder zu korrigieren[113].

Ließ sich zeigen, dass sich bestimmte Textanteile durch theologische Neuakzentuierungen und eventuell auch stilistische Eigenheiten auszeichneten, wie sie ähnlich oder parallel auch in weiteren prophetischen Büchern zu sondieren waren, so waren solche Textanteile eindeutig nicht mehr auf den Propheten selbst zurückzuführen, sondern als das literarisch fixierte Ergebnis erst späterer Reflexionen über den Propheten, seine Verkündigung etc.

Redaktionskritische Untersuchungen ausgehend von der jeweiligen Letztgestalt eines Buches waren schließlich methodologisch unverzichtbar, um möglichst umfassenden Aufschluss darüber gewinnen zu können, inwieweit das religiöse und gesellschaftlich-politische Selbstverständnis der nachexilischen Jerusalemer „Gemeinde" bzw. ihrer Institutionen und religiösen Gruppierungen sukzessiv die Buchausgestaltung literarisch geprägt hatte. Erst die entsprechend erarbeitete Kenntnis der Redaktionsgeschichte und damit der textproduzierenden Reflexionsgeschichte erfüllte die Voraussetzung dafür, das Buch als Ganzes wie in seinen Teilen historisch glaubhaft zu verorten. Und nur so eröffnete sich die Möglichkeit, sich vom in der Endgestalt des

---

[111] Kommentatoren wie z. B. Duhm zogen generell in Zweifel, dass von planmäßig vorgenommenen redaktionellen Gestaltungen eines Prophetenbuches auszugehen sei. Sein Urteil über die Entstehung des Jeremiabuches lautete: „Das Buch ist also langsam gewachsen, fast wie ein unbeaufsichtigter Wald wächst und sich ausbreitet, ist geworden wie eine Literatur wird, nicht gemacht, wie ein Buch gemacht wird; von einer methodischen Komposition, einer einheitlichen Disposition kann keine Rede sein" (Das Buch Jeremia [1901], XX).

[112] Unter „Redaktion" versteht man in „der neuzeitlichen Bibel- und Einleitungswissenschaft die Bearbeitung eines vorgegebenen Texts im Rahmen der schriftlichen Überlieferung und dessen Umgestaltung zu einem neuen Ganzen" (vgl. Kratz, Art. „Redaktionsgeschichte" [1997], 367). Im Unterschied zur redaktionsgeschichtlichen Betrachtungsweise konzentriert sich das von B. S. Childs vertretene Programm eines sog. „canonical approach" lediglich auf den Endtext, ohne dessen Vor- bzw. Entstehungsgeschichte mitzuberücksichtigen; es kommt dabei zu „Textinterpretationen, die die literarische und sachlich-theologische Komplexität der Texte, die sich gerade bei einer genauen Beobachtung der Schlußfassungen zeigt, nivelliert (sic!)" (a.a.O., 372).

[113] Vgl. Pohlmann, Studien zum Jeremiabuch (1978), 18.

Buches vorgestellten Bild des Propheten zu dessen authentischer Verkündigung zurückzutasten.

1.3.2 Redaktionsgeschichtliche Beobachtungen – Beispiele für redaktionelle Intentionen und Verfahrensweisen

1.3.2.1 Die Problematik chronologischer Vorgaben

Am folgenden Beispiel soll kurz demonstriert werden, inwiefern damit zu rechnen ist, dass die in den atl. Prophetenbüchern überlieferten Hinweise auf den Zeitrahmen und die Verkündigungsphasen des Propheten keineswegs historisch zuverlässige Informationen darstellen. Nach den Angaben z. B. des Jeremia-Buches in Jer 1,2 wäre Jeremia als Prophet seit dem 13. Jahr des Königs Josia (d. i. das Jahr 626 v. Chr.) aufgetreten. Berücksichtigt man nun, dass diese lange Zeit für unerfindlich gehaltene Datierung in Jer 1,2 dem Propheten die Wirkungsdauer von vierzig Jahren unterstellt, weil er nach der Darstellung des Buches nach dem Untergang Jerusalems 586 v. Chr. in Ägypten verschwindet, so kann es sich hier nur um eine im Nachherein errechnete und redaktionell eingeschaltete Zeitangabe handeln[114]. Aus späterer Sicht stellte man sich für Jeremia wie bei Mose[115] die ideale vierzigjährige Wirkungszeit vor. Da auch sonst im Jeremia-Buch Textanteile Jeremia mit Mose ähnlichen Zügen ausstatten (vgl. z. B. Jer 1,6), dürfte diese Zeitangabe mit redaktionellen Texteingriffen zusammenhängen, Jeremia als zweiten Mose vor Augen zu führen.

Das Bild, wie es das jetzt vorliegende Jeremia-Buch von den verschiedenen Perioden der Wirksamkeit des Propheten über einen Zeitraum von vierzig Jahren vor Augen stellt, spiegelt also nicht das tatsächliche Auftreten Jeremias, sondern die auf theologisch reflektierte Aussageanliegen abgestimmten Vorstellungen Späterer. Bei dem Versuch, die Genese des Jeremia-Buches aufzuhellen und Wirken samt Botschaften des historischen Jeremia nachzuzeichnen, wäre es daher methodisch ein Irrweg, sich dieses Bild und das entsprechende chronologische Raster vorgeben zu lassen, sich von vornherein darauf festzulegen und entsprechend Textuntersuchungen und -sortierungen auszurichten.

Bei auffälligen Divergenzen zwischen Texteinheiten eines Prophetenbuches ist zwar nicht von vornherein auszuschließen, dass das auch mit sukzessiv weiterentwickelten Auffassungen des Propheten zusammenhängen könnte; es ist aber in jedem Fall auch die Möglichkeit zu berücksichtigen, dass solche Divergenzen im Buch im Verlauf seiner literarischen Konzipierung und sukzessiven Bearbeitung entstanden sind, also die Folge redaktioneller Eingriffe und Ergänzungen späterer Hand darstellen.

---

[114] Vgl. dazu z. B. Levin, Noch einmal: die Anfänge des Propheten Jeremia (1981).
[115] Vgl. Ex 7,7 mit Dtn 34,7.

1.3.2.2 Das Prinzip der „Wiederaufnahme"

Textergänzungen, sei es mit dem Ziel zusätzlicher Erläuterung, sei es, um eine Akzentverschiebung oder eine Korrektur am vorgegebenen Textgut anzubringen, sind häufig nach dem sog. „Prinzip der Wiederaufnahme"[116] vorgenommen worden: Eine Aussage, hinter der ein Zusatz eingeschaltet wurde, so dass die vorgegebene Textfolge unterbrochen ist, wird nach Abschluss des Zusatzes wiederholt bzw. wieder aufgenommen, so dass hier die frühere Textfolge wieder anschließen kann.

Zwei Beispiele für diese Technik literarischer Eingriffe mögen genügen:
In Ez 37,12–13 fällt auf, dass V. 13 fast wörtlich Aussagen aus V. 12 wiederholt.
Ez 37,12 „Darum prophezeie, und du sollst zu ihnen sagen: So spricht der Herr Jahwe: Siehe, *ich öffne eure Gräber, und ich führe euch aus euren Gräbern heraus, mein Volk;* und ich bringe euch ins Land Israel. 37,13 Und ihr erkennt, daß ich Jahwe bin, *indem ich eure Gräber öffne und indem ich euch aus euren Gräbern herausführe, mein Volk.*"

Diese Doppelung ist die Folge des sekundär eingebrachten Hinweises „und ich bringe euch ins Land Israel"; derjenige, der hier den Hinweis auf die Rückführung ins Land Israel vermisste und einschaltete[117], nahm anschließend die Aussage aus V. 12 wieder auf.

Ein weiteres Beispiel ist Ez 28,1–10. Diese Textfolge ist nicht aus einem Guss, was daran erkennbar ist, dass sich V. 3–5 thematisch vom Kontext abheben und zudem Aussagen aus V. 2Ende in V. 6 wörtlich wiederholt sind. V. 3–5 erweisen sich somit als sekundärer Einschub; der Interpolator wendet die Verklammerungstechnik der Wiederaufnahme an (28,6Ende nimmt nach dem Einschub von 28,3–5 die Aussage in 28,2Ende „... weil du dein Herz dem Herzen Gottes gleichstelltest" wieder auf).

1.3.2.3 Von der Prophetenrede zur Gottesrede – Textvorschaltungen und Theologisierungen älteren Textguts

Unter den diversen redaktionellen Verfahrensweisen, die die entsprechenden Bearbeiter in der Auseinandersetzung mit dem ihnen vorgegebenen Textgut anwenden, seien besonders die Textvorschaltungen erwähnt, die offensichtlich dem Leser für den weiteren Leseverlauf – oft buchumfassend – vorgeben sollen, wie alle weiteren Aussagen und Aussagerichtungen zu verstehen sind.

Dabei kann es sich um schlichte „Klarstellungen" handeln wie z. B. in der Buchüberschrift des Jeremia-Buches. In 1,1–3 ist in V. 2 eine Ergänzung erkennbar, die gegenüber der älteren vorgegebenen Überschrift in V. 1 „Worte des Jeremia ben-Hilkia ..." dem Leser mit „an den das Wort Jahwes erging ..." signalisieren soll, dass er alles Folgende nicht lediglich als Worte des Propheten, sondern als von Jahwe offenbarte Worte lesen soll.

---

[116] Vgl. dazu Kuhl, „Wiederaufnahme" (1952).
[117] Zu den genaueren Hintergründen vgl. Pohlmann, Hesekiel (2001), 495 f.

Das gleiche Verfahren dient dazu, z. B. im Jeremia-Buch Texteinheiten zum Thema „Unheil aus dem Norden" theologisch neu auszurichten: In Jer 4,6 und 6,1 ist in besonders auffallend übereinstimmender Formulierung von „Unheil aus dem Norden und großem Zusammenbruch" die Rede. In Jer 6,1b liest man als Begründung für die an die Benjaminiten gerichtete Aufforderung zur Flucht aus Jerusalem (6,1a): „Denn Unheil aus dem Norden droht und großer Zusammenbruch". Zuvor heißt es aber schon in Jer 4,6b (Jahwerede), nachdem in Juda und Jerusalem zuvor zur Flucht in die befestigten Städte aufgefordert worden ist (4,5.6a): „Denn Unheil bringe ich von Norden und großen Zusammenbruch". Die Aussagen in 4,5f. beziehen sich offensichtlich auf den Text in 6,1 und fungieren jetzt als nachträglich konzipierte Einleitung des sich bis 6,30 erstreckenden Aussagegeflechts. Die vergleichende Gegenüberstellung beider Texte[118] macht deutlich, dass der hier zuständige Verfasser gleich eingangs klarstellen will, wie alles Folgende zu verstehen ist:

a) Die Ansage von „Unheil und großem Zusammenbruch" stammt aus Jahwes Mund selbst (Jahwerede). Entsprechend ist dann auch die spätere nicht als Jahwerede gekennzeichnete Aussage in 6,1 aufzufassen.

b) Jahwe selbst ist für das Unheilsgeschehen verantwortlich; er ist der Initiator, während in 6,1 lediglich auf ein im Ablauf begriffenes Unheilsgeschehen verwiesen werden kann.

c) Gegenüber 6,1, wo allein die Benjaminiten genannt sind, sollen Juda und Jerusalem insgesamt vor Augen stehen. Das Wirken Jahwes betrifft das gesamte Jahwevolk.

Ein weiteres Beispiel für eine Textvorschaltung, die alles Folgende in eine bestimmte Blickrichtung rücken soll, ist Jer 1,14ff. Hier wird das Thema „Unheil aus dem Norden" buchkonzeptionell prägend gleich zu Anfang des Prophetenbuches und entsprechend zu Beginn des prophetischen Wirkens eingeführt und erläutert, auf welche Weise und aus welchen Gründen Jahwe „gegen Jerusalem und alle Städte Judas" vorgehen will. Der als visionäres Geschehen (V. 13) dargestellte Vorgang der Jahwewortübermittlung (Einweihung in Jahwes Plan) an „Jeremia" hebt damit hervor, dass der Prophet von vornherein und längst vor den in den folgenden Texten angesprochenen Ereignissen und Abläufen in den Gerichtsplan Jahwes (vgl. 1,16) eingewiesen worden ist.

1.3.2.4 Von der Prophetenrede zur Gottesrede – Deklarierungen als Jahweworte

Abgesehen von den oben angeführten Beispielen für umfassendere redaktionelle Eingriffe und entsprechende Textschichten lässt sich auch für kleinere Zusätze und Vermerke sondieren, dass sie in theologisierender Absicht angebracht sind.

So lässt sich z. B. im Jeremia-Buch (hebräische Version) eindeutig eine Tendenz erheben, vorgegebenes Textgut mit zusätzlichen Kennzeichnungen als Gottesrede sicherzustellen, obwohl bestimmte Redeformen wie z. B. Klagen und zumal kollektive Klagetexte ein solches Verständnis nicht nahelegten. Offensichtlich waren Bemühungen in dieser Richtung selbst nach Entstehung der griechischen Übersetzung (LXX) des

---

[118] Zu Einzelheiten vgl. Pohlmann, Ferne Gottes (1989), 132 ff.

Jeremia-Buches noch nicht abgeschlossen, wie Textvergleiche zwischen JerLXX und der hebräischen Textversion belegen. „Die spätere Umformung in Jahwerede sieht man deutlich z. B. an der Spruchfolge 9,1–2a.3.7.9 im heutigen Kontext"[119]. Gegenüber der hebräischen Vorlage der LXX bietet die von den Masoreten tradierte hebräische Version in V. 2 zusätzlich noch den Gottesrede signalisierenden Vermerk „Spruch Jahwes".

In Jer 14,17 deklariert der Versanfang mit „und du sollst zu ihnen dieses Wort sagen" alles Folgende (bis V. 18 individuelle Klage; V. 19–22 an Jahwe gerichtete Kollektivklage mit Sündenbekenntnis) zwar nicht als „Jahwerede", aber doch als von Jahwe in Auftrag gegebene Rede[120].

Eine ähnliche „Technik" ist in der zu den Qumranschriften zählenden sog. „Tempelrolle" zu erkennen, deren Abfassung in jedem Fall vor 125 v. Chr. anzusetzen ist. Sie ändert „fast durchwegs die 3. Person zur 1. Person ..., wenn sie Offenbarungen Gottes aus dem Bibeltext wiedergibt. Jedenfalls ist dies so gut wie immer der Fall, wenn in Texten aus dem Deuteronomium die Verwendung der 3. Person die Unmittelbarkeit der Offenbarung in Frage stellen kann. Aber auch die nichtbiblischen Bestandteile der TR werden als direkte Gottesrede (in der 1. Person) an Mose formuliert und somit als ‚Tora'-Inhalt präsentiert"[121] (vgl. z. B. Dtn 17,14 ff. und TR Kol. 56,12 ff.).

1.3.2.5 Mehrere Redaktionsstufen

Für die meisten atl. Prophetenbücher konnte die Forschung inzwischen nachweisen, dass der Abfassung ihrer Endversion mehrere aufeinander folgende buchübergreifende redaktionelle Bearbeitungen vorausgingen, die Endfassung also gleichsam auf älteren „Auflagen" fußt. Um dem Leser wenigstens ein ungefähres Bild vom derzeitigen Stand redaktionsgeschichtlicher Forschung vermitteln zu können, sind hier etwas ausführlichere Informationen erforderlich.

Im Fall des Ezechiel-Buches z. B. sind deutlich mehrere aufeinander folgende Redaktionsstufen erkennbar[122]: Die jüngsten, eindeutig bereits der apokalyptischen Literatur nahestehenden Textanteile[123] sind frühestens seit Beginn des 3. Jh.s v. Chr. eingetragen worden. Älteren Datums sind eine Reihe von Textfolgen[124], in denen Israels Zerstreuung unter die Völker und in die Länder, deren Hintergründe und künftige Entwicklungen (Sammlung und Rückführung aus den Völkern und Ländern), also die Diasporasituation Israels, in den Mittelpunkt gerückt sind. Die für diese Texte zuständigen Verfasser stoßen sich offensichtlich an Auffassungen in älteren Textanteilen[125], die

---

[119] Levin, Verheißung (1985), 155, Anm. 29.
[120] Vgl. ähnlich die Botenformel in Jer 6,22, die jetzt die Klageaussagen (vgl. die „Wir-Rede") in V. 24 u. 26 als Jahwewort deklariert.
[121] Maier, Die Tempelrolle (1992), 11.
[122] Zu Einzelheiten vgl. Pohlmann, Ezechiel (2008), 75–97.
[123] Vgl. bes. in den buchkonzeptionell wichtigen Visionen Ez 1–3; 8–11; 37*; 40 ff. sowie Ez 38/39.
[124] Vgl. z. B. Ez 20; 36,16 ff.; 37,15 ff.; 39,25–29.
[125] Vgl. Ez 1,1; 3,12–27; Ez 8–11*; 24,24–27; 33,21 ff.

ein spezielles Interesse am Geschick der *ersten* Gola[126] widerspiegeln und auch buchkonzeptionell die ausschließliche Wertschätzung der *ersten* Gola hervorheben. Die diasporaorientierten Bearbeiter erreichen mit ihren Textbeiträgen zu Sammlung und Rückführung des zerstreuten Israel „aus den Völkern und Ländern", dass der von einer golaorientierten Redaktion in deren Buchversion festgeschriebene Exklusivanspruch der *ersten* Gola nivelliert wird.

Die ihnen vorgegebene golaorientierte Buchversion hatte mit ihrer buchkonzeptionell durchdachten Arrangierung der entsprechenden Texte die exklusive Sonderstellung der ersten Gola betont, nämlich, dass allein diese Exilsgemeinde in Babylon bzw. deren Abkömmlinge nach dem Untergang Jerusalems 587 v. Chr. das Jahwevolk Israel repräsentierten und nicht die nach der Katastrophe von 587 v. Chr. im Land verbliebene Restbevölkerung. Diese Sichtweise, dass allein die erste Gola nach 587 v. Chr. als Israelpotential noch übrig geblieben sei, wandte sich massiv gegen Auffassungen und entsprechende Textfolgen, nach denen Jahwes nach der Katastrophe erhofftes Heilswirken wieder auf die im Lande Übriggebliebenen ziele. Zahlreiche Indizien sprechen nun nicht nur dafür, dass in den der golaorientierten Redaktion vorgegebenen älteren Texten solche auf die Bewohner im Lande bezogenen Heilshoffnungen festgehalten waren, sondern auch, dass dieses ältere Textgut bereits als „Prophetenbuch" konzipiert vorlag. Die darin enthaltenen Texteinheiten waren so arrangiert, dass die Entwicklungen im Zeitraum vor und um 587 v. Chr. nach dem Schema „Ansage – Erfüllung" abgelaufen erschienen. Das zumindest in den Grundkonturen „Unheilsworte" (Kap. 4–7*; 11,1–13*; 12,21 ff.*; 14,1–20*; 17,1–18*; Kap. 18*; Kap. 19/31*; 15,1–6*; 21,1–5*; Kap. 24*) – „Heilsworte" (36,1–15*; 37,11–14*) rekonstruierbare ursprüngliche Prophetenbuch dürfte seinen Ursprungsort im Lande gehabt haben.

Dieser geraffte Überblick über im Ezechiel-Buch eindeutig nachweisbare unterschiedliche, einander überlagernde Redaktionsstufen[127] mag ausreichen, um zu belegen, inwiefern und inwieweit sich unterschiedliche Trägerkreise der prophetischen Literatur jeweils in Anknüpfung und auch Widerspruch mit dem ihnen jeweils vorgegebenen Buch literarisch auseinandersetzen und ihre eigenen theologischen Aussageanliegen buchprägend bzw. sogar umprägend hineinschreiben[128]. Diese Bearbeiter sind folglich

---

[126] Damit wird die Gruppierung bezeichnet, die mit König Jojachin 597 v. Chr. ins babylonische Exil verschleppt wurde; vgl. Ez 1,1 f.; 2. Kön 24,12–16.

[127] Ähnliche literarische, buchredaktionelle Prozesse sind auch in anderen Prophetenbüchern erkennbar; vgl. z. B. eine ebenfalls buchprägende golaorientierte Redaktionsschicht im Jeremia-Buch; s. dazu Pohlmann, Studien zum Jeremiabuch (1978); vgl. ferner Becker, Exegese des Alten Testaments (2005), 92 f.

[128] Kratz propagiert in seinen Ausführungen zur Frage der Redaktionsgeschichte der Prophetenbücher, es werde „zunehmend darauf ankommen, nicht nur jedes Prophetenbuch für sich zu betrachten, sondern analoge Erscheinungen in verschiedenen Büchern – wie etwa ... (u. a.) gola –, diasporaorientierte Redaktionen ... miteinander zu korrelieren und daraus literatur- und theologiegeschichtliche Entwicklungen zu rekonstruieren. Der rasche Durchgang durch die ‚Endgestalt' ... reicht dafür nicht aus" (vgl. den Artikel „Redaktionsgeschichte" [1997], 376).

nicht lediglich Kompilatoren, die anderweitig greifbares Textgut für geeignet hielten, im Prophetenbuch unterzubringen.

1.3.2.6 Redaktionelle Einschaltungen vorgegebener Texteinheiten – Ihr ursprünglicher „Sitz im Leben" und ihr „Sitz im Prophetenbuch"

Dass auch mit Textergänzungen dieser Art zu rechnen ist, ergeben z. B. Sondierungen im Jeremia-Buch. Als Beispiel für redaktionelle Verklammerung von vorgegebenen Texteinheiten können die sog. „Konfessionen" Jeremias[129] dienen. Es sind Texte (in üblicher Abgrenzung: Jer 11,18–12,6; 15,10–20; 17,14–18; 18,18–23; 20,7–18), wie sie in den übrigen prophetischen Schriften des ATs nicht auftauchen. Sie können zudem, obwohl in der Ich-Rede gefasst, keinesfalls unter die sonst üblichen prophetischen Redeformen gezählt werden. Es sind Texte, die als Gebete formuliert und an Jahwe als Adressaten gerichtet sind. Insofern erinnern sie an die sog. Klagegebete des Einzelnen im Psalter. Im Kontext des Jeremia-Buches muss sich der Leser natürlich den Propheten Jeremia als den Sprecher dieser Gebete vorstellen[130].

In diesen an Jahwe gerichteten Gebeten und Appellen setzt der wegen seiner Jahwetreue angefeindete Beter seine Hoffnung auf ein künftiges Unheilsgeschehen, das Jahwe als Strafgericht an den Feinden des Beters zu einem bestimmten Zeitpunkt herbeiführen möge. Dieser Zeitpunkt steht als „Jahr der Heimsuchung" (Jer 11,23), „Tag des Mordens" (Jer 12,3), „Tag des Unheils" (Jer 17,17 f.), „Zeit des Zorns" Jahwes (Jer 18,23) vor Augen. Gleiche oder zumindest ähnliche Charakterisierungen eines für die Zukunft erwarteten Unheilsgeschehens lassen sich nur in sehr späten, vorwiegend spätnachexilischen Textschichten der Prophetenbücher nachweisen[131]. Die sich in diesen Texten äußernde eschatologisch orientierte Frömmigkeit weiß sich ebenso wie der Beter in den „Konfessionen" durchweg in einem Konflikt mit anderen Richtungen innerhalb des eigenen Volkes. Auch hier stehen im Hintergrund weithin Auseinandersetzungen um den wahren Jahweglauben. Dem Gegeneinander von „Frommen" und „Gottlosen" scheint ein Gegeneinander von Angehörigen der Führungs- bzw. Oberschicht im Volk und solchen Kreisen zu entsprechen, die sich an den Rand gedrängt fühlen. Entsprechend konzentriert sich die Zukunftshoffnung bzw. Gerichtserwartung auf ein künftiges, umfassendes und endgültiges Gerichtshandeln Jahwes, in dem allein die „Frommen" (die Demütigen, die Armen, die Gerechten etc.), aber nicht die „Gottlosen" (die Sünder, die Stolzen, die Tyrannen etc.) bestehen werden. Die offensichtliche Nähe der „Konfessionen" zu diesen spätnachexilischen Texten (spätes 4. Jh. v. Chr.) spricht eindeutig dafür, dass diese „Gebete Jeremias" erst in einem späten Stadium der Genese des Jeremia-Buches eingeschaltet wurden. Der für die Konzipierung der „Kon-

---

[129] Vgl. dazu Pohlmann, Ferne Gottes (1989), 1–111.
[130] Unter dem Eindruck, dass hier der Prophet jeweils im Gebet vor Jahwe seine innersten Gedanken, seine Anfechtungen und Glaubenszweifel artikuliere, spricht man in der alttestamentlichen Forschung von den „Konfessionen" Jeremias.
[131] Vgl. besonders Jes 13,9 ff.; 30,18–26; 59,1–20; 65,8–16; 66,1–16; Jer 25,30–38; Jer 30,23 f.; Zeph 3.

fessionen" maßgebliche Erwartungshorizont, nämlich die in den Appellen an Jahwe deutliche eschatologische Orientierung, lässt sich also nicht mit jeremianischer Herkunft vereinbaren.

Für die buchkonzeptionell durchdachte Verklammerung dieser Gebetstexte ist eine eschatologisch orientierte Frömmigkeitsrichtung in spätnachexilischer, wahrscheinlich hellenistischer Zeit verantwortlich. Sie will auf diesem Wege zeigen, dass bereits ein Jeremia die gleichen Nöte und Anfechtungen durchzustehen hatte wie sie selbst und in Gebeten vor Jahwe artikuliert, dass er aber am Ende anders als seine Feinde doch von Jahwe erhört und in seiner Haltung bestätigt worden war. Jeremia wird als *Identifikationsfigur* in Anspruch genommen[132].

2   Fazit: Einsichten und Anregungen zu einer kritischen Korananalyse

Der obige knapp gehaltene Überblick über die Geschichte der Erforschung atl. Prophetenbücher zeigt, dass in ihrem Verlauf bestimmte Problemstellungen und entsprechend Lösungsmodelle mit solchen in der Koranforschung vergleichbar sind:

a) Ähnlich wie die lange Zeit verbreitete Einschätzung, dass die atl. Prophetenbücher jeweils überwiegend authentisches Textgut des betreffenden Propheten wiedergeben, dass also nur sporadisch mit redaktionellen Textanteilen zu rechnen ist, gilt für eine Mehrheit von Spezialisten der derzeitigen Koranforschung immer noch, dass der Koran lediglich die authentische Verkündigung Mohammeds und somit keinerlei anderweitig redaktionell erstelltes Textgut enthalten kann.

b) Hier wie dort wurden das Vorkommen und die Problematik von Texten mit unterschiedlicher oder gar widersprüchlicher Aussagerichtung damit erklärt, dass dergleichen Spannungen mit der Entstehung dieser Texte in zeitlich auseinanderliegenden, unterschiedlichen Wirkungsphasen und entsprechend neu darauf abgestimmten Verkündigungsanliegen des Propheten zusammenhängen.

c) Hier wie dort orientierte man sich an dem von der jeweiligen Tradition vorgegebenen Zeitrahmen der prophetischen Verkündigungstätigkeit.

Die atl. Prophetenbuchforschung berücksichtigt inzwischen, dass für dieses Erklärungsmodell die nicht reflektierte Übernahme theologisch-dogmatischer Prämissen ausschlaggebend sein kann, nämlich, möglichst umfangreiche Textmengen trotz ihrer Widersprüchlichkeiten dem Propheten als dem Offenbarer zuweisen zu können. „Wandlungen" eines Propheten sind zwar nicht grundsätzlich als Erklärungsgrund für die Konzipierung von Texten mit neuen Aussageanliegen auszuschließen; aber damit kann nicht von vornherein festgelegt sein, dass solche Texte in keinem Fall aus der Hand späterer Ergänzer und Bearbeiter des prophetischen Textguts stammen. Ferner hat sich gezeigt, dass auf die Vorgaben der Tradition nicht unbedingt Verlass ist, dass

---

[132] Vgl. zu Einzelheiten, Pohlmann, Jeremia als Identifikationsfigur im Frühjudentum (2003).

z. B. die Angaben über mehrere Jahrzehnte währende Wirkungszeiten von Propheten aus späteren prophetentheologischen Erwägungen resultieren. Aus der Erkenntnis, dass kaum wissenschaftlich haltbare Aussagen zu den Hintergründen der komplizierten Textverhältnisse in den atl. Prophetenbüchern und damit zu ihrer Genese erreicht werden konnten, solange man sich weiterhin an Vorgaben der Tradition und damit an theologisch-dogmatischen Prämissen orientierte, wird man für die Koranforschung folgern, dass erste und wichtigste Aufgabe die Klärung der Frage wäre, ob die muslimische Vorstellung bzw. das Dogma von der mohammedschen Authentizität des gesamten koranischen Textguts mit den tatsächlichen Textverhältnissen in Einklang zu bringen ist oder auch nicht. Das heißt, es wäre zunächst grundsätzlich offen zu halten, ob die Vorgaben der islamischen Tradition im Wesentlichen historisch zutreffende Informationen über den Entstehungsprozess des Korans liefern oder ob diese Vorgaben erst im Abstand von den tatsächlichen Vorgängen lediglich aus den Vorstellungen Späterer resultieren.

Es darf also bei Versuchen, die Genese des Korans aufzuhellen, nicht von vornherein das Ziel sein, Texteinheiten und literarische Beziehungsgeflechte zwischen unterschiedlichen Suren und Texteinheiten so zu sondieren und zu sortieren, dass für ihre Verortung nur das von der Tradition vorgegebene historische Umfeld „Mekka und Medina" und der für Mohammed veranschlagte Wirkungszeitrahmen (von 610 bis 632) in Frage kommen, um so sicherzustellen, dass entsprechend das gesamte koranische Textgut in engster Verbindung mit dem Propheten Mohammed gesehen werden kann. Es ist methodologisch geboten, auch mit der Möglichkeit zu rechnen, dass im Koran auch Textgut enthalten ist, das sich gegen eine Einordnung in eben diese Rahmenbedingungen sperrt, dessen Herkunft von Mohammed folglich nicht in Frage kommen kann, wofür also spätere Autoren verantwortlich zeichnen.

Allerdings steht man hier vor der großen Schwierigkeit, nach welchen Kriterien zu entscheiden wäre, ob und welche Texte noch den traditionellen Vorgaben entsprechend einzuordnen sind oder eben nicht. Feststellungen derart, dass bestimmte Texteinheiten ergänzen, verbessern, ja korrigieren etc., was z. B. im AT oft in als redaktionell erkannten Textanteilen der Fall ist, müssen für den Koran ja noch nicht zwingend bedeuten, dass hier nicht mehr von Mohammed herzuleitendes Textgut zu veranschlagen ist; denn sowohl der Zeitrahmen als auch die für Mekka und Medina vorgestellte Ereignisabfolge lassen „Wandlungen" des Propheten Mohammed zu, also im Vergang der Zeit aufeinander folgende, unterschiedliche Äußerungen, Stellungnahmen etc.[133]. Zwar stehen – wie bereits vermerkt – diese Vorgaben der islamischen Tradition unter dem Verdacht, dass sie aus dem Anliegen resultieren, so den Offenbarungsgehalt des Korans sicherzustellen; doch ist zuzugestehen, dass solcher Verdacht allein noch nicht aus-

---

[133] Die von Neuwirth vertretene Koranforschung z. B. führt dergleichen auf fortschreitende Kommunikationsprozesse zwischen Mohammed und seiner wachsenden Gemeinde zurück; vgl. dazu unten bei Anm. 134.

schließt, dass diese Vorgaben wie auch immer historisch zutreffende Erinnerungen spiegeln.

Meines Erachtens gibt es aber mindestens ein sicheres Kriterium, nach dem über die Einstufung von koranischen Textfolgen entschieden werden kann: Ein Text, dessen Analyse eindeutig zeigen kann, dass sein Abfassungsgrund und die Art seiner Verklammerung im koranischen Kontext allein aus dem Anliegen resultieren, bereits literarisch vorgegebene koranische Textanteile aufzunehmen und dazu sie ergänzend sowie neuakzentuierend und korrigierend gleichsam eine theologisch weiter reflektierte Neuauflage zu schaffen – ein derart literarisch konzipiertes, ja kompiliertes Textgebilde müsste als ein Ergebnis von im eigentlichen Sinne redaktioneller Arbeit an vorgegebenem koranischem Textgut eingestuft werden, für das nicht mehr ein Prophet und Verkündiger Mohammed als verantwortlich in Frage kommen kann. Als „Sitz im Leben" solcher Texteinheiten ist nicht eine Verkündigungssituation, ein Kommunikationsprozess zwischen dem Verkünder und seiner Gemeinde zu veranschlagen, sondern allein die theologisch motivierte literarisch redaktionelle Weiterarbeit am koranischen Textgut auf dem Weg zum Koran als Buch. Wollte man dennoch solche Texte auf Mohammed zurückführen, hätte sich dieser vom offenbarenden Propheten und Verkünder zum schriftgelehrten Exegeten der eigenen Texte und theologisch reflektierenden Literaten gewandelt, der bei Durchsicht des bereits literarisch fixierten koranischen Textguts Überarbeitungsbedarf erkannt und entsprechend auf der literarischen Ebene sich redaktionell um Abhilfe bemüht hätte.

Soweit ich die wichtigsten Untersuchungen zur Genese des Korans überschaue, gibt es bislang keine wirklich konsequenten Ansätze, die Spurensuche nach solchen, möglicherweise nicht mehr von Mohammed herzuleitenden, redaktionellen Textanteilen im Koran aufzunehmen.

In jüngst erschienenen Untersuchungen von Neuwirth[134] und Sinai („Fortschreibung und Auslegung" [2009]) soll zwar gezeigt werden, dass das koranische Textgut in der überlieferten Version durchaus das Ergebnis einer Fortschreibungsgeschichte darstellt; aber solche Fortschreibungen wären jeweils die Folge von sukzessiven Kommunikationsprozessen zwischen dem Verkünder Mohammed und seiner Gemeinde. Neuwirth und Sinai gehen also weiterhin davon aus, entsprechende Textbearbeitungen wären mit Mohammeds Tod abgeschlossen gewesen und das gesamte koranische Textgut wäre als Verkündigung des charismatischen Gemeindegründers zu werten[135]. Neuwirth betont jüngst[136]: „Vorläufig läßt sich als die wahrscheinlichste Theorie festhalten, daß beim Tode des Verkünders die zu dieser Zeit noch erhaltenen Offenbarungen schriftlich fixiert waren, und zwar in Form von Niederschriften, die mit seinem Wissen von einzelnen Gefährten angelegt worden sein dürften, wenn diese auch noch nicht in allen Teilen einer Endredaktion in einem Kodex durch ihn selbst unterzogen worden

---

[134] Vgl. zu Neuwirth bereits oben bei Anm. 71.
[135] Vgl. Sinai, Fortschreibung (2009), X.
[136] Der Koran als Text der Spätantike (2010), 243.

waren". Was genau mit „Endredaktion" gemeint ist und wie man sich dergleichen konkret vorzustellen hat, wird (abgesehen vom Hinweis auf die Anordnung der Suren nach Umfang, vgl. a.a.O., 246f.) nicht erläutert.

Das folgende Kapitel mit Analysen ausgewählter Texte und Textbereiche stellt daher einen Versuch dar, die bislang offene Frage zu klären, ob und inwiefern in koranischen Suren angesichts der unterschiedlichen Textsorten und zahlreicher Indizien für nachträgliche Texteinschübe ähnlich wie in atl. Prophetenbüchern mit einer sukzessiven Abfolge sich überlagernder Neu- und Uminterpretationen zu rechnen ist, deren literarische Konzipierung entgegen der traditionellen Vorstellung keinesfalls noch als Wiedergabe authentischer Botschaften des Propheten und Verkünders Mohammed eingestuft werden kann.

Falls sich solche Textanteile eindeutig identifizieren lassen, ließe sich klären, welche Kreise innerhalb der koranischen Gemeinde für die entsprechend zu postulierende redaktionelle Ausgestaltung des vorgegebenen koranischen Textguts verantwortlich zeichneten und welche Anliegen dabei eine Rolle spielten.

III Koranisches Textgut im Lichte bibelwissenschaftlicher Untersuchungsmethoden

1 Zur Frage einer historisch zutreffenden Verortung von Einschüben und Zusätzen im koranischen Textgut

In atl. Texten zumal in atl. Prophetenbüchern, so war oben demonstriert worden, ist angesichts der unterschiedlichen Textsorten und zahlreicher Indizien für nachträgliche Texteinschübe mit einer sukzessiven Abfolge sich überlagernder Neu- und Uminterpretationen zu rechnen, in denen sich durchaus unterschiedliche und oft in weitem zeitlichem Abstand einander korrigierende theologische Reflexionen widerspiegeln. Solche Texte sind nicht mehr vom prophetischen Namengeber des jeweiligen Buches herzuleiten; vielmehr lassen sich für deren historische Verortung sehr viel spätere Situationen der Ereignis- und Glaubensgeschichte Israels veranschlagen. Da auch im koranischen Textgut Texteinschübe zu beobachten sind, wie oben bereits mehrfach erwähnt[137] und belegt wurde, liegt es nahe, unter Berücksichtigung der bei der Erforschung der alttestamentlichen Prophetenbücher gewonnenen Einsichten und Erkenntnisse das Phänomen sekundärer Textanreicherungen im koranischen Textgut genauer zu analysieren. Die im Folgenden vorgenommenen Sondierungen zielen auf eine Klärung der Frage, ob es bei der von den meisten Koranspezialisten vertretenen Sichtweise bleiben kann, dass Zusätze und Einschübe welcher Art auch immer in jedem Fall als von Mohammed selbst konzipiert und autorisiert einzustufen sind.

1.1 „Medinische Einschübe" in mekkanischen Suren – Zu Sichtweisen der muslimischen Tradition

Dass im koranischen Textgut in der vorliegenden Fassung zahlreiche Suren nicht jeweils in ihrer Ursprungsversion vorliegen, also in einzelnen Suren Erweiterungen, Ergänzungen, eben nachträgliche Einschübe vorgenommen wurden, ist auch aus Sicht maßgeblicher islamischer Koranwissenschaftler unstrittig. Folgende zusammenfassende Bemerkungen können hier genügen:

Wie bereits erwähnt wurde in der sog. Kairiner Koranausgabe von 1962[138] mit Verweis auf die Vorgaben der islamisch exegetischen Tradition „in nahezu allen mekka-

---

[137] Vgl. oben bei Anm. 68.
[138] Vgl. dazu oben bei Anm. 36.

nischen Suren eine Reihe von einzeln aufgeführten Versen als Einschübe aus medinensischer Zeit bestimmt"[139]. Allerdings „sagt diese Tradition nichts darüber, wie man sich die Entstehung solcher Zusätze vorzustellen hat"[140]. Unstrittig ist in jedem Fall, dass der Wortlaut der Einschubtexte auf Mohammad zurückgeht. Da die Angaben der Gewährsleute bei der Ausweisung medinensischer Einschübe[141] stark differieren, können daher Fragen, seit wann entsprechende Beobachtungen in der muslimischen Koranexegese eine Rolle spielen[142] und welche Gründe für die jeweiligen Einschätzungen ausschlaggebend waren sowie nach welchen Kriterien sortiert wurde, hier nicht weiter verfolgt werden[143]. Eine Berücksichtigung und Auswertung der verzeichneten Verse setzen in jedem Fall ihre kritische Analyse voraus, bevor tatsächliche Rückschlüsse auf das jeweils entsprechende Stadium der Korangenese möglich sind.

1.2 „Medinische Einschübe" in mekkanischen Suren – Zu Sichtweisen der „westlichen" Forschung

Bei seinem Versuch, für die „einzelnen Teile des Qorans" „sowohl die Zeit, in der sie entstanden sind, wie die Veranlassungen, aus denen sie hervorgingen, zu erforschen" (GdQ I, 58), orientiert sich Nöldeke bewusst nicht an Hinweisen der Tradition auf spätere Einschübe und Zusätze, obwohl er solche natürlich kennt. So vermerkt er z. B. zu Sure 73, die gemeinhin als mekkanisch eingestuft wird: „Aber V. 20 ist so offenbar medinisch, daß es selbst den Muslimen nicht entgehen konnte" (GdQ I, 98). Dass Nöldeke auch für als Einschübe und Zusätze erkennbare Textanteile Mohammed durchweg als Autor veranschlagt, wurde schon vermerkt; man fragt sich, warum in GdQ I+II (1909/1919) nirgends Möglichkeiten späterer Ergänzungen seitens Dritter nach Mohammeds Tod, z. B. im Zusammenhang der Endphasen der Korangenese, diskutiert wurden[144].

---

[139] Vgl. Nagel, Einschübe (1995) 14; dort auch Hinweise auf die Quellen, in denen die Einstufung der Verse als mekkanisch oder medinensisch belegt ist; siehe ferner a. a. O., 107 ff. – Informationen zur Frage, ob und welche Verse in mekkanischen Suren medinensische Einschübe darstellen können, bietet z. B. Khoury jeweils in den Einleitungen zu den einzelnen Suren in seiner zweisprachigen Koranausgabe (2004).

[140] Bobzin, Der Koran (2010), 99; Nagel weist darauf hin (a. a. O., 109), dass man „des öfteren Verse als medinisch bestimmt, die als Anspielungen auf die schwierigen Lebensumstände nach der Flucht aus Mekka aufzufassen sind (z. B. 17,26; 18,28) oder mit der Ablehnung durch die medinensischen Juden zu tun haben (z. B. 18,83 ff.)".

[141] Auch bei der Etikettierung einzelner Suren können die Meinungen auseinandergehen.

[142] Informationen dazu bietet z. B. Nagel, a. a. O., 14 ff.

[143] Dass und warum schließlich das Thema der Überlieferung medinensischer Einschübe die islamische Theologie spätestens seit dem 13. Jh. nicht mehr interessiert hatte, erörtert Nagel, a. a. O., 107–113.

[144] Vielleicht ist die Vermutung nicht abwegig, dass Nöldeke hier unter dem Einfluss seines Lehrers, des Orientalisten und Alttestamentlers Heinrich Ewald (1803–1875), stand und geblieben ist, für den die atl. Prophetenbücher die authentischen Schriften der jeweiligen Propheten dar-

Nagels monographische Studie über die sog. medinensischen Einschübe (1995) konzentriert sich ausschließlich auf die Dokumentation und kritische Durchsicht der von der islamischen Tradition übermittelten Angaben[145]. Die Frage, ob und in welchem Umfang auch sonst mit Einschüben bzw. Zusätzen im koranischen Textgut zu rechnen ist, wird nicht diskutiert. Die Möglichkeit, dass das koranische Textgut auch noch nach Mohammeds Tod Zusätze erfahren hat, wird nirgends erwogen.

Neuwirth will sich offensichtlich nicht lediglich auf die Vorgaben der islamischen Gelehrtenkreise beschränken. Zu den späteren „Texterweiterungen", die „etikettiert als ‚medinische Zusätze' … in der islamischen Traditionsliteratur registriert" werden, vermerkt sie: „… ihre dortige Identifikation beruht allerdings auf Kriterien, die kritischen Maßstäben nicht standhalten, die entsprechenden Nachrichten sind daher ohne Rücküberprüfung nicht brauchbar"[146]. Sie rückt die Bedeutung von Zusätzen generell in den Blick. Zusätze sind für sie erkennbar „an ihrer stilistischen Differenz zum Basistext, an ihrer stets größeren Verslänge, an auffälligen phraseologischen Wendungen und an ihrer exegetischen Funktion, die ihnen den Charakter eines Metatexts verleihen" (ebd.). Neuwirth hebt schließlich hervor: „Medinische Zusätze spiegeln die Auseinandersetzung mit den theologischen Positionen gelehrter Vertreter der großen Religionen, geben also ein Religionsgespräch wieder. Damit treten neue Akteure in den Prozeß der gemeindlichen Konsensbildung ein, die dazu beitragen, nun als revisionsbedürftig erachtete frühere Darstellungen von Episoden jüdischer Heilsgeschichte nachträglich zu vertiefen oder zu modifizieren"[147]. Die Möglichkeit allerdings, dass solche Einschübe und Zusätze nicht mehr von Mohammed selbst stammen, zieht Neuwirth nicht in Betracht[148].

---

stellten. Nöldeke selbst jedenfalls war zur Zeit der Entstehung seiner „Geschichte des Qorans" (1. Aufl. 1860) der Auffassung, dass die prophetischen Schriften des ATs fast durchweg authentisches Textgut des jeweiligen Propheten enthielten. Zum Beispiel sind für ihn im Jeremia-Buch „abgesehen von einzelnen kleineren Zusätzen nur die letzten drei Capitel unecht, während das Buch Ezechiel uns im Wesentlichen so vorliegt, wie es aus der Hand des Propheten hervorgegangen ist" (vgl. Nöldeke, Die alttestamentliche Literatur in einer Reihe von Aufsätzen dargestellt [1868], 214). Sogenannte „Beischriften" zu den prophetischen Schriften, „welche den Namen des Verfassers, auch wohl einige Notizen über ihn und über die besondere Veranlassung der Reden enthalten", bewähren sich nach Nöldeke „mit wenig Ausnahmen als richtig, auch wo sie nicht von den Verfassern abstammen. Sie geben der Kritik sehr werthvolle Andeutungen über die Entstehung der einzelnen Reden wie der ganzen Sammlungen" (vgl. a. a. O., 212). Zu einer kritischen Infragestellung der umfassenden Autorschaft Mohammeds gab es offensichtlich von Seiten der damaligen alttestamentlichen Prophetenbuchforschung keinerlei Anstöße.

[145] Für Nagel ermöglichen die „Hinweise auf die medinensischen Einschübe in mekkanischen Suren … uns Einblicke in entscheidende Wendungen des Lebensweges und der Gedankenwelt des Propheten Muhammad …, Einblicke, die auf andere Weise schwerlich zu erzielen gewesen wären" (Einschübe [1995], 169).
[146] Neuwirth, Archäologie (2007), 139.
[147] Der Koran als Text der Spätantike (2010), 527.
[148] Vgl. dazu bereits oben bei Anm. 71 u. passim; vgl. auch Anm. 134.

Meines Erachtens darf es aber keineswegs von vornherein als wirklich gesichert gelten, dass Textentwicklungen und Textproduktion, wie sie Neuwirth in ihrem Erklärungsmodell „der Koran als Ergebnis von Kommunikationsprozessen"[149] veranschlagt, mit Mohammeds Tod an ihr Ende gekommen waren, dass also im später kanonischen Koran keinerlei Textgut enthalten sein kann, das nicht aus Mohammeds Verkündigungstätigkeit resultiert. Immerhin weiß auch Neuwirth: „Gewiß ist streng genommen die automatische Verbindung der Einzeltexte mit der einen Sprecher-Figur Muhammad eine ‚Eintragung' in den Text, wie Wansbrough, der sich von dem Dogma des festen, örtlich und zeitlich in die Vita des Propheten verankerbaren, Textes freimachen will, mit aller Deutlichkeit festhält (1977, S. 38)"[150].

Weitgehend in den von Neuwirth vorgelegten Gleisen bewegt sich die 2009 erschienene Untersuchung „Fortschreibung und Auslegung. Studien zur frühen Koraninterpretation" (Diss. FU Berlin 2007) von Neuwirths Schüler Nicolai Sinai. Schon im Vorwort wird versichert: „Wenn im Folgenden der Versuch unternommen wird, innerhalb des Koran Spuren einer gemeindlichen Ausdeutung vorliegender Textstücke herauszuarbeiten, so soll damit notabene nicht gesagt sein, dass ich den Koran als Werk eines Autorenkollektivs ansehe. Die vorliegende Untersuchung hält durchaus an der traditionellen, von Muslimen wie von der älteren Orientalistik geteilten Annahme fest, dass die Korantexte ihrer mekkanischen und medinensischen Hörerschaft durch einen charismatischen Gemeindegründer namens Muhammad verkündet wurden ..." (a.a.O., X). Sinai weist darauf hin, „dass koranische Fortschreibungsprozesse nicht nur in Gestalt von Rückbezügen innerhalb formal eigenständiger Texteinheit auftreten, sondern auch in Form von Einschüben und Zusätzen" (a.a.O., 156). „Spätere Zusätze" seien „in besonderer Weise für die medinensische Periode der Korangenese charakteristisch" (a.a.O., 157). An Nagels Studie zu den sog. medinensischen Einschüben bemängelt er zu Recht: „Eine methodisch disziplinierte Bearbeitung koranischer Einschübe hätte m.E. von einem festen Katalog von Kriterien auszugehen, die den sekundären Charakter einer gegebenen Passage nahelegen. Dabei wären vor allem die folgenden sechs Parameter zu beachten: 1) übermäßige Verslänge; 2) Terminologie, die sonst nur für spätere Kontexte bezeugt ist; 3) die Möglichkeit, den betreffenden Passus aus dem Text herauszuheben, ohne eine Lücke zu erzeugen; 4) der Passus stört Struktur und Gedankenführung des Textes; 5) eine Ähnlichkeit der betreffenden Stelle mit anderen Passagen, die ebenfalls Einschübe sind; 6) das Vorhandensein eines Motivs für eine sekundäre Texterweiterung (etwa die Notwendigkeit einer Harmonisierung der Stelle mit späteren Verkündigungen). Für sich genommen ergibt keines dieser Kriterien ein unwiderlegliches Argument für eine Einschubhypothese; sofern jedoch mehrere der obigen Merkmale zusammentreffen, ist zumindest wahrscheinlich, dass der betreffende Abschnitt in der Tat sekundär ist" (a.a.O., 157, Anm. 8). Die Befolgung dieser methodologischen Grundsätze – für die textanalytischen Forschungen des Alttestamentlers

---

[149] Vgl. Hinweise dazu bereits oben bei Anm. 102 u. passim.
[150] Vgl. Rezitationstext (1996), 70, Anm. 3.

seit langem eine Selbstverständlichkeit – muss aber m. E. nicht in jedem Fall, wie Sinai von vornherein voraussetzt (s. o.), zu dem Ergebnis führen, dass ein entsprechend identifizierter Einschub oder eine Ergänzung noch zu Lebzeiten Mohammeds bzw. von Mohammed selbst konzipiert worden ist[151].

Der Alttestamentler fühlt sich bei dieser Art „Zugang"[152] zum Koran an jene frühere Phase der atl. Prophetenbuchforschung erinnert, da man auffällige Spannungen und Brüche in einem Prophetenbuch mit Verweis auf die unterschiedlichen Verkündigungsperioden und -anliegen während der langen Wirkungszeit des Propheten erklären zu können glaubte und auf diese Weise möglichst umfangreiche Textmengen als authentisch ausgeben konnte[153].

Selbstverständlich ist keinesfalls von vornherein auszuschließen, dass erkannte und erkennbare Ergänzungen, Zusätze oder Einschübe auch vom Verkünder Mohammed konzipiert und autorisiert worden sein können. Kritisch und ergebnisoffen zu prüfen wäre jedoch, in welchen Fällen eine solche Zuordnung als historisch noch glaubhaft gelten kann und in welchen Fällen eindeutige Indizien nur die Annahme einer Konzipierung von Zusätzen im Prozess der Korangenese nach Mohammeds Tod, aber noch vor der endgültigen Kanonisierung zulassen.

Die im Folgenden vorgeführten Textsondierungen konzentrieren sich zunächst auf die Frage, ob und in welchen Fällen die im Koran auffälligen Textkonstellationen mit unterschiedlichen Formen der Gottesrede Folge jeweils von textergänzenden Einschüben, also literarischen Eingriffen, darstellen sowie ob und in welchen Fällen Rückschlüsse auf Zeit und Ort der hier verantwortlichen Trägerkreise des koranischen Textguts möglich sind.

2 Beobachtungen zu Formen der Gottesrede im Koran

2.1 Zur Problemstellung – Sichtweisen der Forschung

Bekanntlich sind nach islamischer Doktrin die koranischen Texte als dem Propheten Mohammed offenbarte Botschaften Gottes aufzufassen. Als Belege dafür können die

---

[151] Außerdem wüsste man gern, wie man sich konkret die vorauszusetzende literarische „Fortschreibung" vorzustellen hat, welche Kreise mit den entsprechenden Fähigkeiten dafür in Frage kommen, wie Diskurse und Kommunikationsvorgänge zwischen dem Verkünder und seiner Gemeinde in literarische Form gebracht wurden. In jedem Fall signalisieren zahlreiche jeweils als literarischer Einschub oder Zusatz zu klassifizierende Textpassagen, dass hier im Umgang mit religiösem Schrifttum vertraute und in literarischen Bereichen versierte, also ausgebildete Spezialisten am Werk gewesen sein müssen; in welchem Verhältnis – oder müsste man gar sagen: Abhängigkeitsverhältnis – stand der Verkünder zu diesen Leuten bzw. umgekehrt?
[152] Vgl. den Untertitel „Ein europäischer Zugang" zu Neuwirths *Opus magnum* „Der Koran als Text der Spätantike" (2010).
[153] Vgl. dazu die Hinweise oben vor Anm. 106.

überaus zahlreichen Passagen gelten, die als Gottesrede – und zwar als Wir-Rede (überwiegend) wie auch als Ich-Rede Gottes (weniger häufig) – formuliert sind.

Dieses Nebeneinander von Ich-Rede und Wir-Rede Gottes wird zwar öfters vermerkt[154]; es finden sich aber kaum erklärende Hinweise, warum in welchen Texten die eine oder die andere Redeform eingesetzt ist oder auch nicht[155]. Horovitz erklärte lediglich: „… im Gegensatz zu den alttestamentlichen Propheten, welche die Worte Gottes durch Einführungsformeln wie ko amar Jhwh … u. a. deutlich von ihrer eigenen Rede scheiden, ist in den im Koran zusammengestellten Offenbarungen Muhammads *alles* Gottes Rede"[156]; und: „An gewissen Stellen der Erzählung tritt Gott, der … als Inspirator der Offenbarung überall auch der eigentliche Sprecher ist, dadurch auch als Erzähler noch ausdrücklich in die Erscheinung, daß er seiner eigenen Teilnahme an den Ereignissen in der ersten Person Pluralis gedenkt oder sie besonders unterstreicht" (a. a. O., 8); ferner: „Wo Gottes Worte innerhalb einer Erzählung als die eines Dritten angeführt werden, spricht er öfters in der 1. pers. sing. z. B. 20,12–15,121; 27,9 ff.; 28,30; 7,11, aber dann im gleichen Abschnitt auch wieder in der 1. pers. plur. S. 20,22,24,126; 28,35; 7,25 u. ö. Als Erzähler spricht dagegen Gott immer in der 1. pers. plur., doch wird dort, wo er dann selbst in die Handlung eingreift, manchmal inkonsequenterweise von ihm auch als rabbuka oder rabbuhu gesprochen vgl. z. B. S. 20,114 mit 120; 15,28; 28,32; 19,2 und 10; siehe auch Nöldeke, Neue Beiträge 13 f."[157].

Nach Watt[158] erledigen sich zahlreiche Spannungen in Textfolgen mit Wechsel zwischen Er- und Wir-Rede, wenn man davon ausgehe, dass in manchen Texten gar nicht an die Wir-Rede Gottes, sondern an die von Mittlerwesen, also der Engel wie z. B. Gabriel, gedacht ist[159].

Inwieweit die zu beobachtenden Unstimmigkeiten und Spannungen in zahlreichen Textfolgen und Suren mit späteren Eingriffen, redaktionellen Ergänzungen und Bearbeitungen während eines länger währenden Prozesses der Korangenese, auch möglicherweise noch Jahre nach Mohammeds Tod, zusammenhängen könnten, bleibt hier von vornherein außer Betracht[160]. Auch der mehrfach zu beobachtende merkwürdige

---

[154] Vgl. z. B. Radscheit, Word of God (1997), 37, Anm. 34.
[155] Watt (Bell's Introduction [1970], 65) konstatiert schlicht den Sachverhalt; vgl. zu ihm unten bei Anm. 220; Neuwirth (Der Koran als Text der Spätantike [2010], 320 f.) verweist nur darauf, dass „später die Selbsterwähnung Gottes in der Ich- oder Wir-Rede die Standardform der Autorisierung eines Textes" wird.
[156] Koranische Untersuchungen (1926), 5.
[157] A. a. O., 8, Anm. 2; Nöldeke (Zur Sprache des Korans [1910], 13 f.) vermerkt: „Auch die grammatischen Personen wechseln im Koran zuweilen in ungewöhnlicher und nicht schöner Weise. So wenn Gott, von sich redend, erst die 3. und dann die 1. Person gebraucht" (Verweis auf 27,60; 35,27; 6,99). In 20,53 habe „Muhammad noch dazu ganz vergessen, daß nicht Gott selbst, sondern Moses spricht. So steht auch 31,14 f. die 1. Person von Gott mitten in einer Rede Loqmans, und ebenso sagt Gott 29,19 [29,20] innerhalb einer Rede Abrahams qul …"
[158] Bell's Introduction (1970), 65–68.
[159] Vgl. dazu weitere Einzelheiten unten bei Anm. 220.
[160] Vgl. ähnlich das Problem der abrupt wechselnden Adressen in einzelnen Texten bzw. Textaussagen; immerhin vermerkt Rippin (Muhammad in the Qurʾān [2000], 307) zum auffälligen

Sachverhalt, dass Ausführungen zum Handeln und Reden Gottes (Er-Berichte) auch als Wir-Rede wie auch als Ich-Rede gelesen werden können[161], wäre zu problematisieren.

Der gesamte Sachverhalt – Wechsel von der Er-Rede in die Wir-Rede Gottes (u. v. v.), ferner der Einsatz von Ich-Reden Gottes sowie möglicherweise die Verwendung der Wir-Rede einer Zwischeninstanz[162] (Engel, Gabriel) zwischen Gott und dem/den Adressaten[163] – ist also bislang nur unzureichend analysiert worden.

Richter z. B. schreibt am Ende seiner Untersuchung „Der Sprachstil des Koran" (1940) „der Diktion (scil. des Koran) in ihrer Gesamtheit eine eigentümliche und absolut vorbildlose Spannung" zu. „Gott selbst ist es der hier spricht. Und dennoch nicht durchgehends in der Ausgangsstellung des Pluralis majestatis, sondern auch rückweisend wie in Gegenüberstellung zu sich selbst. Gott gibt Zeugnis von sich, aber es wird auch Zeugnis abgelegt über ihn. Es ist als spräche bald die göttliche Autorität, bald der Prophet über Gott und seine Lehre. Dieser Wechsel der Person ist stilistisch betrachtet absolut willkürlich; es läßt sich nicht die geringste literarische Begründung dafür finden; denn nirgendwo fällt dieser Wechsel zwingend mit einem Wechsel der thematischen Komposition oder sonstigen rhetorischen Gruppierungen zusammen. Der Charakter der Rede als subjektive und aus dem Augenblick geprägte Gestalt macht allein diese Erscheinung psychologisch verständlich ... Für die Unausgeglichenheit der Empfindung des Propheten in dieser Beziehung ist es bezeichnend, daß bisweilen selbst innerhalb einzelner Verse die redende Autorität wechselt, ja im Satze selbst. Mehrfach, wenn auch im ganzen selten, ist das persönliche Selbstzeugnis Gottes in die 1. Person Singularis gekleidet. Es mag diese Eigentümlichkeit der Rede eine besondere Würde verliehen haben, wenn das lehrende Wort des Propheten mit dem göttlichen Zuspruch Gottes selbst zu einem feierlichen Dokument höchster, in der menschlichen Sprache ausdrückbarer Offenbarung verschmolz".

Wechsel der Adressaten in bestimmten Texten (vgl. z. B. Sure 17,23–25): Während z. B. Robinson (Discovering the Qur'ān [1996], 254) „summarizes the use of such shifts as ‚characteristic of the Qur'ānic discourse'", lese er selbst „such shifts as characteristic of rushed composition, compilation and editing of the text. Shifts have, of course, *become* ‚characteristic of Qur'ānic discourse', but that is just to say that people have characterized Qur'ānic discourse that way and it is of no significance in my view".

[161] Vgl. die Hinweise in der Koranausgabe von Bubenheim/Elyas (2002) z. B. zu Sure 48,10 (Anm. 1: „Andere Lesart: dem werden Wir ... geben" anstelle von „dem wird Er großartigen Lohn geben"); s. a. Khoury, Der Koran. Arabisch-Deutsch 4 (1993), z. B. zu 3,57; so auch zu 3,57 Bobzin, Der Koran (2010), 632.

[162] Sehr oft ist eine eindeutige Bestimmung schwierig; Richter (Sprachstil [1940], 22) konstatiert z. B. im Blick auf hymnische Passagen wie z. B. 80,25–32, hier spreche „Gott selbst im Lobe über sein eigenes Werk bzw. der göttliche Bote (jedenfalls hören wir hier die Stimme der höchsten Autorität in pathetischer Selbstdarstellung)". – Zur Vorstellung der Engel als Mittler- oder Zwischeninstanz zwischen Gott und der Menschenwelt vgl. z. B. Sure 3,38 ff.; vgl. weiterhin die wichtige Stelle 42,51: „Und es steht keinem menschlichen Wesen zu, daß Gott zu ihm spricht, außer durch Eingebung ... oder er sendet einen Boten, der dann mit seiner Erlaubnis eingibt (offenbart), was er will".

[163] Vgl. dazu Sure 2,97 f.; zu Einzelheiten vgl. unten bei Anm. 222.

Meines Erachtens ist als Erklärung der von Richter treffend umrissenen Textkonstellationen im Koran der Verweis auf „die Unausgeglichenheit der Empfindung des Propheten" wenig erhellend und kurzschlüssig; kurzschlüssig deswegen, weil zu wenig die Möglichkeit von Texteingriffen und Bearbeitungen in schon literarisch fixierten Textfolgen und Suren in Betracht gezogen wird.

Wie oben belegt wurde[164], ist für atl. Prophetenbücher und besonders im Qumran-Schrifttum (Tempelrolle) eindeutig eine Tendenz erkennbar, vorgegebenes Textgut redaktionell als Gottesrede zu kennzeichnen bzw. umzuformulieren und damit die Unmittelbarkeit der Offenbarung sicherzustellen, also die „Offenbarungsqualität" der Aussagen zu steigern. Ob und in welchem Maße im Entstehungsprozess des Korans ähnliche Tendenzen eine Rolle gespielt und zu redaktioneller Textbearbeitung geführt haben, ist eine naheliegende Erwägung.

Da umfassende Untersuchungen zu den Hintergründen für die Entstehung der angesprochenen komplizierten Textverhältnisse wegen der aufwendigen Analysen letztlich nur in umfangreichen monographischen Spezialstudien zu leisten sind, kann hier im Folgenden lediglich beispielartig sondiert und angedeutet werden, welche Anliegen mit der Einführung von Wir-Rede in Er-Berichte sowie mit der Einschaltung von Ich-Rede Gottes in Wir-Reden (bzw. auch Er-Berichte) verfolgt wurden.

Zu fragen ist zunächst, welche Motive im Spiel gewesen sein könnten, Gottesreden im Koran neben der Form der Wir-Rede auch als Ich-Rede Gottes zu formulieren. Lässt sich zeigen, warum die Formulierung von Aussagen in der Ich-Rede gegenüber der in der Wir-Rede eher angebracht erschien bzw. für angemessener gehalten wurde, bzw. in welchen Kontexten die Ich-Rede Gottes hervorgehoben wird und in welchem Verhältnis sie zur Wir-Rede zu sehen ist?

2.2 Ich-Rede Gottes und Wir-Rede – Zum Textbefund

Die nicht ganz unkomplizierte Erfassung der Belegstellen für Ich-Rede Gottes[165] ergibt folgende Auflistungen:

a) 2,30–33.38.40–47.122.124–126.150.152.160.186.197; 3,55.56.81.175.195; 5,3.12. 44.110f.115; 6,130.153; 7,18.22.35.143–146.172.183; 8,9.12; 11,37.46.119; 13,32; 14,7. 14.31; 15,28f.42.49.50; 16,2.27.51; 17,53.65; 18,50b.51.52.56.101.102.106; 19,9.21; 20,12–15.39.41.42.46.77.81f.123f.; 21,25.37.92.105; 22,26.44.48; 23,27.51f.66.105.108–

---

[164] Vgl. bei Anm. 120.
[165] In mehreren Texten (vgl. z. B. 6,153; 39,53; 81,15 u. 69,38; 61,10; 84,16) ist unklar, ob hier das Ich Mohammeds oder Gottes vor Augen steht. – Belege für Ich-Rede Mohammeds: 3,20.15.31; 6,14–19.50.56–58.90.104.145.151.153.161–164; 7,33.187.188–196.203; 10,16.20.102.104; 11,2–4.35; 13,30; 15,89; 17,93.96; 18,23f.83.109f.; 21,24.45.108f.112; 22,49; 23,93f.97f.118; 25,57.77; 26,216; 27,91f.; 28,85; 29,50.52; 31,11; 34,46ff.; 35,40; 38,65.70; 39,10.11–14.38f.53.64; 40,66; 41,6.13; 42,10; 46,4.8f.; 49,17; 51,50f.; 52,31; 61,10; 67,26.28; 70,40; 72,20–22.25; 92,14; 109,2–6; 113,1; 114,1.

111; 24,55; 25,17; 26,52.221; 27,9–11.84; 28,30.62.74; 29,8.23.56; 31,14.15; 32,13; 34,13.
45; 35,26; 36,60 f.; 38,8.14.71 f.75.78.84 f.; 39,16.17.59; 40,5.60; 41,47; 43,29; 44,23; 45,31;
50,14.28 f.45; 51,56 f.59; 54,16.18.21.30.37.39; 56,75; 58,21; 60,1; 67,17 f.; 68,44 f.; 69,38;
73,11; 74,11–15.17.26; 75,1 f.; 77,39; 81,15; 84,16; 86,16; 89,29 f.; 90,1; 92,14.

b) Größere Textanteile der Ich-Rede Gottes im näheren oder weiteren Kontext von Wir-Reden lassen sich demnach besonders in den Suren 2 f.; 5 bis 8 beobachten, dann sporadischer in den Suren 11; 13 bis 17, dann wieder gehäufter in den Suren 18; 19; 20 bis 23; 38; 39; 50; 54.

c) Die Suren 4; 9; 10; 12; 30; 33; 37; 42; 46–49; 52; 53; 55–59; 63–66; 70–72; 76; 78; 80; 83; 87 f.; 90; 92; 94–97; 108 kommen völlig ohne Ich-Rede Gottes aus, enthalten aber Wir-Rede.

d) In zahlreichen Suren ist Wir-Rede lediglich in einem bis höchstens drei Versen belegt; in einigen davon begegnet dabei auch die Ich-Rede (vgl. jeweils die Klammer): 8,3.31.54 (V. 9.12.); 9,101; 24,1.34.46 (V. 55); 47,13.30 f.; 49,13; 52,20–22.48; 53,29; 55,31; 57,17.22.25–27; 58,5; 59,21; 61,14 (V. 10 prophet. Ich?); 63,10; 64,8.10; 65,8.11 (Lesart?); 66,10.12; 67,5 (17 f.); 70,7.39.(40a?).40b.41; 71,1; 72,16 f.; 73,5.15 f.; 74,16.31; 80,25 f.; 83,13; 87,6–8; 88,25 f.; 95,4 f.; 96,15.18.

e) In folgenden Suren wird die Ich-Rede Gottes lediglich ein- bis dreimal eingesetzt: 6,130.153; 8,9.12; 11,37.46.119; 13,32; 14,7.14.31; 16,2.27.51; 17,53.86; 19,9.21; 24,55; 25,17; 26,52.221; 27,9–11.84; 28,30.62.74; 29,8.23.56; 31,14.15; 32,13; 34,13.45; 35,26.40(?); 36,60 f.; 39,16.17.59; 40,5.60; 41,47; 43,29; 44,23; 45,31; 51,56 f.59; 60,1; 61,10(?); 67,17.18; 68,44.45; 69,38; 73,11; 75,1.2(?); 77,39; 81,15; 84,16(?); 86,16; 89,29 f.; 90,1; 92,14.

f) Weder Ich-Reden noch Wir-Reden sind in den Suren 62; 79; 81; 82; 84 (V. 16 prophet. Ich?); 85; 91; 93; 98–107; 109–114 enthalten.

2.3 Ich-Rede Gottes in ihren Kontexten

2.3.1 Vorsortierung

Auffällig ist, dass sehr häufig die berichtende, referierende Wir-Rede in die Ich-Rede Gottes wechselt, sobald konkrete Personen wie auch Gruppierungen in direkter Anrede (2. Pers. singl. od. plur.) angesprochen werden und von einem direkten Agieren Gottes an ihnen oder von Aufforderungen Gottes an sie die Rede ist.

So wird Abraham in 2,124 von Gott zugesprochen: „Er sagte: ‚Ich will dich zu einem Vorbild für die Menschen machen' …"[166]; in 2,125 heißt es: „Und als wir das

---

[166] Vgl. 21,73: „Und wir machten sie zu Vorbildern, die nach unserem Befehl leiteten."

Haus zu einem Ort der Einkehr für die Menschen ... machten ... Und wir verpflichteten Ibrahim und Isma'il: ,Reinigt mein Haus ...'"[167].

In 7,143 wird im Wir-Bericht Gottes (vgl. 7,103 ff.) das Zitat der an Mose gerichteten Ich-Rede ohne Überleitung mitgeteilt: „Du wirst mich nicht sehen ... dann wirst du mich sehen". Nach Moses Reaktion „Preis sei dir ..." (7,143Ende) spricht Gott (7,144): „O Mose, ich habe dich durch meine Botschaften und mein Gespräch vor den Menschen ausgewählt. So nimm, was ich dir gegeben habe ..."

In 20,39 zitiert Gott in seiner an Mose gerichteten Wir-Rede (vgl. 20,37 f.)[168] seine einst an Moses Mutter gerichtete Ich-Rede („Wirf ihn in den Kasten ..., so daß ihn ein Feind von mir ... aufnimmt"), woran sich dann direkt die Anrede an Mose ebenfalls in der Ich-Rede anschließt: „Und ich habe auf dich Liebe von mir gelegt ..." 20,40 geht wieder über zur Wir-Rede („So gaben wir dich deiner Mutter wieder ..."), wogegen sich Gott gleich anschließend in 20,41 wieder in der Ich-Rede an Mose wendet.[169]

Für an bestimmte Gruppierungen (2. Pers. plur.) gerichtete Ich-Rede Gottes seien folgende Beispiele genannt: In 2,150 wird Mohammed mit seinen Anhängern ermahnt: „So fürchtet nicht sie, sondern fürchtet mich. Und damit ich meine Gunst an euch vollende ..."; in 2,152 heißt es: „Gedenkt meiner (vgl. aber 2,200.203: „... gedenkt Gottes ..."), so gedenke ich euer. Seid mir dankbar ..." Ich-Rede an die Adresse der Engel findet sich z.B. in 2,30 sowie in 38,71.72 („... ich werde ein menschliches Wesen erschaffen, ... von meinem Geist"); an die „Kinder Israel" gerichtet heißt es in 2,40 (vgl. so auch 2,47; 2,122): „O Kinder Israel, gedenkt meiner Gunst, die ich euch erwiesen habe ..."; in 5,12 sagt Gott: „Ich bin mit euch ..., werde ich euch ganz gewiß eure bösen Taten tilgen"[170]. Sure 60,1 formuliert: „O die ihr glaubt, nehmt nicht meine Feinde und eure Feinde zu Schutzherren ... weil ihr an Gott, euren Herrn glaubt ... auf meinem Weg ... wo ich doch besser weiß ..."[171]. 39,16 f. spricht Gott: „O meine Diener, fürchtet

---

[167] Vgl. dazu Sure 22,26, wo Abraham ebenfalls direkt von Gott angesprochen wird: „... und reinige mein Haus ...".

[168] Die Passage 20,37–40 dürfte als ergänzender Nachtrag zu werten sein, da sie den Zusammenhang der Ausführungen Gottes zu Mose und Aaron unterbricht.

[169] Vgl. zu weiteren Beispielen der direkten Anrede Gottes an Einzelpersonen: Noah (vgl. 11,46: „So bitte mich nicht ..."; vgl. 23,27: „... und sprich mich nicht an ..."); Zacharias (vgl. 19,9: „Das ist mir ein Leichtes ... auch dich habe ich erschaffen"); Maria (vgl. 19,21: „... das ist mir ein Leichtes, und damit wir ihn zu einem Zeichen für die Menschen und zu einer Barmherzigkeit von uns machen"); Jesus (vgl. z.B. in 3,55.56: „... ich werde dich abberufen und dich zu mir emporheben ..."); und auch Mohammed (vgl. z.B. in 2,186 die Zusage: „Und wenn dich meine Diener nach mir fragen, so bin ich nahe ...").

[170] Vgl. anders 29,7: „Denjenigen, die glauben und rechtschaffene Werke tun, werden wir ganz gewiß ihre bösen Taten tilgen"; es bleibt hier also bei der in 29,3 ff. einsetzenden Wir-Rede, weil keine direkte und spezifische Anrede angezeigt ist; zur entsprechenden Er-Rede vgl. z.B. 47,2; 39,35; 64,9; 48,5; 65,5, wo weiterhin in der Er-Rede formuliert ist.

[171] Vgl. dagegen 60,13: „O die ihr glaubt, nehmt nicht Leute zu Schutzherren, denen Gott zürnt ..."

mich also. (17) ... so verkünde frohe Botschaft meinen Dienern". 45,31 richtet sich an die Ungläubigen: „Sind euch meine Zeichen nicht stets verlesen worden?"[172].

Dass in zahlreichen Fällen ein Wechsel aus der Wir-Rede in die Ich-Rede zu beobachten ist, bzw. der Ich-Rede Vorzug gegeben wird, lässt sich kaum generell mit einem Verweis auf den „wie bekannt sprunghaften Stil des Qorāns"[173] erklären. Für die soeben aufgelisteten Beispiele dürfte das Anliegen eine Rolle gespielt haben, auf diese Weise auszuschließen, dass bestimmte, an eine 2. Pers. singl. oder plur. adressierte Aussagen mit der 1. Pers. plur. als Gottesrede (z.B. „dient uns", „wir erschaffen", „fürchtet uns" u.Ä.) die Vorstellung noch weiterer neben Gott agierender Größen bzw. „Teilhaber" (vgl. 13,33: šurakā'a) implizieren könnten[174].

Inwieweit und wo schon im ältesten koranischen Traditionsgut die Ich-Rede Gottes eine Rolle gespielt hat, ist kaum sicher zu erheben[175]. Man wird aber davon ausgehen können, dass Ich-Rede Gottes in zahlreichen Passagen auch ursprünglich verankert ist.

Diese bisherigen Beobachtungen und Erwägungen bedeuten, dass für die Aufhellung der Funktion von einer Ich-Rede Gottes im Vergleich zur Wir-Rede folglich besonders jene Passagen zu analysieren sind, in denen die Ich-Rede Gottes ohne konkrete Adresse (Anrede in der 2 Pers. singl. oder plur.) verwendet ist.

Besonders Vergleiche mit mehr oder weniger wörtlich identischen Parallelaussagen (seien sie als Er-Bericht über Gottes Wirken und Planen formuliert oder als Selbstrede Gottes in der Wir-Rede) dürften Einsichten ermöglichen, ob und in welchen Fällen der göttlichen Ich-Rede eine bestimmte Funktion und ein besonderer Stellenwert zukommen.

Ferner sind für eine Durchsicht der Ich-Reden und ihre Analysen gerade Textstellen interessant, die zugleich als eindeutig nachträgliche Einschübe[176] einer Ich-Rede Gottes gelten müssen, weil sie zusätzliche Akzente setzen, korrigieren etc. und zugleich vorgegebene Textfolgen deutlicher als Gottesrede kenntlich machen.

---

[172] Vgl. 23,66: „Meine Zeichen wurden euch bereits verlesen ..."; anders 31,7: „Und wenn ihm unsere Zeichen verlesen werden ...".
[173] GdQ I, 154.
[174] Allerdings sind auch Passagen von Wir-Rede zu beachten, die beim Übergang in eine direkte Anrede in der Wir-Rede fortfahren wie z.B. 18,47f.: „... und am Tage, da wir sie versammeln und nicht einen von ihnen auslassen, (48) und sie deinem Herrn in Reihen vorgeführt werden: ‚Nun seid ihr einzeln zu uns gekommen, wie wir euch das erste Mal erschaffen haben ...'." (vgl. 6,94).
[175] Vgl. immerhin die als sehr alt eingestuften Aussagen in Sure 74,11–15.17: „Lasse mich, mit wem ich allein erschaffen habe ..."; Sure 74,26: „Ich werde ihn der Saqar aussetzen ...".
[176] Zu methodischen Fragen bzw. Kriterien der Identifizierung von Einschüben vgl. Sinais Hinweise (Fortschreibung [2009], 157, Anm. 8); vgl. dazu oben das Zitat vor Anm. 151.

2.3.2 Analysen zur Frage von Stellenwert und Funktion der Ich-Rede

Beispiel Sure 2

Während in Sure 2,1–159 sehr häufig Wir-Rede Gottes[177] verwendet ist[178], ist das in der zweiten Hälfte der Sure[179] ab 2,160 bis 2,286 (Ende der Sure) nur noch in 2,172[180] und 2,252–254 der Fall; alles Übrige ist Er-Rede (über Gott). Immerhin ist in 2,160; 2,186 und 2,197 jeweils noch Ich-Rede Gottes zu lesen. Damit steht man aber zugleich vor der Frage, aus welchen Gründen diese drei Verse hier nicht mehr in der Wir-Rede wie zuvor in 2,1–159 oder aber in der Er-Aussage (über Gott) dem Kontext (2,161 ff.) entsprechend formuliert sind.

2,160: „… die bereuen und verbessern und klar machen. Ihre Reue nehme ich an, ich bin ja der Reue-Annehmende und Barmherzige"[181].

Dieser Vers trägt im direkten Anschluss (vgl. *illā* als Markierung für einen Nachtrag!) an die Aussage der vorausgehenden Wir-Rede (V. 159: „Diejenigen, die verheimlichen, was wir an klaren Beweisen … hinabgesandt haben …, die wird Gott verfluchen, und es werden sie [alle] verfluchen, die verfluchen [können]") eine Klarstellung nach; denn war in V. 159 Gottes Verfluchung einer bestimmten Gruppierung hervorgehoben, so verweist V. 160 auf eine Ausnahmeregelung. Dass dafür die Ich-Rede Gottes gewählt ist, ist nicht nur im Blick auf den näheren Kontext auffällig; zu beachten ist auch, dass im sprachlich und thematisch eng verwandten Abschnitt 3,87–91[182] die Ich-Rede Gottes nicht verwendet ist[183]. 2,160b „ich bin ja der Reue-Annehmende und Barmherzige" stellt in jedem Fall eine pointierte Umsetzung von „Gott ist Reue-Annehmend (*tawwāb*) und barmherzig" (vgl. z. B. 2,37 u. 54: „Er ist …") in eine Selbstrede Gottes dar. Die Aussage in 2,161 „Diejenigen aber, die ungläubig sind und als Ungläubige sterben, auf ihnen liegt der Fluch Gottes und der Engel und der Menschen allesamt" und die darin deutlich erkennbare Wiederanknüpfung an das Thema „Fluch" in 2,159 („… die wird Gott verfluchen, und es werden sie [alle] verfluchen, die verfluchen [können]")[184]

---

[177] Allerdings ist Wir-Rede im engen Kontext von Er-Aussagen über Gott auch als Wir-Rede der Engel denkbar; vgl. 2,106.143 f.155.

[178] Vgl. die Verse 3.23.34–36.38.49–52.56–60.63.65 f.73.83 f. 87.93.99.106.118 f.121.125.130.143 f. 146.151.155.159. – Zur Ich-Rede in 2,1–159 vgl. 2,30–33.38.40–47.40(par. 16,51).47(par. zu 122).122.124–126.150.152.

[179] D. h. umgerechnet auf Druckseiten: von insgesamt 49 Seiten die letzten 25!

[180] Vgl. dazu ähnlich 2,57; 7,160; 20,81 (Mose-Erzählung).

[181] Paret übersetzt: „… die umkehren … ihnen wende ich mich zu … ich bin der Gnädige …".

[182] Vgl. die weithin wörtlichen Übereinstimmungen zwischen 2,161 f. und 3,87 f.91 sowie zwischen 2,160 und 3,89 (Erwähnung Gottes jeweils in der 3. Pers.). Bemerkenswert ist auch, dass 2,160 das „allvergebend" (*ghafūr*) in 3,89 (vgl. 24,5 u. ö.) wohl unter dem Einfluss von 2,37 in (Reue annehmend/sich gnädig zuwendend = *tawwāb*; vgl. auch 2,54Ende) ändert.

[183] Auch in den übrigen 2,160 vergleichbaren Aussagen (vgl. 24,5; 4,16 f.146; 5,39; 7,153; 6,54; 16,119) taucht nirgends die Ich-Rede auf.

[184] 2,161 mit „der Fluch Gottes und der Engel und der Menschen allesamt" ist unverkennbar eine Epexegese zu 2,159!

sind ein weiterer Beleg (neben *illā*) dafür, dass 2,160 als ein nachträglicher Einschub hinter die hier vorgegebene Wir-Rede konzipiert worden ist[185].

2,186: „Und wenn dich meine Diener nach mir fragen, so bin ich nahe. Ich erhöre den Ruf des Bittenden, wenn er mich anruft. So sollen sie nun auf mich hören und an mich glauben, auf daß sie besonnen handeln mögen".

Zu der Abfolge von Aussagen und Anweisungen zu sozialen und rituellen Angelegenheiten (Fasten im Monat Ramadan), die sich an die Adresse der Gläubigen (vgl. 2,183 die Anrede in der 2. Pers. plur.) richten und in denen Gott nicht als Sprecher fungiert[186], steht die plötzlich in 2,186 einsetzende Ich-Rede Gottes nicht nur hinsichtlich ihrer Form, sondern auch ihrer Thematik wegen (Gottes Zusicherung seiner Nähe zu seinen Dienern und dass er den Bittenden erhört etc.) in auffälliger Spannung. Denn die sich hier an eine in der 2. Pers. singl. vorgestellte Adresse (also den Propheten) wendende Ich-Rede Gottes richtet nicht nur das Augenmerk auf einen zusätzlichen, die Kontextaussagen ergänzenden Gesichtspunkt[187]; sie signalisiert auch zugleich, dass Gott zu seinem Gesandten direkt gesprochen hat. Der in Ich-Rede Gottes formulierte Vers ist zweifellos ein späterer Einschub[188].

Fazit zu Sure 2,160 und 2,186: Am Beispiel dieser beiden als Ich-Rede Gottes konzipierten sekundären Einschubtexte lässt sich belegen, dass das Neben- bzw. Nacheinander von Wir-Rede und Ich-Rede Gottes in bestimmten Fällen aus dem Verfahren resultiert, vorgegebene Textfolgen zu korrigieren (2,160) bzw. zu ergänzen (2,186). Dass hier entsprechende Korrekturen oder Ergänzungen offensichtlich betont in der Ich-Rede Gottes formuliert sind und nicht als Aussage über Gott auf die Er-Reden des Kontextes abgestimmt sind, hängt m. E. mit dem Anliegen zusammen, auf diese Weise für das jeweils vorgegebene Textgut deutlicher Gott selbst als Sprecher in den Blick zu rücken, also Texte als direkt von Gott hergeleitet auszuzeichnen und damit ihre Offenbarungsqualität hervorzuheben[189].

---

[185] Auch hier trifft also zu: „Textergänzungen, sei es mit dem Ziel zusätzlicher Erläuterung, sei es, um eine Akzentverschiebung oder eine Korrektur am vorgegebenen Textgut anzubringen, sind häufig nach dem ‚Prinzip der Wiederaufnahme' vorgenommen worden" (vgl. dazu im Blick auf atl. Textverhältnisse oben bei Anm. 116; vgl. ferner unten nach Anm. 241).

[186] Vgl. 2,173–185.187 ff.: Von Gott ist jeweils in der 3. Pers. die Rede.

[187] Ergänzt werden sollen offensichtlich die Vorschriften (V. 183: *kutiba*) zum Fasten dahingehend, dass es dabei auf die Gebetsorientierung hin zu Gott ankommt; vgl. zu 2,186 auch Neuwirth, Meccan Texts (2004), 87: „… an instruction that sounds like an indirect exhortation to utter prayers, perhaps similar to those of the Jewish service …".

[188] Für Neuwirth handelt es sich um einen „Vers, der unter die Ramadan-Gesetzgebungen Q 2:183–187 eingefügt ist"; vgl. Der Koran als Text der Spätantike (2010), 386.

[189] Diese Schlussfolgerungen gelten auch für die Ich-Rede Gottes in 2,197 (innerhalb der Er-Rede über Gott): „… Und was ihr an Gutem tut, Gott weiß es. Und versorgt euch mit Reisevorrat, doch der beste Vorrat ist die Gottesfurcht. Und fürchtet mich, o die ihr Verstand besitzt"; ferner: 2,150 „So fürchtet nicht sie, sondern fürchtet mich"; 2,152 „Gedenkt meiner, so gedenke ich euer (vgl. „gedenkt seiner" als Er-Rede in 2,198 und „gedenkt Gottes" in 2,200). Seid mir dankbar und seid nicht undankbar gegen mich" (als Er-Rede vgl. 2,172 „seid Gott dankbar"; s. a. 16,114).

Beispiel Sure 7
Zu beachten ist, dass in Sure 7 bis 7,182 auffällig häufig Wir-Rede verwendet ist. Nach 7,182 („Diejenigen aber, die unsere Zeichen für Lüge erklären, werden wir stufenweise näher bringen, wovon sie nicht wissen") formuliert dann 7,183 in der Ich-Rede:

„Und ich gewähre ihnen Aufschub. Gewiß, meine List ist fest"[190]. Die nach 7,183 bis zum Ende der Sure (V. 206) folgenden Aussagen sind explizit weder als Wir-Rede noch Ich-Rede Gottes konzipiert[191].

Der Beleg einer 7,183 entsprechenden Aussage in der Wir-Rede in 3,178 („wir gewähren ihnen Aufschub") zeigt, dass in 7,183 die Ich-Rede bewusst anstelle der Wir-Rede gewählt ist! Die Wahl der Ich-Rede betont deutlicher als die Wir-Rede, dass für die anschließenden Verse Gott selbst als Sprecher gilt. Vermeidung und Austausch der Wir-Rede durch Ich-Rede in späteren Einschubtexten kann m. E. nur den Grund haben, zu signalisieren, dass hier nicht eine Zwischeninstanz wie Gabriel oder die Engel als Sprecher fungiert[192].

Beispiel Sure 29
Innerhalb der Wir-Rede 29,3–9 findet in V. 8 ein Wechsel aus der Wir-Rede (Gottes? oder der Engel?) über Gott in die Ich-Rede Gottes statt.

29,8: „Und wir haben dem Menschen anbefohlen, seine Eltern mit Güte zu behandeln. Wenn sie sich aber bemühen, daß du[193] mir das beigesellst, wovon du kein Wissen hast, dann gehorche ihnen nicht. Zu mir wird eure Rückkehr[194] sein, da werde ich euch kundtun, was ihr zu tun pflegtet".

29,8 ist ohne Frage ein späterer Einschub[195]. Für diese Einschätzung sprechen zum einen der mit diesem Vers verbundene Themenwechsel und der plötzliche Übergang in die Ich-Rede[196]; denn die Aussage „Zu mir wird eure Rückkehr sein, da werde ich …"

---

[190] Vgl. zur Parallele 68,44f. unten bei Anm. 200; zur Formulierung „ich gewähre Aufschub" vgl. sonst noch: 13,32; 22,44.48; 68,45. – Sonst zum Thema „List" vgl. 7,195: „… schmiedet eure List gegen mich und gewährt mir keinen Aufschub" (wegen *qul* Ich-Rede Mohammeds); vgl. Hud in 11,55: „So schmiedet alle gegen mich eure List und gewährt mir hierauf keinen Aufschub"; 52,46 „dem Tag, da ihre List ihnen nichts nützen … wird" (an Mohammed gerichtet); 77,39: „Wenn ihr also eine List habt, so führt sie gegen mich aus" (so die Fortsetzung der vorausgehenden Wir-Rede Gottes 77,38).

[191] In 7,187f.195f.203 ist Mohammed selbst zur Ich-Rede aufgefordert (vgl. *qul*).

[192] Vgl. dazu unten (bei Anm. 220) Watts These zu den „Wir-Reden" im Koran.

[193] Diese Anrede 2. Pers. singl. dürfte kaum speziell auf Mohammed zielen.

[194] Khoury (Der Koran. Arabisch-Deutsch 10, 388) verweist auf die Ibn Mas'ud (zu ihm vgl. z. B. GdQ II, 28; III, 60ff.) zugeschriebene Variante: „Zu uns wird dann eure Rückkehr sein, dann wird jeder Seele kundgetan …".

[195] Vgl. auch die Parallele zu 29,8 in 31,(14)15, wo die Ich-Rede Gottes ganz eindeutig erst sekundär in die Luqman-Passage (31,12–19) eingearbeitet worden ist; vgl. so auch Khoury, Der Koran (2004), z. St.

[196] Für Neuwirth stellt Sure 29 „formal ein – nur ein einziges Mal (Vers 8) unterbrochenes – Zwiegespräch zwischen Gott und Verkünder" dar; vgl. Der Koran als Text der Spätantike (2010), 377.

wäre auch, wie mit 10,23 und 31,23 zu belegen ist, als Wir-Rede möglich gewesen[197]. Zum anderen ist hier deutlich die literarische Technik erkennbar, einen Zusatz nach dem „Prinzip der Wiederaufnahme" einzuarbeiten[198].

Weitere Ich-Rede Gottes findet sich in dieser Sure nur noch in 29,23 („Hoffnung auf meine Barmherzigkeit") und 29,56 („O meine Diener, ... meine Erde ist weit. So dient mir, ja, allein mir"). Auch diese beiden Verse wirken im Blick auf ihr Aussageanliegen und zumal angesichts der sonst eindeutig überwiegenden Wir-Reden[199] als spätere Einschübe, die wie 29,8 eindeutiger als die Wir-Reden Gott selbst als Sprecher in den Blick rücken.

Beispiel Sure 68
In Sure 68[200] werden mit der Ich-Rede in V. 44 „Lasse mich allein mit demjenigen, der diese Kunde für Lüge erklärt. Wir werden sie stufenweise näher bringen, wovon sie nicht wissen" und V. 45 „Und ich gewähre ihnen Aufschub. Gewiß, meine List ist fest"[201] die in 68,46–52 folgenden Worte an den Gesandten auch als direkte Gottesrede ausgerichtet. Die Wir-Rede in 68,44Ende sowie die Aussagen in V. 46–52 können von daher nicht als Worte lediglich der Engel[202] wahrgenommen werden.

Beispiel Sure 14
14,14: In diesem Vers fällt der plötzliche Übergang von einer Wir-Rede[203] in die Ich-Rede Gottes auf: V. 14a „Und wir werden euch ganz gewiß nach ihnen das Land bewohnen lassen. V. 14b Dies für denjenigen, der meinen Stand fürchtet und meine Androhung fürchtet"[204].

Die Ich-Rede „der meinen Stand fürchtet" findet sich nur hier. Belegt ist sonst in 55,46: „Für jemanden aber, der den Stand seines Herrn fürchtet, wird es zwei Gärten geben ..."[205]; in 79,40 (nirgends Wir-Rede) heißt es: „Was aber jemanden angeht, der den Stand seines Herrn gefürchtet und seiner Seele die Neigungen untersagt hat, ... der

---

[197] Zur Formulierung in der Er-Rede vgl. z. B. 6,60: „Er ist es ... Hierauf wird eure Rückkehr zu ihm sein, und hierauf wird er euch kundtun, was ihr zu tun pflegtet" (ferner, 39,7; 5,105); in 6,108 geht die Wir-Rede direkt in die Er-Rede über.
[198] Im Fall von 29,7 und 29,9 ist klar, dass V. 9 die ältere vorgegebene Aussage darstellt: „Diejenigen, die glauben und rechtschaffene Werke tun, lassen wir in die Reihen der Rechtschaffenen eingehen"; der Interpolator von V. 8 nimmt diese Aussage in V. 7 vorweg, um sie zu spezifizieren („Denjenigen, die glauben und rechtschaffene Werke tun, werden wir ganz gewiß ihre bösen Taten tilgen ..."), woraufhin der ältere V. 9 nach der eingeschobenen Aussage von V. 8 als Wiederaufnahme fungiert; vgl. dazu auch die Hinweise unten bei Anm. 243.
[199] Vgl. jeweils Wir-Rede in 29,3 f.7.8a.9.14 f.27.31.33.35.40.43.47.51.57 f.66 f.69.
[200] Wir-Rede in 68,15–17.35–39.44
[201] Vgl. zur Parallele 7,183 oben nach Anm. 189.
[202] Vgl. hierzu unten bei Anm. 220.
[203] Vgl. Wir-Rede sonst in dieser Sure in 14,1.4.5.13.14a.31.45.
[204] Vgl. 50,45 (Schlussvers) „... wer meine Androhung fürchtet".
[205] Wir-Rede findet sich in Sure 55 nur in V. 31.

Garten wird Zufluchtsort sein" (V. 41). An diesen beiden Textstellen wird also vermerkt, dass das mit der Wendung „den Stand seines Herrn fürchten" umschriebene Verhalten eschatologisch den „Garten", also das Paradies, zu Folge haben soll.

In 14,13.14a wird festgehalten: Generell galt und gilt für alle Gesandten Gottes (vgl. 14,9ff.) die Zusage, dass ihre Gegner, die „ungläubig waren", bzw. die „Ungerechten" (V. 13) mit ihrer Drohung der Vertreibung aus dem Land nicht durchkommen, Gott vielmehr nach ihnen die Gesandten und die Gläubigen das Land bewohnen lässt (14a). Die anschließende erste Hälfte der Ich-Rede betont offensichtlich ergänzend, dass das Wohnen im Lande generell davon abhängt, ob man Gottes „Stand" *(maqām*[206]*)* fürchtet. „Gottes Stand fürchten" soll also hier nicht erst für den Ausgang am Tag der Abrechnung ausschlaggebend sein (so in 55,56; 79,40f.), sondern auch für Erfolg oder Misserfolg in der jeweils eigenen Gegenwart. Auf dieser Linie liegt auch die Weiterführung der Ich-Rede mit der Wendung „und (der) meine Androhung fürchtet", die sonst so nur noch im Schlussvers von Sure 50 (V. 45) zu lesen ist.

14,14b erweist sich somit a) als auffällige Ich-Rede und b) als Kombination zweier sonst unabhängig voneinander eingesetzten Wendungen, ist also im jetzigen Kontext als Ergebnis einer sekundären redaktionellen Bearbeitung[207] zu werten.

Beispiel Sure 60

60,1 setzt ein mit einer Ich-Rede Gottes „O die ihr glaubt, nehmt nicht meine Feinde und eure Feinde zu Schutzherren, indem ihr ihnen Zuneigung entgegenbringt, wo sie doch das verleugnen, was von der Wahrheit zu euch gekommen ist, und den Gesandten und euch selbst vertreiben, weil ihr an Gott, euren Herrn glaubt ... auf meinem Weg ... wo ich doch besser weiß ..." Im Schlussvers 60,13 liest man „O die ihr glaubt, nehmt nicht Leute zu Schutzherren, denen Gott zürnt[208]. Sie haben ja die Hoffnung auf das Jenseits aufgegeben, so wie die Ungläubigen die Hoffnung ... aufgegeben haben".

Die Gegenüberstellung beider Verse ergibt, dass 60,1 die Umsetzung von 60,13 in eine Ich-Rede darstellt, zugleich verbunden mit Akzentverschiebungen und Verdeutlichungen gegenüber 60,13. Außerdem zeigt der Vergleich mit sonstigen Warnungen vor sog. „Schutzherren" (4,139; 144; 9,23; 4,89; 8,72ff.; 4,89; 5,51.55ff.), dass außer in 60,1 darin sonst nirgends in der Ich-Rede formuliert wird. Nach allem ist deutlich, dass 60,1 als redaktionell konzipierter Text zu werten ist, der zumal auch im Blick auf seine Anfangsposition für alle folgenden Aussagen der Sure (nirgends sonst Gottesrede) eine engere Verbindung zu Gott konstruiert.

Redaktionell eingeschaltete Ich-Rede ist m.E. auch jeweils im Fall von Sure 86,16 und 89,29f. (beide Suren ohne Wir-Rede) zu veranschlagen. In beiden Fällen wird erst

---

[206] Die genaue Bedeutung ist umstritten; Paret erwägt: „Gottes Auftreten beim Gericht" (vgl. Paret, Übersetzung, z.St., vgl. ferner ders., Komm., z.St.).
[207] Ein Blick auf 7,88 (Thema „Vertreibung" etc. par. zu 14,13) und die dortige Weiterführung macht deutlich, inwiefern 14,14 zusätzliche Aspekte einträgt.
[208] Vgl. ähnlich 58,14a.

auf Grund dieser die Sure jeweils abschließenden Verse deutlich, dass Gott selbst als Sprecher vorzustellen ist.

Beispiel Sure 5,3
Ein Einschubtext in der Form der Ich-Rede liegt auch vor in der zweiten Hälfte des überlangen Verses 3 in Sure 5: „Heute haben diejenigen, die ungläubig sind, hinsichtlich eurer Religion die Hoffnung aufgegeben. So fürchtet nicht sie, sondern fürchtet mich *(fa-la tachšuhum wa-chša'uni)*[209]. Heute habe ich eure Religion vervollkommnet und meine Gunst an euch vollendet, und ich bin mit dem Islam als Religion für euch zufrieden". Die Form der Ich-Rede wie auch das sich vom Kontext abhebende Aussagenanliegen sind eindeutige Indizien für einen nachträglich konzipierten Zusatz[210]. Dass in 5,3 nicht wie im direkten Kontext 5,4; 5,7 für „fürchtet Gott" *wa-taqu (taqā)* eingesetzt ist, sondern *chašiya* (so auch noch 5,44b; 2,150) verwendet ist, ist eine weitere Bestätigung dieser Annahme.

2.3.3 Ergebnis

Erstrebenswert wäre natürlich, den gesamten Bestand von Ich-Reden Gottes genau zu untersuchen und auszuwerten. Aber auch auf der Basis der oben ausgewählten und analysierten Beispieltexte ergaben sich wichtige Einsichten zur Frage nach dem besonderen Stellenwert dieser Form der Gottesrede im Kontext von Er-Berichten und Wir-Reden.

a) Zu beachten ist, dass in zahlreichen Fällen der Übergang aus der Wir-Rede in die Ich-Rede gleichsam theologisch geboten und nicht erst das Ergebnis sekundärer Eingriffe war. Ausschlaggebend dafür war, dass bestimmte, zumal an direkte Adressen (2. Pers. singl. und plur.) gerichtete Aussagen über Gottes Wirken und Fordern in der Weiterführung der Wir-Rede als unpassend empfunden wurden, weil sie so (wie z. B. „dient uns", „wir erschaffen", „fürchtet uns" u. Ä.) Anhaltspunkte für die Vorstellung von weiteren neben Gott agierenden Größen bzw. „Teilhabern" darstellen konnten.

b) Dass eindeutig nachträgliche Einschübe, um zusätzliche Akzente zu setzen, zu korrigieren etc., als Ich-Rede Gottes formuliert wurden, lässt sich mit den obigen Beispieltexten 2,160; 2,186; 14,14 und 60,1 belegen. Solche Einschübe in der Ich-Rede verstärken ohne Frage den für die Er-Berichte ja nur unterstellten Offenbarungscharakter, indem über diese Markierungen die vorgegebene Textfolge deutlicher als Gottesrede vor Augen steht. Damit ist deutlich die Textautorität gegenüber der Berichtsform (Er-Rede über Gottes Wirken und Fordern etc.) gesteigert.

---

[209] Vgl. ähnlich 3,175 *(fa-la tachāfūhum wa-chāfūni)*; Paret (Komm., 86) nimmt an, dass 3,175 „ursprünglich in einem anderen Zusammenhang gestanden hat"; zur 5,3 entsprechenden Er-Rede *(chašiya)* vgl. 9,13.
[210] Zum eindeutigen Einschubcharakter dieser Passage in 5,3 vgl. Paret, Komm., 114; ferner: GdQ I, 118; Ich-Rede sonst in Sure 5 nur noch 5,12.44.110f.115.

c) Für längere Textpassagen ohne Wir- und Ich-Rede wie z. B. in Sure 7,184–206 bewirkt die nachträglich eingearbeitete Ich-Rede Gottes in 7,183, dass in den daran anschließenden Versen bis zum Ende der Sure Gott selbst als Sprecher (und weniger Gabriel od. die Engel) in den Blick rückt. Ebenso signalisiert 29,8 mit dem direkten Übergang aus der Wir-Rede in die Ich-Rede, dass die sonst eindeutig überwiegenden Wir-Reden in Sure 29 nicht lediglich eine Zwischeninstanz, sondern Gott selbst im Blick haben (vgl. auch 68,44 f. im Blick auf den Gesamtkontext).

Da Wir-Reden hin und wieder auch als Reden der Engel bzw. Gabriels (vgl. 2,97 f.; 19,64 f.; 37,164–166[211]) verstanden werden konnten[212], kann allein mittels der Ich-Rede die direkte Herkunft von Gott signalisiert werden.

2.3.4 Folgerungen

Bereits die hier in Auswahl vorgestellten Belege für das Vorkommen eindeutig nachträglicher Einschübe von Ich-Rede Gottes werfen die Frage auf, in welchem Stadium der Korangenese derartige Einschübe zu verorten sind.

Geht man vom traditionellen Modell der Korangenese aus und meint man entsprechend dabei bleiben zu können, dass „der Verkünder selbst es war, der den Texten ihre sprachliche Form und literarische Gestalt gab"[213], so kommen als Zeitrahmen für derartige literarische Konzipierungen von Ich-Reden und ihre Einarbeitung in koranisches Textgut nur die Jahre bis zum Tode Mohammeds in Frage. Für die angenommene Wirkungszeit Mohammeds in Medina (622–632) geht die islamische Überlieferung davon aus, dass in einigen der zuvor in Mekka verkündeten Suren von Mohammed verantwortete medinensische Einschübe zu veranschlagen sind. Man könnte daraufhin erwägen, ob die oben beigebrachten Beispiele für nachträgliche Einschübe von Ich-Rede Gottes mit den sog. medinensischen Einschüben[214] in einem Zusammenhang stehen, bzw. als bislang nicht erkannte medinensische Einschübe von Mohammeds Hand aufzufassen sind[215]. Im Blick auf die Textentwicklungen, wie sie die oben sondierten Einschübe belegen, müsste man dann allerdings unterstellen, dass sich der Offenbarungs-

---

[211] Vgl. dazu Bobzin, Der Koran (2010), 730: „Das ist offensichtlich als eine Aussage der Engel zu verstehen".
[212] Vgl. dazu oben Anm. 162 und unten Anm. 238.
[213] Neuwirth, Der Koran als Text der Spätantike (2010), 44 f.
[214] Vgl. dazu oben bei Anm. 68.
[215] Im Blick auf 29,8 (vgl. oben nach Anm. 192) ergäbe das insofern eine interessante Textkonstellation, als nach den obigen Sondierungen 29,8 eindeutig als sekundär in die vorgegebene Wir-Rede in 29,3 f.7.8a.9. eingearbeiteter Zusatz einzustufen ist. Da nun die Verse 1–11 insgesamt in der mekkanischen Sure 29 nach islamischer Tradition als medinensischer Einschub gelten (vgl. dazu Nagel, Einschübe [1995], 66 f.), müsste man also, bleibt man beim klassischen, überkommenen Modell der Korangenese, annehmen, dass der von Mohammed wie auch immer gestaltete medinensische Einschub 29,1–11 dann noch einmal von ihm oder in seinem Auftrag literarisch überarbeitet wurde und seine jetzige Fassung erst mit Einschaltung von V. 8 erhielt.

empfänger und Verkünder Mohammed zugleich als mit literarischen Techniken der Textüberarbeitung vertrauter Redaktor betätigt hätte. Man müsste sich also vorstellen, Mohammed habe das in seinen eigenen Formulierungen vorliegende koranische Textgut einer späten Revision unterzogen und dabei in sehr alten wie auch sehr jungen Suren, ja sogar in sehr späten Textnachträgen Überarbeitungsbedarf wahrgenommen, da ihm auffiel, dass in zahlreichen Fällen der Offenbarungscharakter, die göttliche Herleitung der Texte, gar nicht oder nicht eindeutig offenkundig erscheinen konnte. Um diesem Mangel abzuhelfen, hätte der Prophet dann selbst eigens Aussagen als Ich-Rede Gottes konzipiert und literarisch geschickt in die fraglichen Texte nachgetragen.

Mit diesem Erklärungsmodell allerdings, dass demnach Mohammed einerseits als der in seiner Gemeinde als der zuverlässig das göttliche Wort vermittelnde Offenbarungsempfänger und Verkünder fungiert, andererseits aber zugleich in der Lage ist, das inzwischen umfangreiche koranische Textgut einer Revision zu unterziehen und literarisch zu bearbeiten, unterstellt man dem Propheten in seiner Gemeinde ein Wirken in einer merkwürdigen, historisch wenig glaubwürdigen Doppelrolle.

2.4 Zum auffälligen Neben- und Ineinander von Wir-Rede und Er-Berichten (Aussagen über Gott)

Die höchst unterschiedliche Streuung und Intensität von Wir-Reden in den einzelnen Suren und zumal in häufigen Kontexten, die Gott in der 3. Pers. singl. vor Augen stellen (Er-Berichte), werfen die Frage auf nach den Hintergründen dieser Textverhältnisse[216].

2.4.1 Wir-Reden – Zu den Belegstellen

Eine vollständige Auflistung ist hier nicht möglich; es kann aber vorerst immerhin Folgendes festgehalten werden[217]:

Besonders in den Suren 2–7; 10; 15–23; 25–30; 34; 36 f.; 43; 54 ist Wir-Rede überaus häufig eingesetzt. Die Suren 4; 9; 10; 12; 30; 33; 37; 42; 46–49; 52; 53; 55–59; 63–66; 70–72; 76; 78; 80; 83; 87 f.; 90; 92; 94–97; 108 enthalten Wir-Rede, kommen aber völlig ohne Ich-Rede Gottes aus. In zahlreichen Suren ist Wir-Rede lediglich in einem bis höchstens drei Versen belegt; in einigen davon begegnet dabei auch die Ich-Rede[218]. In

---

[216] Schwallys Hinweis im Fall von Sure 17,1, man könne „den Übergang von der 3. Person der Einzahl in die 1. Person der Mehrzahl, wenn Gott von sich spricht, aus dem Qoran mit hunderten von Beispielen belegen", bietet ja keine zureichende Erklärung; immerhin vermerkt er: „Es dürfte sich lohnen, einmal das ganze Material zusammenzustellen. Auch für die Komposition der Suren würde manches daraus zu lernen sein" (vgl. GdQ II, 87 mit Anm. 1).
[217] Vgl. hier auch die Auflistungen oben hinter Anm. 165.
[218] Vgl. dazu oben die Auflistung hinter Anm. 165 im Abschnitt d).

den Suren 60; 62; 79; 81; 82; 84; 85; 89 (in V. 29f. Ich-Rede); 91; 98–107; 109–114 finden sich nirgends Wir-Reden.

2.4.2 Zur Frage des Sprechers in den Wir-Reden

Als Wir-Rede gestaltete Textanteile des Korans lassen zunächst an Gott als den hier vor Augen stehenden Sprecher denken. Dafür kommen ohne Zweifel solche Passagen in Frage, die Gottes Schöpfungsmacht und -wirken thematisieren[219]. In zahlreichen anderen Fällen ist allerdings keineswegs von vornherein klar, ob der Leser sich Gott als Sprecher vorzustellen hat.

Zu dieser Frage der jeweils richtigen Einschätzung der Wir-Reden stellt Watt[220] folgende Überlegungen an: Er verweist zunächst auf die offenkundige Diskrepanz, dass einerseits Gott generell als Sprecher der an Mohammed adressierten Botschaften gilt, andererseits aber in zahlreichen Textpassagen über Gottes Reden und Handeln informiert wird (Er-Berichte). Es sei zwar „no doubt allowable for a speaker to refer to himself in the third person occasionally, but the extent to which we find the Prophet apparently being addressed and told about God as a third person, is unusual". Die Schwierigkeit, inwiefern diese Er-Berichte über Gott dennoch als von Gott stammende Informationen, Instruktionen etc. zu verstehen sind, erledigt sich nach Watt „in many passages … by interpreting the ‚we' of angels rather than of God himself speaking in the plural of majesty"[221]. Er begründet diese Sichtweise mit Verweis auf Sure 19,64f., wo eingeschoben in die Wir-Rede Gottes (vgl. 19,63 u. 19,67) eine Wir-Rede betont: „Wir kommen nur auf Befehl deines Herrn herab …"[222]; außerdem: „In 37.161–6 it is almost equally clear that angels are the speakers. This once admitted, may be extended to passages in which it is not so clear" (ebd.). In jüngeren Textpassagen sei es fast die Regel, „that the words are addressed by the angels, or by Gabriel using the plural ‚we' to the Prophet. God is spoken of in the third person, but it is always his will and commands which are thus communicated to men. … Thus in these late passages the dramatic setting[223] remains fairly constant: God is a third person in the background, the ‚we' of the speaker is the angel (or angels); and the messages are addressed to the Prophet" (ebd.). Fazit: „The dramatic setting of some earlier passages must be considered in the light of this result"[224]. Watt gibt zu, es sei jedoch nicht immer leicht, zwischen dem „Wir" der Engel und dem Plur. maiestatis der Gottesrede zu unterscheiden, „and nice questions sometimes arise in places where there is a sudden change from God being spoken of in the third person to ‚we' claiming to do things usually ascribed to God, e. g.

---

[219] Vgl. z. B. 15,26f.; 17,70; 21,16–18; 23,12–14 u. ö.
[220] Vgl. Watt, Bell's Introduction (1970), 66.
[221] A. a. O., 67.
[222] Vgl. 97,4: „Es kommen in ihr herab die Engel und der Geist mit Erlaubnis ihres Herrn …"
[223] D. h.: „Wer spricht und wer wird angesprochen".
[224] Ebd.; konkrete Beispiele oder Belege fehlen allerdings.

6.99b, 25.45/7"²²⁵. Wie solche Kollisionen zwischen Er-Bericht über Gott und eindeutiger Wir-Rede Gottes entstanden und zu verstehen sind, bedarf der Klärung.

Umfassend auf diesen Problemkomplex einzugehen, ist hier nicht möglich. Immerhin wäre als eine Teillösung der „nice questions" denkbar, dass in zahlreichen Fällen Wir-Reden, die ja keineswegs von vornherein als Rede der Engel oder Gabriels verstanden werden müssen, als Gottesrede nachträglich in jeweils ursprüngliche Er-Berichte, also nicht explizite Gottesrede, eingeschaltet wurden.

Im Folgenden soll anhand von Analysen einiger Beispieltexte belegt werden, inwiefern und in welchem Maß nachträgliche Einschübe von Wir-Rede Gottes in Suren mit überwiegenden Textanteilen von Er-Berichten eine deutliche Tendenz erkennen lassen, für den jeweiligen Kontext über solche Markierungen die direkte göttliche Herkunft bzw. die Offenbarungsqualität sicherzustellen[226].

2.4.3 Beispiele für Suren in der Form von Er-Berichten (Aussagen über Gott) mit Einschüben von Wir-Rede Gottes

Beispiel Sure 49,13

Diese nach islamischer Überlieferung in Medina entstandene Sure bietet innerhalb ihrer insgesamt 18 Verse (ca. zweieinhalb Druckseiten) nur in V. 13 eine Wir-Rede; die Schöpfungsaussagen signalisieren eindeutig, dass es sich um eine Wir-Rede Gottes handelt. Während einleitend in V. 1 sowie in den Versen 2.6.11.12 mit der Formulierung „O die ihr glaubt" als Adresse offensichtlich die Gemeinde vor Augen steht[227], richtet sich V. 13 mit „O ihr Menschen, siehe, wir erschufen euch von einem männlichen und einem weiblichen Wesen und wir haben euch zu Völkern und Stämmen gemacht, damit ihr einander kennenlernt. Siehe, der gilt bei Gott als der Edelste von euch, der Gott am meisten fürchtet" an die gesamte Menschheit. Diese gegenüber dem Kontext deutliche Universalisierung[228] und die hier erkennbare literarische Technik der Wiederanknüpfung (vgl. V. 12 und V. 13 jeweils gegen Ende das Stichwort *taqā*: „Gott fürchten") sowie die Form der Wir-Rede Gottes innerhalb des sonst durchgängigen Er-Berichts über Gott sind eindeutige Indizien, dass 49,13 einen Einschubtext darstellt[229]. Sein Anliegen

---

[225] A.a.O., 67.
[226] Zu erwägen ist ferner, inwiefern gerade auch Wahrnehmung, Gegenüberstellung und Vergleich von reinen Er-Bericht-Suren (vgl. oben vor Anm. 166 die Auflistung unter f).) und Suren in der Form der Gottesrede (wie z.B. die Suren 77 oder 78,1–36, die durchweg als eindeutige Wir-Rede Gottes konzipiert sind) während der endgültigen Koranredaktion dazu motivierten, in bestimmten Er-Bericht-Suren dem Anschein eines Defizits von Offenbarungsqualität literarisch entgegenzuarbeiten.
[227] Die Verse 4f.14.16f. richten sie an den Propheten.
[228] Vgl. ähnlich 7,158 (zusammen mit V. 157 ein deutlich sekundärer Einschub, vgl. GdQ I, 159f.; vgl. ferner Khoury, Der Koran [2004], 253).
[229] Vgl. schon GdQ I, 221: „Der Vers hat mit dem Vorhergehenden keinen Zusammenhang, vielleicht aber auch ursprünglich nicht mit dem Folgenden".

ist m. E., der schließlich forciert einsetzenden Ausweitung des islamischen Machtbereichs sowie der Einbeziehung nichtarabischer Völker (nach Mohammeds Tod?) Rechnung zu tragen und hier schöpfungstheologisch die Gleichstellung aller Nationen[230] zu begründen, so dass unterschiedliches Ansehen vor Gott nur noch vom Grad der Gottesfurcht abhängen wird. Dass für dieses Anliegen nicht, wie es auch möglich gewesen wäre[231], eine Er-Aussage über Gott eingesetzt wird, sondern offensichtlich bewusst die Form der eindeutigen Gottesrede, kann m. E. nur damit zusammenhängen, dass auf diese Weise Gott selbst für die gesamte Sure deutlicher als Sprecher in den Blick gerückt werden soll. Für die in 49,14–18 folgenden Aussagen ist das m. E. völlig klar: Wegen 49,13 sind die Redeaufforderungen „sag" (qul) jetzt eindeutig direkte Anweisungen Gottes.

Beispiel Sure 61,14
Die Versfolge 1–13 dieser von der Tradition als medinensisch ausgegebenen Sure ist als Er-Bericht über Gottes Wirken und die ihm gegenüber gebotenen Einstellungen konzipiert. Mit Verweis auf die Ich-Rede in V. 10 („O die ihr glaubt, soll ich euch auf einen Handel hinweisen, der euch vor schmerzhafter Strafe rettet?") ließe sich der gesamte Kontext bis einschließlich V. 14a als an die Gläubigen gerichtete Mahnrede des Propheten auffassen. Erst die abschließende Wir-Rede in V. 14Ende „Da stärkten wir diejenigen, die glaubten, gegen ihren Feind, und so bekamen sie die Oberhand" signalisiert[232], dass der Prophet hier der von Gott (oder den Engeln als Mittlerinstanz) Angesprochene ist.

Beispiel Sure 88
Diese als mekkanisch eingestufte Sure richtet sich mit den Ausführungen in den Versen 1–24 an eine 2. Pers. singl. masc. Da in V. 24 über Gott in der 3. Pers. singl. („… den straft dann Gott mit der größten Strafe") verhandelt ist, ist demzufolge zunächst unklar, ob Gott selbst als Sprecher der vorausgehenden Verse gelten kann. Erst auf Grund der gezielt als Wir-Rede Gottes konzipierten Abschlussverse 25 f. („Gewiß, zu uns ist ihre Rückkehr, und gewiß, hierauf obliegt uns ihre Abrechnung"[233]) wird deutlich, dass hier von Gottesrede auszugehen ist.

---

[230] Vor Augen steht die gesamte Menschheit („Völker und Stämme"); vgl. auch die Adresse „O ihr Menschen".
[231] Vgl. z. B. 53,45 ff.; 25,54.
[232] Zusammen mit V. 13Ende oder als dessen Fortsetzung: „Und verkünde frohe Botschaft den Gläubigen"?
[233] Wie ein Blick auf Sure 26,113 („Und ihre Abrechnung [wie in 88,26 ḥisāb] obliegt nur meinem Herrn …") zeigt, musste das Thema „Abrechnung" nicht unbedingt in einer Wir-Rede Gottes angesprochen werden.

Beispiel Sure 24
Diese umfangreiche Sure[234] (64 Verse, ca. 9,5 Druckseiten) enthält drei Verse (1.34.46) in Wir-Rede:

V. 1: „Eine Sure, die wir herabgesandt und verpflichtend gemacht und in der wir klare Zeichen (od. Verse) herabgesandt haben – vielleicht, daß ihr bedenken werdet".

V. 34: „Wir haben ja zu euch Zeichen hinabgesandt, die klar machen, und ein Beispiel von denjenigen, die vor euch dahingegangen sind, und eine Ermahnung für die Gottesfürchtigen".

V. 46: „Wir haben ja Zeichen hinabgesandt, die klar machen. Und Gott leitet, wen er will, zu einem geraden Weg".

Die an die Wir-Rede in V. 1 anschließenden Ausführungen in den Versen 2–33 (ca. 4,5 Druckseiten) über Fragen des Umgangs der Männer mit Frauen, Untreue o. Ä. enthalten lediglich Aussagen über Gott. Erst V. 34 betont dann wieder mit „Wir haben ja zu euch Zeichen (od. Verse) herabgesandt, die klar machen" in fast wörtlicher Wiederaufnahme von V. 1, dass die Kontextaussagen von einer Wir-Instanz vermittelt sind. Diese Wir-Rede markiert zugleich einen deutlichen Themenwechsel; denn der anschließende Er-Bericht in der Versfolge 24,35–45 konzentriert sich allein auf Aussagen über Gott als das „Licht der Himmel und der Erde" (V. 35–40) sowie auf seine zu preisenden Schöpfungswerke (V. 41–45). Bevor dann in V. 47 ff. als neues Hauptthema der Gehorsam gegenüber Gott und seinem Gesandten im Er-Bericht verhandelt wird (V. 47–64), bietet V. 46 in wörtlicher Entsprechung zu V. 34 („Wir haben ja zu euch Zeichen [od. Verse] herabgesandt, die klar machen") Wir-Rede.

Zunächst ist keineswegs klar, ob es sich jeweils um Wir-Rede Gottes oder der Engel handelt. Im Fall von V. 46 spricht die abschließende Aussage über Gott eher für die Wir-Rede der Mittlerinstanz der Engel. Wenn man allerdings in Betracht zieht, dass sich die drei Wir-Reden mit den jeweils in 24,18.58.59.61 enthaltenen Aussagen über Gott „So macht Gott euch die/seine Zeichen/Verse klar" eng berühren, dann wirken die Verse 24,1.34.46 wie eine gezielt vorgenommene Umsetzung dieser Er-Aussagen in die direkte Gottesrede[235]. Die speziellen Fragen, wie man sich die Genese dieser deutlich dreiteilig aufgebauten Sure vorzustellen hat, können hier nicht behandelt werden. Es ist aber auf Grund der obigen Beobachtungen in jedem Fall davon auszugehen, dass in dieser Sure die Wir-Rede Gottes jeweils in fast wörtlicher Übereinstimmung (vgl. V. 1; 34; 46) literarisch gezielt in die Abfolge der drei thematisch unterschiedlich ausgerichteten Aussagekomplexe eingearbeitet ist. Bedenkt man zugleich, dass die Hinweise auf

---

[234] Die Aussagen und Anweisungen richten sich an die Gläubigen („O die ihr glaubt" in V. 21.27.58); vgl. auch die direkte Anrede in der 2. Pers. plur. durchweg in 24,2 bis 29; direkte Anrede des Propheten in der 2. Pers. singl. in V. 30.31.54 (*qul:* sag); vgl. noch V. 41.43.53.62.

[235] Die einzige in Sure 24 enthaltene Ich-Rede Gottes gegen Ende von V. 55 „Sie dienen mir und gesellen mir nicht bei" (abrupter Übergang aus der Er-Rede über Gott in die Ich-Rede), deren Aussageanliegen ja auch in der Weiterführung der Er-Rede formulierbar gewesen wäre, ist m.E. allein auf die Absicht zurückzuführen, hier später (?) noch einen deutlicheren Hinweis auf Gott als den eigentlichen Sprecher der Offenbarungsrede anzubringen.

die „Zeichen (bzw. Verse) Gottes" auch ähnlich wie in V. 18; 59; 61 auf den Kontext abgestimmt in der Form der Er-Rede hätten eingebracht werden können, dann gibt es m. E. keine andere Erklärung für die Wahl der Wir-Rede als das Motiv, in dieser Sure auf diese Weise Kennzeichen direkter Gottesrede nachzutragen.

2.4.4 Fazit

Mit den oben behandelten Beispieltexten für Einschübe von Wir-Rede Gottes[236] in Suren mit überwiegenden Textanteilen von Er-Berichten mag es hier sein Bewenden haben[237]. In zahlreichen Fällen lässt sich der oft abrupte Wechsel aus der Form des Er-Berichts in die Wir-Rede damit erklären, dass im Nachherein zur Ergänzung der Er-Berichte Einschübe bzw. Zusätze gezielt als Wir-Rede Gottes konzipiert wurden, woraufhin Gott selbst als der sich an den/die Adressaten richtenden Sprecher der Botschaften deutlicher in den Blick geriet[238].

2.5 Resümee

Für den Einsatz unterschiedlicher Formen der Gottesrede – Ich-Rede Gottes und Wir-Rede Gottes – wie er in den oben sondierten Fällen vorliegt, kann nach allem kaum ein und derselbe Personenkreis verantwortlich zeichnen. Die Einschubtexte mit Betonung der Ich-Rede Gottes dürften jüngeren Datums sein als Einschübe mit Wir-Rede; denn diejenigen, die, wie an den obigen Beispielen gezeigt, gezielt ihre Textinterpolationen als Ich-Rede Gottes formulierten, vermieden damit ja gerade jene Unklarheit der Formulierungen in der Wir-Rede, nämlich dass in zahlreichen Fällen nicht sicher zu entscheiden war, ob Gott oder die Mittlerinstanz Gabriel (bzw. die Engel) als Sprecher fungierten. Den verantwortlichen Bearbeitern des ihnen zugänglichen (oder: des von ihnen betreuten) literarisch festgehaltenen koranischen Textguts lag aber nicht nur daran, die von ihnen vorgenommenen Einschubtexte eindeutig als Gottesrede zu kennzeichnen. An mehreren Beispielen ist zu erkennen, dass Einschübe oder auch Zusätze von Ich-Rede die jeweiligen Kontextaussagen deutlicher als Gottesrede etikettieren sollten.

Erwägen kann man, ob beabsichtigt war, sich auf diese Weise grundsätzlich gegen die Einstufung des koranisches Textguts als lediglich über die Zwischeninstanz der Engel oder Gabriels vermitteltes Wort Gottes zu wenden, also auf diese Weise die direkte an Mohammed gerichtete Ansprache Gottes zu belegen. Es wäre aber auch denk-

---

[236] Im Fall von Sure 61,14 könnte es sich auch um Wir-Rede der Engel handeln.
[237] Zu weiteren besonders instruktiven Belegtexten vgl. z. B. 8,3.31.54; 47,13.30 f.; erhellend wäre z. B. auch die Analyse von Sure 39.
[238] Zu beachten bleibt, dass man in einigen Fällen nicht sicher entscheiden kann, ob Wir-Rede Gottes oder Wir-Rede der Mittlerinstanz vorliegt. Das trifft z. B. auf Sure 9,101 zu, den einzigen Vers mit Wir-Rede in dieser Sure, in der von Gott sonst nur in der 3. Pers. die Rede ist.

bar, dass solche Einträge dem Eindruck entgegenwirken sollten, das koranische Textgut, weil eben weitgehend in der Form der Wir-Rede, könnte z. T. lediglich den von der Mittlerinstanz verantworteten und formulierten Wortlaut und gar nicht direktes, authentisches Wort Gottes darstellen. Diese Fragestellung kann hier nicht weiter verfolgt werden.

Aus den oben vorgestellten Beispielen für Einschubtexte ist aber in jedem Fall zu schließen, dass die dafür verantwortlichen Bearbeiter damit eben Diskussionen über Art und Weise der Offenbarungsübermittlung und auch über die direkte oder indirekte Herleitung der Offenbarungstexte von Gott berücksichtigten. Diskussionen über das richtige Verständnis des Offenbarungsempfangs haben jedenfalls nach Mohammeds Tod unter islamischen Gelehrten stattgefunden[239].

Können nach allem die oben sondierten literarischen Bearbeitungsspuren nicht auf den Offenbarungsempfänger und Verkünder Mohammed selbst zurückgeführt werden[240], so bleibt die Möglichkeit, sie als Folge jeweils redaktioneller Eingriffe entweder von Koranspezialisten im Auftrag Mohammeds zu erklären oder sie auf Kreise zurückzuführen, die nach Mohammeds Tod mit der Betreuung und Redaktion des koranischen Textgut befasst waren. Die erste Möglichkeit scheidet jedoch deswegen aus, weil sonst dem Offenbarungsempfänger unterstellt werden müsste, in Kauf zu nehmen, dass das ihm offenbarte koranische Textgut dann mit redaktionell konzipierten Textanteilen ohne Offenbarungsqualität vermischt wurde, mit der Folge, dass solche Vermischung unter seinen Gefolgsleuten und in der Gemeinde enorm irritierend hätte wirken müssen.

Somit bleibt allein die zweite Möglichkeit; für die in jedem Fall aus redaktioneller Bearbeitung vorgegebener Suren und Textfolgen resultierenden Ich-Reden Gottes sind Kreise zuständig gewesen, die sich nach dem Tod des Offenbarungsempfängers um die Konzipierung einer endgültigen Textversion des koranischen Textguts bemühten, also an Redaktionsprozessen beteiligt waren, wie sie ja auch von der islamischen Überlieferung für die Zeit vor der endgültigen Kodifizierung veranschlagt werden. Gegen diese These gibt es nur ein Argument: Das Dogma von der alleinigen Autorschaft Mohammeds.

Auf die Frage, welche konkreten Personenkreise mit solch literarischer Ausgestaltung befasst waren und in welchem Zeitrahmen sie stattfand, ist später zurückzukommen, nachdem die Ergebnisse weiterer Sondierungen und Analysen zu sukzessiven Textbearbeitungen bzw. „Fortschreibungen" vorgestellt sind.

---

[239] Vgl. hierzu z. B. die Hinweise Bobzins (Der Koran. Eine Einführung [2007], 33 ff.).
[240] Vgl. die Erwägungen dazu oben nach Anm. 133.

3 Beobachtungen zu Textbearbeitungen nach dem „Prinzip der Wiederaufnahme"[241]

Im obigen Abschnitt „2 Beobachtungen zu Formen der Gottesrede"[242] sind bereits „Einschübe" in den Blick geraten, deren Verklammerung im jetzigen Kontext erkennen ließ, dass deutlich die nach dem eigentlichen Einschubtext folgende Aussage eng mit jenem Vers korrespondiert, hinter dem die Einschaltung vorgenommen wurde.

So konnte z. B. im Fall von 2,160 gezeigt werden, dass 2,161 nach dem Einschubvers 2,160 an die Hinweise auf „Gottes Fluch" und die „Fluchenden" in 2,159 wieder anknüpft, ja, dass 2,161 mit „Diejenigen aber ... auf ihnen liegt der Fluch Gottes und der Engel und der Menschen allesamt" als eine die Aussage von V. 159 näher erläuternde Kommentierung gedacht ist. Es liegt also nicht nur eine nach Vornahme des Einschubs hinter V. 159 schlichte Wiederaufnahme bzw. Wiederholung vor; V. 161 ist zugleich das Ergebnis einer exegetischen Reflexion im Blick auf die vorgegebene Aussage in V. 159: Auch der Fluch der Engel darf nicht vergessen werden.

Ebenso lässt sich im Fall von 29,8 klar die literarische Technik erkennen, einen Einschub/Zusatz nach dem „Prinzip der Wiederaufnahme" einzuarbeiten. Interessant ist hier, dass genau genommen keine „Wiederaufnahme" von 29,7 in 29,9 nach der Art einer Wiederholung erfolgt. 29,7 mit der Zusage „Denjenigen, die glauben und rechtschaffene Werke tun, werden wir ganz gewiß ihre bösen Taten tilgen und ihnen ganz gewiß das Beste vergelten, von dem was sie taten" ist vielmehr so konzipiert, dass damit die ältere Feststellung in 29,9 „Diejenigen, die glauben und rechtschaffene Werke tun, lassen wir in die Reihen der Rechtschaffenen eingehen" vorweg beleuchtet wird: Der Autor von 29,7 bezieht über die Aussage in 29,9 hinausgehend die Erwägung mit ein, dass ja auch „böse Taten"[243] derer, „die glauben ...", vorkommen, und stellt klar, wie Gott damit umgeht.

Hier liegt also ein Beispiel für jene literarisch-redaktionellen Verfahren vor, die eingesetzt wurden, um vorgegebene Textaussagen in ihrer Aussagerichtung neu zu akzentuieren oder gar zu korrigieren: Die ältere Aussage blieb unverändert, die beabsichtigte Neuakzentuierung erreichte man, indem die ältere Aussage aufgenommen und mit den gewünschten Veränderungen und Ergänzungen so im Text vorweg verankert wurde, dass der Leser oder Hörer nun mit dem „richtigen" Verständnis die folgende ältere Aussage las oder hörte[244].

Auch für den Einschubtext 49,13 konnte oben belegt werden, dass bei seiner Verklammerung in die jetzige Textfolge die literarische Technik der Wiederanknüpfung angewendet wurde.

Es ist hier nicht möglich, insgesamt die zahlreichen Textfolgen zu erfassen oder gar

---

[241] Vgl. dazu schon die Hinweise oben bei Anm. 116 und 185.
[242] Vgl. oben nach Anm. 153.
[243] Vgl. dazu zuvor 29,4.
[244] Vgl. z. B. auch die Hinweise oben zu 60,1 (vgl. oben nach Anm. 207).

zu analysieren, an denen deutlich ablesbar ist, dass bei ihrer sukzessiven Entstehung bzw. Fortschreibung nach dem „Prinzip der Wiederaufnahme" oder Wiederanknüpfung verfahren wurde[245]. Zusätzlich zu den oben angeführten Beispielen sei aber immerhin noch auf Textfolgen wie z. B. 2,144–150; 2,192–193; 3,155–168; 4,126–132; 5,15–19; 5,48–49; 5,95–96; 6,27–30; 6,88–90; 7,36–40; 7,156–159; 8,72–74; 9,5–11; 34,36–39; 37,174–179; 41,49–51; 47,1–5; 48,4–7; 51,50–51 verwiesen, an denen deutlich erkennbar ist, dass und auf welche Weise in unterschiedlichen Suren bei der Einarbeitung von Einschüben diese literarische Technik angewendet wurde[246].

Der zu beobachtende Sachverhalt, dass bestimmte Einschubtexte in ihren Kontexten nach dem Prinzip der Wiederaufnahme bzw. Wiederanknüpfung verklammert worden sind, ist eindeutig das Ergebnis eines methodisch durchdachten literarischen Verfahrens. Angesichts der zahlreichen Fälle solchen Verfahrens ist daraus zu schließen, dass auf literarischem Gebiet und im Umgang mit religiösen Texten versierte Kreise von einem gewissen – aber wohl kaum noch näher zu bestimmenden – Zeitpunkt an das koranische Textgut betreuten und überarbeiteten. Dass die fraglichen Personen im Auftrag des Propheten gehandelt haben können, von vornherein auszuschließen, besteht kein Grund; es ist aber ebenso wenig von vornherein auszuschließen, dass in manchen Fällen diese literarische Arbeit nach Mohammeds Tod und also nicht mehr unter seinem direkten Einfluss vonstatten gegangen sein könnte.

Mit dem traditionellen Erklärungsmodell, dass das gesamte im Koran enthaltene Textgut noch während der Wirkungszeit Mohammeds und auch von ihm als Verkünder autorisiert konzipiert worden ist, gerät man also noch nicht in Schwierigkeiten, weil man in zahlreichen Suren auf Einschubtexte kleineren und größeren Umfangs stößt. Das traditionelle Erklärungsmodell ist allerdings in all den Fällen zumindest zu modifizieren, sofern Texte und Textverhältnisse in den Blick geraten, deren darin erkennbare besondere literarische Bearbeitungstechniken sowie das die Textkonzipierung leitende theologische Reflexionsniveau kombiniert mit dem Einsatz von Spezialkenntnissen jüdischen oder christlichen Glaubensguts eindeutig ein Spezifikum von Textproduktion signalisieren, für die in keiner Weise mehr Wort und Verkündigung des Propheten selbst den Ausschlag gegeben haben.

4 Die Iblis/Satan-Texte

Eine m. E. vielversprechende Möglichkeit, zu klären, für welche Textbereiche nicht mehr Mohammed verantwortlich gewesen sein kann, um daraus dann nähere Rückschlüsse auf die Entstehungsprozesse des Korans zu ziehen, eröffnen Textpassagen im

---

[245] Nöldeke betont: „It is not uncommon for the Koran, after a new subject has been entered on, to return gradually or suddenly to the former theme ..."; vgl. The Koran, in: Encyclopaedia Britannica, 9th ed., vol, 16 (1891), 597 ff.; Zitat nach dem Wiederabdruck in: Ibn Warraq, The Origins of the Koran (1998), 38.
[246] Dass auch ohne solche Technik Einschübe möglich waren, illustriert z. B. 31,13–16!

Koran, die wegen ihrer engen thematischen und auch wörtlichen Berührungen als Paralleltexte miteinander verglichen werden können und dabei Rückschlüsse auf die Art ihrer Abhängigkeitsverhältnisse erlauben. Es kann hierbei die gleiche Methode angewendet werden wie bei Nöldekes Versuchen, eine zuverlässigere chronologische Reihung der Suren des Korans zu erarbeiten: „Die Vergleichung von zwei Stellen, in denen derselbe Gegenstand behandelt wird, kann uns bisweilen, auch wenn sie nicht aus ganz verschiedenen Zeiten stammen, wahrscheinlich machen, daß die eine früher ist als die andere"[247]. Von solchen Gegenüberstellungen darf erwartet werden, dass so am Vergleichsmaterial zumindest Anhaltspunkte dafür auszumachen sind, in welchem zeitlichen oder sachlichen Neben- bzw. Nacheinander solche Einzeltexte stehen sowie welche Reflexionen und Anliegen sukzessiv für ihre jeweilige Neukonzipierung ausschlaggebend waren.

Neben den zahlreichen Passagen, die wiederholt bestimmte Themen zumal der biblischen Traditionen behandeln wie z. B. die Ausführungen zu Noah, Abraham und besonders Mose wie auch Jesus, stößt man auch auf Textfolgen, in denen ausführlicher auf Iblis[248] als den gegen Gott Widerspenstigen und auf sein den Menschen feindseliges Wirken verwiesen wird.

Es sind insgesamt sieben in sieben verschiedenen Suren enthaltene Textfolgen[249], die sich bei Unterschieden in Details doch wegen ihrer oft wörtlichen und weithin thematischen Übereinstimmungen besonders gut zu Textvergleichen eignen.

Dazu kommt, dass diese koranischen Iblis/Satan[250]-Versionen sich deutlich mit Passagen in jüdischen wie auch christlichen Adam-Legenden wie z. B. in Vita Adae et Evae[251] und im „Buch der Schatzhöhle"[252] berühren, ein Sachverhalt, der bei einem Versuch, die Genese der einzelnen Versionen und die entsprechenden Hintergründe aufzuhellen, mitzuberücksichtigen ist.

---

[247] GdQ I (1909), 63; leider hat Nöldeke diesen methodischen Ansatz nicht streng durchgehalten, sondern sich auch von den Vorgaben der islamischen Tradition hinsichtlich der Einordnung des koranischen Textguts in mekkanische und medinische Suren beeinflussen lassen; zu Kritik an Nöldekes Modell vgl. die Hinweise unten bei Anm. 475.

[248] Nach Horovitz ist „Iblis ... entstanden aus diabolos ..." (vgl. Koranische Untersuchungen [1926], 87; dort weitere Einzelheiten zur Namensbildung); zur Diskussion über die Frage der Ableitung des koranischen *iblīs* vgl. z. B. Rippin, Art. Devil, in: EQ 1, 2001, 523–528; nach Reynolds wäre das griechische diabolos über das Syrische vermittelt worden (vgl. A reflection on two Qurʾānic words [*iblīs* and *jūdī*], [2004]).

[249] Vgl. zu Iblis im Koran sonst noch seine kurze Erwähnung in 26,95: in den „Höllenbrand" (V. 91) „werden hineingestürzt" die „Verirrten (V. 94) und die Heerscharen Iblis' allesamt" (V. 95); ferner in 34,20: „Wahrlich, Iblis fand seine Meinung von ihnen bestätigt ..."

[250] Zu shaytan/scheitan im Koran vgl. z. B. Horovitz, a. a. O., 120 f.

[251] Vgl. zu Vita Adae et Evae Merk/Meiser, JSHRZ II,5 (VitAd bearbeitet von Meiser).

[252] Vgl. dazu Speyer, Die biblischen Erzählungen im Qoran (1931), 54 ff.; neuerdings bes. Toepel, Buch der Schatzhöhle (2006).

4.1 Die Iblis/Satan-Texte als Parallelversionen

4.1.1 Überblick

Es handelt sich um die Textfolgen: 2,30–38; 7,11–24; 15,26–43; 17,61–65; 18,50–51; 20,115–123; 38,71–85.

Schon die Gleichartigkeit in den Formulierungen der jeweiligen Einleitungsverse deuten auf ein engeres Beziehungsgeflecht zwischen diesen Passagen. Alle Texte heben zunächst gemeinsam hervor, dass nach der Erschaffung des Menschen/Adams sich Iblis als einziger von den Engeln Gottes Befehl widersetzt, sich vor dem Menschen/Adam niederzuwerfen.

2,34: „*Und als wir zu den Engeln sagten: ‚Werft euch vor Adam nieder!' Da warfen sie sich nieder, außer Iblis. Er weigerte sich*
und verhielt sich hochmütig (vgl. auch 7,13) und gehörte zu den Ungläubigen (vgl. 38,74)".

* * *

7,11: „Hierauf (nach der Erschaffung) *haben wir zu den Engeln gesagt: ‚Werft euch vor Adam nieder!' Da warfen sie sich nieder, außer Iblis.*
Er gehörte nicht zu denen, die sich niederwerfen."

* * *

15,28 f.: „*Und als dein Herr zu den Engeln sagte:*
‚Ich bin dabei, ein menschliches Wesen aus trockenem Ton … zu erschaffen … dann fallt (vgl. 38,71 f.)
und werft euch vor ihm nieder.' 15,30 *Da warfen sich die Engel alle zusammen nieder,* 15,31 *außer Iblis*; er weigerte sich, mit denen zu sein, die sich niederwerfen."

* * *

17,61: „*Und als wir zu den Engeln sagten: ‚Werft euch vor Adam nieder!' Da warfen sie sich nieder, außer Iblis.*"

* * *

18,50: „*Und als wir zu den Engeln sagten: ‚Werft euch vor Adam nieder!' Da warfen sie sich nieder, außer Iblis.*
Er gehörte zu den Ginn. So frevelte er gegen den Befehl seines Herrn."

* * *

20,116: „*Und als wir zu den Engeln sagten: ‚Werft euch vor Adam nieder!' Da warfen sie sich nieder, außer Iblis. Er weigerte sich.*"

* * *

38,71–72: „*Und als dein Herr zu den Engeln sagte:*
‚Ich werde ein menschliches Wesen aus Lehm zu erschaffen … dann fallt (vgl. 15,28 f.)
und werft euch vor ihm nieder.' 38,73 *Da warfen sich die Engel alle zusammen nieder,* 38,74 *außer Iblis*;
er verhielt sich hochmütig (vgl. 2,34; 7,13) und gehörte zu den Ungläubigen (vgl. 2,34)".

Aber auch die jeweils anschließenden Versfolgen lassen trotz zahlreicher Unterschiede deutlich noch enge thematische sowie z. T. wörtliche Übereinstimmungen erkennen[253]. Für alle Versionen ist folgende, in den Grundzügen gemeinsame „Dramatik" charakteristisch:

Gott erschafft den Menschen bzw. Adam. Die Engel fordert er auf, vor diesem niederzufallen. Alle Engel kommen dem nach, außer Iblis. Zur Strafe wird Iblis von Gott verstoßen. Daraufhin will Iblis künftig die Menschen in die Irre leiten. In den Textfolgen 2,30–38; 7,11–24 und 20,115–123 ist dann weiterhin noch von Iblis als dem verführerischen Satan im Paradiesgarten die Rede.

Bevor diese Texte genauer einander gegenübergestellt werden, um den Gemeinsamkeiten und Unterschieden im Einzelnen nachzugehen, ist ihre jeweilige Stellung bzw. Verklammerung im jetzigen Kontext zu beachten.

4.1.2 Zur Stellung im jeweiligen Kontext

2,30–38 im Kontext

Anders als in den übrigen Iblis-Texten ist hier der Einführung der Iblis-Gestalt in 2,34 („Und als wir zu den Engeln sagten: ,Werft euch vor Adam nieder!' Da warfen sie sich nieder außer Iblis …") eine erste Rede Gottes an die Engel (2,30) vorgeschaltet[254], in der er Adam als „Statthalter" bzw. „Nachfolger" *(chalīfatan)* auf der Erde ankündigt und Adam dann mit einem Namenswissen ausstattet, woraufhin die Engel Adams Überlegenheit anerkennen müssen (2,31–33). Es folgt dann 2,34: „Und als wir zu den Engeln sagten: ,Werft euch vor Adam nieder!' …" 2,35 f. verweist auf Adam und seine Gattin im Paradies und die durch Satan bewirkte Vertreibung; 2,37 f. betont die Sanktion Gottes und seine Wiederzuwendung und die Zusage seiner Rechtleitung.

Zuvor in 2,21 sind allgemein die Menschen („O ihr Menschen") als Geschöpfe Gottes angeredet. Sie werden auf Gottes Schöpfungswirken hingewiesen und im Fall des Unglaubens vor dem Höllenfeuer *(nār)* gewarnt (2,22–24), wogegen in 2,25 den Gläubigen die „Gärten mit fließenden Bächen" verheißen sind. Nach der Iblis/Satan-Textfolge kommt dann 2,39 wieder auf das Geschick der Ungläubigen im Höllenfeuer *(nār)* zurück[255].

Dass die im näheren und weiteren Kontext angesprochenen Themen wie „Rechtleitung" (2,2.5.16.26), „Unglaube" (2,6.39), „Unheil stiften auf der Erde" (2,11.27) sowie

---

[253] So fällt auf, dass 2,35 und 7,19 wörtlich übereinstimmen und sich auch 2,36b mit 7,24 trotz einiger interessanter Nuancen eng berührt. Man muss also zwischen 2,34–38 und 7,19–24 ein wie auch immer zu erklärendes Abhängigkeitsverhältnis veranschlagen. Das Gleiche gilt wegen zahlreicher wörtlicher Anklänge auch für die Textfolgen 2,35–38 und 20,120–123 (vgl. 2,27 mit 20,122 sowie 2,38 mit 20,123) sowie 15,28–40 und 38,71–83.

[254] 2,29 dürfte als Überleitung konzipiert sein.

[255] Vgl. 2,24; vgl. auch in 2,39 die Wiederaufnahme des Stichworts „ungläubig sein" *(kafara)* aus 2,24.28.

„die Satane" (2,14) in 2,30–38 aufgenommen sind, spricht zwar eindeutig für eine durchdacht vorgenommene literarische Vernetzung. Somit ist die gesamte Textfolge 2,30–38 im jetzigen Kontext kein absoluter Fremdkörper; sie widerspiegelt aber doch deutlich erkennbar einen neuen Reflexionshorizont, in dem die Themenkonstellationen des Kontexts gleichsam fundamental-theologisch beleuchtet werden. Die hier eingeschaltete Iblis/Satan-Version[256] gehört in den Kontext theologischer Reflexionen darüber, wie neben Gottes Schöpfungsmacht und -wirken feindliche Gegenmächte[257] auftreten können und warum und wie die Menschen als Gottes Geschöpfe doch von ihm abfallen und nicht an ihn glauben können (2,28) etc. und auf welche grundsätzlichen Regelungen dazu von Seiten Gottes zu bauen ist.

7,11–24[258] im Kontext

Nach dem Hinweis auf das zum Zweck der Warnung und Mahnung herabgesandte Buch (7,1 f.) fordert 7,3 dazu auf, sich daran zu halten und außer Gott keinen anderen Schutzherren/Freunden zu folgen. 7,4–9 verweist auf Fälle, wo das nicht geschah und auf das entsprechende Gerichtswalten Gottes; am Gerichtstag werden die Taten eines jeden genau gewichtet werden. Leicht werden die Waagschalen derer sein, die deswegen verloren sind, weil sie „an unseren Zeichen frevelten" (V. 9). 7,10 ist insofern noch auf das Gerichtsthema abgestimmt, als darin jetzt den Angesprochenen vorgehalten wird, wie wenig dankbar sie sind, obwohl Gott (Wir-Rede) ihnen auf der Erde Lebensunterhalt gewährt („Und wir haben für euch auf ihr Lebensunterhalt geschaffen. Wie wenig ihr dankbar seid").

Demgegenüber rückt 7,11 den Anfang des Menschengeschlechts in den Blick und betont, dass die Angesprochenen Geschöpfe Gottes sind[259] und dass damals die Aufforderung Gottes an die Engel erging, sich vor Adam niederzuwerfen („Und wir haben euch ja erschaffen. Hierauf haben wir euch gestaltet. Hierauf haben wir zu den Engeln gesagt: ,Werft euch vor Adam nieder'. Da warfen sie sich nieder außer Iblis. Er gehörte nicht zu denen, die sich niederwerfen"[260]). Daran schließen weitere Ausführungen an zu Iblis' von Gott zugestandenen Möglichkeiten, die Menschen vom geraden Wege abzubringen (7,12–18). 7,19–24 rückt Adam und seine Gattin im Paradiesgarten in den

---

[256] Für Nöldeke trägt der Teil 2,19(21)–2,37(39) „keine deutlichen Zeichen eines medinischen Ursprungs, dagegen manche Spuren, die einen mekkanischen wahrscheinlich machen" (GdQ I, 173); er verweist darauf, dass hier „wie oft vor der Higra, Schöpfung und Sündenfall der ersten Menschen erzählt wird" (174); somit erkennt er in dieser Versfolge im jetzigen Kontext eine Sondergröße. Nöldekes Einschätzung basiert darauf, dass die übrigen Suren mit den Iblis-Versionen insgesamt als mekkanisch eingestuft werden und dass die Iblis-Passagen selbst entsprechend ursprüngliche Bestandteile dieser Suren sein müssen; beides ist jedoch keineswegs gesichert.

[257] Vgl. 2,14 sowie die Warnung in 2,22: „So stellt Gott nicht andere als Seinesgleichen zur Seite …"

[258] Zur Frage, ob 7,25 noch mitzuberücksichtigen ist, vgl. unten Anm. 261.

[259] Vgl. ähnliche Aussagen in 40,64; 64,3 u. ö.

[260] Zu 7,11 vgl. auch die Hinweise unten nach Anm. 360.

Blick sowie ihre Verführung durch Satans Wirken und dann als weitere Folge die Vertreibung aus dem Paradiesgarten. Nach Beck wäre 7,25 noch Bestandteil der Iblis/Satan-Passage[261]. Im Blick auf den thematisch eng verwandten Vers 2,28 und den dortigen Kontext wird jedoch deutlich, dass solche Aussagen in einem Argumentationsgeflecht wichtig sind, das sich gegen die richtet, die undankbar sind und leugnen, Gott könne die Menschen nach ihrem Tode wieder neu zum Leben erwecken[262]; das spricht eher dafür, dass 7,25 ursprünglich die genuine Weiterführung von 7,10[263] darstellte (vor Einschaltung von 7,11–24).

7,27 und 30 greifen schließlich das Thema in 7,3 („Schutzherren/Freunde" anstatt Gottes) wieder auf. 7,27 hebt am Versende hervor: „Gewiß, wir (Gott) haben die Satane zu Schutzherren für diejenigen gemacht, die nicht glauben"; in 7,30 heißt es: „Sie haben sich die Satane anstatt Gottes zu Schutzherren/Freunden genommen und meinen, sie seien rechtgeleitet."

Die Ausführungen in 7,11–24 zu Iblis, von dem zugleich in 7,20–24 als „Satan" die Rede ist, sollen demnach mit den Informationen über die Herkunft und Stellung von Iblis/Satan und sein den Menschen feindliches und irreführendes Wirken demonstrieren, wie es trotz der überlegenen Schöpfungsmacht Gottes überhaupt dazu kommen konnte, dass es andere Mächte wie die Satane (7,30) gibt[264], die als sog. Schutzherren/ Freunde (vgl. 7,3 und 7,27.30) die Menschen verführen und irreleiten können[265].

15,26–42 im Kontext
15,2–15 handelt von den Ungläubigen und ihrer Widerspenstigkeit zumal Gottes Gesandten (vgl. 15,6.11) gegenüber. Die Verse 16–19 verweisen auf Gottes am Himmel ablesbare Schöpfungsmacht und dass der Himmel „vor jedem gesteinigten Satan" geschützt ist. 15,20 betont: „Und wir haben für euch auf ihr (der Erde) Lebensunterhalt geschaffen" (vgl. 7,10). Es folgen weitere Aussagen über Gottes umfassendes Schöpfungswirken (creatio continua), die schließlich in V. 25 sein eschatologisches Handeln

---

[261] Iblis (1976), 234.
[262] Vgl. z. B. auch 23,78–80; 40,64–68; 80,17–22 u. ö.; vgl. auch unten nach Anm. 360.
[263] Vgl. 15,20 und 23!
[264] In Texten wie z. B. 4,117–121 (Satans Verfluchung durch Gott, seine Irreführung der Diener Gottes, Satan als Schutzherr); 5,90 (Rauschtrank, Glücksspiel u. a. als Werke Satans); 7,175; 8,48; 12,5 (Satan dem Menschen ein deutlicher Feind; vgl. 17,53; 28,15); 14,22; 16,98–100); 17,27 (Satane); 19,44f.; 25,29; 35,6; 58,10 wird offensichtlich noch nicht (oder „nicht mehr"?) über die Herkunft Iblis' bzw. Satans und das genauere Verhältnis zu Gott reflektiert, obwohl dazu Stellen wie z. B. 35,6; 16,98–100; 58,10 u. a. geeignet gewesen wären.
[265] Auch bei der Formulierung von Texten wie z. B. 40,62 „So ist Gott, euer Herr, der Schöpfer aller Dinge. Es gibt keinen Gott außer ihm. Wie laßt ihr euch da abwendig machen!" (vgl. ähnlich 39,6: „Wie laßt ihr euch so abwenden?") scheinen Reflexionen und Informationen über von Gott selbst angelegte Hintergründe so monierter menschlicher Abirrungen unwichtig zu sein, wobei offen ist, ob solche Reflexionen noch keine Rolle spielten oder implizit vorausgesetzt waren. 39,8 versucht eine Erklärung über den Hinweis auf die Vergesslichkeit der Menschen: Im Unheil rufe der Mensch seinen Herrn an; „wenn dieser ihm hierauf Gnade von sich erweist, vergißt er ... und er stellt Gott andere als seinesgleichen zur Seite"; vgl. ähnlich 39,49; 30,33; 16,52 ff.

an den Menschen in den Blick rücken („und dein Herr wird sie versammeln"; vgl. 18,47).

15,26f. mit dem Verweis auf Gottes einstige Erschaffung des Menschen aus Ton und Lehm sowie der Dschinne aus dem Feuer des Glutwindes[266] und 15,28–42 mit den anschließenden Ausführungen über die Widerspenstigkeit Iblis' Gott gegenüber und deren Folgen erweisen sich als Einschub in die vorgegebene Textfolge 15,20–25.43–48*, wie bereits Horovitz beobachtet[267].

Der Ibliserzählung kommt hier die Funktion zu, nachträglich zu erläutern, wie es trotz Gottes Schöpfungswirkens (15,16–25) überhaupt dazu kommen konnte, dass Menschen einem „gesteinigtem Satan" (Stichwort in 15,17; vgl. 15,34) ausgesetzt sind sowie in Verirrung (15,39) fallen und damit nach dem Endgericht (vgl. 15,25) in der Hölle landen (V. 43) oder als Gottesfürchtige im Paradiesgarten (V. 45–48)[268]. Zu beachten ist noch besonders, dass in 15,42 (vgl. ferner 15,49f.) abschließend auf eine Sonderstellung der „Diener Gottes" (vgl. so auch 38,83) verwiesen wird.

17,61–65 im Kontext
17,56 weist auf die Sinnlosigkeit, außer Gott andere Wesen anzurufen. In 17,67 wird das wieder aufgegriffen und belegt („Und wenn euch auf dem Meer ein Unheil widerfährt, entschwinden diejenigen, die ihr außer ihm [Gott] anruft."). Somit liest sich die Passage 17,61–65 als nachträglich eingeschobene[269], konkretisierende „Information" über Herkunft und Wirken dieser anderen Wesen[270] sowie über die Hintergründe des in V. 60

---

[266] Vgl. die entsprechende Angabe in 55,14f.
[267] Vgl. Koranische Untersuchungen (1926), 19, den Vermerk zu Sure 15,51–84, „daß vorher auch die nicht in diesen Zusammenhang gehörende Geschichte von Adam und Iblis V. 26–42 erzählt wird"; anders scheint Neuwirth die „in der Sure enthaltene[n] Erzählung von der Verfluchung des Satans" als genuinen Bestandteil zu werten (Archäologie, 136; vgl. zur Iblis-Passage in Sure 15 ferner Neuwirth, Crisis [2001], 127–132 sowie Neuwirth, Negotiating Justice I [2000], 31ff.); m.E. wäre damit jedoch verkannt, dass es das zentrale Anliegen von Sure 15 ist, der Infragestellung des Propheten (vgl. 15,6: Vorwurf der Besessenheit; 15,11.95: Spott; etc.) und seiner Gerichtsansage entgegenzutreten (mit den Verweisen auf Gottes Schöpfungsmacht und Beispielen früherer Gesandter; vgl. 15,51–84). Die Iblis-Erzählung eröffnet einen erst sekundär mit dem Zentralthema und -anliegen verknüpften Reflexionshorizont.
[268] Eine Durchsicht jener Texte, die wie in 15,28 von der Erschaffung des Menschen aus Lehm, Ton, Schlamm, Erde handeln (vgl. die von Paret, Komm., 275, als Parallelen zu 15,26 angeführten Stellen wie 55,3–20; 37,11; 23,12; 32,7; 35,11; 30,20), ergibt, dass der Skopus in fast allen Textpassagen ist, den Ungläubigen und Zweiflern mit Verweis auf Gottes Schöpfermacht bei der Ersterschaffung der Menschen auch ihr Wiedererstehen für das Endgericht einsehbar zu machen. Nirgends werden im Kontext dieser Aussagen Hinweise auf das Verhalten der Engel bzw. des Iblis oder Satans während oder nach der Erschaffung des Menschen (vgl. baschar 15,28.33) bzw. Adams einbezogen.
[269] Trotz „Reimgleichheit" ist in Sure 17 „der innere Zusammenhang der verschiedenen Teile so lose, ihre äußere Verbindung eine so mangelhafte, daß Zweifel an der Einheit der Sure nicht unberechtigt sind" (GdQ I, 139).
[270] Vgl. die Erwähnung Satans in 17,53 und den Hinweis auf die von ihm ausgehende Gefährdung der Diener Gottes; dieser Vers anders als der Kontext als Ich-Rede Gottes (!) unterbricht die Ihr-

genannten „Übermaßes an Auflehnung" (vgl. dazu 5,64.68). 17,65 nimmt abschließend die schon in 17,53 erwähnten Diener Gottes („meine Diener"; vgl. 15,40.42) von den Gefährdungen durch Iblis (bzw. Satan, vgl. V. 64Ende sowie 17,53) aus und scheint dann noch in der direkten Anrede den Propheten als solchen Diener einzubeziehen.

18,50–51 im Kontext
18,47f. verweist auf den Tag (des Gerichts), an dem Gott die versammelt, die einen solchen Termin in Frage stellten. V. 49 schildert, wie die „Übeltäter" dann erschrecken werden. Von deren Geschick im Höllenfeuer ist erst wieder in V. 53 die Rede. 18,50–51 schiebt dazwischen Angaben über Ursprung und Art des Iblis und seiner Nachkommenschaft und stellt klar, was man sich mit ihnen als sog. Schutzherren/Freunde (V. 50; bzw. Teilhaber in V. 52) an Stelle Gottes einhandeln würde[271]. Im Kontext der Aussagen über das Gericht an den Übeltätern (18,49 und 52f.) soll die Qualifizierung von Iblis und Konsorten (Nachkommenschaft) als Feinde und Irreführende belegen, wie sinnlos die Hoffnung auf solche ohnmächtigen Schutzherren/Freunde bzw. sog. Teilhaber Gottes ist.

20,115–123 im Kontext
„Rein äußerlich gesehen, enthält S. 20 zwei … Erzählungen, V. 8–99 die von Musa, V. 114–28 die von Adam. Hier liegt es aber so, daß die Verse 1–112 in sich geschlossen sind, wobei V. 1–7 die Einleitung, V. 100–12 den wie häufig eschatologischen Schluß bilden; während sich 114–35 wie ein Nachtrag ausnehmen"[272].

Nach den Hinweisen auf den „Tag der Auferstehung" (20,100ff.) bzw. auf „jenen Tag" (V. 108f.) und auf die Folgen für die Frevler und Rechtschaffenen (V. 111f.) hebt 20,113 die Herabsendung des Korans und die darin enthaltenen Androhungen und Mahnung *(dhikr)*[273] hervor. V. 114 richtet sich mit Anweisungen zum Koran an den Propheten. In 20,124 wird das Stichwort „Mahnung" *(dhikr)* wieder aufgenommen und mit dem „Tag der Auferstehung" in Beziehung gesetzt.

Somit erweist sich die Textfolge 20,115–123 mit der Adam-Iblis/Satan-Thematik als nachträgliche Ergänzung; der verantwortliche Verfasser und Interpolator deckt hier die fundamentale Ursache sowie die Folgen menschlicher Widerspenstigkeit gegenüber Gott auf und verweist auf dessen dem Menschen dennoch bereits uranfänglich zugesagte grundsätzliche Rechtleitung (V. 123; vgl. dieses Stichwort wieder im Abschlussvers 135).

Anrede in 17,52.54, stellt also einen Einschub dar. Schwer zu entscheiden ist, ob der Interpolator die Iblis-Textfolge (vgl. die Nennung Satans 17,64Ende; s. dazu unten Anm. 299) schon vor Augen hatte oder ob umgekehrt 17,53 die Einschaltung der Iblis-Passage mit veranlasst hat.
[271] Vgl. 18,102: „Meinen denn diejenigen, die ungläubig sind, daß sie sich meine Diener an meiner Statt zu Schutzherren/Freunden nehmen können?"
[272] Horovitz, Koranische Untersuchungen (1926), 2.
[273] Vgl. dieses Stichwort bereits in V. 99 in der an den Propheten gerichteten Wir-Rede Gottes.

38,71–85 im Kontext

Nach den Hinweisen auf die „Ungläubigen" (38,2), die Gottes Gesandte der Lüge bezichtigen (38,12) etc., folgt in 38,17 die Aufforderung an den Propheten, standhaft zu sein und Gottes Dieners David zu gedenken (Ausführungen zu David bis 38,26); über Gottes Diener Salomo handeln 38,30–40; auf Hiob als Gottes Diener beziehen sich 38,41–44, außerdem soll der Prophet noch Abrahams, Isaaks und Jakobs als Gottes Diener gedenken (38,45 ff.). 38,49–64 handeln von den Gottesfürchtigen (V. 49–54) und den Aufsässigen (V. 55–64) und ihrem jeweiligen Geschick in den Gärten Edens bzw. in der Hölle. Anschließend ist vom Propheten zweimal als Warner die Rede, zunächst in der Ich-Rede des Propheten in V. 65 f. (eingeleitet mit qul), dann in V. 67–70 (ebenfalls Ich-Rede.). Darauf folgt in 38,71–72 die Einleitung der Iblis-Erzählung: „Als dein Herr zu den Engeln sagte: ‚Ich werde ein menschliches Wesen aus Lehm erschaffen. Wenn ich es zurecht geformt und ihm von meinem Geist eingehaucht habe, dann fallt und werft euch vor ihm nieder ...'" Im Abschlussvers der Iblis-Passage 38,85 wird das Thema „Hölle" aus V. 55–64 noch einmal aufgenommen.

Bereits Nöldeke hat darauf aufmerksam gemacht, dass die Verse 67 bis zum Ende der Sure „einen gemeinsamen Reim auf im, in, un, um" haben, „während sonst in der Sure der Reim ausschließlich auf ab, ar, ad usw. ausgeht. Der hieraus sich leicht aufdrängenden Annahme einer ursprünglichen Nichtzusammengehörigkeit der beiden Teile wird durch den Inhalt nicht widersprochen"[274]. Dass 38,67 ff. also einen sekundären Anhang darstellt, erklärt auch die jetzt doppelte Hervorhebung des Propheten als Warner (vgl. V. 65 mit V. 70): Hinter dem ursprünglichen, hymnisch gefassten Schluss der Sure in V. 65b.66 erweist sich 38,67–70 als neu konzipierte Überleitung zu der nachzutragenden Iblis-Textfolge[275].

Der mit dieser Iblis-Textfolge nachgetragene Beschluss der Sure 38, der ja wie auch die übrigen Iblis-Versionen als Ätiologie jenes Sachverhalts eingesetzt ist, dass trotz Gottes Schöpfungsmacht und -wirken seine Menschengeschöpfe sich von ihm abwenden oder abirren, dürfte mit dem expliziten Hinweis auf die generelle Stellung und Bedeutung der „auserlesenen Diener" Gottes in 38,83 zudem gezielt auf die vorausgehende Erwähnung der namentlich und beispielhaft genannten Diener Gottes (vgl. 38,17–45) Bezug nehmen.

Möglicherweise ist die Iblispassage auch im Blick auf die Eingangsaussagen der folgenden Sure hier eingefügt worden; denn Sure 39,1–6 verweist auf Gottes Rechtleitung (39,3), auf sein uranfängliches Erschaffen von Himmel und Erde, Sonne und Mond (39,5) sowie des ersten Menschenpaares und endet dann, nachdem auch die

---

[274] GdQ I, 131; vgl. ferner Horovitz, Koranische Untersuchungen (1926), 2.
[275] Dass zumal 38,69 f. nicht nur über die Reimgleichheit, sondern auch thematisch mit den folgenden Versen 38,71 ff. zusammenzusehen ist, hat Beck (vgl. Iblis [1976], 208) mit Verweis auf 37,8 und 27,45 gezeigt: Die in 38,69 genannte „höchste führende Schar" (Paret übersetzt: „der oberste Rat") spielt auf den „himmlischen Rat der Engel" (37,8) an; der Hinweis auf deren Streit untereinander bezieht sich auf die folgende Schilderung 38,71 ff.: Ein Teil der Engel gehorcht der Aufforderung Gottes, Iblis aber widersetzt sich.

Adressaten dieser Verse als Geschöpfe Gottes angesprochen sind, mit dem Vorwurf (39,6): „Wie laßt ihr euch so abwenden?". In 39,7 sind zudem Gottes Diener miteinbezogen. Von 38,71 ff. herkommend weiß der Leser jetzt, dass und in welcher Weise hier von Gott selbst angelegte und verantwortete Hintergründe solcher menschlicher Abirrungen[276] eine Rolle spielen bzw. wie das vor sich gehen soll, dass Gott selbst in die Irre gehen lässt (vgl. 39,23.36).

4.1.3 Fazit

Die Beobachtungen zu Art und Weise der Kontextverankerungen der hier zu untersuchenden Iblis/Satan-Textfolgen ergeben Folgendes:

In allen Fällen gibt es deutliche Anhaltspunkte dafür, dass diese Textfolgen erst sekundär mit den jetzigen Kontexten in Verbindung gebracht bzw. verklammert worden sind. Sie sind demzufolge wie auch wegen ihrer spezifischen Thematik als Nachträge bzw. Einschubtexte einzustufen[277].

Für die Konzipierung dieser Texte waren offensichtlich Fragestellungen ausschlaggebend, die im vorgegebenen Textgut explizit noch keine Rolle gespielt hatten, aber implizit in den darin ausgesprochenen Theologumena angelegt waren. Die Iblis/Satan-Versionen sind somit Ergebnisse jeweils kontextbezogenen „theologischen" Reflektierens mit dem Ziel einer theologisch stimmigeren Systematik. Vorerst sei hier dazu lediglich festgehalten, dass zum einen zumal vorgegebene Aussagen über Gottes absolute Schöpfermacht in einer gewissen Spannung zu Hinweisen auf das Wirken widergöttlicher Machtwesen wie Dschinn und Satan/Satane gesehen werden konnten; zum anderen wurde aber auch generell als erklärungsbedürftig empfunden, inwiefern es trotz des absolut herrschenden und wirkenden Schöpfergottes immer wieder dazu kommen konnte, dass seine Menschengeschöpfe Gott nicht entsprechend wahrnehmen und sich nicht allein auf ihn hin orientierten[278].

---

[276] Anders versucht 39,8 nach 39,6 eine Erklärung über den Hinweis auf die Vergesslichkeit der Menschen: Im Unheil rufe der Mensch seinen Herrn an: „Wenn dieser ihm hierauf Gnade von sich erweist, vergißt er … und er stellt Gott andere als seinesgleichen zur Seite, um von seinem Weg ab in die Irre zu führen *(li-yudilla)*".

[277] Besonders eindeutig gilt das für 38,71–85 (vgl. dazu oben bei Anm. 274) und 15,26–42 (vgl. oben bei Anm. 267); zu 20,115–123 vgl. oben bei Anm. 272; zu 17,61–65 vgl. bei Anm. 269.

[278] Vgl. in den jeweiligen Kontexten die diversen Hinweise auf neben Gott oder an seiner Stelle verehrte „Schutzherren"/Freunde bzw. sog. „Teilhaber" (z. B. 2,22; 7,3.27.30; 17,56.67; 18,52.102; 39,3) sowie auf Satan bzw. die Satane (z. B. 2,14; 7,30; 15,17; 17,27; 38,37.41) und die Themen „Rechtleitung" und „irre gehen, in die Irre führen" (z. B. 2,15 f.26); vgl. ferner 4,119; 22,4; 28,15; 36,62; 39,8.

4.2 Die Iblis/Satan-Texte – Analysen und vergleichende Gegenüberstellungen

Welcher Art der von den zuständigen Bearbeitern in den einzelnen Suren empfundene „Defizitcharakter" jeweils war, ebenso inwiefern die einzelnen Versionen als Parallelversionen einander ergänzen oder sukzessiv „verbessern", ist in den folgenden Textanalysen sowie vergleichenden Gegenüberstellungen genauer zu sondieren. Um dieses meist sehr komplizierte Verfahren für den Leser überblickbar und nachvollziehbar zu machen, werden zu den Analysen und Interpretationen jeweils die verschiedenen Textversionen in Übersetzung vorgestellt[279].

Von großer Bedeutung für den Versuch, den besonderen Stellenwert der Iblis/Satan-Passagen in den jetzigen Kontexten zu erheben, ist ohne Frage der bereits oben vermerkte Sachverhalt, dass sie sich mit bereits in vorislamischer Zeit in jüdischen wie auch christlichen Kreisen kursierenden Schriften (bes. Adam-Legenden) teilweise eng berühren. Daher ist zu klären, inwieweit sich die für die Iblis/Satan-Passagen verantwortlichen Bearbeiter(kreise) bei der Konzipierung ihrer Texte zur Frage der Herkunft und des Stellenwertes der widergöttlichen Machtwesen wie Dschinn und Satane an Vorstellungswelten orientieren, wie sie z. B. noch in Schriften wie das „Leben Adams und Evas" oder „Das Buch der Schatzhöhle" erhalten geblieben sind[280].

4.2.1 Zur Forschung

Bisherige Untersuchungen zu diesen auffälligen Textpassagen gehen in der Regel davon aus, dass für ihre Konzipierung Mohammed zuständig war.

Speyer z. B. bestimmt in dem Abschnitt „Mohammed und die qoranische Adamserzählung"[281] das zeitliche Nacheinander der Iblis-Texte schlicht nach der von Nöldeke stammenden zeitlichen Einstufung der einzelnen Suren („1. mekkanische Periode" etc.), die diese Texte enthalten.

Beck[282] setzt sich das Ziel, „aus einer synoptischen Gegenüberstellung und dem sprachlichen und sachlichen Vergleich der einschlägigen Texte den Werdegang einer koranischen Erzählung darzustellen" (a. a. O., 195). Für ihn ergibt sich als „Reihenfolge der Suren nach der Entwicklung der Iblis-Satanerzählung: 38, 15, (17, 18), 7, 20, 2 und 4, im Gegensatz zu der von Eichler (18, 38, 15, 17, 7, 20, 2, 4), von Grimme (15, 38, 20, 18, 17, 7, 2, 4) und von Nöldeke (20, 15, 38, 18, 7, 2. 4)." (a. a. O., 244). Da allein Mohammed für die Konzipierung der Iblis/Satan-Passagen verantwortlich zeichnet, sind

---

[279] Die deutsche Wiedergabe der Korantexte orientiert sich überwiegend an der in der zweisprachigen Koranausgabe von Bubenheim/Elyas (Medina 2002) gebotenen Übersetzung, folgt aber auch in bestimmten Fällen (nach Überprüfung am arabischen Originaltext) Paret, Khoury oder Bobzin.
[280] Vgl. dazu unten bei Anm. 366 u. 367.
[281] Die biblischen Erzählungen im Qoran (1931), 79–83.
[282] Iblis (1976).

nach Beck auch die zu beobachtenden Textunterschiede und Textentwicklungen dem Propheten zuzuschreiben. Im Blick auf bestimmte Auffälligkeiten liege dann „wohl ein eigenmächtiges Vorgehen des Propheten zugrunde, das auch sonst in der Übernahme jüdisch-christlicher Stoffe in Erscheinung tritt" (a.a.O., 210). So stellt Beck fest (a.a.O., 210), dass Mohammed „zu der Zeit, da er seine Ibliserzählung vortrug, die biblische Erzählung von der Erschaffung Adams schon kannte, und zusammen mit ihr wohl auch schon den anschließenden Sündenfall. Warum bietet er dann zunächst nur seine Ibliserzählung ohne Adam und seine Verführung?". Den „Grund für die Isolierung der Ibliserzählung" verrate „die ganze hier aufgezeigte Entwicklung von den ältesten Suren an": „Muhammed ging es von Anfang an nur darum, das Bestehen der Feindschaft zwischen Mensch und Teufel aufzuzeigen; der Fall Adams war für ihn nur ein Sonderfall ohne jede eigene, übergreifende Bedeutung. So konnte er sie erst später anfügen"[283].

Neuerdings hat sich besonders Neuwirth in mehreren Abhandlungen[284] mit den Iblis-Passagen befasst. Anders als Beck sortiert sie die Texte ohne weitere Begründung „in their most plausible genetic order"[285]: 15,26–48; 38,67–85; 20,29–39; 17,61–65; 18,50–51; 7,10–25; 2,28–39.

Auf Neuwirths Studien bezieht sich dann ihr Schüler Sinai in seiner 2009 veröffentlichten Dissertation „Fortschreibung und Auslegung". Mit Verweis auf Neuwirths Versuch, am Beispiel der Iblis- bzw. Adamerzählungen „die koranische Textgenese als ‚Kanonischen Prozess' zu fassen, d.h. als allmähliches Wachstum eines Textes, der bereits vor seiner endgültigen Schließung in kanonischem Ansehen steht"[286], erläutert er, auf welcher Grundlage er seine eigenen Analysen zur Frage der Korangenese vornehmen will.

Sinais Hauptinteresse seiner „Untersuchungen gilt ... dem Phänomen kanonischer Interpretation, d.h. der Tatsache, dass kanonische Texte in besonderer Weise Gegenstand einer fortwährenden inhaltlichen Neuaneignung seitens ihrer Gemeinde sind" (a.a.O., X). Er hält „für unabdingbar, in diesem zwischen Verkünder und Hörern ablaufenden Kommunikationsgeschehen die Rolle letzterer nicht auf die einer gänzlich passiven Rezipientenschaft zu verkürzen. Vielmehr gilt / es, ... ernst zu nehmen, dass sich die koranischen Verkündigungen in hohem Maße auf Rückfragen und Einwände ihrer Hörer einlassen. Sie müssen deshalb als Äußerungen gelesen werden, die sich affirmierend, klärend oder polemisch in vorgängige Gemeindedebatten einschalten. Als realgeschichtlicher Hintergrund für die ... koranischen Fortschreibungsprozesse ist deshalb ein vielstimmiges Diskursmilieu anzunehmen, in dem sowohl altarabische als auch jüdisch-christliche Traditionen und Motive zirkulierten und intensiv und mit

---

[283] Ebd.; vgl. auch a.a.O., 244: „Daß Muhammed in der Ibliserzählung die Verführung Adams überging, scheint auf eine eigenwillige Behandlung seiner Quellen zurückzugehen. Erst später hat er sie mit aufgenommen".
[284] Neuwirth, Negotiating Justice I (2000), 25–41; Negotiating Justice II, (2000), 1–18; Crisis (2001), 113–152 (bes. 121 ff.); vgl. auch: Der Koran als Text der Spätantike (2010), 455 ff.; 609 f.
[285] Vgl. Negotiating Justice I (2000), 39, Anm. 20.
[286] Fortschreibung (2009), 75.

hoher Mutationsrate diskutiert wurden. In diesem koranischen Milieu spielte der Verkünder Muhammad zwar eine herausgehobene Rolle, insofern die koranische Urgemeinde nur ihn als zur ‚Publikation' autoritativer göttlicher Verlautbarungen berechtigt anerkannte, doch dürften die durch ihn vorgetragenen Texte gleichwohl auf das Engste mit dem kulturellen Horizont seiner Hörer und den für sie relevanten Themen und Fragestellungen verzahnt gewesen sein"²⁸⁷. Zur naheliegenden Frage, wie man sich diese „Verzahnung" und schließlich auch die Vorgänge der Textkonzipierungen konkret vorzustellen hat, äußert sich Sinai nicht. Das ist umso bedauerlicher, als er gegenüber Neuwirths Anliegen deutlicher „präzisieren" möchte, „dass spätere Suren als gezielte Relektüren oder Umdeutungen früherer Suren verstanden werden können, dass sie also nicht nur einen *Gegenwarts*bezug aufweisen, sondern auch einen retrospektiven *Text*bezug ... Von einem kanonischen Prozess kann man ... sinnvollerweise nur dann sprechen, wenn es sich um einen Einbezug der Gegenwart *in die Auseinandersetzung mit dem vorliegenden Textbestand* handelt – wenn also ein wesentliches Movens der literarischen Produktion die (konnektive oder explikative) Interpretation älterer Teile des Korpus ist"²⁸⁸. Diesen Einschätzungen ist voll zuzustimmen; zu ergänzen und hervorzuheben ist allerdings, dass solche *Auseinandersetzung mit dem vorliegenden Textbestand* keineswegs mit dem Tode Mohammeds zum Abschluss gekommen sein muss.

Für die Ausführungen zu den Iblis-Passagen selbst²⁸⁹ legt Sinai „die von Neuwirth vertretene Textreihenfolge zugrunde", gibt aber auch zu erkennen, dass andere Einschätzungen möglich sind²⁹⁰. Wenig interessant ist für Sinai wie auch schon für Neuwirth ähnliches oder vergleichbares Erzählmaterial wie z.B. die in VitAd enthaltene Schilderung von der Weigerung des Teufels, vor Adam niederzufallen; er vermerkt dazu lediglich, hier zeige sich wie so oft, „dass die koranischen Verkündigungen vorgegebenes Erzählmaterial neu pointieren und exegesieren"²⁹¹.

Auf die Frage, ob und inwieweit Neuwirths und Sinais Sichtweisen zuzustimmen ist, ist später zurückzukommen²⁹². Genauer zu klären ist in jedem Fall, von Kommunikationsvorgängen und Diskursen welcher Art überhaupt auszugehen ist und wie und von wem die solchen Diskursen Rechnung tragenden Korantexte ausformuliert bzw. literarisch konzipiert worden sind.

Reynolds 2010 erschienene Untersuchung „The Qurʾān and its Biblical Subtext" (2010) soll zeigen, dass der Koran „should not be read in conversation with what came after it (tafsīr) but with what came before it (Biblical literature)" (13). Reynolds will

---

[287] A.a.O., X/XI; vgl. auch Sinai, Orientalism, Authorship (2008), 148: „... the notion of authorship ought to be expanded to include not only Muhammad himself but also the community of his followers".
[288] Fortschreibung (2009), 76.
[289] Vgl. a.a.O., 77–96.
[290] A.a.O., 77, Anm. 7.
[291] Vgl. a.a.O., 87, Anm. 34; vgl. sonst noch den knappen Verweis (a.a.O., 90, Anm. 41) auf die Parallele zur Namengebung Adams (Sure 2,30 ff.) im jüdischen Schrifttum.
[292] Vgl. unten bei Anm. 431.

hauptsächlich herausarbeiten, „how the Qur'ān can be fruitfully read in the light of Biblical literature … I do not ask questions of either the authorship or the redaction of the Qur'ān" (22). „The key, then, is not what sources entered into the Qur'ān, but rather the nature of the relationship between the Qur'ānic text and its Jewish and Christian subtext" (36). Zu diesem Zweck befasst sich Reynolds ausführlich auch mit den koranischen Adam-Iblistexten und den darin berücksichtigten religiösen Traditionen (a. a. O., 39–71).

In den folgenden Sondierungen und Textanalysen zur Entstehungsgeschichte der Iblis/Satan-Texte (bzw. Adam-Erzählungen) wird sich zeigen, inwieweit den Positionen, Beobachtungen und Ergebnissen der oben skizzierten Untersuchungen zuzustimmen ist oder auch nicht.

4.2.2 Die Iblis/Satan-Passagen und die Frage nach ihrer Funktion in einer gesamtkoranischen Systematik – Vororientierung

Zahlreiche Textfolgen mit Aussagen über Gottes zu rühmendes Schöpfertum einerseits und andererseits über die dazu im Widerspruch stehenden Missachtungen Gottes seitens seiner Menschgeschöpfe führen als Ursache für menschliches Fehlverhalten entweder lediglich Vergesslichkeit, Undankbarkeit wie auch Unwissenheit der Menschen selbst an[293] oder sie verweisen auf verführerischen, irreleitenden Einfluss (implizit von dämonischen Wesen?)[294] oder sie enthalten Andeutungen bzw. knappe explizite Hinweise auf das Wirken von dämonischen Wesen, Satanen, Dschinn etc.[295] Die Frage jedoch zumal nach der Herkunft des Bösen, des Gott Widerständigen, der dämonischen Wesen etc. spielt hier keine Rolle; d. h., das theologische Grundproblem „unde malum", bzw. wie sich neben Gott die ihm Widerständigen etablieren konnten, wird in diesen Aussagezusammenhängen nicht mitbedacht.

Für die Iblis-Texte insgesamt ist dagegen charakteristisch, dass sie gerade in dieser Richtung ätiologisch eingesetzt sind[296]. Mit Hilfe des protologischen Mythos vom Engel-Satanssturz, mit den entsprechenden Hinweisen auf Iblis bzw. Satan und seine Her-

---

[293] Vgl. z. B. 39,8; ähnlich 39,49; 30,33; 16,52 ff.
[294] Vgl. z. B. 39,6 („wie könnt ihr euch so abbringen lassen?"); 40,62 f.69 („wie können sie sich abbringen lassen?"); 10,32.
[295] Vgl. z. B. 35,3 ff.: „O ihr Menschen … Gibt es einen anderen Schöpfer als Gott … Wie laßt ihr euch abwendig machen? … V. 5: Nicht täuschen soll euch hinsichtlich Gottes der Täuscher. V. 6: Gewiß der Satan ist euch feind; so nehmt ihn euch zum Feind …"; vgl. bes. 31,33: „So soll euch nicht das diesseitige Leben täuschen, und nicht täuschen soll euch hinsichtlich Gottes der Täuscher"; 57,14: „… die Wünsche haben euch getäuscht … Getäuscht hat … euch der Täuscher …"; hier fehlt noch die explizite Identifizierung des „Täuschers" mit „Satan", wie sie in 35,3–6 vorliegt. Zudem liest sich in 31,33 und 57,14 der Verweis auf den „Täuscher" wie eine korrigierende Ergänzung: Nicht schon das „diesseitige Leben" oder „die Wünsche" bewirkten „Täuschung", sondern der „Täuscher"/Satan.
[296] Vgl. Busse, Die theologischen Beziehungen des Islams zu Judentum und Christentum (1988),

kunft und die Art und Weise seiner von Gott zugestandenen Wirkungsmöglichkeiten soll diese theologische Lücke bzw. Unklarheit (Woher resultiert das Böse als Macht neben Gott)[297] geschlossen werden.[298]

Im Blick auf die im koranischen Textgut mehrfach verankerten Iblis/Satan-Versionen ist es Ziel der folgenden Analysen, herauszuarbeiten, dass und inwiefern der unterschiedliche Umfang der Aussagen und die deutlich zu erhebenden Nuancierungen sowie divergierende Akzentsetzungen und Zusatzaspekte aus jeweils weiteren theologischen Denkprozessen der zuständigen Verfasser bzw. Bearbeiter des koranischen Textguts resultieren. Es soll sondiert werden, ob und in welcher Weise eine bestimmte Iblis/Satan-Version an Vorgaben einer anderen anknüpft und diese erweitert, ergänzt, umakzentuiert etc.

Es liegt nahe, mit jenen Textfolgen einzusetzen, in denen Iblis schließlich auch explizit für die Satansgestalt vereinnahmt ist (2,30–38; 7,11–24 und 20,115–123) und die zusammen mit der Kennzeichnung des Iblis als Satan im Blick auf die übrigen Iblis-Texte (15,26–43; 17,61–65[299]; 18,50–51; 38,71–85)[300] Zusatzinformationen liefern sowie deutlich einen theologisch weiter reflektierten Horizont widerspiegeln.

Es gilt zunächst zu klären, in welchem Verhältnis diese Iblis/Satan-Texte zueinander sowie zu den reinen Iblisversionen stehen, woraufhin dann Rückschlüsse auf ihre Entstehung bzw. Hintergründe und Motive ihrer redaktionellen Verklammerung möglich sind.

4.2.3 Die Iblis/Satan-Texte: 2,30–38; 7,11–24 und 20,115–123 – Textvergleiche

4.2.3.1 2,30–38

Wie oben bereits vorgestellt ist der Einführung der Iblis-Gestalt in 2,34 („Und als wir zu den Engeln sagten: ‚Werft euch vor Adam nieder!' Da warfen sie sich nieder außer Iblis ...") eine erste Rede Gottes an die Engel (vgl. 2,30) vorgeschaltet, in der er Adam

---

69 (zur Iblis-Erzählung): „Die Erzählung hat den Zweck, das Böse in der Welt zu erklären, ohne in einen Dualismus zu verfallen."

[297] Vgl. so schon Sprenger, Das Leben II (1869), 241, zu Sure 38,71 ff.: „Iblys hätte sogleich in die Hölle geworfen werden sollen, aber der Zweck des Mythus ist, den Ursprung des Uebels auf Erden zu erklären ..."

[298] Zur Frage, inwiefern Gott einerseits der eine und alleinige gute Schöpfergott ist (Sure 96,1; 92,3; 87,2; 82,7; 80.18 ff. u. ö.), andererseits jedoch seine Menschgeschöpfe feindlichen Mächten und Wesen ausgesetzt sind, finden sich im Koran sonst nirgends explizit protologische Reflexionen.

[299] In 17,64Ende wird zwar auch auf den Satan verwiesen: „Und der Satan macht ihnen nur trügerische Versprechungen"; doch ist dieser Vermerk, der die Ich-Rede Gottes unterbricht, deutlich ein sekundärer Zusatz (= 4,120; vgl. auch 7,22); vgl. dazu auch Beck, Iblis (1976), 227 f.

[300] 2,30–38; 7,11–24 und 20,115–123 ist gemeinsam, dass sie den ersten Teil der reinen Iblis-erzählung, wie er in 38,71–74 vorliegt, jeweils in einem Vers (2,34; 7,11; 20,116) kurz zusammenfassen.

als „Statthalter" bzw. „Nachfolger" auf der Erde ankündigt und Adam dann mit einem Namenswissen ausstattet, woraufhin die Engel Adams Überlegenheit anerkennen müssen (2,31–33):

2,29 „Er ist es, der für euch alles, was auf der Erde ist, erschuf und sich hierauf zum Himmel aufgerichtet hat und ihn dann zu sieben Himmeln formte. Er weiß über alles Bescheid[301].

2,30 Und als dein Herr zu den Engeln sagte: ‚Ich bin dabei, auf der Erde einen Nachfolger einzusetzen', da sagten sie: ‚Willst du auf ihr etwa jemanden einsetzen, der auf ihr Unheil stiftet und Blut vergießt, wo wir dich doch lobpreisen und dich heiligpreisen?' Er sagte: ‚Ich weiß, was ihr nicht wißt'.

2,31 Und er lehrte Adam die Namen alle. Hierauf legte er sie den Engeln vor und sagte: ‚Teilt mir deren Namen mit, wenn ihr wahrhaftig seid!'

2,32 Sie sagten: ‚Preis sei dir! Wir haben kein Wissen außer dem, was du uns gelehrt hast. Du bist ja der Allwissende und Allweise'.

2,33 Er sagte: ‚O Adam, teile ihnen ihre Namen mit!' Als er ihnen ihre Namen mitgeteilt hatte, sagte er (Gott): ‚Habe ich euch nicht gesagt, ich kenne das Verborgene von Himmel und Erde …'".

Es folgt dann 2,34: „Und als wir zu den Engeln sagten: ‚Werft euch vor Adam nieder …'".

Im Vergleich zu den übrigen Iblis-Texten bietet 2,(29)30–33 also noch zusätzlich „Hintergrundinformationen" zur Forderung Gottes an die Engel, sich vor Adam niederzuwerfen. Zu diesem Zweck greift der Verfasser das in jüdischen und auch christlichen Versionen der sog. Adam-Legenden bekannte Erzählmoment von Adam als Namengeber auf[302].

---

[301] 2,29 wirkt nach den Darlegungen zu Gottes Schöpfungswirken in 2,21–28 einerseits wie ein zusammenfassender Abschluss, ist aber zugleich eine geschickte Überleitung zum Folgenden, indem hier mit dem Verweis auf die „sieben Himmel" signalisiert wird, dass sich die anschließend vorgestellten Vorgänge zwischen Gott und den Engeln etc. in einer höheren „Sphäre" abgespielt haben.

[302] Die Formulierung in 2,30 („ich bin dabei, auf der Erde einen Statthalter/Nachfolger einzusetzen …") steht in einer gewissen Spannung zu den folgenden Versen: Von Adam als Statthalter/Nachfolger auf der Erde ist im Folgenden nirgends die Rede; und die „Erde" etc. rückt erst in 2,36 in den Blick. Diese Spannung dürfte ein Indiz dafür sein, dass der Anfang von 2,30 nicht im Blick auf die gesamte Textfolge 2,30–38 formuliert wurde, sondern vorgegeben war, und zwar bezogen lediglich auf das Aussagegeflecht 2,30–33. Dass 2,30–33 nicht im gleichen Zusammenhang mit 2,34–38 konzipiert worden ist, ist deswegen anzunehmen, weil 2,30–33 über Gott berichtet, während 2,34–38 als Wir-Rede Gottes (Ausnahme: V. 37) abgefasst ist. Allerdings ist aus diesen Beobachtungen nicht zu folgern, dass hier von einer sukzessiven Entstehung der Textfolge 2,30–38 auszugehen ist, also erst 2,34–38 aufgenommen wurde und dann von einer späteren Hand noch 2,30–33 vorgeschaltet wurde. Die Divergenzen dürften eher damit zusammenhängen, dass der Verfasser von 2,34–38 bei der Vorschaltung von 2,30–33 von den Vorgaben der ihm zugänglichen „Quelle" beeinflusst war. Zur Frage der Parallelversionen für die „Namengebung" durch Adam wie z.B. im „Buch der Schatzhöhle" (Kap. 2,20) sowie in älteren jüdischen Traditionen vgl. ausführlich unten bei Anm. 409.

Die Frage, aus welchen Gründen die Engel sich vor Adam niederwerfen sollten, stellte sich für die Verfasser der übrigen Iblis-Texte offensichtlich noch nicht. So bieten 7,11a; 15,26 f.; 38,71 zuvor nur Verweise auf Gottes Erschaffung des/der Menschen; 20,115 führt lediglich zuvor Adam ein, indem hier eine ihm von Gott auferlegte Verpflichtung[303] erwähnt wird; 17,61 und 18,50 bringen die Aufforderung Gottes an die Engel anscheinend völlig unvermittelt.

Dass die Ausführungen über Adams Sonderstellung im Vergleich zu den Engeln gerade in 2,30 ff. direkt vor der ersten Iblis-Textfolge im Koran auftauchen, ist deswegen besonders bemerkenswert, weil es dabei dem zuständigen Bearbeiter offensichtlich um mehr geht als um lediglich die Mitteilung ihm zugänglicher Zusatzinformationen[304] zum Adam-Iblis-Themenkomplex.

Die Art der Plazierung der gesamten Textfolge gerade in Sure 2 und zumal auch, wie sich zeigen lässt, die Art ihrer Konzipierung mit ihrem Informationsplus im Vergleich zu den folgenden Iblis-Texten sprechen dafür, dass hier ein Bearbeiter am Werk war, der bewusst im Einstiegstext mit seiner Textkonzeption signalisieren bzw. vorgeben will, was im Blick auf alle folgenden Iblis-Texte vom Leser zusätzlich zu berücksichtigen ist.

Bemerkenswert ist ja nicht nur, dass der Leser von 2,30–38 herkommend wegen 2,30–33 nun auch etwas über die „Vorgeschichte" der Adam-Iblis-Episode weiß[305]. Der für 2,30–38 zuständige Bearbeiter hat ja darüber hinaus, wie im Folgenden noch darzulegen sein wird, weitere im Vergleich zu den übrigen Iblis-Texten wichtige Umakzentuierungen, Modifikationen und sogar Korrekturen eingebracht.

Übereinstimmungen und Unterschiede zwischen 2,(30–33)34–38 und 7,11–24

2,34: „Und als wir **zu den Engeln sagten: ‚Werft euch vor Adam nieder!' Da warfen sie sich nieder, außer Iblis.** Er weigerte sich und verhielt sich hochmütig und gehörte zu den Ungläubigen (vgl. 38,74)".

* * *

7,11: „Und wir haben euch ja erschaffen. Hierauf haben wir **zu den Engeln gesagt: ‚Werft euch vor Adam nieder!' Da warfen sie sich nieder, außer Iblis.** Er gehörte nicht zu denen, die sich niederwerfen".

---

[303] Was genau gemeint ist, wird nicht deutlich; wahrscheinlich ist an den verbotenen Baum gedacht (vgl. Paret, Komm., z. St., der auf 7,19; 2,35 sowie 36,60 verweist).
[304] Zu Einzelheiten dazu vgl. unten nach Anm. 409.
[305] Beck vermerkt zwar, dass die „Erzählung von der Namengebung durch Adam ... vielleicht die anschließende Aufforderung, vor Adam niederzufallen, etwas motivieren soll", will sie aber nicht berücksichtigen, „weil sie nicht unmittelbar zu unserem Thema gehört" (Iblis [1976], 223, Anm. 68); vgl. dagegen Sinai, Fortschreibung (2009), 79 (mit Verweis auf Neuwirth, Crisis [2001], 144 f.): „Q 2:30 trifft damit nicht einfach eine Aussage über die Motivation Gottes bei der Erschaffung des Menschen, sondern füllt eine wichtige dramaturgische Lücke der existierenden Adam-Erzählungen, in denen Gottes Befehl an die Engel nicht motiviert wird".

Während in 7,11–24 erst im „Dialog" zwischen Gott und Iblis in V. 13 das Stichwort „Hochmut" fällt, kennzeichnet 2,34 das Gott gegenüber widerspenstige Verhalten von Iblis gleich eingangs als Hochmut und Unglaube[306]. Der Hinweis in 2,34 „er weigerte sich" scheint 15,31 und 20,116 zu berücksichtigen. Da in 7,11 Iblis' Verhalten lediglich konstatiert und noch nicht kommentiert ist und erst im „Dialog" Gottes mit Iblis der Vorwurf „Hochmut" erfolgt (7,13) und in 15,31 und 20,116 lediglich von „Weigerung" die Rede ist, spricht einiges dafür, dass der für 2,34 verantwortliche Bearbeiter hier im Vorausblick und unter Berücksichtigung von 15,31; 20,116 und 38,74 kombiniert und damit gleich eingangs auf eine umfassendere Charakterisierung der Iblisgestalt zielt[307].

Direkt im Anschluss an 2,34 verweist 2,35 sogleich auf Adams Situation im Paradies (wie 7,19), woraufhin 2,36 komprimiert Satans Verführung (vgl. 7,20), Adams Fehltritt und Gottes Strafe der Vertreibung vor Augen stellt (vgl. 7,24). Hier bleibt also der hinter 7,11 folgende „Dialog" Gottes mit Iblis (7,12–18)[308] unberücksichtigt (so auch in 20,115–123 und 18,50 f.).[309]

2,35: „Und wir sagten: ‚O Adam, bewohne du und deine Gattin den (Paradies)garten **und eßt** von ihm reichlich, **wo ihr wollt! Aber naht euch nicht diesem Baum, sonst gehört ihr zu den Ungerechten.'"**

7,12–18 bietet den „Dialog" zwischen Gott und Iblis (am Ende die Verstoßung von Iblis und die Warnung, ihm zu folgen!)[310].

7,19: „‚Und **o Adam, bewohne du und deine Gattin den (Paradies)garten und eßt, wo ihr wollt! Aber naht euch nicht diesem Baum, sonst gehört ihr zu den Ungerechten.'"**

* * *

2,36: „Da verleitete sie Satan zu einem Fehltritt

davon weg und beraubte sie so des Zustandes, worin sie sich zuvor befanden.

Und wir **sagten: ‚Geht hinunter. Ein Teil von euch sei dem anderen zum Feind. Und auf der Erde sollt ihr Aufenthalt und Nutznießung auf Zeit haben.'"** (vgl. unten 7,24)

7,20 „Da flüsterte ihnen der Satan ein,

um ihnen offen zu zeigen, was ihnen von ihrer Blöße verborgen war. Und er sagte: ‚Euer Herr hat euch diesen Baum nur verboten, damit ihr nicht Engel werdet oder zu den Ewiglebenden gehört.'

7,21 Und er schwor ihnen: ‚Ich bin zu euch wahrlich einer von denen, die gut raten'.

---

[306] Vgl. so auch 38,74: „… außer Iblis. Er verhielt sich hochmütig und gehörte zu den Ungläubigen".
[307] In 17,61 bleibt Iblis' Verhalten unkommentiert; erst seine anschließend gegen Gott gerichteten Worte charakterisieren ihn. In 18,50 heißt es: „So frevelte er gegen den Befehl seines Herrn".
[308] Vgl. die Parallelen 38,75–85; 17,61b–65; 15,32–42.
[309] Die folgende textvergleichende Übersicht hebt die Aussagen beider Versionen, die im Wesentlichen sprachlich und thematisch übereinstimmen, durch Fettdruck hervor.
[310] Während 7,11 als Gottesrede („wir") formuliert ist, ist 7,12–18 wie auch das Folgende als Bericht über Gott abgefasst.

7,22 Und so beschwatzte er sie, indem er sie betörte. Als sie nun von dem Baum gekostet hatten, zeigte sich ihnen ihre Blöße offenkundig, und sie begannen Blätter des Gartens über sich zusammenzuheften. Und ihr Herr rief ihnen zu: ‚Habe ich euch nicht jenen Baum verboten und euch gesagt: Der Satan ist euch ein offenkundiger Feind?'

7,23 Sie sagten: ‚Wir haben uns selbst Unrecht zugefügt. Wenn du uns nicht vergibst und dich unser erbarmst, gehören wir gewiß zu den Verlorenen'.

7,24 Er **sagte: ‚Geht hinunter. Ein Teil von euch sei dem anderen zum Feind. Und auf der Erde sollt ihr Aufenthalt und Nutznießung auf Zeit haben.'"** (vgl. oben 2,36)

* * *

2,37 „Da empfing Adam von seinem Herrn Worte, und darauf wandte er (Gott) sich ihm wieder zu. Er ist ja der gnädig sich Zuwendende und Barmherzige (vgl. 20,122).

2,38: Wir **sagten: ‚Geht alle von ihm hinunter.**

Wenn dann von mir Rechtleitung zu euch kommt, dann soll auf denjenigen, die meiner Rechtleitung folgen (vgl. 20,123), keine Furcht liegen und sie werden nicht traurig sein'".

Im Vergleich zu 2,34–38 ist 7,11–24 deutlich umfangreicher. Dieser Sachverhalt ist aber kein Indiz dafür, dass 2,34–38 die ältere Version bietet und dass 7,11–24 insgesamt eine jüngere Kompilation aus dieser Version und den im Vergleich dazu überschüssigen Textanteilen 7,12–18 und 7,20–23 darstellt. Denn aus folgenden Beobachtungen und Schlussfolgerungen – zusätzlich zu den bereits vermerkten Indizien – ergibt sich vielmehr eindeutig, dass 2,34–38 (zusammen mit 2,30–33) ein jüngeres im Vorausblick auf 7,11–24 und auch auf die weiteren Iblis-Texte konzipiertes Textprodukt darstellt:

a) Der Vermerk von der Adam geltenden Wiederzuwendung Gottes in 2,37 „Da empfing Adam von seinem Herrn Worte, und darauf wandte er (Gott) sich wieder gnädig ihm zu. Er ist ja der gnädig sich Zuwendende und Barmherzige" fehlt in 7,11–24; hier heißt es lediglich im Zusammenhang mit der von Gott ausgesprochenen Verstoßung „Und auf der Erde sollt ihr Aufenthalt und Nutznießung auf Zeit haben" (so 7,24). Diese Aussage berücksichtigt der Verfasser von 2,30–38 zwar in 2,36, er hebt dann aber direkt im Anschluss daran in 2,37 zusätzlich Gottes gnädige Zuwendung hervor. Ihm lag folglich daran, hier gegenüber 7,24 klarzustellen[311], dass es damals nach der Verstoßung Adams nicht lediglich mit Gottes Zusage von „Aufenthalt und Nutznießung auf der Erde" sein Bewenden hatte[312]: Gottes Sanktion nach Adams Verfehlung schloss anschließend keineswegs Gottes gnädige Wiederzuwendung aus.

b) In 2,38 spricht Gott: „Wir sagten: ‚Geht alle von ihm hinunter. Wenn dann von mir Rechtleitung zu euch kommt, dann soll auf denjenigen, die meiner Rechtleitung folgen (vgl. 20,123), keine Furcht liegen und sie werden nicht traurig sein'". Dagegen fehlt in 7,23.24 ein Vermerk über Gottes Zusage der Rechtleitung. Möglicherweise ist der Verfasser von 2,38 zu seiner Klarstellung im Vorausblick auf 7,23 f. auch hier von

---

[311] Erwägen kann man, ob der Verfasser von 2,37 dabei auch 20,122 vor Augen hatte und berücksichtigt; denn 2,37 berührt sich deutlich mit 20,122; vgl. dazu die Hinweise unten bei Anm. 320.

[312] Vgl. dazu auch unten bei Anm. 320.

20,123³¹³ angeregt worden. Jedenfalls ist das Anliegen in 2,38 im jetzigen Kontext gegenüber 7,11–24 deutlich: Hier soll trotz der mit Iblis' Abfall eingeleiteten, sich gegen Gott richtenden Entwicklungen die Zusage von Gottes Rechtleitung zu Beginn der Menschheitsgeschichte und ihre Geltung bis in die Gegenwart in den Blick gerückt werden, also ein theologisches „Defizit" in 7,11–24 beseitigt werden.

c) Mit Ausnahme von 7,11 (Wir-Rede Gottes) ist die gesamte Iblis/Satan-Version in 7,11–24 als Er-Bericht über Gottes Auseinandersetzung mit Iblis/Satan etc. konzipiert. Dagegen hat der Verfasser von 2,34–38 mit Ausnahme nur von V. 37³¹⁴ seine Version konsequent und damit betont als Gottesrede (Wir-Rede Gottes) gestaltet.

d) In 15,34; 17,63 und 38,77 ist jeweils festgehalten, dass Iblis nach seiner Weigerung, sich vor den Engeln niederzuwerfen, von Gott verstoßen bzw. vertrieben wird. Während dieser Vermerk in diesen Kontexten (reine Iblis-Texte) stimmig ist, bewirkt er in der Iblis/Satan-Version 7,11–24 (7,13 und 7,18) eine gewisse Inkongruenz: Ist Iblis, der im Folgenden mit Satan identisch gesehen werden soll, hier aus dem himmlischen Bereich vertrieben, so passt dazu nicht gut, dass er in 7,20 als Satan doch noch Zugriff auf Adam und seine Gattin im himmlischen Paradies hat und sie zum Ungehorsam verleiten kann. Die Wahrnehmung dieser Spannung³¹⁵ dürfte bei der Abfassung von 2,30–38 (vgl. auch 20,115–123) der Grund gewesen sein, die Themenkomplexe „Herkunft des Iblis" (bzw. im Folgenden Satans) und „Satans verderblicher Auftritt im Paradiesgarten" neu und stimmiger zu konzipieren: Iblis' Vertreibung aus dem himmlischen Bereich konnte nicht bereits nach seinem ersten widerspenstigen Auftritt gegenüber Gott realisiert worden sein; sie musste, um ihn noch als Satan im Paradies zum Zuge kommen zu lassen, verschoben bzw. danach vermerkt werden³¹⁶. In der Iblis/Satan-Version in Sure 20 geschieht das erst in der abschließenden Rede von Adams Verstoßung aus dem Paradiesgarten in V. 123, und zwar indem hier Satan implizit (mit dem Verweis auf die Feindschaft³¹⁷) miteinbezogen ist. Ebenso ist wohl Gottes Befehl „geht alle hinunter" in 2,38 auch an Satan gerichtet³¹⁸.

Im Folgenden ist zu klären, inwiefern der Verfasser bei seiner Konzipierung von Sure 2,30–38 über seine Stellungnahme bzw. Modifizierungen zu Sure 7,11–24 hinaus auch die Iblis/Satan-Version in Sure 20 mitberücksichtigt.

---

³¹³ Vgl. dazu auch unten bei Anm. 322 u. 328.
³¹⁴ Orientiert sich die Aussage in V. 37 „Da empfing Adam von seinem Herrn Worte, und darauf wandte er (Gott) sich ihm wieder zu" an 20,122 („Hierauf erwählte ihn sein Herr, darauf wandte er sich ihm wieder zu …")?
³¹⁵ Vgl. hier dagegen die Konzeption im „Buch der Schatzhöhle" (vgl. dazu unten bei Anm. 367), wo nach Satans Sturz aus dem Himmel (vgl. 3,4.8) vermerkt ist: Satan „nahm in der Schlange Wohnung, ergriff sie und flog mit ihr durch die Luft zu den Rändern des Paradieses" (4,5).
³¹⁶ 18,50 kommt nach dem Vermerk „… außer Iblis; er gehörte zu den Dschinn. So frevelte er gegen den Befehl seines Herrn" ohne einen Hinweis auf Iblis' Verstoßung aus.
³¹⁷ Vgl. Paret (Komm. zu Sure 20,123): „Hierbei ist nicht mehr nur an Adam und Eva zu denken, sondern an das ganze Menschengeschlecht einschließlich Satans"; denn der Verweis auf die Feindschaft denke an „die Feindschaft zwischen Menschen und Satan" (ebd.).
³¹⁸ Vgl. Paret, Komm. zu 2,36.

Übereinstimmungen und Unterschiede zwischen 2,(30–33)34–38 und 20,115–123

2,36: „Da verleitete sie Satan zu einem Fehltritt davon weg und beraubte sie so des Zustandes, worin sie sich zuvor befanden.
Und wir **sagten: ‚Geht hinunter. Ein Teil von euch sei dem anderen zum Feind** (vgl. 20,123).
Und auf der Erde sollt ihr Aufenthalt und Nutznießung auf Zeit haben.'
2,37 Da empfing Adam von seinem Herrn Worte, und darauf **wandte er (Gott) sich ihm zu**. Er ist ja der gnädig sich Zuwendende und Barmherzige (vgl. 20,122).
2,38: Wir **sagten: ‚Geht gemeinsam von ihm hinunter.
Wenn dann von mir Rechtleitung zu euch kommt, dann soll auf denjenigen, die meiner Rechtleitung folgen** (vgl. 20,123),
keine Furcht liegen und sie werden nicht traurig sein'".

* * *

20,120: „Da flüsterte ihm der Satan ein und sagte: ‚O Adam, soll ich dich auf den Baum der Ewigkeit hinweisen und auf eine Herrschaft, die nicht vergeht?'
121 So aßen sie beide davon, und da zeigte sich ihnen ihre Blöße offenkundig, und sie begannen, Blätter des Gartens auf sich zusammenzuheften. So widersetzte sich Adam seinem Herrn, und da fiel er in Verwirrung.
20,122 Hierauf erwählte ihn sein Herr: Und **er wandte sich ihm wieder zu** und leitete ihn recht.
20,123 Er **sagte: ‚Geht ihr gemeinsam von ihm hinunter. Ein Teil von euch sei dem anderen zum Feind.** (vgl. 2,36)
Wenn dann von mir Rechtleitung zu euch kommt, dann soll derjenige, der meiner Rechtleitung folgt, (vgl. 2,38)
nicht irregehen und nicht unglücklich sein.'"

Die Gegenüberstellung[319] der beiden Iblis/Satan-Passagen 2,36–38 und 20,120–123 macht deutlich, dass der Verfasser von 2,(29)30–38 auch die Version 20,115–123 vor Augen hatte und dass seine Version auch im Vergleich dazu stringenter und theologisch reflektierter ausfällt:

a) Die Feststellung in 20,122, dass Gott sich Adam wieder zuwende und ihn rechtleite, schließt merkwürdigerweise direkt an die Schlussbemerkung an in 20,121, Adam habe sich seinem Herrn widersetzt und fiel in Verwirrung. Erst in 20,123 ist dann von Gottes Sanktion (Vertreibung etc.) die Rede. Wie Beck zutreffend zu 20,122 vermerkt, „kommt der Bericht von der Erhörung (Adams) in Sure 20 zu früh, oder anders ausgedrückt, um der lockeren Erzählungsweise des Korans gerecht zu bleiben, er wird etwas störend antizipiert … Hier hat offenbar die letzte Form der Paradieserzählung in Sure 2 korrigiert und den Satz von der Wiedererwählung Adams an den richtigen

---

[319] Vgl. den Hinweis oben in Anm. 309.

Platz gesetzt"[320]. In Sure 2 heißt es nämlich erst, nachdem zuvor in 2,36 von Gottes Sanktion gegenüber Adam die Rede war, dass Adam dann (vgl. 2,37) Gottes Worte erhalten und Gott sich ihm wieder zugewandt habe.

Hier ist also deutlich zu erkennen: Im Koran sind Texteinschübe zu verzeichnen, deren Autoren vorgegebenes, „in lockerer Erzählungsweise" konzipiertes koranisches Textgut kritisch auf theologische Stringenz überprüft haben und festgestellte Defizite zu beheben suchten. Offensichtlich waren Eingriffe und Textverbesserungen wie in diesem Fall direkt in Sure 20 nicht mehr möglich. Man konnte aber, um die gewünschte „theological correctness" zu erreichen, literarisch Parallelversionen erarbeiten und diese redaktionell anderenorts im Koran vorschalten.

b) 2,38 bietet mit der Aussage „... dann soll auf denjenigen, die meiner Rechtleitung folgen, keine Furcht liegen und sie werden nicht traurig sein" eine auffällige Variante zur Schlussbemerkung der Textfolge 20,116–123: „... dann wird der, der meiner Rechtleitung folgt, nicht in die Irre gehen und nicht unglücklich sein" (20,123). Die Fortsetzung in 20,124 „wer sich aber von meiner Ermahnung *(dhikr)* abwendet, soll ein kümmerliches Leben haben ...", lässt erkennen, dass „in die Irre gehen" und „unglücklich sein" auf das diesseitige Leben bezogen sind. In 2,38 ist dagegen mit der Formulierung „keine Furcht" und „nicht traurig sein" eindeutig[321] an das eschatologische Gerichtsgeschehen gedacht[322]. Der zuständige Verfasser von 2,38 korrigiert hier also: Das Befolgen der Rechtleitung garantiert nicht unbedingt schon ein glückliches Leben; es wird sich erst am Ende im Gericht auszahlen.

Fazit: Die bisherigen Sondierungen zur Textfolge 2,30–38 und ihr Vergleich mit 7,11–24 sowie 20,115–123 ergeben Folgendes:

2,30–38 ist das Textprodukt eines Verfassers, der sich besonders mit den in Sure 7,11–24; 20,115–12 enthaltenen Textfolgen[323] über das Wirken Iblis'/Satans und die Konsequenzen für Adam bzw. für die Menschheitsgeschichte befasst und dortige Aussagen korrigiert und zum Teil sogar theologisch neu ausrichtet. Die obigen Beobachtungen und Schlussfolgerungen sprechen eindeutig dafür, dass er die Texte direkt als literarisch fixierte Texte vor Augen hat[324] und seine Version in Sure 2 eine daraufhin im Nachherein durchdachte, literarisch konzipierte Aussagefolge darstellt. Der Verfasser erreicht mit der Verklammerung seiner Version im Eingangsteil zu Sure 2, also nach

---

[320] Beck, Iblis (1976), 240 f.; Speyer (Die biblischen Erzählungen im Qoran [1931], 80) hat „den Eindruck, daß die erste Hälfte des 121. (= 123) Verses nach Vers 119 (= 121) zu setzen ist, wenn man die Stelle mit 2,34 (= 2,36) und 7,23 (= 7,24) vergleicht, wo das *ihbiṭā (ihbiṭū)* ... an richtiger Stelle, nämlich nach der Erzählung von Adams Sünde, steht".

[321] Vgl. die Parallelstellen 7,35 f.; 7,49; s. a. 6,48; 5,69; ferner 2,112.262.274.277; 3,170; 43,68!; 46,13!; 7,49!; vgl. auch 41,30.

[322] Khoury, Der Koran (2004), 63 (z. St.): „Der häufig vorkommende Satz beschreibt den Zustand der Geretteten im Jenseits"; im Fall von 20,123 kann sich Khoury nicht entscheiden (vgl. a. a. O., 421 [z. St.]): „*nicht irre gehen und nicht unglücklich sein:* Dies bezieht sich auf das Diesseits oder auf das Jenseits, oder das Irrgehen betrifft das Leben im Diesseits und das Unheil das Jenseits".

[323] Vgl. auch die oben vermerkte Berücksichtigung von 15,31; 38,74.

[324] Ob ihm genau die jetzige Surenabfolge vorlag, wird allerdings kaum noch zu klären sein.

der *Fatiha* gezielt zu Beginn des „Buches" (Sure 2,2), dass der Leser alle weiteren Aussagen zu Iblis/Satan nach Vorgabe seiner Interpretation wahrnimmt[325].

2,30–38 erweist sich mithin eindeutig als ein insgesamt redaktionell erstellter Text; d.h., dieser Text wurde für seinen jetzigen Ort konzipiert, um von hier aus die in den weiteren Suren folgenden Ausführungen über das Adam-Iblis/Satan-Thema neu zu beleuchten und vorweg die richtige Sichtweise vorzugeben.

4.2.3.2 20,115–123

Oben konnte gezeigt werden, dass die Iblis/Satan-Version 2,30–38 die jüngste im Koran darstellt, die die verschriftet vorliegenden Versionen 7,11–24 und 20,115–123 voraussetzt und in Auseinandersetzung damit konzipiert worden ist.

Da auch zwischen den Versionen 20,115–123 und 7,11–24 mehrfach sprachliche und thematische Übereinstimmungen auffallen, ist hier ebenfalls das Verhältnis dieser beiden Textfolgen zueinander zu klären[326].

Übereinstimmungen und Unterschiede zwischen 20,116–123 und 7,11–24

20,116: „Und als wir zu den Engeln **sagten: ‚Werft euch vor Adam nieder!' Da warfen sie sich nieder, außer Iblis.**
Er weigerte sich."

7,11: „… Hierauf haben wir zu den Engeln **gesagt: ‚Werft euch vor Adam nieder!' Da warfen sie sich nieder, außer Iblis.**
Er gehörte nicht zu denjenigen, die sich niederwerfen."

7,12–18 (der „Dialog" zwischen Gott und Iblis, vgl. 38,75–85) hat in 20,115–123/124 keine Parallele!

* * *

20,117: „Da sagten wir: ‚O Adam, dieser ist dir und deiner Gattin gewiß ein Feind (vgl. 7,22). Daß er euch beide ja nicht aus dem (Paradies)garten vertreibt. Sonst wirst du unglücklich sein.

20,118: Gewiß, es ist dir gewährt, daß du darin weder hungerst
noch nackt bist,

20,119: und daß du darin weder dürstest noch Sonnenhitze erleidest.'"

---

[325] Neuwirth verkennt offensichtlich die besondere Stellung und Funktion von 2,30–38, wenn sie feststellt: „Obviously, the Qur'anic cosmogonic narrative does not occupy in its scriptural corpus a comparably prominent position to that held by the Biblical version in the Judeo-Christian Scriptures. Instead of figuring as the beginning, it appears in different and unequally comprehensive versions, dispersed, it seems, over the whole corpus" (Negotiating Justice I [2000], 29); vgl. so auch wörtlich in: Crisis (2001), 125; im Widerspruch dazu formuliert sie später (a.a.O., 147) zutreffend zu Sure 2: „… the surah entails in its initial part a cosmogonic and an anthropogonic account, and moreover a version which is of particular theological significance …".

[326] Vgl. zur folgenden Textwiedergabe den Hinweis oben in Anm. 309.

7,19: „Und ‚o Adam, bewohne du und deine Gattin den (Paradies)garten und eßt, wo ihr wollt!
Aber naht euch nicht diesem Baum, sonst gehört ihr zu den Ungerechten.'"

* * *

20,120: „**Da flüsterte ihm der Satan ein**
und sagte: ‚O Adam, soll ich dich auf den Baum der Ewigkeit hinweisen und auf eine Herrschaft, die nicht vergeht?'"

7,20: „**Da flüsterte** ihnen beiden **der Satan ein,**
um ihnen offen zu zeigen, was ihnen von ihrer Blöße verborgen war. Und er sagte: ‚Euer beider Herr hat euch diesen Baum nur verboten, damit ihr nicht Engel werdet oder zu den Ewiglebenden gehört'.

7,21: Und er schwor ihnen: ‚Ich gehöre wahrlich zu denjenigen, die euch beiden guten Rat geben'".

* * *

20,121: „So aßen sie beide davon, und
da zeigte sich ihnen ihre Blöße offenkundig, und sie begannen, Blätter des Gartens auf sich zusammenzuheften.
So widersetzte sich Adam seinem Herrn, und da fiel er in Verwirrung".

7,22: „Und so beschwatzte er sie, indem er sie betörte. Als sie dann von dem Baum gekostet hatten,
da zeigte sich ihnen ihre Blöße offenkundig, und sie begannen, Blätter des Gartens auf sich zusammenzuheften.
Und ihr Herr rief ihnen zu: ‚Habe ich euch nicht jenen Baum verboten und euch gesagt: Der Satan ist euch ein offenkundiger Feind?'

7,23: Sie sagten: ‚Wir haben uns selbst Unrecht zugefügt. Wenn du uns nicht vergibst und dich unser erbarmst, gehören wir gewiß zu den Verlorenen'".

* * *

20,122: „Hierauf erwählte ihn sein Herr, und er wandte sich ihm wieder zu und leitete ihn recht.

20,123: **Er sagte: ‚Geht ihr** gemeinsam von ihm **hinunter. Ein Teil von euch sei dem anderen zum Feind.**
Wenn dann von mir Rechtleitung zu euch kommt, dann soll derjenige, der meiner Rechtleitung folgt, nicht irregehen und nicht unglücklich sein'".

7,24: „**Er sagte: ‚Geht hinunter. Ein Teil von euch sei dem anderen zum Feind.**
Und auf der Erde sollt ihr Aufenthalt und Nutznießung auf Zeit haben'".

Aus den besonders in 7,22 und 20,121 sowie 7,24 und 20,123 zu beobachtenden engen sprachlichen Berührungen bzw. Übereinstimmungen geht eindeutig hervor, dass beide Textfolgen sich aufeinander beziehen. Die Gegenüberstellung zeigt ferner, dass 7,11–24 zwar im Vergleich zu 20,115–123 den umfangreicheren Text bietet, dass aber dennoch die Abfolge der Grundaussageelemente (Iblis' Auflehnung gegenüber Gott und seine Menschenfeindlichkeit; Adams Situation im Paradies; Adams Verführung durch Satan;

Gottes Reaktion; die Verstoßung aus dem Garten) in beiden Versionen im Wesentlichen übereinstimmt.

Bei einem Vergleich dieser Grundaussageelemente ist unübersehbar, dass die Version 20,115–123 die jüngere Textfolge darstellt, die 7,11–24 voraussetzt, und dass sie im Blick darauf konzipiert wurde[327].

Besonders der Ausklang der Version 20,115–123 belegt, dass hier die Ausführungen zur Reaktion Gottes auf Adams Verbotsübertritt (V. 121–123) offensichtlich als Korrektur zu 7,22b–24 gelten sollen. Für den Verfasser von 20,115–123 ist es wichtig, dass Gott auf den Sündenfall Adams nicht lediglich wie in 7,24 mit der Verstoßung aus dem Paradies reagiert und nur Aufenthalt und Nießbrauch auf der Erde zusagt. Er hebt zusätzlich hervor, dass Gott auch seine gnädige Zuwendung und künftige Rechtleitung (20,122 f.) garantiert, und zwar seit Beginn der Menschheitsgeschichte[328].

Aber auch sonst lassen Konzeption und Aussagen in 20,115–123 erkennen, dass die Version 20,115–123 aus Bemühungen resultiert, die in der Vorlage dargelegte Ereignisabfolge neu zu interpretieren und zusätzliche Akzente zu setzen.

Sure 20 übergeht (wie Sure 2) völlig den zweiten Teil der Ibliserzählung[329], „der offenbar als bekannt vorausgesetzt wird, was in Sure 20 in den Worten des folgenden (= 117) Verses: *inna hādā* (= Iblis) *ʿaduwwun laka* (= Adam) klar zu Tage tritt"[330]. Sofort nach der Feststellung von Iblis' Auflehnung (20,116) wendet sich hier also Gott an Adam und warnt diesen und seine Gattin vor Iblis als ihrem Feind (20,117a). Auch in der Iblis-Version in 7,11–24 wird die Warnung Gottes vor Iblis bzw. Satan als Feind erwähnt (7,22). Hier erinnert Gott aber nach dem Fall Adams daran, dass er doch längst nicht nur den Zutritt zum Baum verboten, sondern auch auf Satan als Feind hingewiesen hatte. Eine solche Warnung wird jedoch zuvor gar nicht explizit ausgesprochen; in 7,19 ist nur vom verbotenen Baum die Rede. Diese Unausgeglichenheit in 7,19/22 sucht offensichtlich der für die Version 20,115–123 zuständige Verfasser zu beheben, indem er gleich zu Beginn der Episode im Paradies pointiert Gottes Warnung vor Iblis als Feind vermerkt. Damit ist hier anders als in 7,19 f. für den Leser von vornherein klar, dass Adam sich bei Satans Einflüsterungen auf einen von Gott deutlich als gefährlich ausgewiesenen Feind eingelassen hat. Mit den weiteren Aussagen in 20,117 (Warnung vor einer Vertreibung aus dem Paradies durch Iblis/Satan) trägt er offensichtlich dem Baumverbot in 7,19 Rechnung: Wegen 7,19 weiß der Leser ja, wie Iblis/Satan die Übertretung dieses Gebotes und somit die Vertreibung arrangierte.

---

[327] Anders Neuwirth, Crisis (2001), 132 ff., vgl. bes. 140: „The narrative surah 7 … not only offers an elaborate version of the transgression story from surah 20, but, in contrast to the earlier text, re-narrates the bargain story (d. h.: „Dialog" zwischen Gott und Iblis) in its full shape as well"; gegen Neuwirths Sicht sprechen eindeutig die folgenden Beobachtungen.

[328] In Sure 7 wird erst in V. 30 und ohne direkte Verbindung zur Iblis/Satan-Passage das Thema Rechtleitung angesprochen.

[329] Das ist der „Dialog" zwischen Gott und Iblis 7,12–18 (vgl. die Parallelen in 15,32–42; 17,61b–65; 38,75–85).

[330] Beck, Iblis (1976), 235.

Wie in 7,20 (vgl. 2,36) ist in 20,120 nicht mehr von Iblis, sondern explizit vom Satan die Rede[331]. Dass für den Verfasser Satan mit dem zuvor benannten Iblis identisch ist bzw. dass bei allem, was über Iblis' Herkunft und Charakter dargelegt war, kein anderer als Satan vor Augen stand, das ist auch schon daran ablesbar, dass er die auch sonst im Koran mehrfach belegte Etikettierung Satans als „Feind"[332] sogleich in 20,117 bewusst auf Iblis anwendet. Für den Leser oder Hörer kommt damit der Namenwechsel von Iblis zu Satan in 20,120 weniger überraschend als in 7,20.

Fazit: Somit ist die Frage nach den Gründen für einerseits auffällige Übereinstimmungen und andererseits deutliche Unterschiede zwischen 20,115–123 und 7,11–24 dahingehend zu beantworten, dass bei Abfassung von 20,115–123 die Textfolge 7,11–24 vorgegeben war und als Ausgangstext fungierte. 20,115–123 ist offensichtlich als eine Art Neuauflage konzipiert. Dem verantwortlichen Verfasser ging es in erster Linie darum, das in der Vorlage im Blick auf 7,24 von ihm empfundene theologische Defizit zu beheben. Zugleich bemüht er sich, diverse Unstimmigkeiten zu korrigieren.

4.2.3.3 7,11–24

Von jenen Textfolgen, in denen Iblis explizit als Satansgestalt gilt (2,30–38; 7,11–24 und 20,115–123), ist nach den bisherigen Sondierungen die Version 7,11–24 die älteste. Im Vergleich zu jenen Textversionen, in denen allein von Iblis die Rede ist (15,26–43; 17,61–65[333]; 18,50–51; 38,71–85), ist sie jedoch die jüngste. Die folgende Gegenüberstellung[334] soll zunächst belegen, dass sich 7,11–24 sprachlich und thematisch besonders eng mit 38,71–85 und 15,26–43 berührt[335] und dass somit diese beiden Versionen möglicherweise als vorgegebene Ausgangs- bzw. Bezugstexte bei der Konzipierung von 7,11–24 einzustufen sind.

Übereinstimmungen und Unterschiede zwischen 7,11–24 und den Versionen 15,26–43 und 38,71–85

7,11: „Und wir haben euch ja erschaffen. Hierauf haben wir euch gestaltet. Hierauf haben wir zu den Engeln **gesagt:**
‚Werft euch vor Adam **nieder!'**
Da warfen sie sich nieder, außer Iblis.
Er gehörte nicht zu
denen, die sich niederwerfen."

---

[331] Vgl. zu diesem Namenwechsel weitere Hinweise unten nach Anm. 379.
[332] Vgl. *'aduwwun mubinun* z. B. 17,53; 36,60; 2,168.208.
[333] Vgl. zu 17,64 oben Anm. 299.
[334] Vgl. den Hinweis oben in Anm. 309.
[335] Zwischen 7,11–24 und 17,61–65 sowie 18,50–51 ergeben sich kaum Berührungspunkte; in diesen beiden Versionen ist besonders interessant, dass sie Iblis zusätzlich eigene Heerscharen (17,64) und „Nachkommenschaft" (18,50) an die Seite stellen; vgl. zu Einzelheiten Beck, Iblis (1976), 223 f. und 228 ff.

15,28: „Und als dein Herr zu den Engeln **sagte:** ‚Ich bin dabei, ein menschliches Wesen aus trockenem Ton, aus glattem schwarzen Schlamm zu erschaffen.

15,29: Wenn ich es zurecht geformt und ihm von meinem Geist eingehaucht habe, dann fallt und

werft euch vor ihm nieder.'

15,30: **Da warfen sich** die Engel alle zusammen **nieder,** 15,31 **außer Iblis;**
er weigerte sich, mit

denen zu sein, **die sich niederwerfen.**"

38,71–72: „Als dein Herr zu den Engeln **sagte:** ‚Ich werde ein menschliches Wesen aus Lehm erschaffen.

Wenn ich es zurecht geformt und ihm von meinem Geist eingehaucht habe, dann fallt und **werft euch vor ihm nieder.'**

38,73: **Da warfen sich** die Engel alle zusammen **nieder,** 38,74: **außer Iblis;**
er verhielt sich hochmütig und gehörte zu den Ungläubigen".

* * *

7,12: „**Er sagte:**
‚**Was hat dich davon abgehalten, dich niederzuwerfen,**
als ich es dir befahl?'
Er sagte: ‚Ich bin besser als er. Du hast mich aus Feuer erschaffen, ihn aber hast du aus Lehm erschaffen.'"

15,32: „**Er sagte:**
‚O Iblis, was ist mit dir, daß du nicht mit denen bist, die sich niederwerfen?'

15,33: Er sagte:
‚Ich kann mich unmöglich vor einem menschlichen Wesen niederwerfen, das du aus trockenem Ton, aus glattem schwarzen Schlamm erschaffen hast'".

38,75: „**Er sagte:**
‚O Iblis, **was hat dich davon abgehalten, dich vor dem niederzuwerfen,**
was ich mit meinen Händen erschaffen habe? Verhältst du dich hochmütig, oder gehörst du etwa zu den Überheblichen?'

38,76: Er sagte: ‚Ich bin besser als er. Du hast mich aus Feuer erschaffen, ihn aber hast du aus Lehm erschaffen.'"

* * *

7,13: „**Er sagte:**
‚So geh von ihm hinab. Es steht dir nicht zu, darin hochmütig zu sein!
So geh hinaus!
Gewiß, du gehörst zu den Geringgeachteten.'"

15,34: „**Er sagte:**
‚**So geh** aus ihm **hinaus,**
denn du bist der Steinigung würdig.

15,35: Und auf dir liegt der Fluch bis zum Tag des Gerichts.'"

38,77: „**Er sagte:**
‚**So geh** aus ihm **hinaus,**

denn du bist der Steinigung würdig.
38,78: Und auf dir liegt der Fluch bis zum Tag des Gerichts.'"

* * *

7,14: „**Er sagte: ‚Gewähre mir Aufschub bis zu dem Tag, da sie auferweckt werden.'**"
15,36: „**Er sagte:**
‚Mein Herr,
so gewähre mir Aufschub bis zu dem Tag, da sie auferweckt werden.'"
38,79: „**Er sagte:**
‚Mein Herr,
so gewähre mir Aufschub bis zu dem Tag, da sie auferweckt werden.'"

* * *

7,15: „**Er sagte: ‚Du sollst gewiß zu denjenigen gehören, denen Aufschub gewährt wird.'**"
15,37: „**Er sagte: ‚Dann sollst du gewiß zu denen gehören, denen Aufschub gewährt wird,**
15,38: bis zum Tag der bestimmten Zeit'".
38,80: „**Er sagte: ‚Dann sollst du gewiß zu denen gehören, denen Aufschub gewährt wird,**
38,81: bis zum Tag der bestimmten Zeit'".

* * *

7,16: „**Er sagte:**
‚**Darum, daß du mich hast abirren lassen,**
werde ich ihnen ganz gewiß auf deinem geraden Wege auflauern.
7,17: Hierauf werde ich ganz gewiß von vorn und von hinten, von ihrer Rechten und von ihrer Linken über sie kommen. Und du wirst die meisten von ihnen nicht dankbar finden.'"
15,39: „**Er sagte:**
‚Mein Herr,
darum, daß du mich hast abirren lassen,
werde ich ihnen ganz gewiß auf der Erde (was) vorgaukeln und sie allesamt ganz gewiß abirren lassen.
15,40: Außer deinen Dienern unter ihnen, den auserlesenen'.
15,41: Er sagte: ‚Das ist für mich ein gerader Weg.
15,42: Gewiß, über meine Diener hast du keine Macht, außer wer dir von den Abgeirrten folgt.'"
38,82: „Er sagte: ‚Dann bei deiner Macht, ich werde sie allesamt ganz gewiß abirren lassen.
38,83: Außer deinen Dienern unter ihnen, den auserlesenen'.
38,84: Er sagte: ‚Das ist die Wahrheit, und die Wahrheit sage ich.'"

* * *

7,18: „Er sagte: ‚Geh aus ihm hinaus, verabscheut und verstoßen!
Wer auch immer von ihnen dir folgt,
ich werde ganz gewiß die Hölle mit euch allesamt füllen'.

7,19: Und: ‚O Adam, bewohne du und deine Gattin den (Paradies)garten und eßt, wo ihr wollt! Aber naht euch nicht diesem Baum, sonst gehört ihr zu den Ungerechten.'

7,20: Da flüsterte ihnen beiden der Satan ein, …"

15,43: „Und fürwahr die Hölle ist ihr Versammlungsort für sie allesamt."

38,85: „**Ich werde ganz gewiß die Hölle füllen mit** dir und denen, die dir folgen **allesamt.**"

Eindeutig ist, dass sich 7,11–18 mit 38,71–85 enger berühren als mit 15,28–43. So entspricht 7,12 fast wörtlich 38,75a.76, und 7,18 ziemlich 38,85. Ob bei der Abfassung von 7,11–18 überhaupt auch 15,28–43 im Blick war, ist deswegen schwierig zu entscheiden, weil 15,28–43 passagenweise mit 38,71–85 übereinstimmt und gerade die in 15,28–43 abweichend und auffällig formulierten Aussagen (vgl. besonders 15,28.33.41.42) in 7,11–18 nicht auftauchen. Immerhin könnte man auf die wörtliche Übereinstimmung zwischen 7,16 und 15,39 („Darum, daß du mich hast abirren lassen") verweisen. Während in 38,82 eine Begründung für Iblis' Vorhaben, Verirrung zu bewirken, fehlt, hielt im Blick darauf später der Verfasser von 15,28–43 eine Erklärung offensichtlich für angebracht, die dann bei der Abfassung von 7,16 übernommen wurde: Gott hat Iblis zunächst selbst in Verirrung fallen lassen[336].

Deutlich wahrzunehmen ist, dass 7,11–18 mehrfach gegenüber 38,71–85 modifiziert bzw. ergänzt:

a) Anders als in 38,71 führt 7,11 sogleich die Gestalt Adams ein. Das geschieht offensichtlich deswegen, um so den Übergang in die Geschichte von Adams Verführung im Paradies in 7,18 vorzubereiten. Bei der Abfassung von 7,11 war also anders als in 15,26 ff. und 38,71 ff. bereits die Weiterführung der Geschichte über die Herkunft Iblis'/Satans mit der Paradiesgeschichte vorgesehen.

b) Die Rede Gottes an Iblis in 7,12 orientiert sich weithin an 38,75.76, verzichtet aber auf die Wiedergabe der Vermutungen Gottes über die Motive für Iblis' Weigerung in 38,75. Anstelle dessen wird hervorgehoben, dass Iblis einen Befehl Gottes erhalten hatte (*'amartuka*), woraufhin Iblis' Verweigerung als Auflehnung und als Affront gegenüber Gott in 7,12 deutlicher vor Augen steht.

c) In 7,13 ist zwar wie in 15,34 und 38,77 von der Verstoßung Iblis' die Rede; aber der Hinweis dort auf Gottes Verfluchung (38,78; 15,35) wird übergangen. Indem nur Iblis' Hochmut und seine Einstufung zu den „Geringgeachteten" vermerkt wird, wirkt es jetzt in 7,13/14 weniger hart als in 15,34–36 und 38,77–79, dass Iblis sich anschließend doch noch mit einer Bitte an Gott wenden kann.

d) Anders als in 15,36.39 und 38,79 leitet 7,14 Iblis seine an Gott gerichtete Bitte nicht mehr mit der Anrede „mein Herr" ein. Für den Verfasser von 7,14 passt offensichtlich eine derartige Anrede nicht mehr zu Iblis' Auflehnung gegenüber Gott. Infolge

---

[336] Vgl. dazu die Aussagen in Sure 37,32: „Und so haben wir euch in Verirrung fallen lassen, denn wir waren ja selbst in Verirrung gefallen"; ähnlich 28,63; hier wird also nicht die Verirrung derjenigen, die andere in Verirrung fallen ließen, auf Gott selbst zurückgeführt.

der in 7,12 angesprochenen Befehlsverweigerung Iblis' hat dieser in den Augen des Verfassers in 7,14 dann Gott auch die ihm gebührende Anrede verweigert.

e) Während Iblis in 15,39f. und 38,82f. ankündigt, die Menschen „ganz gewiß abirren zu lassen", wobei allerdings die „Diener" Gottes ausgenommen sind, wählt der Verfasser von 7,16f. eine andere Formulierung. Hier ist es Iblis' Absicht, den Menschen auf Gottes „geradem Weg aufzulauern". Damit wird zum einen die weitere Verschärfung des Affronts gegenüber Gott signalisiert. Zudem sollte bei der Neuformulierung der Absichten Iblis'[337] in 7,16f. möglicherweise dem Rechnung getragen werden, dass in einigen Texten des Korans nur Gott selbst es ist, der „abirren" lässt[338]. Wenn anders als in 38,82f. in 7,16f. nichts zu Iblis' Stellung zu Gottes Dienern vermerkt ist, so dürfte dafür die Erwägung ausschlaggebend gewesen sein, dass vor dem in 7,19ff. anschließenden Bericht über Iblis'/Satans Verführung des Stammelternpaares im Paradiesgarten ein Vorausverweis hier schon auf die spätere Bedeutung der treuen Diener Gottes unpassend bzw. störend war.

Fazit: Diese Beobachtungen sprechen eindeutig dafür, dass sich der Verfasser von 7,11–25 für die Konzipierung zunächst der Iblispassage in 7,11–18 in erster Linie an 38,71–85 orientiert. Er kann ganze Aussagen wörtlich übernehmen, modifiziert aber zugleich bestimmte Vorgaben. So wird Iblis' Affront gegenüber Gott deutlicher akzentuiert; Aussagen wie in 38,82 (15,39) werden verschärft (7,17); der Übergang zu Iblis' Bitte an Gott (7,13f.) wirkt weniger hart. Der Verfasser der gesamten Textfolge 7,11–25 will also nicht nur eine vorgegebene Iblis-Erzählung mit der Paradiesgarten-Szene und Satans Wirken (7,19–24) weiterführen; er bietet zugleich eine überarbeitete „verbesserte Neuauflage" der ihm im koranischen Textgut vorgegebenen Erstversion der Ibliserzählung (38,71–85)[339].

4.2.4 Die reinen Iblis-Texte 15,26–43; 17,61–65; 18,50–51; 38,71–85

4.2.4.1 38,71–85 als Primärversion

Oben war schon angedeutet[340], dass die Version 15,26–43 auf 38,71–85 zurückblickt, also jünger ist[341]. Ein Indiz in dieser Richtung ist auch der Zusatzvermerk (als Feststellung Gottes) in 15,42 (vgl. 17,65), der gegenüber 38,83 hervorhebt, dass Iblis natür-

---

[337] Beck, Iblis (1976), 223, betont, dass die direkte Fortsetzung der Ich-Rede Iblis' in 7,17 „ein ganz singulärer Satz" ist und verweist auf eine gewisse Nähe zu der Aussage in 17,64 (a.a.O., 224.227).
[338] Vgl. z.B. 11,34 (dazu Beck, a.a.O., 223, Anm. 46); 16,93; 2,26; 74,31; vgl. aber anders 28,63; 4,119; 37,32. – Zur Frage deterministischer Aussagen im Koran vgl. z.B. Paret, Prädestination (1975), 159–164.
[339] Zur Frage der Erstversion vgl. bereits oben nach Anm. 282.
[340] Vgl. bei Anm. 336.
[341] Vgl. so schon Beck, Iblis (1976), 213ff.; vgl. auch Becks Hinweise (207 u. 213) zu den Berührungen zwischen 15,26f. und 55,14f.

lich über Gottes Diener keine Macht ausüben kann, nicht weil Iblis das selbst zugesteht (so 38,83), sondern weil Gott das ausdrücklich so festgelegt hat.

Zur Frage, wie die reinen Iblistexte 17,61–65 und 18,50–51 einzuordnen sind, genügt es hier, auf Beobachtungen Becks zu verweisen, der in beiden Textfolgen Indizien findet, die auf eine im Vergleich zu 38,71–75 jeweils jüngere Version deuten[342].

Nach allem steht am „Anfang" der „Entwicklung, welche die Iblis-Satan-Adamerzählung im Koran durchlaufen hat", „die geschlossene Iblis-Menschenerzählung von Sure 38,71–85"[343]. Was sie gegenüber Sure 15,26–43 als „älter erscheinen läßt, ist ihre klare Form, die bei einem ersten Vortrag zu erwarten ist" (ebd.).

Wichtig für die richtige Einschätzung der reinen Iblis-Versionen 38,71–85; 15,26–43; 17,61–65 und 18,50–51 ist die Beobachtung, dass in 15,34 wie in 38,77 Iblis als „der Steinigung würdig" (oder: „verflucht") gekennzeichnet wird *(fa'innaka radjīm*[344]*)*. Nach Beck[345] deuten sonst die Belegstellen für *radjīm*[346] auf „die Verbindung ... mit Satan". Dass 15,34 und 38,77 *radjīm* auf Iblis beziehen, wertet Beck als „Vertauschung" (a.a.O., 216). „An seine (scil. Satans) Stelle tritt in Sure 38,77 = 15,34 Iblis!" (ebd.). Aber das heißt doch nichts anderes, als dass Iblis als Satan fungiert bzw. dass hier mit Iblis eben Satan gemeint ist.

Zur Aussage „ich werde ihnen ganz gewiß auf der Erde (was) vorgaukeln" *(la'uzayyinanna lahum ...)* in 15,39 verweist Beck auf Parallelen, nach denen „zumeist Satan als Subjekt ... erscheint. Das Verb schlägt also wieder eine Brücke hinüber zu Satan, der an die Stelle des Iblis treten wird" (a.a.O., 223).

Auch für 17,64 und 18,50 lassen sich Indizien aufspüren, dass hier jeweils Iblis mit Satan identisch zu sehen ist[347]. Somit ist davon auszugehen, dass nicht erst in 2,30–38;

---

[342] Vgl. Iblis (1976), 222: Anders als in 38,71–76 und 15,28–31 werde in 17,61 schon auf Adam verwiesen. In 17,62 komme „in dem *karramta 'alayya* indirekt Neid als Beweggrund zum Ausdruck"; dagegen „fehlt in Sure 38,82 jede Motivierung" (scil. für Iblis' Vorgehen). 17,64 sei „im Rahmen der Ibliserzählung zu einer späten Erweiterung" geworden (a.a.O., 224; vgl. auch a.a.O., 244.). Auch in 18,50 tritt schon Adam auf (a.a.O., 205); auch hebt hier die Erwähnung einer Art Gefolgschaft Iblis' (so auch in 17,64) „die Isolierung des Iblis auf", indem „in seiner Verfolgung und Verführung der Menschen ... dabei an seine Seite auch sein Geschlecht oder seine Scharen treten" (a.a.O., 205, vgl. auch a.a.O., 244).

[343] So mit Beck, Iblis (1976), 243.

[344] Zur Frage, ob *radjīm* die Bedeutung „verflucht" oder „gesteinigt", „der Steinigung würdig" hat, vgl. die Hinweise Parets, Komm., 66 (zu 3,36); Kropp (Beyond Single Words [2008], 207) weist darauf hin, „that *al-Shayṭān al-rajīm* is clearly not the ‚stoned devil' but ‚the cursed one' from *regum* in Ethiopic"; vgl. jüngst auch die Hinweise Reynolds (Subtext [2010], 54–64), der als Bedeutung „banished, or outcast" vorschlägt (a.a.O., 64).

[345] Iblis (1976), 215f.

[346] Vgl. z.B. 15,17; 16,98; 81,25.

[347] Vgl. zu 17,64 Beck, a.a.O., 227 (Verweis auf den an Iblis gerichteten Imperativ *wa-'idhum* [mach ihnen Versprechungen] und die gleiche in 4,120 auf Satan bezogene Aussage); zu 18,50 verweist Beck (a.a.O., 231) auf den „auffälligen (sic!) Singular *'aduwwun* nach dem pluralischen Subjekt: *hum*" und erkennt darin die Verbindung zu dem in 7,22 und 20,116 auf Satan bezogenen *'aduwwun*.

7,11–24 und 20,116–123 Iblis als Satan fungiert, sondern dass das auch schon in den reinen Iblis-Versionen ohne explizite Gleichsetzung Iblis' mit Satan der Fall ist.

4.2.4.2 Die Iblis-Erzählung in 38,71–85 und die Hintergründe ihrer literarischen Verarbeitung im koranischen Textgut

Im Folgenden soll unter Berücksichtigung der bisherigen Beobachtungen und Ergebnisse versucht werden, die ausschlaggebenden Gründe bzw. Voraussetzungen für die Aufnahme des Iblis-Motivs (Primärversion) im vorgegebenen koranischen Textgut genauer zu erfassen[348].

Zumal für Sure 38,71–85 konnte mit Sicherheit festgestellt werden, dass die hier konzipierte Iblis-Version mit der Information über Herkunft und Wesen des Iblis/Satan[349] einen hinter 38,65f. literarisch sekundär nachgetragenen Anhang[350] darstellt (hinter 38,65f. durch 38,67–70 neu eingeleitet[351]). Als Motiv des für diese Textfolge verantwortlichen Verfassers, sie am jetzigen Ort einzuschalten, ist zu unterstellen, dass er hier „Informationen" einbringen will, die er im vorgegebenen koranischen Textgut vermisst, die daher vorgegebene Aussagen ins rechte Licht rücken oder gar korrigieren sollen; d.h. mit anderen Worten, dass die im bisherigen ihm vorgegebenen „Koran" enthaltenen Hinweise auf Satane bzw. Satan (vgl. z.B. zuvor in 38,37 u. 41) in seinen Augen ergänzungsbedürftig erschienen, also noch nicht vollständig dem ihm selbst zugänglichen Wissensstand entsprachen.

Der folgende Überblick über die wichtigsten Texte mit Hinweisen auf Satane bzw. Satan und ihr Verhalten zeigt, dass in der Tat Herkunft und Existenz dieser Wesen zuvor nicht weiter problematisiert bzw. theologisch reflektiert wurden.

a) Satane (shayāṭīn)

In Texten wie 6,71.121 heißt es schlicht von den Satanen, dass sie verführen, in 26,221 f., dass sie auf Lügner und Sünder herabkommen. Dass die Satane nur mit Erlaubnis

---

[348] Beck (Iblis [1976], 208) vermerkt dazu nur kurz und kaum zutreffend: Während in 55,14f. die Erschaffung der Menschen (aus Lehm) und der Dschinn (aus Feuer) festgehalten sei, fehle für die Engel als die „natürlich auch für den Koran und Muhammed von Gott geschaffene Wesen ... eine klare Aussage über den Stoff, aus dem sie und die Teufel geschaffen wurden. Die kommende Ibliserzählung wird ... einen Hinweis geben, wie diese Lücke zu schließen ist". Neuwirth (Negotiating Justice I [2000], 32) verweist für die Iblis-Version in Sure 15 auf „an affinity of the story to the theodicy discourse"; vgl. auch Neuwirth, Der Koran als Text der Spätantike (2010), 416; Sinais Auffassung, Sure „15:26–42 ist primär eine urgeschichtliche Ätiologie des Gegensatzes zwischen der koranischen Gemeinde und ihren Gegnern" (vgl. Fortschreibung [2009], 86), trifft nicht den Kern der Sache; der ätiologische Schwerpunkt der beiden ältesten Iblis-Versionen (38,71–85 sowie 15,(26)28–42) liegt ganz eindeutig darauf, die sonst in zahlreichen koranischen Texten über Satan/Satane ausgeblendeten Fragen nach dem Ursprung Satans, nach seiner Stellung zu Gott und seinem ihm zugestandenen Wirkungsbereich zu klären.

[349] Dass Iblis mit der Satangestalt identisch gesehen ist, belegt 38,77: Iblis ist „der Steinigung würdig" (s. o. bei Anm. 344).

[350] Vgl. so auch neuerdings Ferchl, Die „rätselhaften Buchstaben" (2010), 208 f.214.

[351] Vgl. dazu oben bei Anm. 275.

Gottes wirken können, wird z. B. in 2,102 betont: Die Satane unterweisen in der Zauberei, doch „können sie niemandem schaden außer mit Gottes Erlaubnis" (vgl. auch 58,10). 21,82 erwähnt, dass „einige von den Satanen" nach Gottes Willen Arbeiten für Salomo (vgl. 38,37) verrichteten.

Nach 19,83 sind sie von Gott gesandt: „Siehst du nicht, daß wir die Satane gegen die Ungläubigen gesandt haben, damit sie sie heftig aufreizen?". In 43,36f. wird betont: „Wer für die Ermahnung des Barmherzigen blind ist, dem bestimmen wir einen Satan, der ihm dann zum Gesellen wird. (37) Und sie (Satane) halten sie wahrlich vom Weg ab, und diese meinen, sie seien rechtgeleitet"[352].

Was es also genau mit den Satanen auf sich hat, woher sie kommen, welchem Bereich sie angehören, inwieweit sie Gott „gehorchen" oder auch nicht, bleibt ungeordnet, ist in diesen Texten nicht systematisch aufbereitet[353]. Das trifft auch zu auf die Textstellen mit Hinweisen auf einen „gesteinigten Satan".

b) „der gesteinigte"/verfluchte Satan[354]
In 15,17 heißt es: Gott „hat den Himmel bewahrt vor jedem gesteinigten Satan" (vgl. 67,5). In Sure 16,98ff. liest man: „Wenn du nun den Koran vorträgst, so suche Schutz bei Gott vor dem gesteinigten Satan. (99) Er hat gewiß keine Macht über die, die glauben und sich auf ihren Herrn verlassen. (100) Seine Macht erstreckt sich über die, die ihn zum Schutzherrn nehmen und die ihn (Gott) beigesellen"; 81,25 wird betont: „Er (der Koran) ist nicht die Aussage eines gesteinigten Satans". 3,36 wird Maryam unter Gottes „Schutz vor dem gesteinigten Satan" gestellt.

c) Satan als der deutliche Feind
Auch die Textstellen, die Satan als „Feind" bzw. „deutlichen Feind" kennzeichnen wie z.B. 2,168.208 („folgt nicht den Fußstapfen Satans! Er ist euch ein deutlicher Feind" [*'aduwwun mubinun*]); 17,53 (der Satan bewirkt Zwietracht zwischen ihnen, „er ist ja dem Menschen ein deutlicher Feind"; so auch 12,5); 35,6 („Gewiß, der Satan ist euch ein Feind ..."); 36,60 („... auferlegt, daß ihr nicht dem Satan dienen sollt – gewiß er ist euch ein deutlicher Feind") sowie 28,15 enthalten sonst keine weiteren Hinweise (vgl. noch 18,50; 20,117; 43,62).

---

[352] Vgl. auch 6,112: „Und so haben wir für jeden Propheten Feinde bestimmt, die Satane der Menschen und der Dschinn"; 7,27Ende: „Gewiß, wir haben die Satane zu Schutzherren für diejenigen gemacht, die nicht glauben"; 17,27 „Verschwender sind die Brüder der Satane".
[353] Vgl. Bobzin, Der Koran (2010), 797: „Die einzelnen Nachrichten zu den Satanen (scil. im Koran) sind schwer systematisierbar".
[354] Zur Bedeutung von *radjīm* vgl. oben Anm. 344; Beck (Iblis [1976], 216) weist darauf hin, dass Satan hier nicht Eigenname sein kann; „denn ein ‚gesteinigter Satan' ist einer aus vielen und ‚jeder gesteinigte Satan' sind alle Satane!".

d) Satan, der ausschmückt, der vorgaukelt

Aussagen wie z.B. in 6,43; 8,48; 16,63; 27,24; 29,38 (s.a. 41,25) rücken Satan als denjenigen in den Blick, der den Menschen ihre bösen Handlungen/Werke ausgeschmückt hat (*zaiyana* II[355], so auch 15,39!), um sie vom Weg und von Rechtleitung (vgl. 27,24) abzubringen[356]. Wie er dazu kommt, mit welcher Berechtigung er das tut etc., wird explizit nirgends vermerkt. Auch hier fehlen Hinweise auf Satans Stellung vor oder unter Gott. Da sonst häufig festgehalten wird, dass Satan selbstverständlich nur im Auftrag Gottes handeln kann[357], dürfte das hier implizit vorausgesetzt sein. Doch wie es dazu gekommen ist, wieso Satan zum einen als Gegenspieler Gottes, zum andern als von ihm gesteuert handeln kann – Informationen zu diesen Fragen liefert erst die sekundär eingearbeitete Iblis-Erzählung, in der jetzt an der Iblisfigur, wie sie im Kontext des uranfänglichen Schöpfungswirkens Gottes verankert ist, Satans Herkunft und Bestimmung abzulesen sind.[358]

Fazit: Zu all solchen knappen Hinweisen und Kurzvermerken zu den Satanen oder Satan[359] bietet folglich die Ibliserzählung erklärendes, theologisch reflektiertes Hintergrundwissen, wobei hier zum ersten Mal im koranischen Textgut das Satan-Thema in Aussagen über Gottes Erst-Erschaffung des Menschen verankert wird[360].

Aussagen über Gottes uranfängliche Erschaffung des Menschen oder auch solche im Blick auf die Entstehung eines jeden konkreten Menschen[361] dienen sonst folgenden Anliegen: Es sollen damit zum einen die Argumente für die Alleinverehrung Gottes benannt (vgl. z.B. 18,37f.; 39,6 u.ö.) sowie die Verpflichtung zur Dankbarkeit dem Schöpfer gegenüber (vgl. z.B. 32,7–9) verdeutlicht werden. Zum anderen werden solche Aussagen eingesetzt, um damit zu belegen, dass Gott entsprechend die Menschen nach ihrem Tode wieder neu zum Leben erwecken kann und wird, woraufhin erst der Gerichtsgedanke einleuchten und brisant sein kann (vgl z.B. 75,36–40; 80,17–22 u.ö.).

Diese Anliegen spielen in 38,71 ff. und auch in den übrigen Iblis-Texten keine Rolle. Wichtig ist hier lediglich, dass mit der Erschaffung des Menschen auch der Ursprung

---

[355] Paret übersetzt: „im schönsten Licht erscheinen läßt".

[356] Im Passiv *zuyyina* kann der gleiche Sachverhalt angesprochen sein, ohne auf Satan Bezug zu nehmen (z.B. 6,122; 10,12; 35,8 u.ö.).

[357] Vgl. Belege dazu z.B. oben bei Anm. 352.

[358] Welche Kurzaussagen der oben aufgelisteten Art über Satan Anlass gaben für die Interpolation der Ibliserzählung und welche umgekehrt erst im Nachherein der Aufnahme des Iblisstoffes eingeschaltet worden sind, wäre zu prüfen. Meines Erachtens ist nicht auszuschließen, dass einige dieser Satantexte erst nachträglich, d.h. unter der Voraussetzung und in Kenntnis der bereits im koranischen Textgut aufgenommenen Iblis/Satan-Erzählung bzw. ihrer sukzessiv entfalteten Versionen, für ihren jetzigen Ort konzipiert worden sind. Diese Problemstellung beinhaltet zugleich, ob und inwieweit koranübergreifende redaktionelle Bearbeitungsspuren nachweisbar sind, die im engeren Zusammenhang mit den oder einer der Iblis-Versionen stehen oder von daher initiiert sein können.

[359] Vgl. sonst noch die Hinweise auf Satan als „Täuscher", s.o. Anm. 295.

[360] Vgl. die Berührungen zwischen 38,71 f. und den Schöpfungsaussagen in 32,7.9 (ohne folgenden Hinweis auf Iblis/Satan).

[361] Zu einer Durchsicht der einschlägigen Textaussagen vgl. z.B. Beck, Iblis (1976), 196–199.

Iblis', d. h. Satans, in Verbindung gebracht ist[362]. Dass somit Gott uranfänglich der mit Satan identischen Iblisfigur „Aufschub" gewährte bis zum Endgericht, soll klarstellen, dass die Anfechtungen der Menschen seitens dämonischer Mächte etc. generell und von vornherein und bis ins Eschaton (vgl. 38,85) von Gott selbst initiiert sind – und nicht von sich gegenüber Gott verselbständigten oder sich verselbständigenden Mächten ausgehen[363]. Somit richtet sich die Iblis-Erzählung gegen mögliche Tendenzen einer Verselbständigung der Satangestalt[364]. Indem sie in dieser Weise die Frage nach Herkunft und Wesen des Satans beantwortet, ist sie das Ergebnis einer theologisch reflektierten Sorge um die Wirksamkeit der von Gott verantworteten letzten Kontrollinstanz. Satan ist auf diese Weise in Schöpfungshoheit und Schöpfungsplan Gottes integriert.

Zu den im Koran zahlreichen, jedoch ohne Systematisierung angebrachten Hinweisen auf Satan bzw. Satane liefert die Iblis-Erzählung nachträglich gleichsam einen theologisch umgreifenden Bezugsrahmen und damit Orientierung für die rechte Einschätzung aller Satanaussagen. Die in 38,71–85 eingeschaltete Version enthält in einem ersten Teil (38,71–78) Antworten auf Fragen wie:

Welchen Ursprung hat Iblis/Satan? – Er ist selbst ein Geschöpf Gottes (38,76; vgl. 7,12) wie die Engel (38,73 f.).

Wie kam es dazu, dass er, obwohl Gottes Geschöpf, dennoch als eine neben und gegen Gott agierende Macht etabliert erscheint? – Er wurde anders als die übrigen Engel Gott gegenüber ungehorsam, bzw. hochmütig und ungläubig (38,73 f.).

Welche Stellung hat daraufhin Satan vor Gott? – Er ist ein Verstoßener und Verfluchter (38,77.78).

Im zweiten Teil (38,79–85) wird zum einen aufgedeckt, warum und in welchem Rahmen Satan die seinem Wesen nach menschenfeindlichen und verderblichen Wirkungsmöglichkeiten wahrnehmen kann: Gott selbst gewährt Satan als dem Hochmütigen und Ungläubigen begrenzten Handlungsspielraum[365] (38,79–84). Zum anderen wird die Frage nach dem Endgeschick Satans beantwortet: Er wird mit allen, die sich auf ihn einlassen, nach Gottes Plan in der Hölle landen (38,85).

Im Entstehungsmilieu des koranischen Textguts hat nach allem die mit der Gestaltung und Einarbeitung der Iblis-Erzählung verbundene Konzeption keineswegs von Anfang an vorgelegen. Für eine Klärung der Frage, in welchem Stadium der Korangenese der Iblis-Stoff in das koranische Textgut Aufnahme fand, sind in jedem Fall ge-

---

[362] Zu den im frühen Judentum und in der alten Kirche verbreiteten Strategien einer Integration der Satangestalt in die biblisch überlieferte Urgeschichte vgl. z. B. Dochhorn, Apokalypse des Mose (2005), 287 f.
[363] Die Fragestellung, inwiefern die Iblis/Satan-Texte eher der Lehre von der individuellen Heilsverantwortlichkeit korrespondieren oder eher deterministischen Auffassungen (vgl. z. B. 11,34; 16,93), kann hier nicht erörtert werden.
[364] Vgl. zu der entsprechenden Problemstellung im frühen Judentum die Hinweise von Meiser, s. Merk/Meiser, JSHRZ II,5, 774.
[365] Vgl. hierzu auch die Hinweise unten nach Anm. 374.

nauere Informationen über seine Herkunft und die ursprünglichen Trägerkreise wichtig.

4.2.5 Zur Frage der Herkunft des Iblis-Stoffes – Die Iblis-Version in 38,71–85 und die Berührungen mit jüdischen und christlichen Parallelversionen

Es wurde bereits mehrfach angedeutet, dass der Iblis-Erzählstoff und somit auch die Erzählversion in 38,(67–70)71–85 sich eng mit Vorstellungen berühren, die bereits im frühen Judentum und in der alten Kirche verbreitet waren, wie wir das z. B. dem „Leben Adams und Evas"[366] oder dem „Buch der Schatzhöhle"[367] entnehmen können.

4.2.5.1 Zu Berührungen zwischen dem „Buch der Schatzhöhle" und Sure 38,71–85

Zwecks eines Vergleichs zwischen der Version 38,71–85 und der „Schatzhöhle" folgt zunächst eine leicht gekürzte Wiedergabe[368] von „Schatzhöhle" 2,1–25; 3,1–7; 3,8–5,6:

2,1–3 handelt vom Plan Gottes, den Menschen zu erschaffen. „Schatzhöhle" Kap. 1 informierte zuvor über die Erschaffung von Himmel, Erde, Wasser, Luft und Feuer, der Engel, Mächte etc. (1,3) und schließlich der Tiere (1,23); in 1,24 heißt es lapidar: „Und am sechsten Tag, der ein Freitag war, formte Gott den Adam aus Staub und Eva aus seiner Seite"; 2,1 bildet die Überleitung von 1,24 f.: „Die Erschaffung Adams geschah nämlich so ..." 2,4: Die Engel vernehmen entsprechend Gottes Stimme; 2,5–11 sie können den Schöpfungsvorgang selbst wahrnehmen; 2,12 betont: „Und Gott formte den Adam mit seinen heiligen Händen nach seinem Bild und gemäß seiner Gestalt. 2,13 Und als die Engel seinen Anblick sahen, erschraken sie vor dem Anblick ..."; 2,15–19 verweist dann auf Adams außerordentliche Stellung „im Mittelpunkt der Erde", sein „Gewand der Königsherrschaft", die „Krone der Herrlichkeit" sowie darauf,

---

[366] Zur Frage der Abfassungszeit von VitAd vgl. Dochhorn, Apokalypse des Mose (2005), 50 ff.: „So spricht einiges dafür, daß die Vit Ad bereits im 2. Jh. nach Chr. existiert hat" (vgl. 51); vgl. bei Dochhorn auch die Fülle der Belege für die „weite Verbreitung der Teufelsfallgeschichte" nach VitAd 11–17 (a. a. O., 51–54); Dochhorn meint, zeigen zu können (a. a. O., 139), „daß Apc Mos ... und Vit Ad (gr) demselben Milieu angehören" (ein „Kreis von exegetisch geschulten Theologen" des frühen Judentums).

[367] Nach Toepel (Buch der Schatzhöhle [2006], 4) stellt „das genaue Datum" der Abfassung dieser Schrift „weiterhin ein ungelöstes Problem dar"; es scheint ihm „aber gerechtfertigt, zu behaupten, daß das Buch der Schatzhöhle in seiner heutigen Form aller Wahrscheinlichkeit nach aus dem späten 6. oder frühen 7. Jh. stammt". Als Ergebnis seiner Untersuchung der Kap. 1–7 könne „vorläufig angenommen werden, daß das Buch tatsächlich von einem Angehörigen der nestorianischen Kirche geschrieben wurde", und zwar im persischen Raum (vgl. a. a. O., 246 f.; zu möglichen Parallelen und Berührungen mit der jüdischen Adam-Überlieferung vgl. a. a. O., 56–86; ferner 242 ff.). Anders als Toepel rechnete Ri (vgl. Commentaire [2000], 545 ff.) mit der Entstehung von Vorstufen der Schatzhöhle im 3. Jh. n. Chr.; vgl. dazu Toepel, a. a. O., 21 ff.

[368] Sie orientiert sich an Toepels Übersetzung (a. a. O., 56 f. und 87).

dass Gott ihn „auf den Thron der Ehre" setzte und „Macht gab über die ganze Schöpfung"; nach Adams Benennung der Tiere 2,20, die ihm daraufhin untertan sind 2,21, vernehmen die Engel, wie Gott Adam alles Geschaffene unterordnet 2,22–24; in 2,25 heißt es dann: „Und als die Engel den Ton dieser Stimme hörten, segneten sie ihn alle und fielen vor ihm nieder".

3,1: „Und als der Fürst der untersten Ordnung sah, welche Größe Adam zuteil geworden war, beneidete er ihn von diesem Tag an und wollte sich nicht vor ihm niederwerfen. Und er sprach zu seinen Mächten: 3,2 ‚Werft euch nicht vor ihm nieder und verehrt ihn nicht mit den Engeln. Ihm kommt es zu, sich vor mir niederzuwerfen, der ich Geist und Feuer bin, und nicht mir, daß ich mich vor Erde niederwerfe …'" 3,3 konstatiert den Ungehorsam des Aufrührers; es folgt der „Sturz aus dem Himmel" 3,4 und die Wegnahme der „Gewänder der Ehre" 3,5; in 3,6 heißt es dann: „Sein Name wurde Satan genannt …"

3,8–5,6 handeln von der Erhebung Adams ins Paradies, der Erschaffung Evas (3,8–4,1) und schließlich von der von Satan aus Neid betriebenen Täuschung Adams und Evas mit der Folge der Gebotsübertretung sowie der daraufhin ihnen von Gott auferlegten Vertreibung aus dem Paradies (4,4–5,6).

Die Handlungsabläufe in beiden Texten – Sure 38,71–78 und „Schatzhöhle" 2,1–3,7 – stimmen in folgenden Grundzügen deutlich überein:

Gott erschafft den Menschen. Die Engel entscheiden sich, vor diesem niederzufallen. Alle Engel kommen dem nach, nur nicht „der Fürst der untersten Ordnung" bzw. Iblis. Beide verweigern sich mit Verweisen auf ihre Sonderstellung im Vergleich zu Adam. Zur Strafe wird dann der jeweilige Aufrührer verstoßen[369].

Dazu kommen engere Berührungen in Einzelzügen: Sure 38,71 erinnert an „Schatzhöhle" 2,1–4 insofern, als hier wie dort die Engel auf Gottes Schöpfungsplan angesprochen werden.

In Sure 38,75 verweist Gott darauf, dass er den Menschen mit seinen Händen erschaffen habe; in „Schatzhöhle" 2,12 heißt es: „Und Gott formte den Adam mit seinen heiligen Händen".

In Sure 38,77 begründet Iblis seine Weigerung, sich niederzuwerfen, er sei nicht wie der Mensch aus „Lehm", sondern „aus Feuer" erschaffen; diese Argumentation entspricht „Schatzhöhle" 3,1 f.

Andererseits sind folgende Divergenzen deutlich: Von einem Dialog zwischen Iblis und Gott wie in Sure 38,75–85 inkl. der darin angesprochenen „Abmachungen" bzw. Zugeständnisse Gottes an Iblis weiß die „Schatzhöhle" nichts.

In der „Schatzhöhle" fallen die Engel ohne einen Befehl Gottes vor Adam nieder; hier genügt offensichtlich schon der Eindruck der Gottesebenbildlichkeit Adams (vgl. 2,12 ff.) als Erklärung bzw. Begründung. Dagegen weiß Sure 38,72 von einer direkten Anweisung Gottes an die Engel, ohne dass eine Begründung explizit erfolgt. Sie könnte

---

[369] Zur Frage, ob und inwiefern auch die übrigen Iblis/Satan-Versionen Passagen der „Schatzhöhle" nahestehen, vgl. ausführlicher unten bei Anm. 380 u. 407.

implizit in 38,72 enthalten sein, indem Gott auf das Einhauchen seines Geistes *(wa-nafachtu fihi min ruḥi)* verweist[370]. Die „Schatzhöhle" enthält keinen Hinweis auf das Einhauchen des Geistes Gottes.

Sure 38,71–85 geht nicht wie die „Schatzhöhle" 3,8–5,6 auf das weitere Wirken des Satans ein (seine Verführung Evas im Paradies mit der Folge der Vertreibung).

4.2.5.2 Zu Berührungen zwischen Vita Adae et Evae 11,1–16,4 und Sure 38,71–85

VitAd 11,1–16,4 weiß von einem Gespräch zwischen Adam und Eva und dem Teufel nach der Vertreibung aus dem Paradies, in dem der Teufel seine Feindschaft den beiden gegenüber wie folgt erklärt[371]:

„O Adam, meine ganze Feindschaft … richtet sich auf dich, weil ich deinetwegen vertrieben und meiner Herrlichkeit beraubt worden bin, die ich im Himmel inmitten der Engel hatte, und deinetwegen auf die Erde hinausgeworfen bin (12,1) … Als Gott den Lebenshauch dir eingeflößt hat und dein Gesicht und dein Abbild zum Ebenbild Gottes gemacht wurde, brachte dich Michael herzu und ließ dich im Angesicht Gottes anbeten …" (13,2). Michael habe dann nach dem Befehl Gottes alle Engel und auch ihn aufgefordert, das Ebenbild Gottes anzubeten (14,1–2). Er habe geantwortet: „… ich werde nicht jemanden anbeten, der geringer und später entstanden ist als ich …" (14,3). So sei Gott auf ihn zornig geworden und so sei er mit seinen Engeln auf die Erde geworfen worden (16,1). Deswegen mit Schmerz erfüllt habe er Adams Frau umgarnt, „damit du (Adam) durch sie von diesen Freuden und Wonnen vertrieben wurdest, gleich wie ich von meiner Herrlichkeit vertrieben wurde" (16,2–4).

Die Handlungsabläufe in beiden Texten (Sure 38,71–78 und VitAd 12,1–16,1) stimmen in folgenden Grundzügen deutlich überein: Gott erschafft den Menschen. Die Engel erhalten den Befehl, vor diesem niederzufallen. Alle Engel kommen dem nach, nur nicht der Teufel bzw. Iblis. Beide verweigern sich jeweils mit Hinweisen auf ihre Sonderstellung im Vergleich zu Adam. Zur Strafe wird dann der jeweilige Aufrührer verstoßen.

Sonstige Berührungen: In VitAd 13,2 ist vom „Lebenshauch", in 38,72 von „meinem Geist" *(ruḥi)* die Rede, den Gott Adam einhaucht[372]. Sure 38,72 weiß wie VitAd 14,1 von einem göttlichen Befehl an die Engel, vor Adam niederzufallen.

---

[370] Beck meint, „daß das Einhauchen eines göttlichen Geistes nur die Belebung des Körpers besagt und daher kaum mit dem Folgenden zu verbinden ist, insofern als dadurch der Befehl Gottes an die Engel irgendwie begründet werden sollte" (Iblis [1976], 209). Es ist immerhin bemerkenswert, dass die übrigen Versionen keinen Hinweis auf das Einhauchen des göttlichen Geistes enthalten; in 3,59 wird offensichtlich gegen 38,72 (vgl. 15,29 sowie 32,9) die Erschaffung Adams durch das göttliche Schöpferwort betont (vgl. hierzu auch die Erwägungen unten bei Anm. 584). – 38,75 verweist im Nachherein noch auf Gottes Schöpfungswirken mit „seinen Händen"; in allen weiteren Versionen fehlt dieser Hinweis (wegen Vermeidung anstößiger anthropomorpher Redeweise?).

[371] Diese Rede des Teufels (12,1; 13,1–16,4) ist im Folgenden leicht gekürzt wiedergegeben; die wörtlichen Zitate nach der Übersetzung Meisers in Merk/Meiser, JSHRZ II,5, 795–798.

[372] Vgl. Sure 32,9: *wa-nafacha fihi min ruḥihi;* Gen 2,7: „Und er (Jahwe) blies in seine Nase Lebensatem".

Folgende Divergenzen sind deutlich: Anders als in Sure 38,71 ist in VitAd 12,1 f. nicht vermerkt, dass Gott zunächst die Engel über seinen Schöpfungsplan informiert.

Während in VitAd der Befehl, Adam anzubeten, mit dessen Gottesebenbildlichkeit begründet ist (14,1 f.), fehlt in 38,71 f. ein entsprechender Hinweis.

Der Dialog zwischen Iblis und Gott in Sure 38,75–85 inkl. der darin angesprochenen „Abmachungen" bzw. Zugeständnisse Gottes an Iblis (38,79–84) hat in VitAd 12,1–16,4 keine Parallele.

Sure 38,71–85 geht nicht wie VitAd 16,4 auf das weitere Wirken des Satans ein (seine Verführung Evas im Paradies mit der Folge der Vertreibung).

4.2.5.3 Fazit – Nähe und Ferne von Sure 38,71–85 zu jüdischen oder christlichen Parallelversionen

Als Fazit dieser Gegenüberstellungen wird man Folgendes festhalten können: Die zu beobachtenden Gemeinsamkeiten und Berührungen lassen sich nur so erklären, dass sich der für Sure 38,71–85 zuständige Verfasser zumindest an dem vorgegebenen Grundschema, das die Erzählungen in „Schatzhöhle" und VitAd prägt, orientiert hat. Die Möglichkeit, dass seine Konzeption daher tatsächlich auf diesen beiden Erzählversionen in „Schatzhöhle" und VitAd fußt, ist also nicht auszuschließen[373], allerdings auch keineswegs sicherzustellen, auch nicht mit dem Hinweis auf die oben vermerkten speziellen Berührungen in konkreten Einzelzügen. Die weite Verbreitung von Adam-Legenden in apokryphen jüdischen und christlichen Schriften[374] und die möglichen Vorstufen zu VitAd und „Schatzhöhle" sowie entsprechend mündlich tradierte Versionen boten einem an solchen Stoffen interessierten Bearbeiter von Korantexten eine Fülle von Zugriffsmöglichkeiten. Dass er diese Stoffe kannte bzw. zur Kenntnis genommen und verwertet hat, ist jedenfalls völlig unbezweifelbar.

Gegen diese Auffassung sprechen auch nicht die zu beobachtenden und oben aufgeführten Abweichungen und Unterschiede. Diese sind z. T. sogar Indizien dafür, dass der Verfasser zu seiner Konzeption in 38,71–85 gerade auf dem Wege einer intensiven Auseinandersetzung mit solchen wie in VitAd oder „Schatzhöhle" vorgegebenen Adam-Satan-Legenden gelangt ist.

a) Dass im Gegensatz zur „Schatzhöhle" und VitAd in Sure 38,75–85 zusätzlich ein „Dialog" zwischen Gott und Iblis mit darin angesprochenen „Abmachungen" bzw. Zugeständnissen und Auflagen Gottes vermerkt ist, dürfte mit dem Anliegen des Verfassers zusammenhängen, auf diese Weise die Vorstellung abzuwehren, Satan/Iblis könne nach seiner Vertreibung letztlich außerhalb Gottes Zuständigkeitsbereich frei schalten und walten. Hier waren also weitere theologische Erwägungen mit im Spiel. Denn das Grundschema der „Adam-Satan"-Erzählung nach VitAd oder „Schatzhöhle" war in dieser Hinsicht theologisch defizitär.

---

[373] Toepel z. B. sieht „die Möglichkeit, daß die betreffenden Koranstellen (d. h. 38,72–78 u. 7,12 ff.) direkt oder indirekt auf die Schatzhöhle zurückgehen" (Buch der Schatzhöhle [2006], 95 f.).
[374] Vgl. z. B. Dochhorns Hinweise zu VitAd (Apokalypse des Mose [2005], 51–53).

Über diesen Dialog ließ sich sicherstellen, dass Iblis/Satan entsprechend den sonstigen Aussagen im vorgegebenen koranischen Textgut dem Willen und der Macht Gottes weiterhin unterworfen war und die Regeln seines weiteren Wirkens von Gott uranfänglich festgelegt waren. Die Möglichkeit, dass der Verfasser von Sure 38,71–85 selbst die Vorstellung eines solchen Dialogs entwickelt hat, ist zwar nicht von vornherein auszuschließen; im biblischen Traditionsgut vorgegebene Dialoge wie z. B. der zwischen Gott und Abraham (vgl. Gen 18,23 ff. und Sure 11,74–76) oder der zwischen Gott und Hiob (Hiob 38,1–42,6) und zumal zwischen Gott und Satan (Hiob 1,6–12; 2,1–6) waren nicht unbekannt. Allerdings stehen mit Abraham und Hiob vorbildlich Fromme vor Augen, denen sich Gott im Gespräch stellt. Dagegen fungiert ja Iblis als von Gott instrumentalisierte widergöttliche Gestalt. Das spricht auch dagegen, dass der Verfasser das Gespräch zwischen Gott und Satan im Hiobbuch als Vorbild vor Augen hatte; denn im Hiobbuch spielt Satan ja noch keine widergöttliche Rolle. Zudem ist im Hiobbuch anders als in Sure 38,79 Gott derjenige, der das Gespräch mit Satan eröffnet. Ein deutliches Vorbild für diesen „Dialog" zwischen Iblis und Gott bei der Konzipierung der Textfolge 38,71–85 ist dagegen in einer Passage im „Buch der Jubiläen"[375] zu erkennen: In Jub X,8 f. ist ein knapper „Dialog" zwischen dem „Fürst der Geister, Mastema" und Gott vermerkt: Auf ein Gebet Noahs hin, Gott möge die bösen Geister, die Noahs Nachkommen in die Irre führen, einschließen und ihnen alle Macht nehmen, befiehlt Gott seinen Engeln, sie alle zu fesseln (X,3–7). Doch ihr Anführer Mastema wendet sich an Gott mit der Bitte, einige von ihnen unter seiner Vollmacht übrig zu lassen; denn ohne sie könne er „zum Verderben und zur Verführung" nicht weiter aktiv sein. „Denn groß ist die Bosheit der Menschenkinder" (X,8). Darauf antwortet Gott: „Der zehnte Teil von ihnen soll übrigbleiben ..." (X,9). Dass die Engel entsprechend verfahren, hält X,11 fest: „Und ein Zehntel von ihnen ließen wir übrig, daß sie Vollmacht ausübten vor dem Satan auf der Erde".

Auch diese Darlegungen in Jub X,1–14 sind offensichtlich Ergebnisse theologischer Reflexionen darüber, inwiefern einerseits das Böse und Widerständige in der Welt wohl von entsprechend bösen und widerständigen Mächten gesteuert wird, andererseits diese Mächte aber keine Infragestellung der Souveränität Gottes bedeuten.

Die thematische Nähe zu Jub X,1–14 spricht m. E. dafür, dass der Verfasser von Sure 38,71–85 weniger auf Grund eigener theologischer Überlegungen, sondern eher von Vorgaben wie in Jub X,1–14 direkt beeinflusst zu seiner Konzeption eines Dialogs zwischen Gott und Iblis gelangte.

In jedem Fall belegt diese Kombinierung des vorgegebenen Grundschemas der Erzählung von der Erschaffung Adams und Satans Sturz mit dem „Dialog" zwischen Gott und Iblis, dass der Verfasser seine als Ergänzung im koranischen Textgut vorgesehene Version theologisch wohl durchdacht konzipiert hat – und zwar indem er einerseits kritisch an Erzählvorgaben jüdischen bzw. christlichen Schrifttums anknüpft, anderer-

---

[375] Zur Verbreitung des Jubiläenbuches (entstanden zwischen 167 u. 140 v. Chr.; vgl. Berger, JSHRZ II,3, 300 f.) bis hin zur Kanonizität in der äthiopischen Kirche vgl. z. B. die Hinweise Dochhorns (Apokalypse des Mose [2005], 116).

seits indem er den theologischen Vorgaben seines „Korans" Rechnung trägt und doch zugleich dazu weitere Klarstellungen zu vermitteln sucht.

b) Dass in Sure 38,71–85 anders als in VitAd und der „Schatzhöhle" nichts von Adams Gottesebenbildlichkeit etc. verlautet, ist deswegen nicht anders zu erwarten, weil die entsprechenden Hinweise in den Bezugstexten für den Verfasser theologisch unakzeptabel waren, da sie für ihn in Richtung „Beigesellung" *(širk)* gingen. Für seine Version hat diese Korrektur an den Vorlagen allerdings zur Folge, dass nun Gottes Befehl an die Engel, sich vor Adam niederzuwerfen, ohne rechte Begründung erfolgt[376].

c) Dass in Sure 38,71–85 in den Aussagen über Satan nicht auch Hinweise auf seinen Auftritt im Paradies berücksichtigt sind, dürfte nicht mit des Verfassers Unkenntnis der Paradieserzählung zusammenhängen, sondern mit seinem speziellen theologischen Anliegen. Das konzentrierte sich zum einen darauf, Ursprung und Herkunft Satans und damit seinen Stand vor Gott zu klären; zum anderen ging es darum, hier Gottes uranfängliche Bestimmungen über die Wirkungsmöglichkeiten Satans sowie über sein Endgeschick und auch das derer, die ihm folgen, vor Augen zu stellen. In diesem in dieser Weise auf Satan konzentrierten Aussagegeflecht (Gott und sein ungehorsamer, verstoßener Engel – Satan) war die zusätzliche Berücksichtigung der Paradieserzählung und damit die Eröffnung eines weiteren Reflexionshorizontes (Gott und der ungehorsame, verstoßene Mensch) nicht vorgesehen[377].

Welche Rückschlüsse ermöglichen die bisherigen Beobachtungen und Ergebnisse im Blick auf den Standort des Verfassers von Sure 38,71–85 im Verlauf der Korangenese? Auf diese Frage ist nach den Sondierungen und Ausführungen in den folgenden Abschnitten zurückzukommen[378].

4.2.6 Die Konzipierung der Iblis/Satan-Texte 2,30–38; 7,11–24 und 20,115–123 und die Frage der Berührung mit frühjüdischen und christlichen Traditionsstoffen bzw. entsprechenden Schriften

Wie bereits angedeutet lassen sich auch enge Berührungen zwischen den Iblis/Satan-Versionen in Sure 2,30–38; 7,11–24 und Sure 20,115–123 und den Adam-Legenden in Vita Adae et Evae und der „Schatzhöhle" beobachten. Es ist daher näher zu prüfen, in welchem Maße die Verfasser dieser im Vergleich zu 38,71–85 jüngeren Versionen sich an diesen und möglicherweise weiteren jüdischen bzw. christlichen Schriften (oder an Vorstufen der uns überlieferten Versionen?) orientiert haben oder sich damit auseinandersetzen.

---

[376] Vgl. dazu weitere Ausführungen unten nach Anm. 413.
[377] Auf diesen zusätzlichen Reflexionshorizont konzentrieren sich dann später die Verfasser der Versionen 7,11–24; 20,116–123 und 2,30–38, die hier – zumal in 2,35–38 – ganz andere, neue theologische Akzente setzen; vgl. dazu bereits die Beobachtungen oben bei Anm. 323 und vorher passim.
[378] Vgl. unten bei Anm. 468.

4.2.6.1 Indizien für die Kenntnis und Berücksichtigung frühjüdischer und christlicher apokrypher Schriften

a) In Sure 2,30–38; 7,11–24 und 20,115–123 wirkt die Identifizierung des Iblis, der sich vor Adam nicht niederwerfen will (vgl. jeweils 2,34; 7,11; 20,116) mit Satan als dem Verführer Adams im Paradiesgarten (vgl. jeweils 2,36; 7,20; 20,120) recht unvermittelt. Doch ist hier in Rechnung zu stellen, dass, wie oben dargelegt, die bei der Konzipierung dieser Versionen vorgegebene Iblis-Erzählung in 38,71–85 schon signalisiert hat, dass mit Iblis kein anderer als Satan gemeint ist[379]. Zudem ist in 20,117 die im Koran häufig belegte Etikettierung Satans als „Feind" (vgl. 'aduwwun mubinun z. B. 17,53; 36,60; 2,168.208) bewusst auf Iblis angewendet, so dass damit für den Leser oder Hörer der Namenwechsel von Iblis zu Satan in 20,120 weniger überraschend kommt als in 7,20.

Allerdings könnte der anscheinend abrupte Übergang auf Satan jeweils in Sure 2,30–38; 7,11–24 und 20,115–123 auch noch damit zusammenhängen, dass bei der Konzipierung dieser Texte Kenntnisse der Erzählungen über die Herkunft Satans nach der Version der „Schatzhöhle"[380] oder auch nach Jub X,8–11 mit im Spiel waren.

In „Schatzhöhle" Kap. 3,1–7 ist zunächst vom „Fürst der untersten Ordnung" die Rede, der sich weigert, sich vor Adam niederzuwerfen (3,1); daraufhin erfolgen sein Hinauswurf bzw. Sturz aus dem Himmel (3,4), seine Degradierung und dann erst die Kennzeichnung als Satan (3,5 f.). Als Satan begibt er sich dann in Gestalt der Schlange (4,4 f.; 4,12) ins Paradies und täuscht Eva etc. Hier ist also der Satan-Name erst das Ergebnis des Ungehorsams und des Himmelsturzes. Diese auffällige Parallelität könnte damit zusammenhängen, dass in den Iblis/Satan-Texten die „Dramatik" der „Schatzhöhle" (bzw. einer entsprechenden Vorstufe) vorausgesetzt und komprimiert umgesetzt ist.

In Jub X,11 wird schließlich der zuvor erwähnte „Fürst der Geister, Mastema" (X,8) nach dem Dialog mit Gott mit Satan identifiziert[381].

b) Die Tröstung Adams bzw. Wiederzuwendung Gottes, von der in Sure 7,23 f. nach dem Verbotsübertritt und der Verstoßung noch keine Rede ist, die dann aber in 20,122 f. und 2,37 f. betont wird, entspricht in „Schatzhöhle" 5,3 und 5,6. Toepel[382] hebt hervor, dass in Sure 2,38 die Wendung „… dann soll auf diejenigen, die meiner Rechtleitung folgen, keine Furcht kommen, noch sollen sie traurig sein" sich eng mit der Formulierung in „Schatzhöhle" 5,6 „geh, fürchte dich nicht" berührt. Für Toepel „besteht … auch hier, wie bereits bei der Darstellung des Engelsturzes in SpTh[383] 3,1–7 die Möglichkeit, daß der Koran von der Schatzhöhle oder den in ihr enthaltenen Traditionen abhängig ist" (a. a. O., 169).

---

[379] Nach 38,77 ist Iblis wie Satan „der Steinigung würdig"; vgl. dazu oben Anm. 344 u. 349.
[380] Vgl. dazu bereits oben die Inhaltsübersicht nach Anm. 368.
[381] Vgl. dazu bereits oben den Verweis auf Jub X,8 f. als Parallele zum „Dialog" zwischen Iblis und Gott bei Anm. 375.
[382] Buch der Schatzhöhle (2006), 168.
[383] So seine Abkürzung für Spelunca Thesaurorum = Schatzhöhle.

Exkurs zu Sure 7,26.27

Nach 7,25, über dessen Zugehörigkeit zur Iblis/Satan-Passage 7,11–24 man streiten kann[384], folgt in 7,26 zunächst eine Mahnung:

„O Kinder Adams, wir haben auf euch Kleidung hinabgesandt, die eure Blöße verbirgt, und Gefieder (?)[385]. Aber die Kleidung der Gottesfurcht, die ist besser. Das ist (eines) von Gottes Zeichen, auf daß sie bedenken mögen".

In 7,27 schließt sich eine Warnung vor dem Satan an: „O Kinder Adams, der Satan soll euch ja nicht der Versuchung aussetzen, wie er eure (Stamm)eltern aus dem (Paradies)garten vertrieben hat, indem er ihnen ihre Kleidung wegnahm, um ihnen ihre Blöße zu zeigen. Gewiß, er sieht euch, er und sein Stamm, von wo ihr sie nicht seht. Gewiß, wir haben die Satane zu Schutzherren für diejenigen gemacht, die nicht glauben".

Die Aussage in 7,27 impliziert die Vorstellung, dass die Stammeltern vor dem Fall im Paradies mit Kleidung ausgestattet waren[386]. Sie ist in der „Schatzhöhle" belegt, indem hier von Adams Ausstattung (Kap. 2,17) mit dem „Gewand der Königsherrschaft" und der „Krone der Herrlichkeit" (vgl. auch 3,14: „Gewänder der Ehre") und dann von seiner Entblößung bzw. dem Verlust des Lichtgewandes nach dem Essen vom verbotenen Baum berichtet wird (4,15.18: „Sie [Eva] wurde entblößt ... auch er [Adam] wurde entblößt")[387]. Erwähnenswert ist in diesem Zusammenhang das Fußbodenmosaik eines Ende des 5. Jh.s errichteten Kirchenraumes in Huarte (bei Apamea am Orontes), das Adam mit einem Purpurgewand gekleidet auf einem Thron sitzend bei der Namengebung der Tiere abbildet[388]. Parets Erklärung zu 7,27, der Hinweis, Satan habe „den ersten beiden Menschen die Kleidung ausgezogen, ist wohl in übertragenem Sinn gemeint: Er brachte ihnen ihre Nacktheit zum Bewußtsein"[389], ist daher im Blick auf diese und weitere Belege für eine verbreitete Vorstellung von einer besonderen Ausstattung Adams im Paradies hinfällig[390]. Es ist davon auszugehen, dass bei Abfassung von 7,27 Kenntnisse von entsprechenden Adam-Legenden zu Grunde liegen und miteingeflossen sind.

---

[384] Vgl. oben Anm. 261.

[385] Bobzin übersetzt *wa-rīšan* mit „und Federn", erwägt aber auch „Zierrat" (vgl. Der Koran [2010], 655); vgl. dazu unten bei Anm. 399.

[386] Beck (Iblis [1976], 237) verweist noch auf die an Adam gerichtete Zusage Gottes „du wirst darin (im [Paradies]garten) nicht nackt sein" in 20,118.

[387] Vgl. dazu Toepels Verweis (a.a.O., 159) auf „das seit Ephräm in der syrischen Tradition bekannte Motiv von den Lichtgewändern ..., die Adam und Eva vor dem Sündenfall trugen".

[388] Vgl. dazu Wisskirchen, Der bekleidete Adam (2002); vgl. a.a.O., 148–151 auch eine Auflistung ausgewählter Beispiele dafür, dass sich zahlreiche östliche Kirchenväter Adam vor dem Sündenfall in seiner hierarchischen Stellung unter den Kreaturen als bekleidet vorstellten.

[389] Komm., 157, z. St.

[390] Nach Beck (Iblis [1976], 237) „hat Muhammed offenbar die Anschauung christlicher Schriftsteller von einem Kleid der Herrlichkeit der Stammeltern gekannt" (Hinweis auf „Schatzhöhle" und Ephräm); zu Adams Verlust der „Herrlichkeit" (doxa) in Apc Mos 20,1; 21,5f. vgl. ausführlich Dochhorn, Apokalypse des Mose (2005), 359ff.

Deutlich ist, dass die beiden Verse 7,26.27 keine direkte Fortsetzung bzw. Weiterführung der Iblis/Satan-Textfolge 7,11–24 darstellen[391], dass sich aber zumal 7,27 doch damit berührt. Das wirft die Frage nach dem für diese beiden Verse verantwortlichen Verfasser und Interpolator auf sowie nach seinen speziellen Anliegen und seinen Zugriffsmöglichkeiten auf die Literatur der Adam-Legenden in seinem religiösen Umfeld.

Eine Klärung dieses Fragenkomplexes hängt davon ab, ob es möglich ist, die beiden Verse 7,26.27 in ihrem Beziehungsgeflecht zum jetzigen Kontext genauer zu durchschauen. Folgende Beobachtungen sind wichtig:

Zu beachten ist, dass nach der Wir-Rede Gottes in 7,4–10 die Iblis/Satan-Erzählung mit Ausnahme von 7,11 als Er-Bericht über Gott abgefasst[392] ist und in 7,26.27 wieder die Wir-Rede Gottes auftaucht[393]. Dieser Sachverhalt wie auch die Adressierung „O Kinder Adams"[394] bedeuten zunächst, dass die beiden Verse nicht als Bestandteil der Erzählung gedacht sind. Dass sie zudem nicht gleichzeitig mit der Iblis/Satan-Erzählung konzipiert und am jetzigen Ort verklammert wurden, sondern als spätere Ergänzung[395] und Fortschreibung zu 7,11–24 zu werten sind, ist aus folgenden Beobachtungen zu schließen:

aa) Zunächst zu 7,27: Dieser Vers enthält im Blick auf 7,11–24 auffällige Akzentverschiebungen. Während dort (vgl. V. 24) Gott die beiden Stammeltern verstößt, führt 7,27 die Vertreibung auf Satan zurück, und zwar, „indem er ihnen ihre Kleidung wegnahm, um ihnen ihre Blöße zu zeigen"; dagegen heißt es in 7,22 lediglich: „Als sie dann vom Baum gekostet hatten, wurde ihnen ihre Blöße kund". Ob der Verfasser mit dem betonten Hinweis auf die „Kleidung" der Stammeltern im Paradies die einstige Sonderstellung der beiden andeuten will, wie sie besonders in den christlichen Adam-Legenden hervorgehoben ist[396], kann man erwägen. In jedem Fall beantwortet er damit die Frage, die man im Blick auf die in 7,20.22

---

[391] So auch Neuwirth, Crisis (2001), 142.

[392] In 7,11, der jetzigen Über- bzw. Einleitung zur Iblis/Satan-Passage könnte der Versanfang ursprünglich noch direkte Fortsetzung von 7,10 gewesen sein; vgl. den Hinweis Parets: Der Versanfang bis „haben wir euch gestaltet" scheine „auf das göttliche Wunder der Erschaffung und Gestaltung der *zeitgenössischen Menschen* (2. Person Plural) hinzuweisen" (Komm., z. St., 156; vgl. ähnlich z. B. 40,64; 64,3). Dass anschließend lediglich der Übergang zur Iblis/Satan-Erzählung als Wir-Rede Gottes formuliert ist („hierauf haben wir zu den Engeln gesagt …"), dürfte unter dem Einfluss des vorausgehenden Kontexts geschehen sein.

[393] Die Möglichkeit, dass 7,26.27 wegen der Wir-Rede als ursprüngliche Fortsetzung der Wir-Rede Gottes in 7,4–10 fungiert haben könnten, kann deswegen ausgeschlossen werden, weil eine Bezugnahme auf die dortigen Aussagen nicht erkennbar ist.

[394] Zu dieser Anrede in 7,26.27 vgl. sonst noch 7,31.35 und 36,60; ferner 17,70 (vgl. noch die Weiterführung in 17,71 mit dem Verweis auf „alle Menschen"); mit der Anrede „O Kinder Adams" ist jeweils der Adressatenkreis universal ausgeweitet im Blick.

[395] Beck (Iblis [1976], 237) spricht von einem „zweiten Zusatz zur Paradieserzählung in Sure 7, Vers 27 (26)" bzw. von „den beiden Nachträgen zur Paradieserzählung in 7,26 und 7,27" (a.a.O., 238).

[396] Vgl. dazu oben nach Anm. 368.

erwähnte Blöße aufwerfen mochte, nämlich, in welchem Zustand man sich denn die Stammeltern im Paradiesgarten vor Satans Aktion vorstellen sollte.

Das dürfte allerdings nicht das einzige oder Hauptanliegen des Verfassers gewesen sein. Denn er betont in 7,27 nicht nur gegenüber 7,19–24 stärker die aktive Rolle Satans damals im Paradiesgarten; er bezieht zusätzlich mit dem Verweis auf „Satans Sippschaft" (bzw. „seinen Stamm" oder „Seinesgleichen") geschickt die sonst im Koran häufig angeführten Satane (vgl. 7,30) mit ein. Dabei geht es ihm offensichtlich darum, deutlicher als die vorausgehende Iblis/Satan-Erzählung, aber mit Bezug darauf, vor Augen zu rücken, dass das uranfängliche Iblis/Satan-Wirken sich weiterhin bis in die Gegenwart abspielt, und damit zugleich klarzustellen, dass die Warnung vor Satan und seinem Stamm die gesamte Menschheit („O Kinder Adams"[397]) betrifft.

Zudem ist 7,27 nicht nur im Blick auf die vorausgehende Iblis/Satan-Erzählung als nachträglich darauf bezogene Klarstellung gedacht; denn die Schlussfeststellung „Gewiß, wir haben die Satane zu Schutzherren für diejenigen gemacht, die nicht glauben" soll im Vorausblick auf 7,30 („… denn sie haben sich die Satane anstatt Gottes zu Schutzherren genommen und meinen, sie seien rechtgeleitet") sicherstellen, dass die dort benannten Satane keine neben Gott selbständigen Mächte darstellen, sondern nur nach Gottes Plan und Willen agieren.

bb) Zu 7,26: Zunächst vermisste der hier zuständige Verfasser im Blick auf 7,22–25 wohl nur einen Hinweis darauf, dass Gott die aus dem Garten Verstoßenen doch dann noch fürsorglich mit Kleidung versorgt habe[398]. Die hier zunächst auffällige Formulierung „Kleidung und Federn bzw. Gefieder" zum Verbergen der Blöße lässt erkennen, dass der zuständige Verfasser mit der Diskussion jüdischer und christlicher Exegeten über die Frage vertraut war, aus welchem Stoff denn die von Gott besorgte Bekleidung (Gen 3,21) beschaffen gewesen sein muss, wenn doch nach den Vorgaben in Gen 1,29 ff. das Töten von Tieren in der „paradiesischen" Zeit vor der Vertreibung nicht vorgesehen war[399]. Ob der Verweis auf die „Federn" das Ergebnis eigenen Nachdenkens über diese Fragestellung ist oder Hinweise in dieser Richtung anderweitig vorgegeben waren, ist nicht zu klären[400]; klar ist aber,

---

[397] Vgl. dazu oben Anm. 394.
[398] Vgl. Gen 3,21; Jub III,26.
[399] Neuerdings hat Reynolds m. E. überzeugend gezeigt, dass die bislang in der islamischen wie auch westlichen Forschung unbefriedigende (Weg-)Erklärung der „Federn" unberechtigt ist: „In the garden … an animal would not have been killed for its skin. Accordingly the exegetes speculate that the ‚tunics of skin' were made from ‚the skin' of a tree, or from wool, for which one need only shear a sheep, not slaughter it. So too these tunics could have been made from feathers shed by or removed from a bird …" (vgl. Reynolds, Subtext [2010], 70 f.; vgl. zu Einzelheiten den gesamten Abschnitt „Adam and feathers" a.a.O. 64–71).
[400] In „Schatzhöhle" 4,22 heißt es: „Gott machte ihnen Kleider aus Leder. (23) Und er bekleidete sie; das heißt, mit der schwachen Haut, die den Körper der Schmerzen bedeckt" (so die Übersetzung Toepels, Buch der Schatzhöhle [2006], 143; vgl. dazu auch a.a.O., 163 f. den Hinweis auf eine ähnliche Vorstellung Philos); nach Toepel äußert sich u.a. auch Theodor von Mopsuestia zu

dass der für 7,26 zuständige Verfasser und Interpolator hier mit der Erwähnung der „Federn" nicht innerkoranischen Unklarheiten abhelfen will, sondern dass er damit einem bibelexegetischen Problem Rechnung trägt, von dem er als Kenner der biblischen Schöpfungsberichte weiß, weswegen er auch seinen Interpolationstext nicht ohne „korrekte" Lösung anbieten kann.

Zugleich konnte er auf diese Weise im Blick auf 7,27 vorweg mahnend anbringen, dass es für die Menschen nun gerade auf die „Kleidung der Gottesfurcht" ankommt[401]. Diesen Verweis auf die „Kleidung der Gottesfurcht" mochte er deswegen für wichtig halten, weil sich 7,27 ausschließlich auf die Warnung konzentriert, dass Satan und die Seinen auch weiterhin aktiv die Menschen gefährden, dabei aber offen bleibt, wie damit umzugehen ist. Gegen die Erwägung, 7,26 könnte mit 7,27 gleichzeitig konzipiert und von ein und derselben Hand eingeschaltet sein, spricht, dass man in einem solchen Fall eher eine besser aufeinander abgestimmte Abfolge 7,27.26 erwarten müsste.

Zu 7,27 kann festgehalten werden: Die Geschichte der Vertreibung der „Stammeltern" aus dem „Garten" ist dem Verfasser offensichtlich in einer Version bekannt, die sich von der biblischen Version unterscheidet; denn er spielt deutlich an auf die in den Adam-Legenden hervorgehobenen Ausführungen über die Ausstattung Adams mit einem besonderen Kleid. Ob der Verfasser diese Kenntnisse eher über den Kontakt mit christlichen oder mit jüdischen Kreisen erhielt, ist kaum noch aufzuhellen; denn von dieser besonderen Auszeichnung Adams ist nicht allein in der christlichen „Schatzhöhle"[402] die Rede; auch die jüdische Apc Mos kennt die Vorstellung von einem besonderen Gewand Adams („Doxa-Gewand")[403].

7,26 und 27 sind also Textinterpolationen, die die Iblis/Satan-Version 7,11–24 voraussetzen. Für alle drei Texte ließ sich zeigen, dass die jeweils verantwortlichen Verfasser offensichtlich bei der Konzipierung dieser Texte gleichermaßen detaillierte Kenntnisse der Adam-Legenden anwenden und sich in den auf Bibeltexte bezogenen exegetischen Fachdiskussionen auskennen. Ist daraus zu schließen, dass hier diese Bearbeiter verwandten Milieus angehören? Diese Frage ist deswegen kaum eindeutig zu klären, weil bislang kaum Kriterien zu erkennen sind, mit deren Hilfe z.B. über die Nähe zu einem jüdischen oder zu einem (juden)christlichen Milieu entschieden werden könnte.

Ende des Exkurses

---

dieser Fragestellung; das Problem, „wie Gott Kleider aus Leder herstellen konnte, ohne dafür ein Tier zu töten", erledigt sich mit der Annahme, „daß es sich in Gn 3,21 nicht um Kleider aus Fell, sondern um solche aus Baumrinde gehandelt habe" (a.a.O., 163, Anm. 51).

[401] Der Schlusssatz „das ist von Gottes Zeichen, vielleicht lassen sie sich ermahnen" dürfte eine spätere Ergänzung sein, die als allgemeingültiger Hinweis gedacht ist; das geht daraus hervor, dass hier die direkte Anrede an die „Kinder Adams" in der 2. Pers. plur. aufgegeben ist; Paret (Komm., z.St.): „Der Schlußsatz hängt nur lose mit dem Vorhergehenden zusammen".

[402] Vgl. dazu oben Anm. 367.

[403] Vgl. zu Einzelheiten Dochhorn, Apokalypse des Mose (2005), 359–363.

c) Der oben vorgenommene Vergleich zwischen Sure 2,30–38 und 20,115–123 hatte ergeben, dass der Verfasser von 2,30–38 offensichtlich eine Unstimmigkeit in 20,115–123 wahrnimmt und diese bei der Konzipierung seiner Version vermeidet: Die Feststellung in 20,122, dass Gott sich Adam wieder gnädig zuwende und ihn rechtleite, schließt merkwürdigerweise direkt an die Schlussbemerkung in 20,121, Adam habe sich seinem Herrn widersetzt und fiel in Verwirrung. Erst in 20,123 ist dann von Gottes Sanktion (Vertreibung etc.) die Rede[404]. Diese Unstimmigkeit in 20,120–123 muss aber ihre Gründe haben und verlangt nach einer Erklärung.

Zunächst ist zu beachten: Die Gegenüberstellung von 20,115–123 und 7,11–24 lief auf das Fazit hinaus, dass 20,115–123 im Vergleich zu 7,11–24 offensichtlich als eine Art Neuauflage konzipiert war. „Dem verantwortlichen Verfasser ging es in erster Linie darum, das in der Vorlage im Blick auf 7,24 von ihm empfundene theologische Defizit zu beheben. Zugleich bemüht er sich, diverse Unstimmigkeiten zu korrigieren"[405]. Eine solche Einschätzung des Verfassers von 20,115–123 verbietet dann aber die Unterstellung, er sei schlicht unfähig gewesen, eine stimmige Textfolge (zuerst die Aburteilung bzw. Verstoßung Adams, dann schließlich Wiederzuwendung Gottes)[406] zu konzipieren.

Die jetzige Unstimmigkeit in 20,115–123 könnte eher damit zusammenhängen, dass es sich um eine stark verkürzte Wiedergabe der Textfolge der „Schatzhöhle" (bzw. ihrer Vorlage?) handelt. Denn darin heißt es nach dem „Sündenfall" in 4,21 zunächst[407]: „Und am Abend des Tages erhielten sie das Urteil"; in 5,1 wird dann auf den „Ausgang aus dem Paradies" verwiesen. Es heißt aber schließlich weiter in 5,2f.: „Und als sie in Trauer hinausgingen, sprach Gott mit Adam, tröstete ihn und sagte: ‚Sei nicht traurig, Adam, denn ich werde dir dein Erbe zurückgeben; und sieh, wie sehr ich dich liebe …'" In 5,6 sagt Gott noch einmal: „Geh, weil du mein Gebot übertreten hast, aber sei nicht traurig …"[408]. Schließlich heißt es noch einmal in 5,14: „Als Adam und Eva aus dem Paradies hinausgegangen waren …". Nach dieser Erzählfolge (zumal schon nach 5,2–6) ist also von der Wiederzuwendung Gottes die Rede, noch bevor Adam das Paradies endgültig verlassen muss, aber nachdem die Verstoßung bereits ausgesprochen ist. Diese Detailangaben in der Version der „Schatzhöhle" (oder in einer ihrer Vorstufen) sind möglicherweise bei der Konzipierung von Sure 20,115–123 nicht berücksichtigt oder absichtlich – weil implizit mitgedacht – ausgelassen worden, woraus dann die von späteren (so der Verfasser von 2,30–38) empfundene Unstimmigkeit resultierte.

d) Im Vergleich zu den übrigen Iblis-Texten enthält 2,(29)30–33 zusätzlich „Hintergrundinformationen" zur Forderung Gottes an die Engel, sich vor Adam niederzuwer-

---

[404] Vgl. dazu oben bei Anm. 320.
[405] Vgl. oben nach Anm. 332.
[406] Vgl. so VitAd 25,1–28,2.
[407] Übersetzung nach Toepel, Buch der Schatzhöhle (2006), z. St.
[408] Es folgen Gottes Hinweise auf die Sendung seines Sohnes.

fen: Adams Sonderstellung im Vergleich zu den Engeln beruht darauf, dass er von Gott befähigt mit seinem Namenswissen den Engeln überlegen ist[409]. Zu möglichen Parallelen zu dieser Erzählversion in 2,30–33 in vorgegebenen Adam-Legenden, wie sie in jüdischen oder auch christlichen Kreisen kursierten, ist Folgendes zu beachten:

Auf die Namengebung durch Adam verweist die „Schatzhöhle"[410] in 2,20. In 2,12 f. heißt es zuvor: „Und Gott formte den Adam mit seinen heiligen Händen nach seinem Bild und gemäß seiner Gestalt. Und als die Engel seinen Anblick sahen, erschraken sie vor dem Anblick". Es wird dann (2,15–19) verwiesen auf Adams außerordentliche Stellung „im Mittelpunkt der Erde", auf sein „Gewand der Königsherrschaft", die „Krone seiner Herrlichkeit" sowie, dass Gott ihm „auf dem Thron der Ehre" „Macht gab über die ganze Schöpfung". Darauf folgt in 2,20: „Und alle Lebewesen versammelten sich vor Adam; sie kamen vor Adam, er gab ihnen Namen und sie beugten ihre Häupter"; aber erst nachdem anschließend Gott Adam „zum König, Priester ..., Herrn, Haupt und Anführer" gemacht hat (2,23) und die Engel schließlich hörten, wie Gott Adam die Herrschaft über die ganze Schöpfung übergibt (2,24), heißt es von ihnen: „Und als die Engel den Ton dieser Stimme hörten, segneten sie ihn alle und fielen vor ihm nieder" (2,25)[411]. Somit erscheint hier anders als in Sure 2,30–33 „Adams Namengebung" nur als ein Nebenaspekt. Es ist deutlich, dass der Hauptton auf der Herausstellung der hier nahezu gottgleichen Stellung Adams liegt und darauf die Engel mit Niederfallen etc. reagieren.

Zwar sind die Indizien, die auf Kenntnis der „Schatzhöhle" hinweisen[412], nicht unbedingt zwingend[413]; aber es ist auch nicht von vornherein ausgeschlossen, dass der Verfasser von 2,30 ff. Kenntnis von der „Schatzhöhle" und damit von ihrer Version der Erschaffung und Sonderstellung Adams gegenüber den Engeln in 2,1–25 erhalten hatte. In diesem Fall hätte er allerdings, wie oben schon hervorgehoben[414], eine solche Herausstellung Adams als einen Versuch von „Beigesellung" *(širk)* empfunden, die Ausführungen zu Adam also in dieser Form ohne „Bearbeitung" keineswegs übernehmen können. Eine solche Einschätzung Adams wäre für den Verfasser von Sure 2,(29)30 ff. unakzeptabel gewesen.

Diese Erwägungen machen deutlich, dass sich Konzipierung und Vorschaltung von Sure 2,30–33 als Antwort auf die in den vorgegebenen koranischen Iblis-Versionen offen gebliebene Frage nach den Gründen für Adams Sonderstellung auch (jedenfalls implizit) gegen bestimmte Vorstellungen besonders in den christlichen, aber auch jü-

---

[409] Vgl. dazu oben nach Anm. 301.
[410] Vgl. dazu die Hinweise oben in Anm. 367.
[411] Vgl. jeweils die Übersetzung Toepels, Buch der Schatzhöhle (2006), 56 f.
[412] Vgl. die Beobachtungen oben nach Anm. 368 und 380.
[413] Auf mögliche Berührungen zwischen den koranischen Iblis/Satan-Versionen und bestimmten Passagen der „Schatzhöhle" verweisen Beck (Iblis [1976], 212–214) und Toepel (a. a. O., 95 f.; 166; 168 f.).
[414] Vgl. oben den Hinweis zu 38,71–85 vor Anm. 376.

dischen[415] Adam-Legenden richten könnten. Ausführungen zu einer Sonderstellung Adams wie in der „Schatzhöhle", aber auch nach VitAd[416] oder in den diesen Schriften vorgegebenen Überlieferungen waren nicht nur nicht verwertbar. Sure 2,30-33 kann sogar als eine Zurückweisung bzw. Korrektur jener Sichtweisen verstanden werden, nach der es Adams Gottesebenbildlichkeit gewesen wäre, die die Engel zum Niederfallen vor Adam veranlasst hätten. Daher in 2,30ff.: Es war ganz anders allein das von Gott dem Adam übermittelte Namenswissen, das ihn vor den Engeln auszeichnete!

Insofern ist es interessant, dass sich die Abfassung von 2,30-33 eng mit einer älteren jüdischen Version von der Namengebung durch Adam berührt, wie sie in Gen. Rab.[417] Kap. 17 überliefert ist:

„Als Gott den ersten Adam erschaffen wollte, beriet er sich mit den Dienstengeln. Er sprach zu ihnen: Laßt uns den Menschen machen! Sie sprachen zu ihm: Wie wird die Beschaffenheit des Menschen sein? Er sagte zu ihnen: Seine Weisheit wird größer als die eure sein. Was tat der Heilige, gelobt sei er? Er brachte das Vieh, die Wildtiere ... vor sie [und] fragte sie: Wie ist sein Name? Und sie wußten es nicht. Er führte sie [die Tiere] vor Adam [und] fragte ihn: Was ist sein Name? [Adam antwortet] – Rind – Und was ist sein Name? – Kamel ... (etc). Das ist, was geschrieben steht: Und der Mensch rief den Namen aller Tiere"[418]. Hier wird also die Sonderstellung Adams gegenüber den Engeln[419] mit seiner in der Namengebung der Tiere demonstrierten „größeren Weisheit" begründet. Die engen Berührungen zwischen dieser jüdischen Version im Midrasch Gen. Rab. und Sure 2,30-33 hinsichtlich der Thematik wie der Dramatik jeweils des Dialogs zwischen Gott und den Engeln dürften nicht auf Zufall beruhen[420].

---

[415] Vgl. hierzu auch Toepels Hinweise (a.a.O., 85f.) auf innerjüdische Auseinandersetzungen; vgl. ferner Schäfer, Rivalität (1975), 82f.85.

[416] In VitAd ist die Gottesebenbildlichkeit Adams der Grund, dass die Engel Adam anbeten (13,1-14,2).

[417] Nach Stemberger (Einleitung in Talmud und Midrasch [1992], 275) ist der Midrasch Gen. Rab. „wohl etwa gleichzeitig mit pT (palästin. Talmud) endredigiert worden, d.h. im 5. Jh. und wohl in dessen 1. Hälfte".

[418] Zitiert nach Toepel, a.a.O., 81; vgl. dort zu weiteren Einzelheiten; vgl. auch die ähnliche von Speyer (Die biblischen Erzählungen im Qoran [1931], 52ff.) angeführte Version (Num.r. 19,3). Weitere Parallelen bietet Schäfer, Rivalität (1975), 85ff.; er betont: „Die Parallelen sind sehr zahlreich und unterscheiden sich nur geringfügig voneinander" (a.a.O., 86).

[419] Vgl. dazu ausführlich Schäfer, a.a.O., 75ff.

[420] Speyer kommt nach Durchsicht vergleichbarer Paralleltexte zu dem Ergebnis: „Obwohl also die Sage von der Benennung der Lebewesen durch Adam auch in christlichen Kreisen nicht ganz unbekannt gewesen sein kann und die Vorstellung vom Menschen als dem Erfinder der Sprache sich auch bei griechischen Schriftstellern findet, scheint die qoranische Fassung der Sage jüdischer Herkunft zu sein" (a.a.O., 54).

4.2.7 Resümee und Folgerungen

Auf Grund der bisherigen Sondierungen und Beobachtungen sind drei wichtige Sachverhalte hervorzuheben und zu gewichten:

Zum einen ist das der jeweilige Nachtrags- bzw. Ergänzungscharakter der Iblis/Satan-Texte. Zum anderen sind es die zahlreichen und deutlichen Indizien dafür, dass bei der Konzipierung der Iblis/Satan-Erzählungen die jeweiligen Autoren mit bestimmten Erzählstoffen bzw. Inhalten aus frühjüdischem und christlichem Schrifttum (wie z. B. „Vita Adae et Evae", Midrasch Gen. Rab., „Buch der Jubiläen", „Schatzhöhle") vertraut waren. Zum dritten ist es die darauf bezogene, jeweils sukzessive literarische Be- und Überarbeitungstätigkeit (bzw. Fortschreibungstätigkeit) der verantwortlichen Verfasser, wie sie an den unterschiedlichen, aufeinander folgenden Versionen auszumachen ist.

Im Fall der Iblis/Satan-Texte ist daher wegen dieser für sie charakteristischen Sachverhalte die These hinfällig, sie stellten lediglich die schriftlich notierten Resultate diverser ursprünglich mündlicher Rezitationen über ein und dasselbe Thema dar[421], was einerseits Parallelität und Übereinstimmungen sowie andererseits Abweichungen und Unterschiede erkläre. Letztlich stammten also diese Texte doch aus einer Hand, also von dem einen Offenbarungsträger. In dieser Richtung meint neuerdings Donner mit dem Verweis auf „the role *orality*" gegen „Wansbrough's theory of the late stabilization of the Qur'ān text" argumentieren zu können. „One of the pillars of his argument is the assertion that various passages of the Qur'ān that relate the same information in very similar, but not quite identical, words and phrases reflect a single text that has evolved over a significant period of time". Dagegen wendet Donner ein: „But, might such similar passages not just as cogently be viewed as transcripts of different *oral* recitations of the same story made in close succession, something like different recordings of a politician's stump speech delivered numerous times over a few days or weeks?"[422] Wegen der oben nachgewiesenen tatsächlichen, eben literarisch verschränkten Textverhältnisse und -entwicklungen der Iblis/Satan-Passagen liegt im speziellen Fall dieser Texte eine Argumentation mit „the role *orality*" völlig daneben.

Aber auch Wansbroughs These zur Erklärung der zahlreichen „variant traditions", eine Analyse („analysis of variant traditions") deute eher auf „the existence of indepen-

---

[421] Nagel erwähnt, dass mu'tazilitische Theologen (10. Jh.), um ein Argument gegen die islamische These von der unnachahmlichen, weil von Gott hergeleiteten Sprachkunst des Korans zu entkräften, das Vorkommen von Mehrfachversionen ein und derselben Geschichte und die entsprechenden Wiederholungen und Weitschweifigkeiten auf folgende Weise erklärten: Gott habe während des 23 Jahre langen Vorgangs der Herabsendung des Korans im Blick auf die wechselnden Situationen des Propheten, seine Kümmernisse, Beleidigungen, Nöte etc. Mohammed immer wieder Mut zugesprochen, indem er ihm die Geschichten der früheren Gesandten wiederholt vor Augen hielt, wobei sie natürlich jeweils mit zusätzlichen Informationen und weiteren Hinweisen den aktuellen Gegebenheiten angepasst wurden (vgl. Einschübe [1995], 110 f.).

[422] The Qur'ān in recent scholarship (2008), 34.

dent, possibly regional, traditions incorporated more or less intact into the canonical compilation, itself the product of expansion and strife within the Muslim community"[423], ist auf die Iblis/Satan-Texte nicht anwendbar. So stellt z. B. Sure 2,30–38 eben kein schlichtes Traditionsgut dar; diese Textfolge ist vielmehr gezielt im Blick auf bereits im koranischen Textgut vorgegebene verschriftete Iblis/Satan-Texte literarisch neu konzipiert worden.

Genauer zu sondieren ist, welche Rückschlüsse die bisher gewonnenen Erkenntnisse auf die letzten redaktionellen Be- und Überarbeitungen des koranischen Textguts ermöglichen bzw. wie diese Bearbeitungen in die Entstehungsprozesse des Korans einzuordnen sind[424]. Im Folgenden soll es zunächst um die Frage gehen, wie man sich das Vertrautsein der Autoren mit außerbiblischem Schrifttum jüdischer und christlicher Gruppierungen erklären soll.

4.3 Die Iblis/Satan-Texte und die Frage der Vermittlung von jüdischen oder christlichen Traditionsstoffen (Erzählgut u. Ä.) während der Abfassung des koranischen Textguts

4.3.1 Sichtweisen und Probleme der bisherigen Forschung

Die Iblis/Satan-Texte werfen wegen der darin nachweisbaren Kenntnisse frühjüdischer und christlicher Adam-Legenden wie z. B. „Vita Adae et Evae" und „Schatzhöhle" oder deren Vorstufen, aber auch anderer jüdischer und christlicher Texte nicht allein die Frage auf, auf welchem Wege solches außerbiblische „Buchwissen" vermittelt wurde. Es wäre auch zu sondieren, was überhaupt primär den Ausschlag für die Einarbeitung des Iblis/Satan-Stoffes gegeben haben kann. Haben die betreffenden Autoren bei wiederholter und intensiver Lektüre ihrer Koranversion selbst theologische „Lücken" und somit Ergänzungsbedarf wahrgenommen und sich daraufhin nach Informationen über Herkunft, Einstufung etc. der Satane bzw. Satans umgesehen, wobei sie wussten, wer danach zu befragen war bzw. sie zugänglich machen konnte? Oder haben sie im Blick auf ihre Kenntnisse oder ihre Kenntnisnahme von Adam-Legenden etc. ihren „Koran" neu gelesen und festgestellt, dass darin im Vergleich zu diesen Stoffen bestimmte Ausführungen (zu den Satanen etc.) theologisch lückenhaft und unsystematisiert, also ergänzungsbedürftig, waren?

Wie auch immer: Es muss im Umfeld dieser Autoren jüdisch wie auch christlich geprägte Milieus gegeben haben, in denen solche Texte bekannt und wichtig waren und Informationen darüber zu erhalten waren.

Dass jüdische und christliche Gruppierungen und Gemeinden zu Mohammeds

---

[423] Quranic Studies (1977), 21.
[424] Vgl. dazu unten nach Anm. 457.

Zeit längst auf der arabischen Halbinsel etabliert waren, ist unstrittig[425], so dass zahlreiche Kontaktmöglichkeiten gegeben waren. „Die arabische Halbinsel war keine *terra deserta et incognita*, denn sie lebte in Beziehung mit ihrer Umwelt, und ganz besonders mit der aramäischen, jüdischen und christlichen Umwelt (Syrien, Hira, Anbar u.s.w.)"[426]. Allerdings wird erst neuerdings wieder intensiver der Frage nachgegangen, wie man sich konkret die Vermittlungswege zwischen der frühen muslimischen Gemeinde zur Zeit der Korangenese und jüdischen und christlichen Milieus historisch zutreffend vorstellen müsste[427]. Zu diesem Problemkomplex sind im Rahmen dieser Untersuchung nur einige Hinweise und Erwägungen möglich.

Bei Nöldeke liest man lediglich, es sei auszuschließen, dass Mohammed selbst schriftliche Quellen zur Verfügung gehabt und benutzt habe (GdQ I, 17). „Vielmehr erhielt er ohne Zweifel die wesentlichsten Stücke seiner Lehre durch mündliche Nachrichten von Juden und Christen" (ebd.). Genaueres erfährt man bei Nöldeke nicht. Von möglichen Informanten Mohammeds erwähnt Nöldeke lediglich den syrischen Mönch Bahira: Selbst wenn in den Legenden, die Mohammed mit Bahira in Verbindung bringen, „auch ein wahrer Kern steckt", so könnte das „kaum eine ausschlaggebende Bedeutung für seine Prophetie gehabt haben" (GdQ I, 17f.). Nöldeke bleibt bei der sicher zutreffenden, aber vagen Feststellung: „So werden es zahlreiche und mannigfaltige Kanäle gewesen sein, durch welche Muhammed religiöse Kenntnisse zuflossen" (GdQ I, 18). Wo solcher „Zufluss" genau stattfand bzw. bei welchen Begebenheiten, wie lange und wie intensiv Mohammed sich informierte, sich informieren ließ, wie man sich genau Kontakte zu jüdischen und christlichen Personen vorstellen soll („Einzelunterricht", Zuhören in Synagogen o.Ä., gezielte Anfragen etc.?), wird von Nöldeke nicht weiter thematisiert.

Auch in Speyers Untersuchung über „Die biblischen Erzählungen im Qoran" (1931) stellen sich solche Fragen nicht. Speyer geht davon aus, dass Mohammed „auf eine mündliche, oft mißverstandene Belehrung angewiesen war", und verweist dann auf „Gewährsmänner des arabischen Propheten" (a.a.O., 463) und „Übermittler bibelgeschichtlicher Erzählungen und Sagen" (a.a.O., 464). Abschließend beschränkt er sich auf die lapidare Feststellung: „Die jüdischen und christlichen Elemente in den alttestamentlichen Erzählungen des Qorans ... zeigen, wie Mohammed im Laufe seiner Entwicklung mehr und mehr Stellung zu jüdischen und christlichen Lehren nahm, sie billigend oder ablehnend" (a.a.O., 492).

Beck verweist bei seinen Analysen der Iblis/Satan-Texte des Öfteren auf die darin von Mohammed berücksichtigten „Quellen" wie „Schatzhöhle", VitAd (Iblis, 211f.; 213) sowie auf „eine eigenwillige Behandlung seiner Quellen" (a.a.O., 244) und erkennt Beeinflussungen aus dem „christlichen syrischen Sprachraum" (a.a.O., 216f.). Auf die

---

[425] Vgl. dazu schon die Hinweise in GdQ I, 10f.
[426] Gilliot, Gewährsmänner (2005), 167.
[427] Vgl. z.B. Reynolds (Hg.), The Qurʾān in its Historical Context (2008); vgl. ferner jüngst Neuwirth, Der Koran als Text der Spätantike (2010).

Frage nach den Gewährsleuten von „Quellen" oder nach den konkreten Informationsmöglichkeiten Mohammeds geht er nicht ein.

Nagel hebt hervor, „daß grundlegende Begriffe gerade des kultisch-rituellen Bereichs Entlehnungen aus dem Syrischen sind ... Der Schluß liegt nahe, daß sie von einer Affinität der Verkündigungen Mohammeds mit der damaligen syrischen Literatur und den in ihr verbreiteten Ideen zeugen"[428]. „Um die Grundideen seiner Verkündigung zu festigen und seinen Anhängern immer wieder einzuschärfen, griff er das in syrischen Hymnen und arabischer Nachdichtung kursierende erbauliche Erzählgut auf, das ursprünglich dem Alten und dem Neuen Testament entstammte, aber entsprechend den Bedürfnissen der justinianischen Zeit überarbeitet worden war. Dabei setzt Mohammed voraus, daß der Stoff bekannt war; denn er erzählte ihn nicht der Reihe nach, sondern deutet den Handlungszusammenhang vielfach nur an und aktualisierte ihn, indem er ihn auf die eigene Person und die eigenen Erfahrungen bezog"[429]. Zur Frage, wie z.B. die Stoffe, die Mohammed „der christlichen Hymnenliteratur oder der hanifischen Dichtung entlehnte" (a.a.O., 160), vermittelt worden sein können, verweist Nagel auf Hinweise in muslimischen Traditionen. Darin sei von Mohammeds Kontakten z.B. zu Waraqa b. Naufal die Rede, einem Verwandten von Mohammeds erster Ehefrau Hadiga, der Christ geworden war. Ferner werde Mohammeds Bekanntschaft „mit zwei Sklaven christlicher oder jüdischer Herkunft" in Mekka erwähnt; „diese beiden, die einem Juden gehörten, waren sowohl in der Tora wie auch im Evangelium bewandert und verstanden wie Waraqa hebräisch, vielleicht sogar griechisch. Auf diese Bekanntschaft spielen die ... Verse von Sure 16 [103] an"[430]. Hier wird also die Frage nach den Informantenkreisen und konkreten Vermittlungswegen bzw. -situationen eher en passant angesprochen.

Die soeben beispielsweise genannten Forscher gehen durchweg davon aus, dass das gesamte jetzt in der Endfassung des Korans enthaltene Textgut durch Mohammed vermittelt wurde, wobei im Einzelnen offen bleibt, in welchem Maße und wie konkret sein dabei eingesetztes religiöses Wissen auf Kontakten zu jüdischen und christlichen Milieus basiert.

Neuwirth hat jüngst die „lineare[n] Vorstellung von einem Informationszuwachs der einen Figur des Propheten und einer stilistischen Entwicklung der Texte" problematisiert und dafür plädiert, „den Koran als einen Kommunikationsprozess zu beschreiben"[431]. Sie schlägt vor, „den Korantext in verschiedene, einander ablösende oder überlagernde – Übermittler und Hörer, d.h. Sprecher und Gemeinde verbindende – Diskurse zu ordnen" (a.a.O., 143). Sie meint, „im Groben bereits eine Sequenz von solchen Diskursen benennen" zu können, „die die Hörer und werdende Gemeinde

---

[428] Mohammed (2008), 917.
[429] Nagel, a.a.O., 851.
[430] A.a.O., 159f.; mit Verweis (Anm. 228) auf ausführliche Belege bei Gilliot, Gewährsmänner (2005), 150–156.
[431] Vgl. Neuwirth, Archäologie (2007), 145; zu Neuwirths Thesen vgl. bereits oben nach Anm. 101.134.

zentral beschäftigt haben" (ebd.): „Der Kampf um die Durchsetzung einer neuen gottmenschlichen Loyalität vor dem Horizont eschatologisch bestimmter Zeit charakterisiert ... den frühesten koranischen Diskurs" (ebd.); der „zweite Diskurs könnte ... als Aneignung der biblischen Heilsgeschichte als neuer kollektiver Erinnerung bezeichnet werden" (a.a.O., 144): „In der medinischen Zeit wird die Begegnung der nun bereits bestehenden Gemeinde mit den angestammten Erben der biblischen Tradition häufiger. Die neuen Gläubigen begegnen Juden und Christen jetzt als Disputanten, als konkurrierende Träger monotheistischen Wissens ... so dass in Medina zunächst – als dritter Diskurs – die Debatte mit den Trägern der biblischen Erinnerung im Zentrum steht" (ebd.).

Auf die Einzelheiten ihrer Skizze muss hier nicht eingegangen werden. Neuwirths Ansatz[432] kann man in wesentlichen Punkten zustimmen. Allerdings wäre genauer zu klären, von Kommunikationsvorgängen und Diskursen welcher Art überhaupt auszugehen ist[433]; denn kritisch anzumerken ist m.E., dass mit den veranschlagten Diskursen (bzw. einer derartigen „Diskurssequenz") zwar „der Verhandlung und der Produktion von Wissen, wie sie sich in der Sprecher-Gemeinde-Kommunikation des Koran reflektieren, Rechnung getragen werden"[434] kann, dass dann aber immer noch zu klären bleibt, wie und von wem die entsprechenden Korantexte literarisch konzipiert worden sind: Ist mit dieser neuen Koranforschung ein Mohammed als der zuständige „Autor" bzw. Übermittler für das gesamte koranische Textgut aufgegeben? Nach Neuwirth wäre er nicht „als alleiniger Träger ... monotheistischen Wissens vorzustellen, noch weniger als jemand, der sich dieses Wissen nach und nach aneignet; vielmehr findet ganz offenbar ein intensiver Austausch mit den Gemeindeangehörigen statt; die Fatiha beispielsweise trägt offen jüdisch-christliche Züge, sie dürfte von der Gemeinde selbst eingebracht worden sein" (a.a.O., 144). Aber wer ist jetzt der von Neuwirth als Teil der Kommunikationsprozesse veranschlagte „Sprecher"? Welche Textanteile des koranischen Textguts verdanken sich der „Gemeinde"? Inwiefern kollidiert Neuwirths Forschungsansatz mit Korantexten, die den „Sprecher" als Offenbarungsmittler qualifizieren? Auf diese und weitere damit verflochtene Problemstellungen sei hier nur hingewiesen und auch zugestanden: „Wir stehen also noch am Anfang einer neuen Koranforschung"[435].

In jedem Fall sind nach den oben vorgelegten Sondierungen und Beobachtungen zu den Iblis/Satan-Texten die Hinweise Neuwirths zu Kommunikationsprozessen und Dis-

---

[432] Vgl. dazu auch oben (bei Anm. 136) die Hinweise auf Neuwirths jüngst erschienenes *Opus* „Der Koran als Text der Spätantike" (2010).
[433] Implizit setzen natürlich auch Nöldeke, Speyer etc. Kommunikationsvorgänge voraus. Für Nagel ist der Koran „Ausdruck" von Mohammeds „Zwiesprache mit seinem Alter ego, und in dieser Zwiesprache spiegeln sich die von ihm aus seiner Umgebung aufgenommenen religiösen Einsichten wider, aber auch, und zwar besonders in Medina, seine politischen Ambitionen ..."; vgl. Mohammed (2008), 913.
[434] Archäologie (2007), 145.
[435] Neuwirth, a.a.O., 145.

kurssequenzen „als Quelle für unsere Kenntnis der Korangenese" (ebd.) in einem wichtigen Punkt zu ergänzen:

Der Sachverhalt wie im Fall der Iblis/Satan-Texte, dass jeweils vorgegebene Aussageeinheiten im Blick auf ihre erzählerische (textdramatische) wie theologische Stimmigkeit einer Relecture bzw. einer Revision unterzogen wurden und eine solche Revision zur literarischen Konzipierung einer gleichsam revidierten und erweiterten „Neuauflage" motivierte[436], signalisiert unzweifelhaft, dass für solche Textentwicklungen im Koran ein Diskursgeschehen anderer Art (eben nicht „Sprecher-Gemeinde-Kommunikation") ausschlaggebend war. Neben oder zusätzlich zu Kommunikationsprozessen bzw. Diskursen wie auch immer als „Übermittler-Hörer-Kommunikation", also zwischen Sprecher und Gemeindeangehörigen oder als „Debatte mit den Trägern der biblischen Erinnerung" (a.a.O., 144), waren für die Korangenese und zumal für die Konzipierung in Richtung Endfassung offensichtlich auch lediglich korantextbezogene, also nicht Sprecher-Hörer-orientierte, vielmehr koranexegetisch orientierte Diskurse von Bedeutung.

Im Rahmen des von Neuwirth für die Korangenese vertretenen Erklärungsmodells müsste zudem auch genauer sondiert werden, ob und inwiefern sukzessive Kommunikationsprozesse mit jüdischen und christlichen Personen oder Gruppierungen zu veranschlagen wären und welcher Art solche Kommunikationsprozesse waren, dass sie zu solchen wie an den Iblis/Satan-Texten beobachteten literarischen Bearbeitungsvorgängen führen konnten[437].

4.3.2 „Kontakte" zwischen Mohammed und jüdischen oder christlichen Kreisen – Zu Nachrichten und Hinweisen in islamischen Traditionen

Im Koran selbst werden verschiedentlich Stimmen kritisch zurückgewiesen, die den Vorwurf erhoben, Mohammeds Offenbarungstexte fußten auf Belehrungen seitens Dritter: „Wir wissen sehr wohl, daß sie sagen: ‚Es lehrt ihn ein Mensch'; die Sprache dessen, auf den sie verweisen, ist fremdartig; aber dies ist deutliche arabische Sprache [od.: erklärende ...]" (Sure 16,103; vgl. noch 25,4f.; 44,14; ferner 6,105). Andererseits: Dass es Kontakte zu Vertretern oder Abkömmlingen jüdischer und christlicher Grup-

---

[436] Dass der Koran „ein mündlich komponierter Text" sein soll, wie Neuwirth behauptet (vgl. Der Koran als Text der Spätantike [2010], 31), ist eine deutliche Fehleinschätzung; einzelne Suren mögen „mündlich komponiert" sein, aber nicht das gesamte koranische Textgut.
[437] Vgl. Neuwirths These (vgl. dazu schon oben nach Anm. 431), dass schließlich die „neuen Gläubigen ... Juden und Christen jetzt als Disputanten [begegnen], als konkurrierende Träger monotheistischen Wissens ... so dass in Medina zunächst – als dritter Diskurs – die Debatte mit den Trägern der biblischen Erinnerung im Zentrum steht" (Neuwirth, Archäologie [2007], 144). Völlig offen bleibt, wie man sich denn solche Debatten vorstellen soll: Wer war daran beteiligt, wer sorgte für die literarische Einarbeitung und Abstimmung von jüdischen und christlichen Wissensbeständen im vorgegebenen koranischen Textgut?

pierungen gegeben hat, wird auch in alten Traditionen zugestanden. Den darin enthaltenen Hinweisen ist in der Regel zu entnehmen, dass Mohammed diesem und jenem (häufig christlichen Sklaven, Juden) beim Lesen zugehört habe oder unterrichtet worden sei. Mehrfach werden zwei Sklaven (oder Diener) mit Namen genannt: „… der eine hieß Yasar, der andere Gabr, und sie polierten Säbel … Sie lasen ein Buch, das sie hatten in ihrer Sprache …, und der Gesandte Gottes ging bei ihnen vorbei und hörte, was sie lasen"[438]. Nach Gilliot ist allerdings „[V]ieles, was die islamische Tradition über die Gewährsmänner Mohammeds überliefert hat, … nicht unbedingt historisch" (a.a.O., 167). Hier seien auch „apologetische Züge" im Spiel, „und dies trifft ganz besonders auf das Thema der Gewährsmänner Mohammeds zu. Denn fast alle diese Leute werden Muslime und bestätigen vom islamischen Standpunkt her die Wahrheit der mohammedanischen Offenbarung. Die direkte Umgebung Mohammeds hat auch dazu beigetragen: Hadiga, Waraqa b. Nawfal, und dann der Jude Zayd b. Tabit"[439]. Gilliot meint immerhin nach Durchsicht weiterer einschlägiger Berichte, wir „hätten … gute Gründe für die Annahme, dass die ‚piste araméenne', die aramäische Spur, eine der möglichen, auch schriftlichen Spuren ist, die zu dem *einen* Lektionar (qeryān) führt, das vor *dem* arabisch-islamischen Lektionar (al-qur'ān) – oder besser – vor den verschiedenen Stufen dieses Lektionars existierte"[440].

Auch sonst wird in zahlreichen neueren Studien immer deutlicher wahrgenommen und herausgearbeitet, dass das aramäische bzw. syrische Christentum eine wichtige Rolle während der Korangenese gespielt haben muss[441]. Mit Griffith ist in diesem Zusammenhang darauf hinzuweisen, dass zumal auch arabisch sprechende Christen „with a Syriac-speaking Background" an der Übermittlung biblischer wie auch außerbiblischer Stoffe beteiligt gewesen sein dürften[442]. „It would seem that much Christian lore in Syriac lies behind the Qur'ān's evocation of the Christian scriptures, the beliefs and practices of the churches, and their homiletic traditions, as they must have circulated among many Arabic-speaking Christians in the Qur'ān's original audience in the time of Muhammad"[443].

---

[438] So nach Gilliot, Gewährsmänner (2005), 151; vgl. dort zu weiteren Einzelheiten.
[439] A.a.O., 167f.; vgl. auch schon Gilliot, Art. „Informants", Sp. 512–517.
[440] Gewährsmänner (2005), 168; vgl. aber auch die Einwände Böwerings (Recent research on the construction of the Qur'ān [2008], 83): „Essential sections of the Qur'ānic message were received from the oral lore of a variety of religious communities who were rooted in the widely dispersed and non-normative Jewish and Christian traditions. Not a single written source, whether scriptural or liturgical, however, has been identified that would satisfy the search for an underlying Ur-Qur'ān, whether postulated as Christian hymnal or a Syro-Aramaic lectionary, that served as a written source book for the Qur'ān".
[441] Trotz aller Kritik an Luxenbergs Thesen (Die syro-aramäische Lesart des Koran) wird zugestanden: „Luxenberg has the merit to have raised anew the old question of the Syriac stratum of Qur'ānic textual history that had – since Mingana – been marginalised" (so Neuwirth, Qur'ān and History [2003], 10); vgl. auch die Hinweise oben bei Anm. 98.
[442] Vgl. Griffith, Christian Lore and the Arabic Qur'ān (2008), 127.
[443] So Griffith zur Entstehung der Version der Geschichte von den Siebenschläfern in Sure al-Kahf

Dass natürlich auch mit deutlichen Einflüssen seitens jüdischer (oder auch judenchristlicher[444]) Kreise zu rechnen ist, hat neuerdings Donner wieder betont[445].

Ohne weitere Einzelheiten über die neuesten Forschungstrends und die entsprechenden Belege dazu vorzuführen, kann festgehalten werden: Es ist unstrittig, dass christliche/syrische Einflüsse ebenso wie Kontakte zu jüdischen Kreisen während der Entstehungsgeschichte des Korans eine wichtige Rolle gespielt haben und dass dementsprechend auch konkrete Personen oder Personenkreise als Gewährsleute und Informanten für die Vermittlung bestimmter im Koran verarbeiteter biblischer und außerbiblischer Stoffe gesorgt haben.

4.3.3 Die Iblis/Satan-Texte und die Verortung ihrer Abfassung/Autoren

Dass diese Iblis/Satan-Texte unter dem Einfluss jüdischer wie christlicher Adam-Legenden abgefasst worden sein müssen, dass dabei mehrfach eine jeweils ältere Version, weil sie als korrekturbedürftig wie auch theologisch verbesserungswürdig empfunden wurde, gleichsam „neu aufgelegt" wurde und zudem für die jüngste Fassung schließlich eine buchkonzeptionell durchdachte Position zu Beginn des gesamten koranischen Textguts (2,30–38) gewählt wurde, sprach insgesamt deutlich gegen die Annahme, dass diese Texte in ihrem Beziehungsgeflecht aus ein und derselben Hand stammen. Hier waren mehrere und unterschiedliche Autoren am Werk, und zwar Autoren, die vorgegebenes, vom Offenbarungsmittler hergeleitetes Textgut nicht lediglich betreuten, verwalteten, sortierten etc., sondern dieses Textgut nach Mohammeds Tod mit eigenen, neu konzipierten Nachträgen ergänzten[446].

Wer dennoch zur Erklärung der Genese des Korans am Modell des Alleinautors Mohammed festzuhalten sucht, also trotz der obigen Beobachtungen zu den Iblis/Satan-Texten auch diese Texte auf Mohammeds Hand zurückführen will[447], handelt sich

---

(18,9–26), a.a.O., 131. – Zur Frage von möglichen Einflüssen seitens des äthiopischen Christentums vgl. Kropp, Beyond single words (2008).

[444] Vgl. dazu z.B. die Hinweise de Blois', Elchasai (2004), 44 ff., s. bes. 47.

[445] The Qur'ān in recent scholarship (2008), 33

[446] Die literarische Konzipierung dieser Texte in der oben nachgewiesenen Art ist nicht mehr mit Neuwirths Hinweis (vgl. Archäologie [2007], 132) auf „die sich im Koran selbst reflektierende Entwicklung, wie sie sich im Wandel der Wahrnehmung von Juden und Christen oder auch des Selbstbildes des Propheten vollzieht", zu erklären; es sei denn, reflektierende Entwicklungen und „Wandel" wären auch noch für eine gewisse Zeitspanne nach dem Tode des Offenbarungsmittlers zu veranschlagen. Neuwirths Vorschlag, „den Korantext in verschiedene, einander ablösende oder überlagernde – Übermittler und Hörer, d.h. Sprecher und Gemeinde verbindende – Diskurse zu ordnen" (a.a.O., 143), ist auf die Iblis/Satan-Texte jedenfalls nicht anwendbar; die eigentlichen ausschlaggebenden Hintergründe für die Konzipierung dieser Texte sind anderer Art. Von einem „Informationsfluss … reziprok zwischen dem Übermittler und seinen Hörern" (ebd.) kann hier nicht die Rede sein.

[447] Dass ein und dieselbe Person für alle im Koran wahrzunehmenden Textentwicklungen verantwortlich zeichnet, sich also selbst auch auf der literarischen Ebene interpretiert, ergänzt, korrigiert

im Blick auf die dann anstehende und brisante Frage nach Mohammeds Informantenkreis und den entsprechend zu postulierenden Kontakten ein merkwürdig zwielichtig wirkendes Bild eines Offenbarungsmittlers ein. Das kann man sich im Blick auf z. B. Nöldekes aber auch Nagels Auffassungen verdeutlichen.

4.3.3.1 Zur Problematik der Herleitung von Mohammed

Nöldeke verweist auf Suren, die Mohammed „nachweisbar mit bewußter Überlegung und Benutzung fremder Erzählungen anfertigte" (GdQ I, 4). Zunächst kann man sich nach dem traditionellen Erklärungsmodell der Genese des koranischen Textguts noch sehr wohl vorstellen, wie es jeweils nach einem sog. Offenbarungsvorgang – d. h. nach Nöldeke, dass der Prophet „das von Fremden Empfangene in langer Einsamkeit mit sich herumtrug, es auf seine Denkweise wirken und nach dieser wieder sich umformen ließ, bis ihn endlich die entschiedene innere Stimme zwang, trotz Gefahr und Spott vor seine Landsleute zu treten ..." (GdQ I, 3) – zur Verschriftung des Offenbarungsinhalts und damit zur Sicherstellung der Authentizität kam. So könnte man für bestimmte Textfolgen ohne Bedenken veranschlagen, dass sie die Verkündigung Mohammeds im Wortlaut authentisch wiedergeben. Jedenfalls kürzere Texte aus einem Guss, einheitlich wirkend in Form und Inhalt könnten von Zuhörern gedächtnismäßig gesichert, aber auch von Zuhörern oder Mohammeds Schreibern oder von ihm selbst verschriftet worden sein. „Die Tradition sagt es ganz ausdrücklich und verzeichnet auch die Namen der Personen, denen der Prophet Offenbarungen in die Feder zu diktieren pflegte" (GdQ II, 2).

Auch die Entstehung bestimmter überschaubarer Texteinheiten, deren Berührungen mit jüdischem oder christlichem Erzählgut daraus resultieren könnten, dass man für Mohammed wie für seine Zeitgenossen ein gewisses Grund- bzw. Allgemeinwissen jüdischer und christlicher Erzähltraditionen voraussetzen darf[448], könnte man sich nach diesem Modell noch erklären. Selbst Textfolgen, Suren oder Surenabschnitte, in denen nachträglich Zusätze bzw. Einschübe, also literarische Eingriffe, unübersehbar sind, ließen sich noch direkt von Mohammed herleiten[449]. Unterstellt man, seine „innere Stimme" habe ihn im Rückblick auf einen früheren Offenbarungstext zu einer Ergänzung zum Zweck einer Klarstellung oder Korrektur (Abrogierung?) motiviert, könnte der neue Text nach dem Vortrag des Propheten von seinen Zuhörern entsprechend

---

etc., ist schon deswegen eine kaum überzeugende Annahme, weil diese eine Person permanent im Konflikt mit sich selbst bzw. den eigenen sukzessiven, literarisch fixierten „Offenbarungsergebnissen" bzw. Reflexionsergebnissen zu sehen wäre.

[448] Vgl. Sinai, Fortschreibung (2009), 85: „Vor allem frühe Korantexte, in denen noch keine ausgedehnten Erzählungen vorkommen, sind also wohl innerhalb eines – uns allenfalls rekonstruktiv zugänglichen – *außerkanonischen* Wissenshorizontes rezipiert worden".

[449] Vgl. GdQ II, 3: „Zuhilfenahme von Aufzeichnungen" könnte man in dem Fall annehmen, „wo Muhammed in Medina frühere Offenbarungen durch kleinere Hinzufügungen oder Einschaltungen erweitert (dazu Anm. 1: „Z. B. Sure 74,31–34; 80,17–33.48–60; 95,6; 78,37 ff. 19,35–41."), oder gar durch einen neuen Text von abweichendem Inhalte ersetzt oder aufgehoben hat" (Verweis auf Sure 2,106).

festgehalten worden sein, oder der Prophet könnte seinem Sekretär die Neuverschriftung aufgetragen haben.⁴⁵⁰

Nagel geht mit der islamischen Überlieferung davon aus, „daß Mohammed die Suren zwar als Einheiten betrachtete, sie aber in vielen Fällen einer Revision unterzog und Verse einfügte, die die betreffenden mekkanischen Partien den veränderten Bedürfnissen der medinensischen Zeit anpassen sollten"⁴⁵¹. Mohammed trieb also nach Nagel zu seinen Lebzeiten stets die „Arbeit an der Niederschrift der ‚Lesung' voran, behielt sich jedoch vor, immer wieder redigierend in die zu seinem ‚Buch' gewordenen Texte einzugreifen"⁴⁵²; er hätte die Niederschrift einer Sure nicht als „einen abgeschlossenen und daher unveränderlichen Text" betrachtet. „Gott pflegte ihr dann noch hinzuzufügen, was ihm beliebte, so drückte sich Ibn ad-Durais aus" (vgl. ebd.).

Man kann zunächst zugestehen, dass Nöldekes und Nagels Sichtweisen auf zahlreiche Textverhältnisse bzw. -entwicklungen im Koran anwendbar sind. Sobald jedoch die Entstehung von Textpassagen nicht anders zu erklären ist, als dass sie zum Zweck einer theologischen Klarstellung oder Korrektur des vorgegebenen koranischen Textguts literarisch konzipiert wurden und dafür wie im Fall der Iblis/Satan-Texte als Voraussetzung beachtliche Kenntnisse von Sondertraditionen aus nachbiblischen jüdischen oder christlichen Schriften und Traditionen ausschlaggebend waren und dieses Spezialwissen textprägend eingesetzt wurde, leuchtet die Herleitung solcher Textpassagen nach dem traditionellen Erklärungsmodell als Mohammeds authentisches Wort nicht mehr ein. Man müsste ja nicht nur davon ausgehen, dass der Prophet das inzwischen umfangreiche koranische Textgut gezielt im Blick auf mögliche theologische „Lücken" oder sonstige Unstimmigkeiten einer literarischen Revision unterzog, dass er vorgegebene Passagen als ergänzungsbedürftig wahrnahm und von ihm selbst redaktionell erstellte Nachträge (Einschübe) einarbeitete. Man müsste ihm ja weiterhin unterstellen, dass er schließlich auch diese Nachträge wiederum als ergänzungsbedürftig einstufte und entsprechend einen weiteren, verbesserten Nachtrag konzipierte⁴⁵³. Dazu käme ja auch noch, dass er dabei zugleich jeweils passenderweise Informationen über Inhalte und Themen gerade auch außerbiblischen jüdischen und christlichen Schriftguts (z.B. „Buch der Jubiläen"; „Vita Adae et Evae"; Midrasch Gen. Rab.; „Schatzhöhle") sukzessiv berücksichtigen und auswerten konnte, wobei er wusste, wer danach zu befragen war bzw. wer sie zugänglich machen konnte.

All das zusammengenommen würde dann aber die Schlussfolgerung unausweichlich machen: Im Grunde war der als Offenbarungsmittler auftretende Mohammed zugleich – oder am Ende sogar in erster Linie – der sich immer mehr mit biblischem und

---

⁴⁵⁰ So viel zugestanden darf natürlich nicht ausgeschlossen werden, dass außerdem im koranischen Textgut auch nicht autorisierte Zusätze bzw. Einschübe nach Mohammeds Tod eingearbeitet worden sein können. Somit wäre jeweils von Fall zu Fall zu prüfen, in welchem Stadium der Korangenese von welcher Hand Einschübe und Zusätze angebracht worden sind.
⁴⁵¹ Nagel, Mohammed (2008), 911.
⁴⁵² Verweis auf Sure 16,101; vgl. a.a.O., 143.
⁴⁵³ Vgl. oben die Ausführungen zumal zu Sure 2,30–38.

außerbiblischem Textgut vertraut machende Koranschriftgelehrte. Wie wäre das alles coram publico zu arrangieren und der Gemeinde gegenüber zu vertreten gewesen? Insgesamt implizierte dann das Erklärungsmodell, das für die Genese des gesamten koranischen Textguts die alleinige Autorschaft des Gesandten bzw. Propheten Mohammed voraussetzt, das Bild eines Offenbarungsmittlers, der fortgesetzt (und heimlich?) sich immer intensiver mit in jüdischen und christlichen Milieus kursierenden Erzählstoffen, Motiven etc. vertraut machte oder vertraut machen ließ, um dann jeweils bereits bekannte und festgeschriebene Korantexte zu überarbeiten und die jeweils neu konzipierte Version als weiteren Offenbarungstext auszugeben[454].

Meines Erachtens können daher die oben anhand der Analysen gewonnenen Erkenntnisse über konkrete Berücksichtigung der sog. Adam-Legenden und darauf abgestimmte redaktionelle Be- und Überarbeitungen koranischen Textguts sicherstellen, dass jedenfalls die Iblis/Satan-Texte aus dem traditionellen Erklärungsmodell der Herleitung des gesamten koranischen Textguts aus der Hand des Offenbarungsmittlers Mohammed[455] herausfallen[456].

4.3.3.2 Die Iblis/Satan-Texte als Belege schriftgelehrter redaktioneller Bearbeitung

Die obigen Sondierungen zu den Iblis/Satan-Texten hatten ergeben, dass die sukzessive literarische Bearbeitung des Iblis-Stoffes eher in der Endphase der Korangenese stattfand[457]. Dass die beteiligten Personen noch zu Lebzeiten Mohammeds und so gleichsam

---

[454] Weil z. B. Sprenger den Koran gänzlich als von Mohammeds Hand konzipiert einstufte, meinte er auf Grund seiner Beobachtungen am koranischen Textgut, Mohammed eben auch Betrug unterstellen zu müssen (vgl. Das Leben II [1869], 349): „... hier ist es meine Aufgabe, seine Schritte zum unverschämten Betrug zu verfolgen"; vgl. ferner a.a.O., 363; s.a. Das Leben III (1869), XXIII, Anm. 2.

[455] Vgl. dazu die Hinweise oben nach Anm. 58.

[456] Böwering meint, „more scholarly emphasis will have to be given to the first forty years of Muhammad's life, the time before ‚his call' (approximately 570–610 CE). There are important and still open questions about this period that have been neglected by the recent scholarship on the construction of the Qur'ān. For example, prior to his call, to what degree did Muhammad assimilate many of the religious ideas that became essential elements of his Qur'ānic message?" (vgl. Recent research on the construction of the Qur'ān [2008], 83). Zwar könnte man mit dem Verweis auf die lange Lebensspanne Mohammeds vor seinem Auftreten als Gesandter Gottes (allerdings ist die Ansetzung der Zeitspanne wegen der idealen Zeit von vierzig Jahren [vgl. Sure 46,15!] nicht unbedingt historisch zuverlässig; vgl. so schon GdQ I, 68) unterstellen, dass er reichlich Gelegenheit hatte, sich mit dem religiösen Gedankengut seiner Umwelt intensiv zu befassen und vertraut zu machen; aber wäre damit auch die „Ausbildung" zum schriftgelehrten Exegeten und Bearbeiter von religiösem Textgut verbunden gewesen?

[457] Neuwirth (Negotiating I u. II [2000]) und Sinai (Fortschreibung [2009]; vgl. jeweils z. St.) datieren die Konzipierung aller Iblis-Passagen außer 2,30–38 (medinisch) in Mohammeds mekkanische Wirkungsperiode; dabei orientieren sie sich offensichtlich an den Vorgaben der von Nöldeke erarbeiteten innerkoranischen Chronologie (und auch der islamischen Tradition), deren Stimmigkeit m. E. keineswegs gesichert ist (vgl. Sinai selbst, a. a. O., 71: Die „Nöldeke-Chronologie" sei „in der Tat kein gesichertes Forschungsergebnis, sondern eine Hypothese, die im Einzelnen jeweils kritisch zu überprüfen ist".) Zudem werden m. E. eindeutige, den Einschub- und

unter seinen Augen ihre schriftgelehrte, seine früheren Offenbarungstexte ergänzende, korrigierende und eben auch weiterreflektierende Arbeit ausübten, ist äußerst unwahrscheinlich, weil die Konzipierung ihrer Texte wie auch ihre Aufnahme als Korantext mit dem Offenbarungsanspruch Mohammeds kollidiert wären. Das schließt allerdings nicht aus, dass diese Personen doch schon zur Zeit Mohammeds in seinem Umfeld aufgetaucht waren und der Prophet möglicherweise von ihrem Wissen – auf welche Weise auch immer – profitierte. Einzelheiten dazu kennen wir nicht. Der historischen Phantasie waren und sind hier keine Grenzen gesetzt, sei es, dass man versucht, Mohammeds Position als Offenbarer hier weiter herauszustreichen[458], sei es, um den Propheten als Vermittler von Botschaften aus zweiter Hand zu disqualifizieren.

Die Iblis/Satan-Texte resultieren aus einem intertextuellen, literarisch geführten Diskurs, einem Diskurs zwischen literarisch fixiertem Traditum und denjenigen, die dieses Traditum vertreten, betreuen, kontrollieren, theologisch reflektieren und dabei so auf dem Wege kreativer Relecture Korrektur- und Ergänzungsbedarf wahrnehmen. Das ist koranexegetische Arbeit. Ein Zusammenhang mit liturgischen Anliegen oder Bedürfnissen oder auch Kommunikationsprozessen zwischen Gemeinde und Verkünder ist hier nicht erkennbar. Wenn man so will, könnte man hierfür im Blick auf die von Neuwirth skizzierte „Diskurssequenz"[459] eine letzte abschließende Diskursphase ansetzen, also jene zeitliche Phase, die nach Mohammeds Tod für die abschließende, kanonische Gestaltung des koranischen Textguts zu veranschlagen ist. Die daran Beteiligten waren *Literati*, schriftkundige und -gelehrte Bewahrer und Bearbeiter von koranischem Textgut, deren literarische Bemühungen um das jeweils vorgegebene koranische Textgut auf dem Wege ergänzender und erhellender Textarrangements sich über eine längere Zeitspanne hinzogen.

Zu den für die Konzipierung der Iblis/Satan-Texte (vgl. besonders Sure 20,116–123 und Sure 2,30–38) verantwortlichen Autoren war aus den obigen vergleichenden Textanalysen eindeutig zu erschließen, dass sie vorgegebenes verschriftetes koranisches Textgut zur Hand hatten, sich darin bestens auskannten, dass sie zugleich über beachtliches Spezialwissen über in jüdischen und christlichen Kreisen kursierende Schriften verfügten und dass sie „schriftgelehrte", literarische Techniken zur Konzipierung und Einpassung eigener neuer Texteinheiten beherrschten. Es ist keine Frage, dass Personen aus dem eigentlich engeren arabischen Milieu in Mekka und Medina zu dieser Qualität von

---

Nachtragscharakter von Iblis-Passagen signalisierende Indizien wenig überzeugend zurückgewiesen (vgl. Sinai, a. a. O., 60 ff. 86 ff.). Aber so muss man wohl verfahren, wenn man trotz der ja auch von Neuwirth und Sinai beobachteten „Fortschreibungen" im koranischen Textgut am „klassischen" Modell der Korangenese festhalten will.

[458] Vgl. z. B. die Berichte über einen Christen aus Ninive mit Namen 'Addas, der dem Propheten auf dessen Frage nach seiner Herkunft antwortet, er stamme aus Ninive; daraufhin erwidert Mohammed: „Von der Stadt des frommen Mannes Jonas des Sohnes Amittais (Yunus b. Matta) …" (zitiert nach Gilliot, Gewährsmänner [2005], 155; dort auch Angaben zur Tradentenkette); damit wird von frommer Seite signalisiert, dass Mohammed die entscheidenden Dinge bis in Einzelheiten längst wusste.

[459] Archäologie (2007), 145.

„Fortschreibung" am koranischen Textgut nicht befähigt waren. Selbst wenn davon auszugehen ist, dass man in Mekka und Medina schreiben und lesen konnte, so mögen zwar Personen verfügbar gewesen sein, die Mohammeds Rezitationen schriftlich festhalten, vielleicht auch Einschübe und Nachträge anbringen konnten; aber von daher gelangte man nicht auf den Weg zu einer gleichsam schriftgelehrten Relecture von koranischem Textgut, die deutlich auch auf Spezialkenntnissen von jüdischen und christlichen Schriften basierte. Die Anstöße dazu waren erst nach und nach von außen gekommen.

Hinsichtlich des in koranisches Textgut eingegangenen biblisch-kanonischen wie auch außerkanonischen Wissens stand man seit den Anfängen der islamischen Gemeinde ja schon immer vor der Frage, auf welchem Wege solches Wissen vermittelt worden sein kann. Man kann, ohne dass hier Hintergründe und Einzelheiten erörtert werden müssen, zunächst Folgendes veranschlagen: Dass zahlreiche Suren lediglich kurze Anspielungen oder Hinweise auf biblische Personen und Themen enthalten, spricht sicher dafür, dass bei den Hörern ein gewisses Grundwissen vorausgesetzt werden konnte[460], hier also auch Mohammed über ein bestimmtes Grundwissen verfügen und daraus schöpfen konnte. Man kann mit Neuwirth davon ausgehen: „Dem Koran zufolge haben wir für eine größere Zahl von Personen in Mekka mit einer bereits stark jüdisch/christlich geprägten religiösen Identität zu rechnen ... Diese ‚vorgebildeten' Hörer sind ... an der Gestaltung der Botschaft zumindest vorbereitend mitbeteiligt, wenn ihre Entwicklung zu einer Gemeinde auch erst durch das charismatische Auftreten des Verkünders und seine von ihm selbst verantworteten frühen Rezitationen in Gang gesetzt wird"[461].

Inwiefern der Prophet allerdings für bestimmte Themen und Motive, die nicht ohne weiteres für ihn selbst wie für seine Adressaten zum Allgemein- bzw. Grundwissen zählen konnten, auf „Gewährsmänner" bzw. „Informanten" und deren Spezialwissen angewiesen war und wie man sich die entsprechenden Kontakte zur Vermittlung neuer Informationen, die Beteiligung der „‚vorgebildeten' Hörer an der Gestaltung der Botschaft zumindest vorbereitend" konkret vorstellen soll, ist eine weiterhin wichtige, aber offene Problemstellung. Und was ist gemeint, wenn man für die Korangenese wie Neuwirth veranschlagt: „Sie stellt sich nun dar als allmählicher Übergang einer Gruppe von einer durch gemeinsame Riten und Rezitationen, d.h. durch rituelle Kohärenz zusammengehaltenen Hörergemeinschaft zu einer neuen, mit einer Schrift vertrauten und sich selbst zur Bewahrung des ihnen mitgeteilten Anteils aus dieser Schrift der Technik des Schreibens bedienenden Gemeinde, einer Gesellschaft mit textueller Kohärenz" (a.a.O., 344)? Ist damit bis zum Abschluss der Korangenese in Einklang zu bringen, „daß der Verkünder selbst es war, der den Texten ihre sprachliche Form und literarische Gestalt gab" (a.a.O., 44f.)?

Im Fall der Iblis/Satan-Texte ist der Sachverhalt m.E. klar; für sie zeichnet nicht mehr Mohammed verantwortlich. Hier stellt sich gar nicht die Frage nach Mohammeds

---

[460] Vgl. Nagel, Mohammed (2008), 851: Mohammed setzt „voraus, daß der Stoff bekannt war".
[461] Neuwirth, Der Koran als Text der Spätantike (2010), 337; vgl. auch den Hinweis, a.a.O., 341.

Informanten, die ihn für die Konzipierung dieser Texte mit Spezialwissen versorgt haben müssten. Hier waren eindeutig *Literati* am Werk, literarisch versierte, theologisch reflektierende, schriftgelehrte Kenner und Vermittler spezieller biblischer und außerbiblischer Stoffe und Themen. Ihnen war das koranische Textgut vertraut und in verschrifteten Versionen zugänglich, wie denn sonst hätten sie ihre literarischen Anliegen und Bemühungen umsetzen können?

Es waren die Gelehrten, die auf Grund ihrer literarischen Fähigkeiten und Kenntnisse nach dem Tode Mohammeds sich der Aufgabe stellten, das damals wie auch immer sortierte koranische Textgut zu ordnen, zu redigieren und zu ergänzen.

Meines Erachtens spricht alles dafür, dass diese Leute eben wegen ihres besonderen religiösen Wissens und ihrer theologischen Interessen[462] als „schriftgelehrte" (mit den eigenen Schriften und Traditionen vertraute) zur koranischen Gemeinde konvertierte Juden und/oder (Juden-)Christen zu identifizieren sind[463], die das vorgegebene koranische Schriftgut „theologisch" weiterschrieben[464].

Die naheliegende Frage, welche Textprodukte von jüdischen und welche von (juden)christlichen Konvertiten konzipiert sind, ist schwer zu beantworten. Im Fall von 2,30–38 sprechen allerdings die obigen Beobachtungen und Sondierungen eher für die gelehrte Arbeit jüdischer Konvertiten[465].

Es ist auch damit zu rechnen, dass sie ihre Arbeit nicht lediglich für den eigenen

---

[462] Erinnert sei hier nur noch einmal kurz an die Nähe der Iblis/Satan-Texte zu den sog. Adam-Legenden; ferner: die Abfassung von 2,30–33 z. B. berührt sich eng mit einer älteren jüdischen Version von der Namengebung durch Adam, wie sie in Gen. Rab. Kap. 17 überliefert ist (vgl. oben bei Anm. 417); die Namensform Iblis setzt offensichtlich Diabolos als christliche Bezeichnung des Teufels voraus (vgl. dazu oben Anm. 248); die Anspielungen auf eine besondere Kleidung Adams im Paradiesgarten in Sure 7,27 berühren sich mit der syrischen „Schatzhöhle" bzw. deren Vorstufen (vgl. oben bei Anm. 367); der Hinweis auf „Federn" bzw. „Gefieder" zum Verbergen der Blöße in 7,26 lässt erkennen, dass der zuständige Verfasser mit der Diskussion jüdischer und christlicher Exegeten über die Frage vertraut war, aus welchem Stoff denn die von Gott besorgte Bekleidung (Gen 3,21) beschaffen gewesen sein muss (vgl. oben nach Anm. 398); der „Dialog" zwischen Iblis und Gott in 38,79–85 erinnert besonders an eine Passage im „Buch der Jubiläen" (vgl. oben bei Anm. 375.); zu den genaueren einzelnen Indizien vgl. die Sondierungen oben.

[463] Zu muslimischen Quellen über entsprechende schon zur Zeit Mohammeds vollzogene Konversionen vgl. schon Sprenger, Das Leben II (1869), 388 f.; vgl. auch Goldzihers Hinweise auf die Rolle von Konvertiten (Richtungen der islamischen Koranauslegung [1920], 67 ff.); ferner Gilliot, Art. „Informants" (2002), 514.517; von Mohammeds „Sekretär" Zayd b. Thabit wird überliefert, er sei jüdischer Herkunft (vgl. Gilliot, Reconsidering the Authorship of the Qur'ān [2008], 93; s. a. ders., Gewährsmänner [2005], 158; ferner ders., Les traditions sur la composition [2005], 16 f.). – Zu Konversionen in der Frühzeit des Islams vgl. ferner Hoyland, Seeing Islam (2007), 33.336 f.341 f. sowie besonders 505 f.; s. a. Koder, Glaubensvermittlung (2010), 139.

[464] In Sure 35,28 begegnet die merkwürdige Aussage: „Gott fürchten von seinen Dienern eben nur die Gelehrten" *(al-'ulamā'u);* weiter in V. 29 heißt es: „Gewiß, diejenigen, die Gottes Buch verlesen …"! Wer redet hier von sich?

[465] Vgl. hier auch Speyers abschließenden Hinweis in seinen Ausführungen zu 2,30–33, „Redewendungen" zu beachten, „die teilweise auf jüdisch-liturgische Ausdrücke zurückgehen mögen" (vgl. Speyer, Die biblischen Erzählungen im Qoran [1931], 54).

Gebrauch leisteten, sondern damit einem wie auch immer empfundenen Defizitcharakter von Korantexten abzuhelfen suchten, den konvertierte oder konversionsbereite Normaljuden und -christen im Vergleich zu ihrem eigenen religiösen Wissen wahrnehmen konnten[466]. Somit wäre weiterhin zu erwägen, ob nicht ein Zeitrahmen in Frage kommt, in dem bereits Konversionen zum Islam häufiger stattfanden, also die Ausbreitung des muslimischen Hoheitsbereiches bis weit ins zumal christlich geprägte Arabertum weiter fortgeschritten war[467].

Dass die Konzipierung der Iblis/Satan-Texte eine Spätphase der Korangenese widerspiegelt, konnte bereits anhand der literarischen Bezugnahmen und „Korrekturen" (vgl. zumal Sure 2,30–38 gegenüber Sure 7,11–24 und 20,116–123) sichergestellt werden. In die gleiche Richtung deuten die das vorgegebene koranische Textgut inhaltlich und theologisch ergänzenden bzw. überholenden Aussagen dieser Texte. Dazu muss hier nur kurz an die Ergebnisse der oben vorgenommenen Sondierungen erinnert werden.

Schon für die Grundversion in Sure 38,71–85 gilt: Während sonst im Koran die einzelnen Nachrichten zu den Satanen „schwer systematisierbar" sind[468] und keineswegs klarstellen, woher die Satane kommen, welchem Bereich sie angehören, inwieweit sie Gott „gehorchen" oder auch nicht, soll die gegen Ende von Sure 38 sekundär eingearbeitete Iblis-Erzählung über Ursprung und Anfang aller die Menschheitsgeschichte begleitenden satanischen Aktionen informieren, also die bislang außer Acht gelassene

---

[466] Vgl. Griffith' Vermerk (Christian Lore and the Arabic Qur'ān [2008], 115): „… genuinely Christian, even biblical lore, no doubt re-told in Arabic from Syriac originals for the benefit of Arabic-speaking Christians, is sometimes deployed in the Qur'ān for the purpose of purchasing credibility for the Qur'ān's own teachings among the Arabic-speaking Christian members of its audience". – Neuwirth (Der Koran als Text der Spätantike [2010], 527) meint im Blick auf spätere Zusätze zur Mose-Geschichte in den Suren 2 und 7: „Ein Gespräch mit den [jüdischen] Erben des Bibeltextes wird begonnen, in dem ‚in deren eigener Sprache', d.h. mit Texten und exegetischen Kontexten ihrer Tradition, um ein Mehr an Integration geworben wird". Meines Erachtens dürfte um solche Gespräche (vgl. auch Neuwirths Hinweis auf Nachträge, „um die Erwartung jüdischer Hörer, die zentralen Ereignisse ihrer Heilsgeschichte referiert zu finden, zu erfüllen"; a.a.O., 521, Anm. 29) auch noch nach Mohammeds Tod geworben worden sein.

[467] Interessant sind in diesem Zusammenhang Hinweise in syrischen Quellen im Blick auf das Vordringen bzw. die Invasion der Araber (in syrischer Diktion: *Mhaggrayê*): „In a clearly ethnic approach to the *Mhaggrayê* as a group, the seventh century Nestorian John of Phenek (d. 690s) writes, ‚Among them (Arabs), there are many Christians, some of whom are from the heretics, others from us'." (so Abdul-Massih Saadi, Nascent Islam in the seventh century Syriac sources [2008], 218); ferner: „The earliest Syriac document, dated to 644, reports a religious colloquium between the Emir of the *Mhaggrayê* and the Syrian Patriarch, John of Sedreh. The document refers to *Mhaggrayê* as having accepted the Torah just as the Jews and Samaritans. Moreover, the document refers to some learned Jews who were with the Emir of *Mhaggrayê* and scrutinized the Christians' quotations of the Scriptures" (a.a.O., 220); zu Einzelheiten vgl. auch Hoyland, Seeing Islam (2007), 459ff.; zur „presence of Jews among the invading Arabs" vgl. a.a.O., 528.

[468] Vgl. oben Anm. 353.

Frage „unde malum" beantworten. An der hier vorgestellten Iblis-Figur, wie sie im Kontext des uranfänglichen Schöpfungswirkens Gottes verankert ist, sind Satans Herkunft, Stellung und Bestimmung abzulesen.

In Sure 2,30–38; Sure 7,11–24 und 20,116–123 zielen die Ausführungen über die Stammeltern im Paradies und die Folgen ihrer Verführung durch Satan ganz eindeutig darauf ab, allgemeingültige, die gesamte Menschheit von Anfang an betreffende Bestimmungen Gottes (Verlust des Paradieses bzw. der Nähe Gottes; Bleibe und Nutznießung auf der Erde; Feindschaft unter den Menschen zwischen Gläubigen und Ungläubigen; von Gott ausgehende Rechtleitung) vor Augen zu führen.

Derartige Aussagen mit unverkennbar universalisierenden Anliegen[469], zumal sie erst eindeutig in einer späten Phase der Korangenese wichtig wurden, widerspiegeln also möglicherweise die nach Mohammeds Tod schließlich forciert einsetzende Ausweitung des islamischen Machtbereichs und entsprechend den Anspruch der „Religion Gottes" auf alle Menschen[470].

4.4 Resümee

Trotz der bisherigen Erkenntnisse und Erwägungen kann zwar vorerst von einer genaueren zeitlichen und räumlichen Verortung der für die Iblis/Satan-Texte zuständigen Autoren keine Rede sein. Aber die bisherigen Untersuchungen haben eindeutig ergeben, dass diese Textprodukte selbst nicht mehr zu Lebzeiten Mohammeds konzipiert und in das bis dahin wie auch immer sortierte Korangut eingearbeitet worden sein können. Diese Texte sind eindeutige Belege dafür, dass und inwiefern nach Mohammeds Tod das von ihm hergeleitete koranische Textgut noch revidiert, d.h. auf Unstimmigkeiten und theologische Lücken durchgesehen und sukzessiv mittels Textergänzungen, eigens konzipierten Einschüben neu (und aktuell) akzentuiert worden ist.

Dieses Ergebnis passt in gewisser Hinsicht ja durchaus zu Auffassungen der islamischen Tradition: Nach Mohammeds Tod war der Koran noch nicht fertig. Man erinnere, dass das koranische Textgut noch nicht in der Form vorlag, wie es jetzt als kanonische Version überliefert ist, und dass die Endversion erst das Ergebnis eines sich über mehrere Dekaden hinziehenden Sammlungs- und Redaktionsprozesses darstellte. An den von der islamischen Überlieferung vermittelten Vorstellungen von der mehrphasigen Korangenese unter den Khalifen Abu Bakr, Umar und Uthman orientiert sich auch bislang mehrheitlich die sog. westliche Forschung. Allerdings wird bislang kaum Genaueres zu Fragen ausgeführt wie „Wie muss man sich diese Redaktionstätigkeit eigentlich konkret vorstellen? War das Endergebnis – die kanonische Version – lediglich

---

[469] Vgl. auch die Anrede „O Kinder Adams" (vgl. ferner oben bei Anm. 228); vgl. so auch Neuwirth im Blick auf Sure 2: „The account in Sura 2 is obviously intended as more universal …" (Negotiating Justice II [2000], 15).
[470] Vgl. zum Thema auch Goldziher, Muhammedanische Studien I (1889), 70 ff. (bes. 73 f.).

ein Sortiment von fertigen Suren und Textfolgen ohne redaktionell konzipierte Brückentexte, interpretierende Einschübe o. Ä.?" etc.[471]

Daher dürften die hier gewonnenen Ergebnisse nicht unwichtig sein bei einem Versuch, der Aufhellung der zur Endredaktion führenden Vorgänge näher zu kommen. Die Iblis/Satan-Texte, zumal in 2; 7; 20, sind nach den bisherigen Beobachtungen und Sondierungen als Texteinheiten einzustufen, die erst in einer sehr späten Phase der Korangenese, und zwar nicht mehr unter den Augen Mohammeds, konzipiert worden sind. Für diese Einschätzung spricht eindeutig, dass für die Konzipierung dieser Texte allein ausschlaggebend war, bereits verschriftet vorgegebenes koranisches Textgut wegen der darin erkannten Unstimmigkeiten und theologischen Lücken aufbessern zu wollen, wobei Spezialkenntnisse im Bereich jüdischer und christlicher Adam-Legenden angewendet werden konnten.

Im Blick auf die bisherigen Erkenntnisse, die anhand der Gegenüberstellungen der mehrfach konzipierten und aufeinander bezogenen Iblis/Satan-Versionen gewonnen werden konnten, stellt sich die Frage, ob nicht auch durch genauere Untersuchungen zur Entstehung von Mehrfachversionen wie z. B. der Mose-Erzählungen weitere Einsichten zur Redaktionsgeschichte des koranischen Textguts zu erlangen sind.

5 Beobachtungen zu koranischen Versionen der Mose-Erzählung – „Mose und die Kinder Israel nach der Errettung vor Pharao"

5.1 Vororientierung

Die Mose-Erzählungen im Koran lassen sich nach der jetzigen Reihenfolge der Suren wie folgt auflisten: 2,49–93; 7,103–161; 10,75–93; 20,9–99; 26,10–67; 28,3–46; 37,114–122; 40,23–53; 79,15–26.[472] In jüngerer Zeit hat sich besonders Neuwirth mit diesen Textfolgen befasst. Ihr Anliegen zielte darauf ab, diese Erzählungen „anhand ihrer intratextuellen Verweise als Stationen im kanonischen Prozeß" zu lokalisieren[473]. Sie

---

[471] Zu „Informationen" der islamischen Tradition vgl. Gilliot, Les traditions sur la composition (2005). – Interessant ist für unsere Fragestellung eine „Geschichte", die nach Nöldeke (vgl. GdQ I, 46 f.) „die meisten Kommentare zu Sur. 6,93 mitteilen: Als Muhammed einst dem 'Abd-allah b. Abi Sarh, den er öfter als Qoranschreiber benutzte, den Anfang von Sur. 23 diktierte, geriet dieser bei der Darstellung von Gottes Schöpfertätigkeit so in Entzücken, daß er ausrief: (der arabische Text bei Nöldeke, GdQ I, 47; hier übersetzt) ‚Voller Segen ist Gott, der beste Schöpfer'. Da erklärte ihm der Prophet, sein Ausruf stimme ganz mit den Worten des Qorans überein, die hierhin gehörten. Man sieht deutlich, daß 'Abd-allahs Worte Muhammed so passend schienen, daß er sie aus dem Stegreif an dieser Stelle (d. h. Sure 23,14Ende!) aufnahm". Verarbeitet diese „Geschichte" die Erinnerung daran, dass sehr wohl auch Textanteile im Koran enthalten sein können, die nicht aus Mohammeds Mund stammen?

[472] Mehr oder weniger ausführliche Verweise auf Mose bieten ferner 5,20–26; 11,96 f.110; 14,5–8; 44,17–31; 51,38–40; 53,36; 73,15 f.; 87,19.

[473] Vgl. Neuwirth, Erzählen als kanonischer Prozeß (2002), 327.

übernimmt dabei „Nöldekes relative Chronologie als heuristische Basis" (328), woraufhin sie 79,15–26 in die erste mekkanische Periode, 37,114–122; 20,10–99; 26,10–67 und 18,60–62 in die zweite mekkanische Periode, 40,21–55; 28,1–46; 10,75–93 in die spätmekkanische Periode datiert und entsprechend die Konzipierung dieser Texte jeweils mit einer bestimmten Gemeindekonstellation bzw. Situation des Propheten in Verbindung bringt[474]. Dass die z.T. stark divergierenden Erzählungsversionen unterschiedliche Entstehungsverhältnisse voraussetzen, dürfte unstrittig sein. Allerdings wird man kritisch fragen, ob Neuwirth mit ihrem Erklärungsmodell und den in dieser Reihenfolge vorgeschlagenen Verortungen der Mose-Texte immer richtig liegt; denn an Nöldekes Modell wird zu Recht moniert, dass seine Verortungen sich überwiegend an den Vorgaben der islamischen Tradition bzw. der *tafsīr*-Literatur orientieren[475]. Diese Bedenken gegenüber Neuwirths Methode gelten auch im Blick auf ihre Anschlussstudie „Meccan Texts – Medinan Additions?" (2004), in der sie sich mit „the Qurʾānic readings of the story of the Calf of Gold" (75) befasst (d.h. mit 20,83–98; 7,142–156; sowie 2,51–54; 2,92–93) und zu zeigen sucht, inwiefern sog. „Medinan additions to Meccan texts ... reflect the more sophisticated thinking of the listeners of Medina with its religiously more differentiated society" (76).

Dass die koranischen Mose-Erzählungen dazu dienen sollen, die Position des Verkünders vor seiner Gemeinde und seinen Gegnern zu beleuchten, dass sie als „Trostgeschichten" für Mohammed, als Legitimierungsnachweis seiner prophetischen Existenz etc. in das koranische Textgut aufgenommen sind, ist unübersehbar. „Mose ist ein typologischer Vorläufer des Verkünders"[476]. So ist z.B. die knappe Mose-Erzählung in 79,15–26 in ähnlicher Funktion wie die zahlreichen sog. „Straflegenden" konzipiert. Zugleich dient die deutliche Parallelisierung der Situation damals des Mose mit der Mohammeds dazu, Mohammeds Position aufzuwerten. Weitere Texte wie 20,10–99 stellen deutlich Mose als das Mohammeds Wirken legitimierende Vorbild heraus. Unter der Voraussetzung eines wie auch immer im Einzelnen anzusetzenden längeren Verkündigungswirkens Mohammeds könnte man daher davon ausgehen, dass zumal wegen sich wandelnder Umstände auch weiterhin Bemühungen um (Selbst-)Orientierung an der Mosegestalt nahelagen und entsprechend dann weitere Mose-Texte mit aktuellen Akzentsetzungen konzipiert wurden.

---

[474] Vgl. z.B. zu 26,10–67: „Das Prophetenamt, gespiegelt in der Mose-Erzählung aus Sure 26, ist schwieriger und belastender geworden ..." (a.a.O., 337).
[475] Vgl. die kritischen Ausführungen Reynolds' (Subtext [2010], 3–22) und dessen Hinweis auf Wansbroughs Kommentar zu Nöldeke: „‚His historical evaluation of traditional data did not bring him much beyond the position established and occupied by Suyuti 400 years earlier' ... QS,126" (a.a.O., 13, Anm. 43); Reynolds konstatiert: „The method of reading the Qurʾān through *tafsīr* has been taught by almost every western scholar, from Nöldeke to Neuwirth, and to doubt it might seem impudent" (a.a.O., 17); zur verbreiteten Abhängigkeit von der traditionellen *tafsīr*-Literatur und zu Nöldekes Sichtweisen vermerkt er: „To some extent this may be a case of academic inertia" (ebd.). Zu Nöldekes Modell s.a. schon oben bei Anm. 247.
[476] Neuwirth, Der Koran als Text der Spätantike (2010), 654.

Neuwirth zieht nach ihrer Durchsicht der Mose-Erzählungen folgendes Fazit: „Die Prophetie Muhammads konstruiert sich in der Begegnung mit der Figur des Mose, dessen Geschichte aber nicht einfach inhaltlich nachzuahmende Vorbilder, sondern vielmehr das Verständnismodell für eigene Erfahrungen liefert, die sich durch den Filter der Mose-Geschichte erst klar herausformen"[477].

Dass die wie auch immer in biblischen Texten oder auch mündlich verbreiteten Mose-Erzählungen von Mohammed während seiner Wirkungszeit sukzessiv berücksichtigt und dann auch in von ihm selbst neu konzipierter Fassung seiner Gemeinde übermittelt worden sind, und zwar mit dem Ziel, die eigene Position vor sich selbst und seiner Gemeinde mit Verweis auf Geschick und Bedeutung des Mose zu legitimieren und auszuzeichnen, wird man nicht grundsätzlich in Frage stellen können. Grundsätzlich in Frage zu stellen ist jedoch die Annahme, dass alle hier vor Augen stehenden koranischen Textpassagen im Zeitrahmen von 610 bis 632 n. Chr. und damit auf Gemeindesituationen in Mekka und dann Medina konzentriert konzipiert worden sein müssen. Denn sie basiert lediglich auf den Vorgaben der islamischen Tradition, auf einem Dogma, und ist keineswegs aus diesen Texten und ihren Eigenheiten selbst zu erschließen. Läßt man sich auf diese Vorgaben ein, kann man die Textpassagen wohl nur wie Neuwirth sortieren[478]. Nur, wodurch ist garantiert, dass Diskurse, Auseinandersetzungen innergemeindlich wie auch mit nachbarlichen konkurrierenden religiösen Milieus nicht auch noch nach 632 n. Chr. während der sich über Jahrzehnte noch hinziehenden Endphase der Korangenese stattfanden und literarisch berücksichtigt wurden? Welche Indizien sprechen dagegen, dass einige Versionen der Mose-Erzählungen ihren Ursprung erst späteren Bemühungen verdanken, nach dem Tod des Verkünders sein Wirken und Leben immer deutlicher „im Spiegel der Mose-Vita" „als eine göttlich gelenkte Heilsgeschichte"[479] herauszuarbeiten? Woraufhin ist auszuschließen, dass es nach dem Tode des Verkünders weitere exegetische Klärungsbemühungen und entsprechende Textergänzungen im Zusammenhang mit der zu veranschlagenden Endredaktion gegeben haben kann?

Umfassende Analysen und Sondierungen unter Einbeziehung sämtlicher Versionen der koranischen Mose-Erzählungen sind allerdings in dem hier vorgegebenen Rahmen nicht zu leisten. Daher konzentrieren sich die folgenden Untersuchungen auf einen abgrenzbaren Themenbereich der Mose-Erzählungen, nämlich auf die in unterschiedlichen Versionen konzipierten Ausführungen zu „Mose und die Kinder Israel nach der Errettung vor Pharao". Diese Versionen eignen sich zu textvergleichenden

---

[477] Neuwirth, Erzählen als kanonischer Prozeß (2002), 343.
[478] In der alttestamentlichen Propheten- bzw. Prophetenbuchforschung erwies es sich methodisch als ein Irrweg, sich von vornherein auf die traditionellen Vorgaben zum Wirken des Propheten sowie auf das entsprechende chronologische Raster festzulegen und darauf basierend Textuntersuchungen und -sortierungen auszurichten; vgl. dazu die Hinweise oben nach Anm. 115.
[479] Neuwirth formuliert: „Durch Moses Bild hindurch konnte Muhammad ... so im Spiegel der Mose-Vita sein eigenes Leben als eine göttlich gelenkte Heilsgeschichte erfahren" (a.a.O., 343).

Gegenüberstellungen, die möglicherweise Aufschluss über die Hintergründe ihrer Konzipierung liefern.

5.2 Textvergleiche und Analysen

Bei einer vergleichenden Durchsicht der Mose-Erzählungen fällt auch ohne Detailanalyse schnell auf, dass die Textpassagen 26,10–67; 28,3–42; 37,114–122; 40,23–53; 79,15–26 trotz beachtlicher Unterschiede zwischen den einzelnen Versionen übereinstimmend lediglich das Geschick des Mose sowie seine Rolle als Gesandter Gottes in der Konfrontation mit Pharao bis hin zu dessen Geschick im Meer vor Augen rücken. In den Textfolgen 2,49–93; 7,103–166; 10,75–93; 20,9–98 dagegen wird zusätzlich zu den Ausführungen zu Mose das Tun und Ergehen der „Kinder Israel" nach ihrer Errettung vor dem Pharao thematisiert.

5.2.1 Zu den Textfolgen 10,75–93; 20,9–98; 7,103–166; 2,49–93

10,75–93
In 10,90 wird auf Pharaos Verfolgung der Israeliten verwiesen und wie er sich selbst dann noch kurz vor dem Ertrinken durch seine Hinwendung zum Gott der Israeliten zu retten versucht (V. 90–92). V. 93 betont abschließend, wie Gott den Israeliten eine rechtmäßige Wohnstatt und gute Versorgung gewährt; über das, was nach Erhalt des Wissens (?) unter ihnen zur Uneinigkeit geführt habe, werde er, so Gott an Mohammed gewendet, am Tage der Auferstehung entscheiden.

20,9–98
Nach dem Hinweis auf den Untergang Pharaos (20,78 f.) richtet sich Gott in 20,80 ff. in direkter Anrede an die Israeliten („O Kinder Israel") und erinnert an die Errettung und schließlich die Versorgung mit „Manna und Wachteln" (V. 80), um anschließend vor Auflehnung und darauf folgendem Zorn (V. 81) zu warnen. In 20,83 ist dann wieder Mose direkt angesprochen; Gott informiert ihn, dass die Israeliten von einem gewissen Samiri in die Irre geführt wurden und es so zur Verehrung des Götzen-Kalbs gekommen war (V. 85–88); nach Moses Verhör seines Bruders Aaron und des Samiri endet die Geschichte mit der Beseitigung des Götzenbildes, der Bestrafung des Samiri und Moses Klarstellung: „Euer Gott ist allein Gott ..." (V. 98).

7,103–166
Nachdem in V. 136 Gott von seiner Vergeltung an Pharaos Leuten und ihrem Untergang im Meer berichtet hat, erwähnt er anschließend, dass er den Israeliten das von ihm gesegnete Land zu Erbe gab. Die Verse 138–141 verweisen zurück auf Begebenheiten, die sich vor der Vergabe des „gesegneten Landes" abgespielt haben. Die Textfolge 142–

156 setzt die Geschichte der Israeliten unter der Führung des Mose nach der Errettung am Meer fort: Mose verbringt bei Gott vierzig Tage und erhält die Tafeln (V. 145); das Volk Moses stellt sich aus Schmuck ein Kalb her und frevelt (V. 148). Die weitere Versfolge bis V. 156 thematisiert den Zorn des Mose wie Gottes und die Reue der Betroffenen. Während sich die Aussagen in 7,157–159 auf die Zeit Mohammeds beziehen, erzählt Gott in V. 160 wieder von Ereignissen nach der Rettung Israels am Meer, nämlich von der Aufteilung in zwölf Stämme und wie Gott auf Moses Bitte das Volk mit Wasser versorgt und dann Manna und Wachteln herabsendet, dass sie aber frevelten. In den folgenden Versen ist von weiterem diversem frevelhaftem Verhalten die Rede und Gottes Reaktionen (vgl. 7,166)[480].

2,49–93

V. 49 f. erinnert die zuvor direkt angesprochenen „Kinder Israel" (vgl. V. 47 f.) an die Errettung vor Pharaos Leuten, die einst ihre Söhne töteten, sowie an die Errettung am Meer. V. 51–54 beziehen sich auf die Verehrung des Götzenkalbes während der 40-tägigen Abwesenheit des Mose (vgl. 2,92 f.); in V. 57 erinnert Gott an die Herabsendung von Manna und Wachteln, dass sie aber frevelten (vgl. 7,160; 20,80); V. 60 erzählt, wie Gott auf Moses Bitte das Volk mit Wasser versorgt; anschließend (V. 61) habe das Volk über die immer gleiche Speise geklagt und nach Grünzeug als Abwechslung verlangt, woraufhin ihnen Gott Elend auferlegte und ihnen zürnte; „dies, weil sie Gottes Zeichen leugneten und die Propheten grundlos töteten; dies weil sie widerspenstig waren und Übertretungen begingen". Es folgen Hinweise auf die Sabbatübertretung (V. 65) sowie zum Opfer der gelben Kuh (V. 67–71). In den folgenden Versen werden teils die Muslime, teils die Juden (als „Kinder Israel") angesprochen. 2,92 spielt ein weiteres Mal auf die Geschichte mit dem Götzenkalb an, um dann anschließend mit 2,93 noch einmal die in 2,63 angedeutete Szene vor Augen zu rücken, da Gott von den Israeliten am Berg den Bund entgegennahm; zusätzlich zu 2,63 vermerkt 2,93, dass sie sagten: „Wir hören, und wir widersetzen uns".

Für diese hier recht gerafft skizzierten Textfolgen ist also charakteristisch, dass darin im Anschluss an die Passagen über die Konfrontation Moses mit Pharao gezielt Geschick und Verhalten der durch den Untergang Pharaos geretteten Kinder Israel thematisiert werden. Meines Erachtens ist daraus zu schließen, dass diese vier Textfolgen mit ihren zusätzlichen Akzentuierungen Ergebnisse von Reflexionsprozessen und Bearbeitungsvorgängen sind, denen ein Problemhorizont zu Grunde liegt, der bei der Konzipierung der Erzählungen lediglich über Moses Geschick sowie seine Rolle als Gesandter Gottes in der Konfrontation mit Pharao (vgl. 26,10–67; 28,3–46; 37,114–122; 40,23–53; 79,15–26) noch keine wesentliche Rolle gespielt hat.

---

[480] Ob die anschließenden Verse 7,167–171 als ursprüngliche Weiterführung oder als Nachträge einzustufen sind, kann hier offen bleiben.

Diese vier Erzählversionen berühren sich zum Teil, weichen aber auch mitunter deutlich voneinander ab. Eindeutig wahrzunehmen ist[481], dass jeweils unterschiedliche Wertungen der Einstellungen und Verhaltensweisen der „Kinder Israel" die Textfolgen prägen. Während in 10,93 im Anschluss an die Hinweise auf Pharaos Geschick Gottes Fürsorge für die „Kinder Israel" vermerkt wird und lediglich dann die schließlich unter ihnen entstandene Uneinigkeit erwähnt wird, aber keine Ablehnung oder Abqualifizierung ausgesprochen ist, und auch in 20,80 ff. noch explizite Vorwürfe seitens Gottes fehlen, ist in 7,160.166 und zumal in 2,57.61.92 f. eine steigende polemische, israelkritische Tendenz erkennbar, nämlich das Verhalten der Israeliten verstärkt als frevelhaft und Gott gegenüber widerspenstig hervorzuheben.

Im Folgenden soll zunächst gezeigt werden, dass die Textfolge 2,47–71(92 f.) die jüngste Version darstellt und dass sie ohne Zweifel in Kenntnis von 7,138–171 und als „Korrektur" dazu literarisch konzipiert und gezielt hinter 2,30–38 (Adam-Iblis/Satan-Version) arrangiert worden ist.

5.2.2   2,47ff. und 7,138ff.

Dass beide Textfolgen (2,47 ff. u. 7,138 ff.) in einem gegenseitigen Abhängigkeitsverhältnis stehen, ist schon an deutlichen wörtlichen Übereinstimmungen ablesbar:

2,49: „Und als wir euch vor den Leuten Fir'auns erretteten, die euch eine böse Qual auferlegten, indem sie eure Söhne **abschlachteten und nur eure Frauen leben ließen. Darin war für euch eine gewaltige Prüfung von eurem Herrn**"[482].

7,141: „Und als wir euch vor den Leuten Fir'auns erretteten, die euch eine böse Qual auferlegten, indem sie eure Söhne **ermordeten und nur eure Frauen leben ließen. Darin war für euch eine gewaltige Prüfung von eurem Herrn**"[483].

* * *

2,51: „Und als **wir uns verabredeten mit Mose auf vierzig Nächte,** da nahmt ihr euch das Kalb, und ihr wart frevlerisch, als er fern war."

7,142: „Und **wir verabredeten uns mit Mose auf** dreißig Nächte und ergänzten sie mit zehn, so vervollständigte sich der Termin seines Herrn **auf vierzig Nächte**. Und Mose sprach zu seinem Bruder Aaron …"

* * *

2,57: „**Und wir ließen die Wolken** euch **überschatten und sandten das Manna und die Wachteln auf** euch **herab: ,Eßt von den guten Dingen, mit denen wir euch versorgt haben'. Und sie fügten nicht uns Unrecht zu, sondern sich selbst**".

---

[481] Zur wünschenswerten umfassenden und detailgenauen Klärung der jeweiligen Abhängigkeitsverhältnisse wären Spezialstudien erforderlich.
[482] Vgl. fast wortgleich in 14,6 als Bericht in der Mose-Rede!
[483] Zu 7,141 ist allerdings zu beachten, dass diese Aussage wegen der darin enthaltenen Rückblende und der Ausrichtung an eine Ihr-Gruppierung im jetzigen Kontext einschubverdächtig ist.

7,160b: „**Und wir ließen die Wolken** sie **überschatten und sandten das Manna und die Wachteln auf** sie **herab: ‚Eßt von den guten Dingen, mit denen wir euch versorgt haben'. Und sie fügten nicht uns Unrecht zu, sondern sich selbst**".

In der Textfolge 2,47 ff. wird also zunächst mit 2,57 auf die Speisung mit Manna und Wachteln verwiesen, wogegen in 7,160 erst nach dem Hinweis auf die Gewährung der zwölf Wasserquellen von Manna und Wachteln[484] die Rede ist; über die zwölf Quellen berichtet erst 2,60.

2,58 f.: „Und als wir sagten: Tretet ein in **diese Stadt und dann eßt, wo immer ihr wollt**, reichlich von dem **in ihr. Und tretet, euch niederwerfend, durch das Tor ein und sagt ‚Vergebung', so vergeben wir euch eure Verfehlungen. Und wir werden den Gutes Tuenden noch mehr erweisen**". 2,59: „**Doch da tauschten diejenigen, die frevelten, ein Wort gegen ein anderes aus, das ihnen nicht gesagt worden war. Und da sandten wir auf** diejenigen, die frevelten, **eine unheilvolle Strafe vom Himmel hinab dafür, daß sie** sich versündigt hatten".

7,161 f.: „**Und als zu ihnen gesagt wurde: Bewohnt diese Stadt und eßt von ihr, wo immer ihr wollt, und sagt ‚Vergebung!', und tretet, euch niederwerfend, durch das Tor ein, so vergeben wir euch eure Verfehlungen. Und wir werden den Gutes Tuenden noch mehr erweisen**". 7,162: „**Doch da tauschten diejenigen von ihnen, die frevelten, ein Wort gegen ein anderes aus, das ihnen nicht gesagt worden war. Und da sandten wir auf** sie **eine unheilvolle Strafe vom Himmel hinab dafür, daß sie** gefrevelt hatten".

* * *

2,60: „Und als Mose für sein Volk um Wasser bat, da sagten wir:
‚Schlag mit deinem Stock auf den Felsen!' Da entsprangen ihm **zwölf Quellen. Nun wußte jedermann, wo sein Platz zum Trinken war.**
‚Eßt und trinkt von Gottes Versorgung und richtet auf der Erde nicht unheilstiftend Verderben an'".

7,160a: „Und wir gaben Mose ein, als sein Volk ihn um Wasser bat:
‚Schlag mit deinem Stock auf den Felsen!' Da brachen aus ihm **zwölf Quellen hervor. Nun wußte jedermann, wo sein Platz zum Trinken war.** Und wir ließen die Wolken …'".

* * *

2,63: „Und als wir den Bund von euch entgegennahmen und den Berg über euch emporhoben[485]:
‚Haltet fest an dem, was wir euch gegeben haben, und gedenkt dessen, was es enthält, auf daß ihr gottesfürchtig werden möget!'[486]. 2,64: Dann kehrtet ihr euch nach alledem ab …"

---

[484] In 20,80 ist allein von Manna und Wachteln die Rede; anstelle der Warnung vor Auflehnung direkt im Anschluss daran (20,81) konstatieren 7,160b und 2,57 den Vollzug von Unrecht/Frevel.
[485] Vgl. ähnlich 4,154.
[486] Zu den Berührungen mit 2,93 vgl. unten vor Anm. 504.

2,93: „Und als wir den Bund mit euch entgegennahmen und den Berg über euch anhoben:
‚Haltet fest an dem, was wir euch gegeben haben und hört!' Sie sprachen: ‚Wir hören, und wir widersetzen uns'. Und es wurde ihnen eingeflößt in ihre Herzen das Kalb durch ihren Unglauben. Sprich: ‚Schlimm ist, was euch euer Glaube befiehlt, wenn ihr denn gläubig seid'".

7,171: „Und als wir den Berg über sie erhoben, als wäre er ein Schattendach, und sie glaubten, er würde auf sie fallen:
‚Haltet fest an dem, was wir euch gegeben haben, und gedenkt dessen, was es enthält, auf daß ihr gottesfürchtig werden möget!'".

* * *

2,65: „Und ihr habt doch diejenigen von euch gekannt, die den Sabbat übertraten. Da **sagten wir zu ihnen: ‚Werdet verstoßene Affen'"**.

7,166: „Und als sie dann das mißachteten[487], **sagten wir zu ihnen: ‚Werdet verstoßene Affen'"**[488].

Die im Folgenden aufgelisteten Beobachtungen zum Verhältnis beider Textfolgen belegen, dass der Verfasser von 2,47ff.[489] die Version in 7,138ff. vor Augen hatte und diese in seinem Sinne modifiziert bzw. ergänzt und korrigiert[490].

a) 2,57 setzt ganz auf der Linie von 2,47ff. (und 2,40ff.: „O Kinder Israel") Gottes Bericht in 7,160b in die direkte Anrede (2. Pers. Plur.) um und bezieht so die zeitgenössischen Juden in die erhobenen Vorwürfe mit ein. Das trifft auch zu für 2,51 (vgl. 7,148) und für 2,63f. (vgl. 7,171) und ähnlich für 2,65 (vgl. 7,166). Der Verfasser von 2,47ff. hat also jüdische Zeitgenossen direkt als Adressaten vor Augen.

b) In 7,138 ist vom Durchmarsch der Kinder Israel durch das Meer die Rede, in 7,141 wird nachgetragen, dass Pharaos Leute die Söhne der Israeliten ermordeten; dagegen bietet 2,49.50 die stimmigere Reihenfolge.

c) Die „vierzig Nächte" Verweildauer des Mose (vgl. Ex 34,28) sind im Koran nur hier in 2,51 und 7,142 erwähnt.

d) Die Hinweise auf Moses Stock und das Quellwunder sowie die Sendung von Manna und Wachteln in dieser engen Abfolge in 7,160ab sind jetzt in umgekehrter Reihenfolge in 2,57 (= 7,160b) und 2,60 (= 7,160a) vermerkt, also wohl Ex 16,4ff. und 17,5ff. entsprechend umsortiert worden[491].

---

[487] Vgl. zuvor 7,163 das Thema „Übertretung des Sabbats".
[488] Die Formulierung „Werdet verstoßene Affen" ist nur in 2,65 und hier belegt.
[489] Zur Frage der Einheitlichkeit vgl. die Ausführungen unten bei Anm. 529.
[490] Das erklärt auch, warum die Geschichte vom Götzenkalb in 2,47ff. nicht ausführlicher berichtet wird, sondern lediglich kurze Anspielungen darauf in 2,51.54.92f. vorliegen; auch Neuwirth hält die Textfolge in 2,47ff. für jünger als die in Sure 7, begründet das aber mit der Einstufung der Suren 7 und 20 als mekkanisch und der Sure 2 als medinisch; vgl. Neuwirth, Meccan Texts (2004), 88; vgl. dazu kritisch oben bei Anm. 475.
[491] Vgl. auch Num 11,4ff. und 20,8ff.; vgl. ferner Neh 9,15.20; Ps 105,40f.; lediglich in Ps 78,15–29 wird zuerst auf das Wasser und dann auf die Versorgung mit Manna und Vögeln verwiesen.

e) 2,58f. entspricht weitgehend wörtlich 7,161f. Die wenigen Unterschiede signalisieren aber, dass 2,58f. die jüngere Version ist, die kleinere Unstimmigkeiten in 7,161f. korrigiert. So wird die Aufforderung zunächst zur Bitte um Vergebung und dann zur Verbeugung in 7,161 in 2,58 in die „richtige" Reihenfolge gebracht. 2,59 stellt gegenüber 7,162 sicher, dass die „unheilvolle Strafe" natürlich nicht „auf sie" allgemein (so möglicherweise missverständlich 7,62), sondern nur auf die, „die frevelten", herabgesandt wurde.

f) 2,60 modifiziert 7,160 und stellt klar, dass Gott erst auf Moses Fürbitte für sein Volk reagierte.

g) 2,65 „Und ihr habt doch diejenigen von euch gekannt, die den Sabbat übertraten. Da sagten wir zu ihnen: ‚Werdet verstoßene Affen'". Hier ist deutlich 7,166 mit den in 7,163 vorausgeschickten Informationen über die Art der Sabbatübertretung als bekannt vorausgesetzt[492]; im Kontext und in der Abfolge der hier 2,49 ff. aufgelisteten diversen frevlerischen Verhaltensweisen der Israeliten nach ihrer Errettung aus der Hand des Pharao reicht eine Anspielung.

h) In 7,143 wird davon berichtet, wie Gott auf die an ihn gerichtete Bitte des Mose reagiert, dass er sich ihm zeigen möge. In 2,55f. erinnert dagegen Gott (Wir-Rede) die jüdischen Zeitgenossen des Propheten an den damaligen Wunsch des Volkes, Gott unverhüllt zu schauen, und weist darauf hin, dass das ihren Tod zur Folge hatte und dass er sie dann wieder zum Leben erweckte (2,56). Der Verfasser von 2,55f. hat hier eindeutig 4,153 berücksichtigt; hier wird erzählt, das Volk habe von Mose verlangt: „Zeige uns Gott unverhüllt!"; dann habe sie der „Donnerschlag" hinweggenommen „wegen ihres Frevels"[493]. War die in 7,143 f. geschilderte Gottesbegegnung des Mose nicht verwendbar, die Liste der Indizien für Israels Unglauben schon in seiner Frühzeit weiter zu füllen, so gab sie aber den Anstoß zur Berücksichtigung von 4,153[494].

i) Der Hinweis in 2,61 auf die Klage des Volkes über die immer gleiche Speise und die Bitte um „Grünzeug, Gurken, Knoblauch …" hat in 7,138ff. keine Entsprechung, fehlt auch in 20,80–98. Die hier somit wohl als Reminiszenz an Num 11,5ff.[495] eingebrachte Ergänzung ist offensichtlich als ein weiterer Beleg für die Undankbarkeit und Widerspenstigkeit der Israeliten gedacht.

j) 2,93 berührt sich zum einen mit 7,171, entspricht zum anderen auch zu großen Teilen 2,63[496]. Seine Aussage liegt nicht nur auf der Linie der in 2,47 ff. beigebrachten Belege für frevelhaftes Verhalten (vgl. die expliziten Vermerke in 2,57.59.61), sondern bietet geradezu den Kulminationspunkt der in 2,47 einsetzenden israelkritischen Textfolge.

---

[492] Zu den Hintergründen der Aussagen in 7,163 vgl. Reynolds, Subtext (2010), 106–117.
[493] Von einer weiteren Reaktion Gottes verlautet hier nichts. Dagegen wird 2,56 konkret.
[494] Zu möglichen jüdischen Parallelberichten zu 2,55f. vgl. Speyer, Die biblischen Erzählungen im Qoran (1931), 298f.; in 25,21 wird der Wunsch „O könnten wir doch unseren Herrn sehen!" anschließend als Resultat von Hochmut und Widerspenstigkeit gekennzeichnet.
[495] Vgl. dazu Speyer, a.a.O., 292 f.
[496] Vgl. oben bei Anm. 486.

Nach allem ist also klar, dass bei Abfassung von 2,47 ff. die Ausführungen in 7,138–171 vor Augen standen und ausgewertet wurden. Unübersehbar ist auch die im Vergleich zur Vorlage eindeutig gesteigerte Kritik an den „Kindern Israel" in 2,47 ff. Dazu passt, wie vermerkt, dass die Aussage in 2,93 gleichsam als Kulminationspunkt wirkt.

5.2.3 Zur Frage der Genese von 2,40–93

Im Blick gerade auf 2,93 stellt sich wegen der engen Berührungen dieses Verses mit 2,63 und dessen somit im weiten Abstand erfolgten Wiederaufnahme die Frage, ob diese israelkritischen Ausführungen zu „Israels Tun und Ergehen während seiner Ursprungsgeschichte" von einer Hand konzipiert sind.

In diese Fragestellung einzubeziehen ist hier auch 2,40 ff.; denn 2,40 bietet mit der Ich-Rede Gottes „O Kinder Israel, gedenkt meiner Gnade, die ich euch erwiesen habe!" eine Form der Einleitung zu der sich bis 2,46 erstreckenden Textpassage, wie sie auch in 2,47 als Einleitung zu den daran anschließenden Ausführungen fungiert. In der jeweiligen Fortsetzung äußert sich Gott allerdings auf unterschiedliche Weise über sein Verhältnis zu den „Kindern Israel". 2,47 ist hier somit entweder als eine Wiederaufnahme von 2,40 konzipiert, oder 2,40 ist als Vorwegnahme von 2,47 einzustufen. Damit ist die Frage aufgeworfen, wie die Textfolgen 2,40–46 und 2,47 ff. aufeinander abgestimmt sind.

Die im Bereich der Textfolge 2,40 bis 2,93 auffälligen literarischen Verflechtungen, Doppelungen und Wiederanknüpfungen[497] zwingen in jedem Fall zu der Annahme, dass die Konzipierung der Textfolge 2,40 bis 2,93 mit dem Thema „Israels Tun und Ergehen während seiner Ursprungsgeschichte" nicht in einem Guss, sondern mehrstufig erfolgt ist[498].

Nun könnte man mit Neuwirth für die „sogenannten Langsuren", also auch für Sure 2, veranschlagen, dass sie „keine durchsichtigen Kompositionsschemata mehr auf(weisen)", dass sie „oft als ,Sammelkörbe' für isolierte Versgruppen" fungieren, dass es „sich bei ihnen einfach um noch lange erweiterungsfähig gehaltene ,Speicherungen' von versprengten Versgruppen handeln" kann[499]. Auf die Textfolge 2,40–93 ist diese Sicht allerdings nicht anwendbar. Trotz der darin erkennbaren Wiederholungen und Ergänzungen ist sie nicht das Ergebnis von „Sammeln" und „Speichern" von versprengten Versgruppen oder schlicht akkumulativ gewachsen. Hier liegt vielmehr eindeutig ein Aussagenkomplex vor, dessen Konzipierung auf der Basis der vorgegebenen Textfolge 7,141 ff. und zumal dessen Plazierung im Anschluss an die „urgeschichtlichen"

---

[497] Vgl. dazu noch 2,51/2,92; 2,53/2,87; 2,61Ende/2,87Ende/2,91Ende.
[498] Zur Frage der Einheitlichkeit der anschließenden Versfolge bis 2,122.123 (vgl. z. B. 2,122 f. als Parallele zu 2,47 f.) vgl. die Hinweise unten bei Anm. 529.
[499] Neuwirth, Der Koran als Text der Spätantike (2010), 330.

Ausführungen über die Erschaffung Adams etc. in 2,30–38 systematische Redaktionsarbeit erkennen lässt.

Im Folgenden soll versucht werden, der sukzessiven Entstehung von 2,40–93 und den dafür ausschlaggebenden redaktionellen Bearbeitungsschritten deutlicher auf die Spur zu kommen. Zu diesem Zweck werden zumal jene Textanteile miteinander verglichen und analysiert, die als Wiederholungen und Wiederanknüpfungen ins Auge fallen. Auf diesem Wege dürften sich Rückschlüsse auf Abfolge und Intention der Redaktionsstufen ergeben. Es geht also um die Frage, ob mit 2,47 und der anschließenden Textfolge bis 2,65 ein ursprünglicher Aussagenkomplex vorgegeben war und 2,40 ff. erst später vorgeschaltet wurde oder ob umgekehrt 2,40–46 bei Abfassung von 2,47 ff. schon vorlag.

5.2.3.1 2,40 im Vergleich zu 2,47

2,40 „**O Kinder Israel, gedenkt meiner Gnade, die ich euch erwiesen habe!** Haltet ihr den Bund mit mir, so halte ich den Bund mit euch. Und vor mir allein sollt ihr Ehrfurcht haben"[500].

2,47 „**O Kinder Israel, gedenkt meiner Gnade, die ich euch erwiesen habe**, und daß ich euch vor den Weltenbewohnern bevorzugt habe".

Die enge Berührung zwischen 2,40 und 2,47 einerseits und andererseits das Fehlen der zweiten Hälfte von 2,47 (die Bevorzugung der Kinder Israel) in 2,40 werfen die Frage auf, ob 2,40 als ältere Vorlage für die Konzipierung von 2,47 zu werten ist oder umgekehrt der Verfasser von 2,40 sich an 2,47 orientiert hat. Für die Klärung dieser Frage ist entscheidend, ob sich Indizien ausmachen lassen, mit deren Hilfe zwischen diesen beiden Möglichkeiten entschieden werden kann.

Eine Übersicht über mit 2,40 bzw. 2,47 vergleichbare Textbelege im koranischen Textgut ergibt folgendes Bild:

2,47 f. entspricht wörtlich 2,122; die Weiterführung in 2,48 weicht nur ganz gering von 2,123 ab. In beiden Versfolgen[501] wird Gottes Bevorzugung der Kinder Israel vor den Weltenbewohnern betont.

Ähnlich wird auch in 5,20 auf die Sonderstellung Israels vor den „Weltenbewohnern" verwiesen: „Und als Mose zu seinem Volk sagte: ,O mein Volk, gedenkt der Gnade Gottes an euch, als er unter euch Propheten einsetzte und euch zu Königen machte und euch gab, was er niemandem von den Weltenbewohner gegeben hat.'"

Auch in 45,16 spielt die Bevorzugung der Kinder Israel eine Rolle: „Wir gaben ja den Kindern Israel die Schrift, das Urteil und das Prophetentum und versorgten sie von den guten Dingen und bevorzugten sie vor den Weltenbewohnern"; ferner sind 44,32; 7,140 zu berücksichtigen.

Im Blick auf diese Belegstellen erweist sich die Aussage in 2,40 also als Sonderfall.

---

[500] Vgl. diese letzte Aufforderung wörtlich in 16,51.
[501] Vgl. dazu auch unten bei Anm. 517.

Während der Hinweis auf Gottes Bevorzugung der Kinder Israel vor den Weltenbewohnern im koranischen Textgut mehrfach in unterschiedlichen Aussagezusammenhängen vorliegt, auch als Konkretisierung von „Gottes Gnade", ist die in 2,40 vorgenommene Kombination – Verweis auf Gottes Gnade und anschließende Forderung, den „Bund" zu halten – sonst nicht belegt. Somit signalisiert hier der Verfasser von 2,40 ff. ein neues und besonderes Aussageanliegen. Dass 2,40 nur in der ersten Hälfte mit 2,47 korrespondiert, aber nicht auf das Thema oder die Frage der Bevorzugung der Kinder Israel eingeht und in diesem Punkt von 2,47 abweicht, ist demnach darauf zurückzuführen, dass der Verfasser von 2,40 sich an 2,47 orientiert, aber die zweite Hälfte dieses Verses bewusst ausgelassen hat, um anstelle dessen das neue und ihm wichtige Thema „Bund" aufzunehmen[502]. Mit anderen Worten: Die Übereinstimmungen und Unterschiede zwischen 2,40 und 2,47 hängen damit zusammen, dass der Verfasser von 2,40 die literarische Technik der Wiederaufnahme bzw. der Vorwegnahme (2,40) und Wiederanknüpfung (2,47) einsetzte, um so den von ihm konzipierten Abschnitt 2,41–46 vor der vorgegebenen älteren Textfolge 2,47 ff. verklammern zu können.

Oben war schon beim Vergleich von 2,47 ff. mit 7,138 ff. festgehalten, dass in 2,47 ff. die Auflistung von Belegen für Gottes Gnade während der Ursprungszeit Israels nur zu dem Zweck erfolgte, jeweils das Versagen Israels, seine permanente Widerspenstigkeit vor Augen zu führen und damit die von Gott einst gewollte und von den Juden gegenüber anderen propagierte Sonderstellung (Gottes Bevorzugung der Kinder Israel vor den Weltenbewohnern) als im höchsten Grade gefährdet oder in Frage gestellt nachzuweisen. Diese mit 2,47 eröffnete ältere Textfolge endet mit 2,63–65[503]. Für diese Einschätzung spricht nicht nur, dass jetzt 2,65 den Beschluss der vorgegebenen Version 7,141 ff. beibehält (vgl. 7,166: „Da sagten wir zu ihnen: ‚Werdet verstoßene Affen'"), sondern auch der in 2,63 f. hervorgehobene Verweis auf das „Spitzengeschehen", Gottes Abkommen mit dem Volk am Gottesberg, das dann nicht eingehalten wurde.

Diese im Vergleich zu den Parallelversionen 7,138–166 und 20,80–98 gesteigerte Israelkritik bzw. Klarstellung, dass die „Kinder Israel" immer wieder frevelten (vgl. in 2,51.54.57.59) und nicht dankbar waren (2,52.56), bildete in der Textfolge 2,47–65 den Ausgangstext für Ausführungen zu einer Neueinschätzung der als „Kinder Israel" angesprochenen zeitgenössischen Juden in Gottes Augen (2,40–46) und zugleich für eine weitere Verschärfung des Negativbildes der „Kinder Israel" (2,93).

5.2.3.2 2,93 und 2,40–46

Wie bereits mehrfach betont, kulminieren die israelkritischen Hinweise in 2,47 ff. eindeutig in 2,93, also in jenem Vers, dessen Einleitung als Wiederaufnahme von 2,63 konzipiert ist:

---

[502] Zum besonderen Anliegen des für 2,40–46 zuständigen Verfassers vgl. die Ausführungen unten nach Anm. 508.
[503] Es muss hier offen bleiben, ob einige Textanteile wie z. B. 2,62 (vgl. par. 5,69) als spätere Einschübe zu werten sind.

2,63: „**Und als wir euren Bund entgegennahmen und den Berg über euch anhoben: ‚Haltet energisch fest, was wir euch gegeben haben,** und
gedenkt dessen, was es enthält, auf daß ihr gottesfürchtig werden möget!'"
2,93: „**Und als wir euren Bund entgegennahmen und den Berg über euch anhoben: ‚Haltet energisch fest, was wir euch gegeben haben** und
hört!' Sie sprachen: ‚Wir hören, und wir widersetzen uns'. Und es wurde ihnen eingeflößt in ihre Herzen das Kalb durch ihren Unglauben. Sprich: ‚Schlimm ist, was euch euer Glaube befiehlt, wenn ihr denn gläubig seid'".

2,93 stellt mit seiner auffällig wörtlichen Wiederholung von 2,63a einen eindeutigen Rückverweis auf die dort angedeutete Szene „Israel am Gottesberg" dar. Zugleich weisen Form (Anknüpfung bzw. Wiederholung von 2,63) und Inhalt (zusätzliche Verschärfung der bisherigen Israelkritik in 2,47–65) von 2,93 diesen Vers eindeutig als Textanteil eines im Vergleich zu 2,47–65 jüngeren Bearbeitungsstadiums aus.

Folgende Beobachtungen sprechen dafür, dass 2,93 im Vergleich zu den Aussagen in 2,47–65 bewusst als eine weitere Verschärfung der Israelkritik konzipiert ist: Da in den biblischen Berichten über „Israel am Gottesberg" das Volk antwortet „wir werden es tun und hören" (Ex 24,7) bzw. „wir wollen es hören und tun" (Dtn 5,27 *we-šama'nu we-'asinu*), soll 2,93 offensichtlich im Anklang daran mit „Wir hören, und wir widersetzen uns" *(sami'nā wa-'aṣainā)* gegenüber 2,63 hervorheben und betonen, dass das Volk Israel von vornherein schon beim Bund mit Gott trotz seines Versprechens widerspenstig war. Der Verfasser dürfte hier keine absichtliche Verfälschung der biblischen Formulierungen im Sinn gehabt haben; denn in der rabbinischen Tradition selbst schon finden sich Stimmen, die die Aussagen Israels am Gottesberg wegen der Götzenkalbgeschichte als nicht ernst gemeint interpretieren[504]. An solche negative jüdische Selbsteinschätzung konnte der Verfasser offensichtlich anknüpfen[505]. Zudem mag er auch die Aussagen in 4,46 mitberücksichtigt haben, die sich auf Auseinandersetzungen Mohammeds mit zeitgenössischen Juden beziehen und im Blick auf deren Unglaube und Ungehorsam gegenüber Mohammed den Vorwurf erheben, dass einige von ihnen „Worte von ihrer Stelle rücken und sagen: ‚Wir hören, und wir widersetzen uns'". In jedem Fall zielt die Aussage in 2,93 in der Wiederaufnahme von 2,63 und als zusätzliche Klarstellung dazu, aber auch im Vergleich zu den Vorwürfen in 4,46, deutlich auf eine Steigerung der Negativeinschätzung der „Kinder Israel"[506]: Nicht erst Mohammed gegenüber verweigern sich die Juden (4,46), dieser Unglaube und Ungehorsam war da-

---

[504] Vgl. die Hinweise bei Speyer, a.a.O., 302; vgl. ferner Hartwig, „Urvertrag" (2008), 198f. und jüngst Neuwirth, Der Koran als Text der Spätantike (2010), 664ff.

[505] Für Neuwirth läuft die Vermittlung dieser Tradition über „die jüdischen Gewährsleute der Gemeinde" (a.a.O., 666); das ist jedoch m.E. nur vorstellbar, sofern sich diese „Gewährsleute" nicht in einer Frontstellung zur koranischen Gemeinde verstanden und ihr gegenüber zur Kritik im Blick auf die „Kinder Israel" und damit zu selbstkritischen Reflexionen zu eigenen Glaubenstraditionen bereit gewesen wären.

[506] Vgl. Hartwig, „Urvertrag" (2008), 197 zu 2,93: „In diesem späten Text steht das Szenario also

mals schon am Gottesberg ihre Haltung sogar direkt Gott gegenüber[507]. Zu beachten ist ferner, dass auf 2,93 Textpassagen folgen, die sich nicht mehr mit der Thematik „die Kinder Israel zur Mosezeit" befassen; somit fungiert 2,93 auch als pointierte Schlussbemerkung.

Das Thema „Bund" *(mīṯāq)* in 2,93 korrespondiert nun in gewisser Weise mit Aussagen in 2,40; denn dieser Vers stimmt, wie vermerkt, zu Beginn wörtlich mit dem Einsatz von Vers 47 überein, lässt dann aber den in 2,47 folgenden Passus „und daß ich euch vor den Weltenbewohnern bevorzugt habe" aus und fordert anstelle dessen die „Kinder Israel" auf: „Haltet ihr den Bund *(ʿahd)* mit mir, so halte ich den Bund mit euch". Dieser „Korrespondenz"[508] ist im Folgenden genauer nachzugehen und damit zugleich auch der bislang noch offenen Frage nach dem besonderen Anliegen des für 2,40–46 zuständigen Verfassers.

Aus der von ihm gegenüber 2,47 vorgenommenen thematisch neuen Schwerpunktsetzung ist zu erschließen, welche Motive hier im Spiel waren. Dass und inwiefern es eine Bevorzugung der „Kinder Israel" vor den Weltenbewohnern gab (so 2,47b), ist für den Verfasser von 2,40 offensichtlich eine – weil in 2,47 ff. bereits abgehandelte – „erledigte" Problemstellung; d. h., auf eine weitere Bevorzugung oder besondere Erwählung können sich „die Kinder Israel", kann sich das Judentum nach allem nicht mehr berufen.

Dem Verfasser geht es hier auch gar nicht um die Generation, die mit ihrem in 2,93 vorgestellten Verhalten endgültig die Bevorzugung vor den Weltenbewohnern vertan hatte; denn wie den auf 2,40 folgenden Versen eindeutig zu entnehmen ist, zielt er mit der Anrede „Kinder Israel" auf zeitgenössische Juden. An diese ist daher die in 2,40 so betonte Aufforderung, den Bund mit Gott zu halten, gerichtet; und ihnen gilt die anschließende Zusage Gottes, den Bund mit ihnen halten zu wollen.

Mit beidem, Forderung und Zusage auf den Bund bezogen, erinnert der Verfasser auf das Geschehen zwischen Gott und Israel einst am Gottesberg[509]. In jedem Fall ist sein Anliegen, hier vor den anschließenden Ausführungen zum Verlust der einstigen

---

bereits in einem polemischen Kontext …"; auf die Frage der Genese der gesamten Textfolge 2,40–93 geht Hartwig allerdings nicht ein.
[507] Anders hält Neuwirth 4,46 für den späteren Text, „der diesen Vers (P.: scil. 2,93) kommentiert" (a. a. O., 665); ausschlaggebend für diese Einschätzung ist die m. E. in Frage zu stellende Einstufung von 4,46 als „spätmedinisch" (vgl. a. a. O., 666) und von 2,93 als „medinisch" (a. a. O., 664).
[508] Dass in 2,93 als arabisches Äquivalent für „Bund" *mīṯāq* verwendet ist, während in 2,40 *ʿahd* eingesetzt ist, spricht nicht gegen die Annahme eines Korrespondenzverhältnisses beider Verse. Die Verwendung von *mīṯāq* in 2,93 hängt damit zusammen, dass der hier verantwortliche Verfasser wegen der von ihm bewusst eingesetzten Wiederaufnahme von 2,63 die Diktion dieses Verses (vgl. ähnlich 4,154) und somit auch *mīṯāq* beibehalten hat. Außerdem wird auch sonst *mīṯāq* in gleicher Bedeutung wie *ʿahd* verwendet.
[509] Während in zahlreichen Aussagen mit *ʿahd* bzw. *ʿahida* ein Abkommen, eine Verpflichtung zwischen Menschen, aber auch Gott gegenüber gemeint ist, kann in 2,40 nach dem Hinweis auf Gottes den Israeliten erwiesene Gnade mit dem Thema „Bund" *ʿahd* an sich nur der „Bund" Gottes mit Israel damals am Gottesberg gemeint sein.

Vorzugsstellung Israels in 2,47 ff. und zumal 2,93 festzuhalten, dass für die „Kinder Israel" als zeitgenössische Juden das Bundesverhältnis von Gottes Seite grundsätzlich nicht aufgehoben ist. Allerdings erstreckt sich sein Bund nur auf diejenigen, die Gottes in 2,40–46 aufgelisteten Forderungen entsprechen[510].

Die weiteren Beobachtungen und Sondierungen zu der im Vergleich zu 2,47 ff. jüngeren Textfolge 2,40–46 lassen m. E. deutlich erkennen, dass den für diese Vorschaltung verantwortlichen Redaktor das spezifische Interesse geleitet haben muss, zeitgenössischen Juden die Grundbedingungen koranischen Glaubens vor Augen zu halten, ja ihnen den Weg zur Konversion zum Islam zu zeigen und dazu aufzufordern. Besonders die Aussagen in 2,41 und 2,43 weisen in diese Richtung; denn die 2,40 weiterführende Forderung in 2,41 „Und glaubt an das, was ich hinabgesandt habe, das zu bestätigen, was schon bei euch ist …"[511] verbindet die jetzige Offenbarung Mohammeds mit der der jüdischen Tora. Und mit 2,43 „Verrichtet das Gebet, und gebt die Armensteuer, und verbeugt euch mit den sich Verbeugenden" wird zur Befolgung von Grundforderungen genuin muslimischer Religionspraxis[512] gedrängt.

Der Verfasser von 2,40 ff. lässt Gott also selbst die Konversion aus dem Judentum als die einzig richtige Entscheidung und Konsequenz aus der permanenten Geschichte der Widerspenstigkeit Gott gegenüber propagieren. Juden, die die Auflagen in 2,40 ff. akzeptierten, waren willkommen, ja sie konnten sich als Konvertiten so vor sich selbst rechtfertigen und sich zugleich mit der in 2,47–65 folgenden und in 2,93 kulminierenden Argumentationskette von ihren früheren Glaubensgenossen absetzen. Auch insofern ist die Korrespondenz zwischen 2,40–46 und 2,93 unübersehbar: Der Weg, der bis zur offenen Absage an Gott geführt hatte, so der Beweisgang in 2,47–65 mit dem späteren Zusatz 2,93, hatte die Position des jüdischen Glaubens derart diskreditiert, dass 2,40 ff. mit Angebot und Forderung der Neuorientierung des überkommenen Glaubens im koranischen Sinn als einleuchtend gelten musste.

Meines Erachtens hat der Verfasser von 2,40–46 diejenigen von den zeitgenössischen „Kindern Israel" vor Augen, die, wie z. B. in 2,83 festgehalten ist, zu den wenigen zählen, die sich nicht „abkehrten". Mehrfach wird in diversen Kontexten vermerkt, dass doch nicht pauschal alle Schriftbesitzer bzw. Juden abgefallen sind[513], ja in 3,199 wird „manchem" unter den Schriftbesitzern als positives Verhalten attestiert, was Gott in

---

[510] Zu prüfen wäre, ob die in 2,124 an Abraham gerichtete Auskunft Gottes „Mein Bund *('ahd)* erstreckt sich nicht auf die, die freveln" bei der Abfassung von 2,40 ff. am jetzigen Ort schon vorgegeben war bzw. ob für 2,124 und 2,40 ff. ein Korrespondenzverhältnis zu veranschlagen ist; denn auch in 2,124 wird die Vorstellung einer privilegierten Stellung Israels bzw. der Juden zurückgewiesen, wogegen der „Bund" für die, die nicht freveln, weiterhin in Geltung ist; vgl. zu 2,124 besonders die Ausführungen von Neuwirth, Der Koran als Text der Spätantike (2010), 641 ff.

[511] Vgl. dazu 2,91; 4,47; 3,3.

[512] Vgl. ähnlich 5,55.

[513] Vgl. z. B. 3,110–115: „Wenn auch die Leute der Schrift glauben würden, wäre es besser für sie; es gibt ja unter ihnen Gläubige; doch die meisten von ihnen sind Frevler (V. 110) … sie sind jedoch nicht alle gleich. Unter den Leuten der Schrift ist eine Gemeinschaft, die aufrecht steht

2,41 im Anschluss an seine Redeeröffnung 2,40 von den „Kindern Israel" fordert. 7,159 hebt besonders hervor: „Und aus dem Volk Moses stammt eine Gemeinschaft, die mit der Wahrheit rechtleitet und darin gerecht handelt"[514].

5.2.3.3 2,40–93*[515] – Grundkonzeption und „Neuauflage"

Oben war gezeigt worden, dass die Konzipierung von 2,47 ff. darauf abzielte, in Auseinandersetzung mit vorgegebenem literarisch fixiertem koranischem Textgut, zumal Sure 7,141 ff.[516], Israels Ursprungsgeschichte im Blick auf seine Schwächen und Widerspenstigkeiten gegenüber Gott schärfer auszuleuchten, um so zu belegen, dass von einer weiter bestehenden Bevorzugung (bzw. Erwählung oder Auszeichnung) Israels seitens Gottes keine Rede mehr sein konnte.

Wie der Vergleich von 2,47 mit 2,40 ergab, geht der Verfasser der später vor 2,47 ff. interpolierten Textfolge 2,40–46 in Gottes Anrede der „Kinder Israel" auf diesen Punkt nicht mehr ein; er hat sich für ihn im Sinne der ihm vorgegebenen Argumentationskette von 2,47–65 und zumal mit dem von ihm wahrscheinlich selbst vorgenommenen Nachtrag in 2,92.93 erledigt. Für ihn ist klar, dass der sich wirklich auf Gott hin orientierende Jude sich dem Glauben der koranischen Gemeinde anschließen muss (2,41–46).

Diese sich in der Jetztfassung 2,40–93 gegenüber dem zeitgenössischen Judentum artikulierende Position ist m.E. als das Spät- oder Endstadium von Textentwicklungen bzw. von entsprechenden Reflexionen und Diskursen zur Frage einer Art Sonderposition „der Kinder Israel" einzustufen. Das ergibt die Durchsicht der im Folgenden aufgelisteten Aussagen, die sonst noch auf Gottes Bevorzugung „der Kinder Israel" eingehen, sogar mit 2,47 vergleichbaren Formulierungen.

2,47: „O Kinder Israels, gedenkt meiner Gnade, die ich euch erwiesen habe, und daß ich euch vor den Weltenbewohnern bevorzugt habe. 2,48: Und hütet euch vor einem Tag, an dem keine Seele etwas anstelle einer anderen übernehmen kann und von keiner Fürsprache noch Ersatz angenommen wird und ihnen keine Hilfe zuteil wird".

2,122: „O Kinder Israels, gedenkt meiner Gnade, die ich euch erwiesen habe, und daß ich euch vor den Weltenbewohnern bevorzugt habe. 2,123: Und hütet euch vor einem Tag, an dem keine Seele etwas anstelle einer anderen übernehmen kann und

---

… jene gehören zu den Rechtschaffenen" (V. 113 f.); vgl. noch besonders 5,64–66; vgl. ferner 5,12 f. Zu Anspielungen in dieser Richtung vgl. auch schon 37,113; 57,26.

[514] Khoury vermerkt zu dieser Aussage: „Einige Kommentatoren möchten den Vers auf die Juden beziehen, die zur Zeit Muhammads zum Islam übergetreten sind" (Der Koran [2004], Anm. z. St.).

[515] Die Kennzeichnung mit * signalisiert, dass an eine Textfolge als Erstversion gedacht ist, in der einige Aussagen der jetzigen Endfassung 2,40–93 zumal im Bereich zwischen V. 66 und V. 93 noch nicht enthalten waren; vgl. Einzelheiten dazu unten bei Anm. 529.

[516] Die Frage, ob während der Konzipierung von 2,47 ff. noch weitere Suren bzw. Surenabschnitte (auch in Sure 2,94 ff.!) ausgewertet und neu akzentuiert wurden (vgl. z. B. oben den Hinweis auf Berührungen mit 4,46 und 4,153), kann hier nicht in Einzelheiten weiter verfolgt werden.

von ihr kein Ersatz angenommen wird, noch Fürsprache ihr nützt, und ihnen keine Hilfe zuteil wird".

Von diesen beiden fast identischen Textstellen[517] ist 2,122 f. die ältere; sie enthielt die Fragestellung, zu der der Verfasser der israelkritischen Argumentationskette Stellung beziehen wollte, und konnte daher auch als Einleitung zu dieser Argumentationskette so übernommen werden. Dass umgekehrt 2,122 f. sekundär im Rückgriff auf 2,47 f. nachgetragen sein könnte, ist deswegen auszuschließen, weil nach den kritischen Ausführungen in 2,47–65 eine derartige, lediglich unkommentierte Wiederaufnahme des Themas „Israels Bevorzugung seitens Gottes" keineswegs die zuvor israelkritische Stellungnahme in 2,47–65 entschärft hätte. Dagegen leuchtet die Konzipierung von 2,47 f. inkl. V. 49–65 als im Leselauf von Sure 2 vorweggenommene Klarstellung zu diesem Thema ein.

Auch 7,140 f. setzt der Verfasser von 2,47 ff. voraus[518]: 7,140: „Er (Mose) sagte: ,Sollte ich für euch einen anderen Gott begehren als Gott, wo er euch doch vor den Weltenbewohnern bevorzugt hat?'[519] 7,141: Und als wir euch vor den Leuten Fir'auns erretteten, die euch eine böse Qual auferlegten, indem sie eure Söhne ermordeten und nur eure Frauen leben ließen …".

Alle weiteren Belegstellen, ohne sie hier im Einzelnen und auch im Blick auf ihre Stellung im jeweiligen Kontext analysieren zu müssen, lassen erkennen, dass sie älteren Datums sind als 2,47 f. (auch älter als 2,122 f.). Das gilt auch für 5,20: „Und als Mose zu seinem Volk sagte: ,O mein Volk, gedenkt der Gnade Gottes an euch, als er unter euch Propheten einsetzte und euch zu Königen machte und euch gab, was er niemandem von den Weltenbewohner gegeben hat.'" Immerhin ist hier zu beachten, dass in den anschließenden Ausführungen kritisch vom widerspenstigen Verhalten des Volkes Mose gegenüber die Rede ist.

In 44,32 ist das noch nicht der Fall: „Und wir erwählten sie ja mit Wissen vor den Weltenbewohnern". Zuvor heißt es: V. 30: „Und wir retteten die Kinder Israel von der schmachvollen Qual, V. 31: von Pharao. Er war überheblich und einer der Maßlosen".

Auch 45,16 f. lässt noch keine grundsätzliche Kritik oder Infragestellung der besonderen Stellung „der Kinder Israel" erkennen: 45,16: „Wir gaben ja den Kindern Israels die Schrift, das Urteil und das Prophetentum und versorgten sie von den guten Dingen und bevorzugten sie vor den Weltenbewohnern. 45,17: Und wir gaben ihnen Beweise in der Angelegenheit. Sie wurden aber erst uneins, nachdem das Wissen zu ihnen gekommen war …"[520].

---

[517] Nach Beck (Die Gestalt des Abraham am Wendepunkt der Entwicklung Muhammeds [1952], 73 f.) tragen beide Verse in beiden Kontexten jeweils „deutlich überleitenden und abschliessenden Charakter zugleich"; das spreche „überhaupt gegen ihre Ursprünglichkeit: sie scheinen an beiden Stellen nachträglich eingeschoben worden zu sein". Die Frage nach den Gründen der jeweiligen Interpolation blendet Beck aus.
[518] Vgl. die Hinweise oben nach Anm. 490.
[519] Vgl. die entsprechende Aussage als Ich-Rede Gottes in 2,47.
[520] Vgl. anders 6,89.

Diese im koranischen Textgut verstreuten Aussagen deuten darauf hin, dass man sich in der Gemeinde mit der Vorstellung einer Art Sonderposition „der Kinder Israel" (bzw. des Volkes des Mose) in Gottes Augen befasste und dass es entsprechend wie auch immer veranlasste Diskurse zur Frage einer Sonderposition des Judentums gegeben hat, möglicherweise in der Begegnung mit jüdischen Milieus[521].

Ob man die eben aufgelisteten Textanteile bei der Abfassung von 2,40–93* allesamt direkt vor Augen oder im Ohr hatte, mag offen bleiben; die jetzige Position von 2,40–93 lässt aber deutlich das literarisch-redaktionelle Anliegen erkennen, gleich zu Beginn der koranischen Textfolgen von vornherein und generell für alle weiteren Texte mit diesem Thema die maßgebliche Vorausinterpretation zu liefern.

5.2.3.4 2,40–93* als Ergebnis von literarischen Fortschreibungsprozessen

Nach den bisherigen Textvergleichen, Analysen und Beobachtungen sind folgende Fortschreibungsstadien in 2,40–93 erkennbar:

a) Zunächst ließ sich anhand eines Vergleichs zwischen 7,141 ff. und 2,47 ff. feststellen, dass beide Textfolgen Diktion und Inhalt betreffend auffällige Übereinstimmungen aufweisen, dass aber wegen der auch deutlichen Unterschiede nicht jeweils ein und derselbe Verfasser am Werk gewesen sein kann. Zahlreiche Indizien sprechen dafür, dass in 7,141–166 die Textfolge enthalten ist, die bei der Abfassung von 2,47–65 vorgeben war[522]. Das Motiv für die, wenn man so will, Konzipierung der „Neuauflage" in 2,47 ff. war, im direkten Anschluss an die Iblis-Adam-Passage 2,30–38 die im Judentum wichtige heilsgeschichtliche Sicht der Ereignisse nach der einstigen Errettung aus Ägypten, also die Führung durch die Wüste, den Aufenthalt am Gottesberg, die Geschichte mit dem goldenen Kalb etc., so zurechtzurücken, dass daraufhin die von Gott einst ausgesprochene Bevorzugung der „Kinder Israel" vor den Weltenbewohnern als nicht mehr gültig erkannt werden musste. Für den Verfasser hat das zeitgenössische Judentum kein Recht mehr, sich auf eine von Gott zugesprochene Privilegstellung zu berufen.

b) Das Aussageanliegen dieser Textfolge 2,47–65 wurde später ergänzt und verschärft, indem die neu konzipierte Textfolge 2,40–46 vorgeschaltet und in Korrespondenz dazu Vers 93 als Kulminationspunkt zu 2,47–65 konzipiert wurde. Der zuständige Redaktor zielte im Verbund mit der vorgegebenen Argumentationskette 2,47 ff. darauf ab, jenen jüdischen Zeitgenossen, die sich anders als die Mehrheit nicht feindselig verhielten, aus dem Munde Gottes die Konversion zur koranischen Gemeinde und die Übernahme der entsprechenden religiösen Pflichten und Riten nahezulegen[523].

---

[521] Stellungnahmen wie in 45,16 (als Gottesrede) könnten auch die Position konvertierter Juden widerspiegeln, die schließlich zu innergemeindlichen Diskussionen und Infragestellungen führen musste.
[522] Vgl. dazu oben bei Anm. 482.
[523] Vgl. dazu oben nach Anm. 512.

5.2.3.5 2,40–93* – Erwägungen zur Verfasserfrage

Die bisherigen Sondierungen und Beobachtungen ergeben zahlreiche Anhaltspunkte dafür, dass die jetzt vorliegende Textfolge 2,40–93 das Produkt literarisch-redaktioneller Bearbeitungsprozesse darstellt. Die Bezugnahmen auf vorgegebenes Textgut, die geschickt angebrachten Korrekturen, Modifikationen und tendenziös ausgerichteten Ergänzungen signalisieren eindeutig: Verantwortlich für die Konzipierung zunächst von 2,47–65 sowie dann auch für die Erweiterung in 2,40–46.93 waren in bereits literarisch fixierten Korantexten bewanderte, auf deren Betreuung und Bearbeitung spezialisierte Kreise, die mit literarisch-redaktionellen Techniken vertraut in der Lage waren, ihre Neuinterpretation und Umakzentuierungen von Texten als deren Fortschreibung einzubringen.

Ihr literarisch-redaktionelles Anliegen ist auch daran abzulesen, dass ihr Textprodukt ziemlich am Anfang der 2. Sure interpoliert ist, also gezielt als Vorausinterpretation zu allen weiteren Texten mit Hinweisen zu Position und Rolle der „Kinder Israel" bzw. des Judentums, fungieren sollte[524].

Weiterhin ist deutlich geworden, dass diese Koranredaktoren mit rabbinischen Reflexionen vertraut waren und bei der Konzipierung von 2,47 ff. entsprechende Spezialkenntnisse einsetzten.

Noch einmal erwähnt sei die mit rabbinischen Stimmen korrespondierende Auffassung zu Israels Verhalten am Gottesberg in 2,93[525]. Dazu kommt die im selben Vers auffällige Formulierung „und es wurde ihnen eingeflößt in ihre Herzen das Kalb", eine deutliche Reminiszenz an Ex 32,20: „Da nahm er (Mose) das Kalb, das sie gemacht hatten, und verbrannte es im Feuer und zerstieß es zu Pulver und zerstreute es auf Wasser und gab es den Kindern Israel zu trinken". Anders als in Sure 20,97, wo nur vom Einzelgeschick des für die Herstellung des Kalbsgötzen verantwortlichen Samiri und dann von der Vernichtung dieses Götzen die Rede ist („wir werden ihn ganz gewiß verbrennen und dann ins Meer streuen"[526]), meint der für 2,93 zuständige Verfasser mit seinen speziellen Schriftkenntnissen[527] offensichtlich eine Art Verinnerlichung des Göt-

---

[524] In Sure 7 dagegen sind die Ausführungen zum Thema „Mose und Tun und Ergehen der Kinder Israel nach der Errettung vor Pharao" mit den entsprechenden israelkritischen Akzenten gleichsam als Fortsetzung der langen Ausführungen zu Mose als dem Gesandten vor Pharao (7,103–137) konzipiert; das ist auch in Sure 20 der Fall (vgl. Mose und Pharao 20,9–79 und die Fortsetzung 20,80–98).

[525] Vgl. dazu oben vor Anm. 504.

[526] Vgl. in Dtn 9,21 die Ich-Rede des Mose: „... das Kalb nahm ich, und ich verbrannte es im Feuer und zerschlug es und zermalmte es ganz und gar, bis es zu feinem Staub wurde, und ich warf seinen Staub in den Fluß, der vom Berg herabkommt".

[527] Informationen über solch spezifische Einzelheiten wie z.B. das Verbrennen des Götzenkalbes oder das Verlangen der Israeliten nach „Grünzeug" (vgl. oben zu 2,61) waren in den liturgisch verwendeten Texten mit den Anspielungen auf Exodus und Wüstenwanderung (vgl. z.B. Ps 78; 105; 106 wie auch das Gebet in Neh 9) nicht enthalten, waren also auch nicht schon vom Hören solcher Liturgien her bekannt.

zenkalbes in den Herzen der „Kinder Israel" belegen und damit das Ausmaß ihrer Verdorbenheit besonders illustrieren zu können.

Fazit: Für Konzipierung und Verklammerung von 2,40–93* im jetzigen Kontext waren Leute verantwortlich, die bestens mit dem koranischen Textgut vertraut waren und es auch verschriftet zur Hand hatten, also Angehörige der koranischen Gemeinde gewesen sein müssen; sie konnten auf Spezialwissen über in jüdischen Kreisen kursierende Schriften zurückgreifen und beherrschten „schriftgelehrte", literarische Techniken zur Konzipierung und Einpassung eigener neuer Texteinheiten. Somit ist im Blick auf diese Textfolge 2,40–93* wie auch auf die Adam-Iblis/Satan-Version in 2,30–38 davon auszugehen, dass an der redaktionellen Ausgestaltung des koranischen Textguts zur koranischen Gemeinde konvertierte, mit den eigenen Schriften und Traditionen vertraute „schriftgelehrte" Juden beteiligt waren[528].

5.2.3.6 2,40–93 – Zur Frage späterer Interpolationen und Nachträge

Man kann in der umfassenderen Textfolge 2,30–123 durchaus eine „Argumentationskette" sehen, „die als heilsgeschichtliche Erzählung in Vers 30 mit der Erschaffung des Menschen begonnen hat und eine Linie bis zum Auseinanderbrechen der Religionen zeigt", und darin einen „durchgehenden Argumentationsgang" wahrnehmen, der aufzeigen soll, „daß das ‚Volk Israel' seit der Schöpfung immer wieder von Gott abgefallen sei und in seiner Gespaltenheit in Judentum und Christentum keinen Anspruch auf die alleinige Wahrheit ... erheben könne"[529]. Allerdings sprechen folgenden Beobachtungen gegen die Annahme, dass die jetzt vorliegende Textfolge insgesamt in einem Zuge konzipiert worden ist.

Zunächst lässt sich im Blick auf die jetzige Textfolge 2,40–93 zeigen, dass der jetzt weite Abstand zwischen den israelkritischen Aussagen in 2,40–65 und dem letzten Glied der jetzigen „Argumentationskette", dem Kulminationspunkt in 2,93, die Folge sekundärer Nachträge sein dürfte. Für die Einstufung von 2,88–91 als spätere Interpolation spricht, dass diese Textfolge aus der an die „Kinder Israel" gerichteten Ihr-Anrede (2,83.87) in die Berichtsform wechselt und zugleich nicht mehr einstiges Fehlverhalten, sondern die Widerspenstigkeit und den Unglauben zeitgenössischer Juden thematisiert. Zudem ist der ganze Abschnitt 2,88–91 nach dem „Prinzip der Wiederaufnahme" bzw. durch Wiederanknüpfung in 2,91Ende (Stichwort: Ermordung von Gottes Propheten[530]) an 2,87Ende (Stichwort: Ermordung von Gesandten[531]) in den vorgegebenen Kontext eingeschaltet worden. Auffällig ist zudem, dass sich 2,91 auch auf 2,41 zurückbezieht und betont, dass die zeitgenössischen Juden auch aktuell nicht der Aufforderung folgen, an das zu glauben, was Gott herabgesandt hat[532].

---

[528] Zu Sure 2,30–38 vgl. oben Anm. 465. – Zu Konversionen in der Frühzeit des Islam vgl. oben die Hinweise in Anm. 463 und 467.
[529] So Schmitz, Spannungsverhältnis (2010), 220.
[530] Vgl. bereits 2,61.
[531] Vgl. 5,70.
[532] 2,41: „Und glaubt an das, was ich hinabgesandt habe, das zu bestätigen, was schon bei euch ist.

Zu sondieren wäre auch, ob 2,67–74, die Geschichte vom Opfer der gelben Kuh, die nicht als an die Israeliten gerichtete Rede Gottes (Ihr-Rede) konzipiert ist, zum Kernbestand des Argumentationsgeflechts 2,40 ff. gehört. Ebenfalls zu klären ist, wie 2,75–82 und 2,84–86 (Nachtrag zu 2,83?) einzustufen sind. Die hierzu notwendigen umfassenden Analysen können hier nicht geleistet werden; sie sind aber in jedem Fall unumgänglich, wenn es im Blick auf Sure 2 nicht lediglich bei Beobachtungen sein Bewenden haben soll, „inwiefern es sich trotz aller ‚Nebenthemen' und ‚Einschübe' letztlich bei der ganzen Sure um eine in sich geschlossene Sinneinheit handelt"[533], sondern auch die sukzessive Genese durchschaubarer werden soll, woraufhin erst die tatsächlichen textproduktiven Reflexionsprozesse und die entsprechend daran beteiligten Kreise Konturen bekommen.

5.3 Resümee

Durchsicht und Vergleich der Textfolgen zum Thema „Mose und Tun und Ergehen der Kinder Israel nach der Errettung vor Pharao" (2,49–93; 7,141–166; 10,93; 20,80–98) ergaben, dass davon 7,141–166 und 2,49–93 wegen der hier gesteigerten Israel-Kritik/Polemik die jüngeren Versionen sind. Die zwischen diesen beiden Textfolgen feststellbaren engen inhaltlichen und wörtlichen Übereinstimmungen einerseits, aber auch beachtlichen Differenzen andererseits, sind darauf zurückzuführen, dass 7,141–166 die ältere Version darstellt, die bei der Konzipierung der in 2,47–65 vorliegenden Aussageabfolge berücksichtigt und ausgewertet wurde; denn es ist unübersehbar, dass die auch in 7,141–166 bereits israel/judenkritischen Akzente in 2,47–65 mit zusätzlichen Belegen verstärkt wurden.

Der für 2,47–65 zuständige Verfasser hatte sein Textprodukt gezielt im Anschluss an die urgeschichtliche Adam-Iblis/Satan-Passage (2,30–38) eingeschaltet. Offensichtlich ging es ihm darum, hier in Sure 2 gleich in der Eingangspassage zum gesamten koranischen Textgut, also im Vergleich zur Textvorgabe 7,141–166 in auffällig pointierter Position, eine unmissverständliche Abwertung des jüdischen Glaubens und des Judentums festzuschreiben, indem er die Einschätzung der „Kinder Israel" als einer von Gott bevorzugten Größe mit Verweisen auf Israels Tun und Ergehen in seiner Anfangszeit „dekonstruiert".

Auf dieser Linie ergänzt ein späterer Bearbeiter die Textfolge 2,40–46. Als Konsequenz der in 2,47 ff. erfolgten Abwertung jüdischen Glaubens propagiert er für seine zeitgenössischen Juden die Konversion zum koranischen Glauben und fordert die Übernahme der entsprechenden Glaubenspraxis. Die ebenfalls von ihm formulierten

---

Und seid nicht die ersten, die es verleugnen …" – 2,91: „Und wenn man ihnen sagt: ‚Glaubt an das, was Gott hinabgesandt hat', sagen sie: ‚Wir glauben an das, was zu uns hinabgesandt ist', verleugnen aber, was danach war, wobei es doch die Wahrheit, das zu bestätigen, was bei ihnen ist …"

[533] Schmitz, a.a.O., 220.

Verse 2,92 f. bilden jetzt den Kulminationspunkt zu den ihm vorgegebenen israel/judenkritischen Darlegungen in 2,47–65.

Die weitere Anreicherung dieser sukzessiv konzipierten Argumentationskette 2,40–46.47–65.92 f. bis zur jetzigen Textfolge 2,40–93 konnte hier nicht weiter verfolgt werden; es bleibt also noch die Frage, wann welche weiteren Textanteile noch nachträglich interpoliert wurden. Immerhin ließ sich für 2,88–91 eindeutig zeigen, dass hier ein späterer Bearbeiter als Ergänzung zum vorgegebenen israelkritischen Argumentationsgeflecht die aktuellen Differenzen zwischen der koranischen Gemeinde und dem Judentum in den Blick rückt.

Obgleich eine bis in die Details sichere Rekonstruktion der Genese von Sure 2,40–93 (oder gar bis 2,123) noch aussteht, so ergeben die bisherigen Untersuchungen doch eindeutig, dass der literarisch konzipierte israel/judenkritische Argumentationsgang 2,40–46.47–65.92 f. keineswegs Resultat und Wiedergabe eines Kommunikationsprozesses oder eines Diskurses zwischen dem Verkünder und seiner Gemeinde darstellt. Derartige Textproduktion, wie sie hier und auch bereits oben für 2,30–38 sondiert werden konnte, solche in mehrfacher Hinsicht „gelehrte" und professionelle Redaktionsarbeit, ist das Metier von Redaktoren. Hierfür den Propheten selbst als Auftraggeber oder gar literarisch Verantwortlichen zu veranschlagen, müsste zu einem völlig neuen Mohammed-Bild führen[534].

Der speziellen Art der sukzessiven Konzipierung von 2,40–46.47–65.92.93 und der gezielten Verklammerung im jetzigen Kontext ist zu entnehmen, dass hier Leute am Werk waren, die zum einen bestens mit dem ihnen verschriftet zugänglichen koranischen Textgut vertraut waren, die zum anderen auf Spezialwissen im Bereich biblischer und rabbinischer Texte zurückgreifen konnten und die zum dritten literarische Techniken schriftgelehrter Textbearbeitung beherrschten. Ferner ist die in 2,40–46.47–65.92.93 erkennbare redaktionelle Neuausrichtung des koranischen Textguts ein deutliches Indiz dafür, dass die hierfür verantwortlichen Bearbeiter in einem bereits weit fortgeschrittenen Stadium der Korangenese tätig waren. Somit deutet alles darauf hin, dass in dieser Phase an der Betreuung und Überarbeitung von Korantexten zur koranischen Gemeinde konvertierte, literarisch versierte schriftgelehrte Juden beteiligt waren.

Schwer zu klären ist die Frage, aus welchem konkreten Anlass diese redaktionelle Neuausrichtung vorgenommen wurde. Man wird davon ausgehen können, dass für die Motivation zu solcher Arbeit am koranischen Textgut auch Problemstellungen innerhalb der koranischen Gemeinde eine Rolle gespielt haben. Waren es Konfrontationen mit jüdischen Milieus und Streit über den wahren Glauben und waren es Diskussionen innerhalb der koranischen Gemeinde über die rechte Einstellung zum Judentum, die zur Durchsicht des koranischen Textguts und zur Überprüfung und Neufassung bisheriger Stellungnahmen führten? Oder sahen die für 2,40 ff. verantwortlichen Verfasser als Konvertiten aus dem Judentum in der koranischen Gemeinde die Notwendigkeit,

---

[534] Vgl. hierzu die Erwägungen oben nach Anm. 452.

ihren Übertritt zum koranischen Glauben und damit zugleich ihre eigene Position gegenüber dem Judentum nachvollziehbar zu machen? Oder ging es schließlich sogar darum, bestimmten Gruppen jüdischer Konvertiten zu signalisieren, dass die Herkunft aus dem Judentum keineswegs einen privilegierten Status in Gottes Augen bedeute?

Spuren von redaktionellen Sortierungen und Bearbeitungen des koranischen Textguts lassen sich auch in bestimmten Textbereichen mit Äußerungen und Stellungnahmen zu Jesus wahrnehmen.

6 Beobachtungen zu koranischen Aussagen über Rolle und Rang Jesu

Aus den im Koran enthaltenen unterschiedlichen Darlegungen, Hinweisen und Anspielungen im Blick auf Jesus ist zu schließen, dass Jesu Stellung vor und zu Gott und seine Bedeutung für die koranische Gemeinde während der sukzessiven Konzipierung koranischer Texte nicht immer einheitlich gewichtet worden ist. Somit könnte die Konzipierung bestimmter Texte mit Debatten zusammenhängen, die aufbrechen mussten, sobald es zu intensiveren Kontakten zwischen der koranischen Gemeinde und christlichen Richtungen kam oder auch sobald in der Gemeinde die Zahl der Konvertiten aus christlichen Milieus zunahm. Von vornherein ist allerdings keineswegs klar, ob solche Texte generell lediglich als Ergebnisse solcher Kommunikationsprozesse gelten können, wie man sie mit Neuwirth zwischen der koranischen Gemeinde und ihrem Verkünder, also während der Wirkungszeit Mohammeds, veranschlagen kann. Denn da für die Korangenese, wie bekannt, nach Mohammeds Tod noch eine längere Phase redaktioneller Sortierung und Bearbeitungen des koranischen Textguts anzunehmen ist, ist auch hier mit der Möglichkeit zu rechnen, dass in diesem Kontext noch Textfolgen konzipiert wurden, in denen vorgegebene Ausführungen und Vermerke zu Jesu Rolle und Wertschätzung ergänzt, umakzentuiert und neu ausgerichtet wurden.

Für den folgenden Versuch zu einer Lösung dieser Problemstellung ist zunächst ein Überblick über die einschlägigen, auf Jesus verweisenden Textstellen erforderlich.

6.1 Vororientierung

6.1.1 *Gott und seine Gesandten – Jesus*

Die Listen zu Gottes Gesandten bzw. zu den Gestalten der früheren Heilsgeschichte bestimmen Bedeutung und Gewicht Jesu wie folgt:

In der Textfolge 37,75–148 mit mehr oder weniger ausführlichen Berichten über Noah, Abraham, Isaak, Mose und Aaron, Elia, Lot und Jona wird Jesus nicht erwähnt[535].

4,163 bietet die Reihung der Propheten: Noah, Abraham, Ismael, Isaak, Jakob, Jesus,

---

[535] 87,19f. und 53,36f. verweisen lediglich auf Mose und Abraham.

Hiob, Jona, Aaron, Salomo. Während direkt anschließend (4,164) Moses Bedeutung vor Gott besonders hervorgehoben ist, ist Jesus hier nur einer von vielen. Das ist auch der Fall in 6,74–87; hier ist zunächst von Abraham die Rede (6,74–83), dann (6,84–87) von Isaak und Jakob; anschließend werden als Rechtgeleitete Noah und seine Nachkommen aufgeführt: David, Salomo, Hiob, Joseph, Mose, Aaron, Zacharias, Johannes, Jesus, Elia, Ismael, Elisa, Jona, Lot. Nachdem in 21,48–90 von zahlreichen Größen der vergangenen Heilsgeschichte die Rede war, wird abschließend in 21,91 ohne Namensnennung auf Maria und Jesus angespielt.

33,7 weist zunächst auf die Propheten allgemein, dann auf Mohammed und anschließend auf Noah, Abraham, Mose und Jesus, den Sohn Marias. 42,13 nennt zunächst Noah, rückt dann Mohammed in den Blick (Anrede in der 2. Pers. singl.), dann folgen Abraham, Mose und Jesus (ohne: „Sohn Marias"[536]). Diesen Reihungen ist zu entnehmen, dass Jesus hier offensichtlich zu den herausragenden Gestalten gezählt wird.

Das trifft auch auf die folgenden Belegstellen zu: 57,25 verweist allgemein auf Gottes Gesandte, V. 26 erwähnt Noah und Abraham, V. 27 nennt dann Jesus, den Sohn Marias. V. 28 kommt danach ohne Namensnennung auf Mohammed als Gottes Gesandten zu sprechen. In 23,23–30 ist zunächst von Noah als Gesandtem die Rede, dann ohne Namensnennung von mehreren Gesandten, die aufeinander folgten (23,31–44); nach den Hinweisen auf Mose in 23,45–49 enthält dann 23,50 eine Notiz über den „Sohn Marias und seine Mutter".

61,5 erwähnt zunächst Mose, dann heißt es in V. 6 „Und als Jesus, der Sohn Marias sagte: ‚O Kinder Israel, ich bin Gottes Gesandter an euch bestätigend, was von der Tora vor mir war …'" (mit Jesu Ankündigung des künftigen Gesandten „Ahmad"). V. 9 verweist ohne Namensnennung auf Mohammed als Gottes Gesandten.

2,136 spielt zunächst auf Mohammeds Sendung an (ohne Namensnennung), verweist dann auf „Abraham, Ismael, Isaak, Jakob und die Stämme" und hebt schließlich Mose und Jesus hervor. Am Schluss des Verses heißt es: „Wir machen keinen Unterschied bei jemandem von ihnen …"[537]. Schmitz folgert aus 2,136: „In dieser Reihe wird Jesus den anderen Propheten gleichgeordnet und mit ihnen in eine Reihe gestellt. Da es sich vom Gesprächsgang her um eine Auseinandersetzung mit Juden und Christen handelt, trifft diese Einordnung beide Religionsgemeinschaften: Gegenüber den Juden betont sie, daß Jesus ein Prophet *gewesen sei* (und damit nicht ignoriert werden könne), den Christen gegenüber, daß Jesus *ein Prophet* (und kein Gottessohn oder gar Gott selbst) gewesen sei"[538]. Dieses Anliegen spielt jedoch implizit auch schon in den oben berücksichtigten Auflistungen eine Rolle. Jesus ist darin, ob nun wie Noah, Abraham und Mose herausragend oder wie einer von vielen, lediglich ein Gesandter, ein Prophet; aber das ist eben hier jeweils auch zugestanden und unstrittig.

---

[536] Vgl. 4,163; 6,85; auch 43,63.
[537] Vgl. zu 2,136 wortgleich 3,84.
[538] Schmitz, Spannungsverhältnis (2010), 234.

Das halten auch folgende Ausführungen fest: 5,75: „Christus, der Sohn der Maria, war doch nur ein Gesandter *(rasūl)*, vor dem schon Gesandte vorübergegangen waren …"[539]. Hier ist allerdings explizit die Stoßrichtung erkennbar; denn zuvor 5,72f. wird die Auffassung „Gewiß, Gott ist Christus, der Sohn Marias"[540] zurückgewiesen[541].

Dass Jesus als Gesandter Gottes zu gelten hat, wird in 5,111 in einer Ich-Rede Gottes festgehalten. In 61,6 stellt Jesus selbst in einer Ich-Rede (analog zu Mose in 61,5) klar: „O Kinder Israel, gewiß, ich bin Gottes Gesandter an euch". In 3,49 kündigen die Engel „Christus Jesus, den Sohn Marias" (3,45) als Gesandten an.

Als Gesandter Gottes gilt Jesus zugleich als Gottes Diener (4,171f.): „Christus Jesus, der Sohn Marias" ist der „Gesandte Gottes"; und als solcher weiß er sich auch als „Gottes Diener" *('abd)*. 19,30 sagt Jesus als Kind in der Wiege: „Gewiß, ich bin Gottes Diener. Er gab mir das Buch und machte mich zum Propheten" *(nabīy)*. In 43,59 wird in der Wir-Rede Gottes richtiggestellt: „Er (der Sohn Marias, vgl. 43,57) ist nur ein Diener, dem wir Gunst erwiesen".

19,34 hält fest: „Das ist Jesus, der Sohn Marias, als Wort der Wahrheit" *(qawla l-ḥaqqi)*; nach 4,171 ist Jesus als Gottes Gesandter zugleich „sein (Gottes) Wort *(kalima)*, das er an Maria richtete". 3,45 formuliert „Damals, als die Engel sprachen: ‚O Maria, Gott verkündet dir ein Wort von sich. Sein Name sei Christus Jesus, Sohn der Maria'".

Für sich genommen lassen die Platzanweisungen Jesu in den Auflistungen von Gesandten zunächst nur den Schluss zu, dass Jesus hier lediglich wie Abraham und Mose als Vorläufer Mohammeds gilt. Auch die speziellen Würdetitel für sich genommen signalisieren noch nicht, ob und inwiefern ihre Anwendung auf Jesus daraus resultiert, dass zunehmend in der koranischen Gemeinde christliche Auffassungen diskutiert wurden.

Dass aber solche Diskussionen über die Bedeutsamkeit Jesu in der sich etablierenden Gemeinde eine Rolle gespielt haben müssen und auch Auswirkungen hatten auf die weitere Konzipierung des koranischen Textguts, ist allerdings jenen speziellen Ausführungen zu entnehmen, die wiederholt Jesu Herkunft („Sohn der Maria"), Marias jungfräuliche Geburt Jesu und so sein besonderes Verhältnis zu Gott thematisieren und damit Jesus als Sonderfall in der Reihe der Gesandten Gottes vorstellen.

6.1.2 *Christus Jesus, Sohn der Maria, und Gottes Geist*

Unter den Belegstellen oben wurde Sure 4,171f. mehrfach genannt, und zwar deswegen, weil diese beiden Verse geradezu eine Kollektion fast aller wesentlichen Würdeprädikate bieten:

---

[539] Vgl. 3,144 zu Mohammed.
[540] Vgl. die Parallele in 5,17!
[541] Zu ähnlichen Aussagen, die sich gegen die Gleichstellung Jesu mit Gott bzw. gegen die Vorstellung von Jesus als Sohn Gottes wenden, vgl. z. B. 9,30f.; 4,171f.; 5,116f.

„Siehe, Christus Jesus *(al-masīḥu 'Isā)*, der Sohn der Maria[542], ist Gottes Gesandter *(rasūl)* und sein Wort *(kalima)*, das er an Maria richtete, und ist Geist von ihm *(wa-rūḥun minhu)* ..." 4,172 „Christus wird es nicht verschmähen, Diener/Knecht *('abd)* Gottes zu sein".

Besonders auffällig ist hier die Formulierung „Christus Jesus" ist „Geist von ihm" (also: von Gott). Damit steht man vor der Frage, aus welchem Grund hier von Gottes Geist in engster Verbindung mit Jesus die Rede ist. Dergleichen wird für die übrigen Gesandten/Propheten Gottes nicht vermerkt[543].

21,91 und 66,12 bringen Gottes Geist offensichtlich in einen engen Zusammenhang mit Marias jungfräulicher Geburt Jesu.

Nach den Hinweisen in 21,48–90 auf die Standhaften und vor Gott Rechtschaffenen bzw. die Gestalten der früheren Heilsgeschichte[544] heißt es zum Abschluss dieser Auflistung zu Jesus und seiner Mutter, ohne dass beider Name genannt ist (21,91): „Und die, die ihre Scham unter Schutz stellte. Da hauchten wir in sie von unserem Geist *(fa-nafachnā fīha min rūḥinā)* und machten sie und ihren Sohn zu einem Zeichen für die Weltenbewohner" (Wir-Rede Gottes). Wahrscheinlich soll mit dem auffälligen Verweis auf Gottes Geist, den er Maria einhauchte, mehr als nur die hohe Wertschätzung Marias angezeigt werden, nämlich „Gott blies in Maria von seinem Geist, um Jesus von ihr empfangen zu lassen"[545].

In dem fast wortgleichen Vers 66,12 ist es jedenfalls unzweideutig direkt Geist von Gott, der in Maria die Empfängnis Jesu bewirkt: „Und auch Maria, die Tochter von Imram, die ihre Scham unter Schutz stellte. Da hauchten wir von unserem Geist in sie *(fa-nafachnā fīha min rūḥinā)*[546], und sie hielt die Worte ihres Herrn und seine Bücher für wahr, und sie war eine von den demütig Ergebenen".

Weiterhin im Themenbereich „Maria und Jesu Geburt/Herkunft" wird auch in 19,16 ff. auf Gottes Geist verwiesen: V. 16: „Und gedenke im Buch Marias, als sie sich

---

[542] Die Benennung mit „Christus" erfolgt nur in spät konzipierten Ausführungen; vgl. Horovitz, Koranische Untersuchungen (1926), 129: „Erst in Medina verwendet Muhammad die Bezeichnung al-masīḥ 'Isa b. Marjam S. 3,40; 4,156.169, oder auch al-masīḥ ibn Marjam S. 5,19.76.79; 9,31 oder auch nur al-masīḥ S. 4,170; 9,30".

[543] In Texten wie 16,2; 26,192 f.; 40,15; 42,52 ist von Gottes Sendung oder Eingebung des Geistes die Rede, also von Offenbarungsübermittlung an die Gesandten Gottes; vgl. noch 16,102: „Sprich: ‚Herabgesandt hat ihn der heilige Geist von deinem Herrn mit der Wahrheit, damit er festige diejenigen, die glauben ...'"

[544] Vgl. die Abfolge: Mose, Aaron, Abraham, Lot, Isaak, Jakob, Noah, David, Salomo, Hiob, Ismael, Idris, Dh'ul-Kifl, Jona, Zacharias, Johannes; jeweils verbunden mit kurzen Vermerken über ihr besonderes Geschick und Verhalten.

[545] So die Anmerkung Khourys, Der Koran (2004), 430. – In der Parallelaussage in 23,50 („Und wir machten den Sohn Marias und seine Mutter zu einem Zeichen und gewährten ihnen Zuflucht ...") wird Gottes Geist nicht erwähnt. Paret meint: „Vielleicht ist mit dem Zeichen *(āya)* hier die jungfräuliche Geburt Jesu gemeint" (vgl. Komm., z. St.); dann wäre die Formulierung in 21,91 (vgl. auch 66,12) in dieser Richtung deutlicher.

[546] Paret, Übersetzung, z. St., erläutert: „d. h. in ihre Scham"; vgl. auch Bobzin, Der Koran (2010), 760.

von ihren Leuten … zurückzog V. 17: und sich vor ihnen abschirmte. Da sandten wir unseren Geist zu ihr *(fa-arsalnā ilaihā rūḥanā)*. Er stellte sich ihr als wohlgestaltetes menschliches Wesen dar … V. 19: Er sprach: ‚Ich bin der Gesandte deines Herrn, um dir einen lauteren Knaben zu schenken'".

Ins Auge fällt ferner, dass speziell im Blick auf Jesus mehrfach hervorgehoben wird, Gott habe ihn mit dem heiligen Geist *(rūḥ al-qudus)* gestärkt:

5,110 „O Jesus, … gedenke meiner Gunst an dir und an deiner Mutter, als ich dich mit dem heiligen Geist *stärkte*, so daß du in der Wiege mit den Menschen sprachst und im Mannesalter".

2,87 „Und wir gaben bereits Mose die Schrift … Und wir gaben Jesus, Marias Sohn, die klaren Beweise und *stärkten* ihn mit dem heiligen Geist …"

2,253 „… und Jesus, Marias Sohn, gaben wir die klaren Beweise und *stärkten* ihn mit dem heiligen Geist".

War oben zunächst festzuhalten, dass Jesus schließlich mit Noah, Abraham und Mose zu den herausragenden in der Reihung der Gesandten bzw. Propheten Gottes genannt wurde, so ist darauf nicht abgestimmt, dass in einigen Texten die Rede von Gottes „Geist" wie auch vom „heiligen Geist" in auffälliger Weise exklusiv für Hinweise und Ausführungen zu Jesus reserviert ist, wogegen sie in Textanteilen über andere Gottesmänner, Gesandte bzw. Propheten keine entsprechende Berücksichtigung findet.

Besondere Beachtung verdienen zunächst die Belegstellen 21,91; 66,12 und 19,17, da hier der Verweis auf Gottes Geist im Vorstellungs- und Aussagekomplex „Maria und die jungfräuliche Geburt Jesu" verankert ist. Zu berücksichtigen ist außerdem noch 5,110, da hier betont wird, Gott habe Jesus in der Wiege mit „dem heiligen Geist gestärkt". Es handelt sich um Texte, die offensichtlich in Kenntnis christlicher Geburtsgeschichten Jesu formuliert sind, in denen die Rede vom Geist Gottes oder vom heiligen Geist im Kontext der Geburt Jesu fester Bestandteil ist[547].

Die folgenden Sondierungen versuchen die Hintergründe aufzudecken, die ausschlaggebend gewesen sein müssen, dass in Texten und Textfolgen zum Themenkomplex „Maria und die jungfräuliche Geburt Jesu" wie 21,91; 66,12; 19,16–36; 5,110 – christlichem Traditionsgut entsprechend – Hinweise auf Gottes Geist bzw. den heiligen Geist und dessen Bedeutung für Jesus einen festen Platz haben, dass diese Hinweise aber zugleich auffällige Divergenzen aufweisen.

---

[547] Vgl. Mt 1,18: „… es zeigt sich, daß sie schwanger war vom heiligen Geist"; Mt 1,20: „… denn was sie empfangen hat, ist vom heiligen Geist"; Lk 1,35: „Und der Engel antwortete und sagte ihr (Maria): Heiliger Geist wird über dich kommen und Kraft des Höchsten wird dich überschatten. Darum wird auch das Heilige, das gezeugt wird, Sohn Gottes genannt werden"; in der Geburtsgeschichte im Protevangelium des Jakobus (vgl. dazu Schneemelcher, Apokryphen I [1990], 334 ff.; zu weiteren Informationen vgl. unten Anm. 577) heißt es 14,2: „Denn das, was in ihr ist, entstammt dem heiligen Geist"; 19,1 formuliert: „Ihre Empfängnis ist aus dem heiligen Geist".

6.2 Textvergleiche – Maria und die jungfräuliche Geburt Jesu und Gottes Geist

6.2.1 66,12 und 21,91

66,12 „Und auch Maria, die Tochter von Imram, die ihre Scham hütete. Da hauchten wir von unserem Geist in sie (*fa-nafachnā fihi min rūḥinā* – scil. in ihre Scham)."
21,91 „Und die, die ihre Scham hütete. Da hauchten wir in sie von unserem Geist (*fa-nafachnā fiha min rūḥinā*) und machten sie und ihren Sohn zu einem Zeichen für die Weltenbewohner".

Wortgleich (nur als Ich-Rede Gottes) ist vom Einhauchen des Geistes Gottes auch in 38,72 und 15,29 die Rede. Hier heißt es jeweils beim Hinweis auf die Erschaffung des Menschen „wenn ... ich ihm von meinem Geist eingehaucht habe" (*nafachtu fihi min rūḥi*). Auch 32,9 bezieht sich auf die Erschaffung des Menschen; hier ist die entsprechende Aussage als Er-Rede Gottes formuliert: „... und hauchte ihm von seinem Geist ein" (*wa-nafacha fihi min rūḥihu*). Da in diesen Texten wohl der Leben schaffende Geist vor Augen steht, könnte man daraufhin annehmen, dass diese Bedeutung auch für die Aussagen in 66,12 und 21,91 gilt. Das ist durchaus möglich. Dann wäre mit dieser Formulierung nichts anderes gemeint gewesen als: Gott haucht Maria seinen Leben schaffenden Geist ein, und so kann sie als Jungfrau Jesus zur Welt bringen.

Allerdings scheint man, wenn nicht schon bei der Konzipierung von 66,12 und 21,91, so doch späterhin die Gefahr gesehen zu haben, man könne solche Aussagen beim Lesen oder Rezitieren auch als Hinweise auf eine Gottessohnschaft Jesu (analog zu Lk 1,35) missverstehen. Denn in allen weiteren Textfolgen zum Thema „Maria und die jungfräuliche Geburt Jesu" wird entweder auf die Vorstellung vom „Einhauchen des Geistes Gottes in Maria" nicht mehr Bezug genommen (vgl. 19,16–21; 5,110) oder jeglicher Hinweis auf Gottes Geist oder den heiligen Geist gänzlich vermieden (vgl. 19,34–36; 3,42–51).

6.2.2 19,16–21; 5,110 und 19,34–36; 3,42–51

19,16: „Und gedenke im Buch Marias, als sie sich von ihren Leuten ... zurückzog. V. 17: Da nahm sie sich vor ihnen einen Vorhang. Da sandten wir unseren Geist zu ihr (*fa-arsalnā ilaihā rūḥanā*). Er stellte sich ihr als wohlgestaltetes menschliches Wesen dar ... V. 19: Er sprach: ‚Ich bin der Gesandte deines Herrn, um dir einen lauteren Knaben zu schenken'".

Auf Marias Frage (V. 20) „Wie soll ich einen Knaben bekommen, da mich noch kein menschliches Wesen berührt hat ..." antwortet der Gesandte (V. 21): „So wird es sein. Dein Herr sagt: ‚Das ist für mich ein Leichtes', und damit wir ihn zu einem Zeichen machen für die Menschen und zu einer Barmherzigkeit von uns ..."

In diesen ausführlicheren Aussagen zu „Maria und die jungfräuliche Geburt Jesu" soll die Sendung „unseres Geistes" als die Sendung eines Gesandten Gottes vor Augen stehen⁵⁴⁸. Es bleibt also auch hier bei einem Mitwirken des Geistes Gottes; aber davon ist hier in einer Weise die Rede, dass an einen direkten Kontakt mit Maria oder gar ihrer Scham (so 66,12) nicht zu denken ist. 19,16–21 ist daher und auch wegen der Auskunft auf Marias Frage (V. 21) im Vergleich zu Vorstellungen wie in 66,12 und 21,91 eindeutig die jüngere Version, auf die Frage nach den Hintergründen von Marias jungfräulicher Geburt Jesu einzugehen⁵⁴⁹.

Auch der für 5,110 zuständige Verfasser legt offensichtlich Wert darauf, dass im Zusammenhang mit der jungfräulichen Geburt Jesu ein Wirken Gottes mit dem Geist erwähnt wird.

5,110: „O Jesus, ... gedenke meiner Gunst an dir und an deiner Mutter, als ich dich mit dem heiligen Geist *stärkte*, so daß du in der Wiege mit den Menschen sprachst und im Mannesalter"⁵⁵⁰.

Dagegen scheint der für den Nachtrag⁵⁵¹ von 19,34–36 zuständige Verfasser gänzlich Anklänge an eine wie auch immer vorstellbare Beteiligung des Geistes Gottes oder des heiligen Geistes zu vermeiden.

19,34: „Das ist Jesus, der Sohn Marias: das Wort der Wahrheit, woran sie zweifeln. V. 35: Es steht Gott nicht an, sich ein Kind zu nehmen. Preis sei ihm. Wenn er eine Angelegenheit bestimmt, so sagt er dazu nur: ‚Sei!' und dann ist sie". V. 36: „Und gewiß, Gott ist mein Herr und euer Herr, so dient ihm, das ist ein gerader Weg"⁵⁵².

Mit dieser im Anschluss an 19,16–33 eingeschobenen Textfolge geht der Verfasser noch einmal auf die bereits zuvor beantwortete Frage nach den Hintergründen von Marias jungfräulicher Geburt Jesu ein, formuliert aber V. 35 so, dass jegliche Möglichkeit wegfällt, hier ein Einwirken von Gottes Geist zu assoziieren und daraus den Gedanken einer Gottessohnschaft Jesu abzuleiten.

Ähnlich verfährt 3,42–51: Auf Marias Frage (3,47) „Mein Herr, wie sollte ich ein Kind haben, wo mich doch kein menschliches Wesen berührt hat ..." lautet die Ant-

---

⁵⁴⁸ Das erinnert an Lk 1,26 ff., wo der Engel Gabriel von Gott zu Maria gesandt ist und ihr die Geburt Jesu ankündigt, und an die Geburtsgeschichte im ProtevJak (vgl. Anm. 577), in der (vgl. 11,2) „ein Engel des Herrn" zu Maria spricht. In beiden Fällen ist hier allerdings der Engel nicht mit dem Geist bzw. heiligen Geist identisch; vgl. oben die Zitate in Anm. 547.
⁵⁴⁹ Gegen Neuwirths Einschätzung (Der Koran als Text der Spätantike [2010], 482, Anm. 76), 19,16–21 werde „noch einmal resümiert in einem etwas späteren Text (Verweis auf 21,91), der den Geist – entpersonifiziert – als lebensspendende Macht darstellt, die Marias Schwangerschaft herbeiführt". Dass im Blick auf die Ausführungen zur Sendung des Geistes Gottes („unser Geist"), der in Gestalt eines Mannes Maria anredet (so 19,16 ff.), nun in 21,91 (vgl. 66,12) als Resümee formuliert werden konnte „Da hauchten wir in sie von unserem Geist", erscheint in keinerlei Hinsicht naheliegend.
⁵⁵⁰ Die Formulierung in 5,110 liest sich wie eine Epexegese im Blick auf 19,29 f.; in 3,46 wird zur Rede Jesu in der Wiege lediglich vermerkt: „Er wird in der Wiege zu den Menschen sprechen ..."
⁵⁵¹ Vgl. Horovitz, Koranische Untersuchungen (1926), 2; vgl. auch GdQ I, 130; vgl. hierzu ferner Neuwirth, Der Koran als Text der Spätantike (2010), 489 f.
⁵⁵² 19,36 ist wie in 3,51 und 43,64 Jesu Rede; vgl. auch 5,72 und 5,117 „... dient Gott, meinem Herrn und eurem Herrn ...".

wort hier lapidar mit den gleichen Worten wie in 19,35: „Wenn er (Gott) eine Angelegenheit bestimmt, so sagt er dazu nur: ‚Sei!' und dann ist sie"[553].

Nach den bisherigen Textsortierungen und Beobachtungen ist zunächst festzuhalten:

a) Die Aussagen vom Einhauchen des Geistes Gottes in Maria bzw. in ihre Scham in 21,91 und 66,12 sind im koranischen Textgut singulär; sie stehen in unverkennbar großer Nähe zu christlichen Aussagen über Marias jungfräuliche Geburt Jesu im Zusammenhang mit der Wirkung des Geistes Gottes bzw. des heiligen Geistes[554].

b) In später konzipierten Textfolgen zu Marias jungfräulicher Geburt Jesu (vgl. 19,16 ff.; ferner 5,110) wird zwar weiterhin auf ein Wirken von Gottes Geist Wert gelegt; aber von einer Funktion analog zu den Aussagen in 21,91 und 66,12 ist hier nicht mehr die Rede.

c) Schließlich taucht in noch späteren Texten über Marias jungfräuliche Geburt Jesu wie 19,34 ff. und 3,42 ff. keinerlei Hinweis mehr auf Gottes Geist auf.

Zu diesem Befund kommt hinzu und bleibt als erklärungsbedürftig im Auge zu behalten, dass abgesehen von Hinweisen auf ein Mitwirken des Geistes Gottes an Marias jungfräulicher Geburt Jesu weiterhin von einem spezifischen Einwirken des heiligen Geistes auf Jesus die Rede ist. Ähnlich wie in 5,110, aber nicht mehr wie dort auf „Jesus in der Wiege" bezogen, betonen 2,87 und 2,253 in eigenartiger Weise, Gott habe Jesus mit dem heiligen Geist gestärkt.

2,87 „Und wir gaben bereits Mose die Schrift ... Und wir gaben Jesus, Marias Sohn, die klaren Beweise und *stärkten* ihn mit dem heiligen Geist ..."

2,253 „... und Jesus, Marias Sohn, gaben wir die klaren Beweise und *stärkten* ihn mit dem heiligen Geist".

Da sonst von solchen Wirkungen des heiligen Geistes auf einen Noah, Abraham oder Mose usf. nirgends die Rede ist[555], kann man zum Hinweis auf den heiligen Geist in 2,253 mit Horovitz festhalten, dass hier „die besondere Stellung ʿĪsās in der Unterstützung durch den rūḥ al-qudus zum Ausdruck" komme[556].

Die offensichtlich unterschiedlichen Akzentsetzungen zu Marias jungfräulicher Geburt Jesu wie auch die divergierenden Angaben zum Geist Gottes bzw. zum heiligen Geist und der Sachverhalt, dass Gottes Geist bzw. der stärkende heilige Geist im Koran speziell für Jesus „reserviert" erscheint[557], sind erklärungsbedürftig. Insgesamt signalisieren die entsprechenden Textverhältnisse im Koran in jedem Fall eine besondere Wertschätzung Marias und Jesu. Die beobachteten Divergenzen deuten allerdings da-

---

[553] Zu den übrigen Belegstellen für Gottes schöpfungswirksames Wort „Sei! und es ist" (*kun wa/ fa-yakūnu*) vgl. unten Anm. 585.
[554] Vgl. oben die Hinweise in Anm. 547.
[555] In 58,22 stärkt Gott die Gläubigen „mit Geist von sich" (eine Art „Demokratisierung" der sonst speziell auf Jesus bezogenen Aussage?); auf den „heiligen Geist" wird sonst nur noch in 16,102 verwiesen (vgl. oben Anm. 543).
[556] Horovitz, Koranische Untersuchungen (1926), 39.
[557] Vgl. auch die Hinweise oben (bei Anm. 542) zu 4,171.

rauf hin, dass hier unterschiedliche Stellungnahmen zur Frage eines besonderen Status Jesu in Gottes Augen und zu entsprechenden Diskussionen in der koranischen Gemeinde vorliegen.

Folglich wüsste man gern, in welchem Entwicklungsstadium der koranischen Gemeinde jeweils und zumal von wem und in welcher Abfolge diese Marias und Jesu Wertschätzung hervorhebenden Textanteile konzipiert worden sein können.

Die folgenden Sondierungen konzentrieren sich auf die Textfolge 3,33-51. Da sie offensichtlich in einem Abhängigkeitsverhältnis zu 19,16-33.34-36 steht, aber auch deutliche Berührungen zu 5,110 erkennbar sind, dürfte eine vergleichende Gegenüberstellung Aufschluss über die Hintergründe ihrer Genese, also auch die Gemeindesituation und Verfasserkreise, bringen.

6.3 Zur Frage der Genese von 3,33ff.

6.3.1 3,42-51 in Gegenüberstellung zu 19,16-33.34-36

3,42-51 als Ausschnitt aus der in 3,33 einsetzenden Geschichte über die „Sippe Imrāns"[558] erzählt nach den Ausführungen zur Geburt Marias (3,35f.) und ihrer Betreuung seitens Zacharias, des Vaters des Johannes (3,37-41), wie die Engel Maria die Geburt des „Christus, des Sohnes der Maria" (3,45) ankündigen und sein künftiges Wirken beschreiben (3,46-51). Die vergleichende Gegenüberstellung zu der Erzählung über Maria und die jungfräuliche Geburt Jesu in 19,16-33 ergibt, dass 3,42-51 als die jüngere Version einzustufen ist[559]. Es lässt sich zeigen, dass der zuständige Verfasser die Textfolge 19,16-33 nebst späterem Einschub 19,34-36[560] direkt vor Augen hat, berücksichtigt, auswertet und ergänzt[561].

In seiner Schilderung der Begegnung zwischen den Engeln und Maria (3,42-47) orientiert er sich zum einen an der in 19,17-22 gebotenen Version der Ankündigung der jungfräulichen Geburt Jesu; denn Marias Frage (3,47) „Mein Herr, wie sollte ich ein Kind bekommen, wo mich doch kein menschliches Wesen berührt hat ..." ist die fast wörtliche Wiedergabe von 19,20 „Wie soll ich einen Knaben bekommen, wo mich doch kein menschliches Wesen berührt hat ...?". Zum anderen aber übergeht er, dass in 19,17 Gott seinen Geist zu Maria sendet, der sich in 19,19 als Gottes Gesandter ausweist; in 3,42.45.47 ist es schlicht einer der Engel, der Maria Gottes Plan verkündet. Für die Beantwortung der Frage Marias (3,47) hält der Verfasser sich nicht an 19,21 („Das

---

[558] Zu den Angaben im Koran zu Marias Familie (vgl. auch die Anrede mit „Schwester Aarons" in 19,28) vgl. z.B. Neuwirth, Imagining Mary – Disputing Jesus (2009), 399; s.a. Neuwirth, Der Koran als Text der Spätantike (2010), 592ff.; vgl. ferner Reynolds, Subtext (2010), 130-147 (bes. 144ff.).
[559] Vgl. so auch schon Neuwirth, vgl. zuletzt in: Der Koran als Text der Spätantike (2010), 528.
[560] Vgl. dazu die Hinweise oben bei Anm. 551.
[561] Vgl. unten die Wiedergabe der Textfolge 3,46-51 nach Anm. 564.

ist für mich ein Leichtes"), sondern orientiert sich am auf 19,16–33 folgenden späteren Einschub[562] 19,34–36, um von dort die Feststellung in 19,35 wörtlich zu übernehmen: „Wenn er eine Angelegenheit bestimmt, so sagt er dazu nur: ‚Sei!' und dann ist sie". Auch für den Abschluss der in 3,49 einsetzenden Rede Jesu in 3,51 greift er auf 19,34–36 zurück. Die dort abrupt ohne Einleitung einsetzende Rede Jesu „Und gewiß, Gott ist mein Herr und euer Herr; so dient ihm! Das ist ein gerader Weg" (19,36[563]) wirkt jetzt in 3,51 als passendes Schlusswort Jesu.

6.3.2 3,46–51 und die Berührungen mit 5,110

Dass 3,46–51 neben 19,16–36 auch die Aussagen in der an Jesus gerichteten Ich-Rede Gottes in 5,110 berücksichtigt und auswertet, kann die folgende Textwiedergabe von 3,46–51 illustrieren[564].

3,46–51 Text:

3,46: „‚Und er wird *in der Wiege mit den Menschen sprechen und im Mannesalter*[565] und einer von den Rechtschaffenen sein'.

3,47: Sie sagte: ‚Mein Herr, **wie sollte ich ein Kind haben, wo mich doch kein menschliches Wesen berührt hat?**[566]'. Er sagte: ‚So wird es sein; Gott erschafft, was er will. **Wenn er eine Angelegenheit bestimmt, so sagt er dazu nur: Sei! und dann ist sie.**'[567]

3,48: Und er wird ihn *das Buch, die Weisheit, die Tora und das Evangelium lehren*[568].

3,49: Und ein Gesandter zu den Kindern Israel: ‚Gewiß, ich bin ja mit einem Zeichen von eurem Herrn zu euch gekommen, daß ich euch *aus Lehm (etwas) erschaffe wie die Gestalt von Vögeln. Dann hauche ich darein, dann sind es Vögel, mit Erlaubnis Gottes*[569].

Und ich werde heilen Blinde und Aussätzige und Tote lebendig machen, mit Erlaubnis Gottes[570].

Und ich werde euch verkünden, was ihr eßt und was ihr in euren Häusern aufspeichert. Wahrlich, darin liegt für euch ein Zeichen, sofern ihr gläubig seid.

---

[562] Vgl. dazu oben bei Anm. 551.
[563] Vgl. 43,64.
[564] Die engen Berührungen mit 5,110 sind mit kursivem Fettdruck der entsprechenden Formulierungen gekennzeichnet, die Übernahmen aus 19,16–36 durch normalen Fettdruck.
[565] Vgl. 5,110: „… als ich dich mit dem heiligen Geist stärkte, so daß du *in der Wiege mit den Menschen sprachst und im Mannesalter* …".
[566] Vgl. 19,20!
[567] Vgl. 19,35.
[568] Vgl. 5,110: „… als ich dich *das Buch, die Weisheit, die Tora und das Evangelium lehrte* …".
[569] Vgl. 5,110: „… als du *aus Lehm (etwas) schufst wie die Gestalt von Vögeln, mit meiner Erlaubnis, und dann darein hauchtest, so daß es Vögel wurden, mit meiner Erlaubnis* …".
[570] Vgl. 5,110: „… *und du heiltest Blinde und Aussätzige, mit meiner Erlaubnis, und du die Toten herausbrachtest, mit meiner Erlaubnis* …".

3,50: Und das zu bestätigen, was vor mir von der Tora war, und um euch manches von dem zu erlauben, was euch verboten war.

So komme ich mit einem Zeichen von eurem Herrn zu euch. Daher fürchtet Gott und gehorcht mir.

3,51: **Wahrlich, Gott ist mein Herr und euer Herr, also dient ihm. Das ist ein gerader Weg**"[571].

Aus folgenden Beobachtungen ist zu schließen, dass der Verfasser von 3,42–51 sich an den Ausführungen in 5,110[572] orientiert und nicht umgekehrt 5,110 ein sekundäres Exzerpt aus 3,42–51 darstellen kann:

a) Die Formulierung in 5,110 in der Gottesrede „als ich dich mit dem heiligen Geist stärkte, so daß du in der Wiege mit den Menschen sprachst und im Mannesalter" ist in 3,46 als Ankündigung der Engel umgestaltet: „Und er wird in der Wiege mit den Menschen sprechen und im Mannesalter und einer von den Rechtschaffenen sein". Der Hinweis auf den heiligen Geist, der nach 5,110 erst zum Reden in der Wiege befähigt, ist in 3,46 weggelassen[573]; dafür wird ergänzend klargestellt, dass Jesus zu den Rechtschaffenen zählt.

b) Bevor in 3,49 analog zu 5,110 die Wundertaten Jesu aufgezählt werden, stellt der Verfasser eingangs klar, dass Jesus als Gesandter Gottes fungieren wird, wogegen in 5,110 ein Hinweis auf Jesu Gesandtenstatus fehlt. Zudem werden in 3,49 anders als in 5,110 Jesu Wundertaten vorweg als „Zeichen von eurem Herrn" qualifiziert (vgl. auch 3,50).

c) Anstelle der Aussage in 5,110 „… und als du Tote herauskommen ließest …" formuliert der Verfasser in 3,49 zur Klarstellung, dass die Auferweckung von Toten gemeint ist: „… und ich werde Tote lebendig machen …".

Der Verfasser von 3,42–51 hat also neben 19,16–36 deutlich auch 5,110 vor Augen und berücksichtigt bei der Konzipierung seines Textes dortige Aussagen weitgehend im Wortlaut sowie ihrer Abfolge entsprechend[574].

---

[571] Vgl. 19,36; zu den engen Berührungen zwischen 19,36f. und 43,64f. vgl. die Erwägungen Neuwirths (Imagining Mary – Disputing Jesus [2009], 406 ff.), auf die hier nicht näher einzugehen ist.

[572] Bei Abfassung von 5,110 sind offensichtlich Jesus-Traditionen berücksichtigt, die auch im Kindheitsevangelium nach Thomas (vgl. dazu Schneemelcher, Apokryphen I [1990], 349 ff.) verarbeitet sind; vgl. dort 2,1–4 zu „Jesus formt Vögel aus Lehm und läßt sie fliegen" (s. dazu Schneemelcher, a. a. O., 353). Dass Jesus bereits als Wiegenkind zu den Menschen sprechen konnte (vgl. neben Sure 5,110 auch 19,29f.), wird im sog. Pseudo-Matthäusevangelium erzählt (vgl. dazu Schneemelcher, a. a. O., 367 f.).

[573] Vgl. oben den Hinweis, dass der Verfasser auch die in seiner Vorlage 19,17–19 vermerkte Gleichsetzung von Gottes Geist mit einem Gesandten Gottes übergeht.

[574] Neuwirth weist lediglich darauf hin, dass Sure 3 „documents a rethinking of the stories of Mary and Jesus contained in *sūrat Maryam* (Q 19:1–33), presenting a later re-reading of the earlier text under new perspectives." (Mary and Jesus – Counterbalancing the Biblical Patriarchs [2005], 233); Beziehungen zwischen 3,46 ff. und 5,110 spielen in ihren Ausführungen keine Rolle.

6.3.3 3,33–41 und die Berührungen mit 19,7–15

Dass bei der Konzipierung der Geschichte Zacharias in 3,33–41 auch die Textfolge 19,7–15 vor Augen stand, zeigen die engeren Berührungen zwischen 19,7–11 und 3,39–41. Das in 3,39–41 konzipierte Gespräch zwischen Zacharias und dem Engelboten basiert eindeutig auf 19,7–11 als Vorlage[575]. Der Verfasser von 3,39–41 gestaltet seine Version gleichsam als Neuauflage[576], indem er gegenüber der Vorlage folgende Modifikationen und Akzentverschiebungen anbringt:

a) Anders als in 19,7, wo offen ist, ob die Wir-Rede Gottesrede oder Engelrede anzeigt, stellt 3,39 gleich eingangs klar, dass es die Engel sind, die Zacharias die Geburt des Johannes ansagen.

b) Während in der Vorlage erst in 19,12–14 vermerkt ist, was es mit diesem Johannes auf sich hat, ist in 3,39 schon in der Botschaft der Engel hervorgehoben: Er ist ein Prophet etc.

c) Die Vorlage in 19,10 f. erläuternd weist 3,41 darauf hin, dass sich der stumme Zacharias mit Zeichen bzw. Winken mitteilen sollte.

d) 3,41 ändert die Angabe in 19,10, dass Zacharias drei Nächte nicht zu den Menschen sprechen könne, dahingehend, dass es um drei Tage gehe, also um die eigentlichen Zeiträume, in denen Menschen zu Menschen sprechen.

6.3.4 3,33–51 und die Berührungen mit christlichen Traditionen

Oben wurde bislang in erster Linie Wert darauf gelegt, die literarische Abhängigkeit speziell des Abschnitts 3,35–51 von 5,110 und 19,2–33.34–36 aufzudecken und zu zeigen, dass der für 3,35–51 zuständige Verfasser auch darum bemüht ist, seine Erzählversion klarer und stringenter als die Vorlagentexte zu gestalten.

Insgesamt ist 3,35–51 offenkundig ein in Kenntnis der Textfolgen 19,2–15.16–33.34–36 sowie 5,110 und unter Verwendung dortiger Formulierungen kompilatorisch erstelltes Textprodukt.

Der zuständige Verfasser hat allerdings nicht nur ihm schon vorgegebenes koranisches Textgut mit Einzelheiten zur Geschichte Marias und ihrer jungfräulichen Geburt des Jesuskindes und zu Jesus selbst ausgewertet und gleichsam dazu eine Neuauflage geschaffen. Über die in 5,110 und 19,2 ff. vorgegebenen Ausführungen hinausgehend bringt seine Erzählversion weitere Details und Ergänzungen.

Während in der Version 19,2–36 ein engerer Zusammenhang zwischen den Ausführungen zu Zacharias (19,2–15) und den folgenden Darlegungen zu Maria (19,16–36) kaum erkennbar ist bzw. nur für den erkennbar ist, der von der biblischen Erzähl-

---

[575] Vgl. die fast wörtlichen Übereinstimmungen zwischen 3,40 und 19,8 sowie zwischen 3,41a und 19,10a.
[576] Zu den Unterschieden zwischen beiden Versionen vgl. auch unten nach Anm. 577.

version aus Lk 1,5–25.57–80 weiß, bietet der Verfasser von 3,35–51 eine deutlich bessere Verknüpfung zwischen den Hinweisen auf Zacharias und der Geschichte von der jungfräulichen Geburt Marias. Setzen nach den Ausführungen zu Zacharias in 19,2–11 und den Hinweisen auf Johannes 19,12–15 völlig unvermittelt in 19,16 die Darlegungen zu Maria ein, so ist anders in 3,35 ff. von vornherein Maria die Hauptperson: „Imrans Frau", Marias Mutter, gelobt, ihr Kind in Gottes Dienst zu stellen, was dann auch derart geschieht, dass Gott das Kind Zacharias zur Betreuung im Tempel übergibt (3,37).

Für diese Erzählvariante bietet Lk 1,5–25.57–80 keinerlei Anhaltspunkte; sie orientiert sich offensichtlich am sog. „Protevangelium des Jakobus"[577]. Zur Frage der Berührungen zwischen 3,33–51 und ProtevJak kann man mit Rudolph[578] Folgendes festhalten: „In der Schilderung der Geburt und der Jugend der Maria (S. 3.31[35]ff.) ist Muhammed deutlich vom Protevangelium des Jakobus abhängig. Sie wird von ihrer Mutter schon vor ihrer Geburt Gott geweiht (S. 3,31 = Jac. 4,1), sie wird nicht bei ihren Eltern, sondern im Tempel aufgezogen (S. 3,32[37] = Jac. 7,2), wo sie Gott auf wunderbare Weise ernährt (S. 3,32[37] = Jac. 8,1: ‚aus Engelshand'). Dass Zacharias ihr Pflegevater gewesen sei (S. 3,32[37]) steht allerdings nicht in Jac., aber auch dort ist es Zacharias, der sie durch das Staborakel (Jac. 8,2. 9,1 = S. 3,39[44]) dem Joseph als Gattin zuteilt"[579].

Zudem orientieren sich die Ausführungen zu Zacharias und Johannes (3,38–41) im Vergleich zur Vorlage in 19,2–15 genauer an der biblischen Version in Lk 1,5–25; denn in 3,38 f. ist wie in Lk 1,8 ff. sofort klar, dass Zacharias im Tempel agiert und betet und dass ihm die Engel Gottes Botschaft überbringen. Dagegen wirkt in 19,2–11 die Wir-Rede in V. 7 wie Gottes Rede; erst aus 19,9 ist zu erschließen, dass eine Mittlerinstanz spricht; und erst in 19,11 weiß der Leser, dass die Szene im Tempel spielt.

6.3.5 3,33–51 – Zur gemeindegeschichtlichen Verortung

Nach den oben vorgenommenen Sondierungen zu koranischen Aussagen über Rolle und Rang Jesu und speziell zur Genese von 3,33–51 sind für eine genauere Verortung des Verfassers von 3,33–51 und damit auch für die Bestimmung der gemeinde-

---

[577] Diese Schrift (Entstehungszeit: 2. Hälfte des 2. Jh.s n. Chr.) ist „zur Verherrlichung der Maria geschrieben" (vgl. Schneemelcher, Apokryphen I [1990], 337) und zumal in der Ostkirche „von Anfang an beliebt gewesen: zunächst vor allem bei den Ebioniten, aber auch bei den griechischen Kirchenvätern …"; ProtevJak hatte „einen gewaltigen Einfluß auf die Entwicklung der Mariologie" (a. a. O., 338).
[578] Rudolph, Die Abhängigkeit des Qorans (1922), 77.
[579] Vgl. zu den Anspielungen auf ProtevJak auch Reynolds, Subtext (2010), 140 ff. – Inwiefern sich auch schon der Verfasser von 19,16–33 auf ProtevJak bezieht, kann hier offen bleiben; vgl. zu 19,17 Neuwirth, Imagining Mary – Disputing Jesus (2009), 394, Anm. 32; zur Frage von Struktur- und Motivparallelen zwischen den Kindheitsgeschichten Jesu in den christlichen Apokryphen und koranischen Texten vgl. auch Horn, Intersections: The Reception History of the *Protevangelium of James* (2006); s. a. Horn, Syriac and Arabic Perspectives (2008).

geschichtlichen Situation dieses Textes folgende Sachverhalte zu berücksichtigen und zu gewichten:

Der für 3,33–51 verantwortliche Verfasser konzipiert die Textfolge 3,42–51 einmal im Rückgriff auf die Aussagen in 19,16–33 und 19,34–36, wobei er modifiziert und neue Akzente setzt. Zum anderen wertet er den umfangreichen Vers 5,110 aus, dessen Aussagen in der Gottesrede er teilweise als Rede der Engel wiedergibt und teilweise in eine Ich-Rede Jesu umformuliert.

Außerdem ist zu beachten, dass der Verfasser in seiner Neuauflage zu Sure 19,2–15.16–33.34–36 mit zusätzlichen Details aufwarten kann. Bei der Konzipierung der Textfolge über Marias Betreuung im Tempel (3,35–37) greift er zum einen offensichtlich auf Erzähltraditionen zurück, wie sie im ProtevJak verarbeitet sind[580]; zum anderen gibt er sich mit der Erzählversion über Zacharias in 19,2–15 nicht zufrieden und bietet eine Fassung, für die er sich an der in Lk 1,5ff. belegten Version orientiert hat[581].

Es zeichnet sich somit das Bild eines für die Konzipierung von 3,33–51 zuständigen Verfassers[582] ab, der nicht nur in der Lage war, im ihm zur Verfügung stehenden bereits umfangreichen koranischen Textgut verstreut vorgegebene Textfolgen kritisch zu sichten, teilweise wörtlich zu übernehmen und in kompilierender Weise auf dieser Basis eine neue literarische Texteinheit zu konzipieren, sondern dabei auch zugleich seine Kenntnisse anderweitiger christlicher Traditionen zum Thema einbringen konnte. Mit seiner in Sure 3 ziemlich am Anfang verklammerten Version will der Verfasser die richtige Lesart für alle weiteren Aussagen über Maria und Jesus vorgeben. Insofern ist sein Text zugleich ein in redaktioneller Absicht konzipiertes Textprodukt, das er auf das ihm zugängliche koranische Textgut bezogen buchkonzeptionell durchdacht platziert hat.

Dass es dem Verfasser nicht bloß darum geht, eine in sich geschlossenere Erzählversion zu konzipieren, sondern darum, mit seiner Textfolge für die in den älteren Texten vorgegebene Hochschätzung Marias und der jungfräulichen Geburt Jesu den korantheologisch korrekten Aussagerahmen abzustecken, ist besonders gut an folgenden Detail- und Akzentverschiebungen erkennbar:

Ein Mitwirken von Gottes Geist, wie es in den Vorlagentexten 19,17–19 und 5,110 festgehalten ist, blendet er aus; somit ist ausgeschlossen, aus Marias jungfräulicher Geburt Jesu mit Verweis auf den daran beteiligten Geist Gottes die Vorstellung einer Gottessohnschaft Jesu abzuleiten. In die gleiche Richtung geht, dass der Verfasser sich für die Beantwortung der Frage Marias (3,47) bewusst auf die Feststellung in 19,35 bezieht[583]: „Wenn er eine Angelegenheit bestimmt, so sagt er dazu nur: ‚Sei!' und dann ist sie". Für den Verfasser hat Gott Marias jungfräuliche Geburt Jesu allein mittels seines Schöpferwortes bewirkt.

---

[580] Vgl. dazu oben bei Anm. 578.
[581] Vgl. oben nach Anm. 579.
[582] Der Frage, ob er auch für die Abfassung von 3,52ff. verantwortlich zeichnet, kann hier nicht weiter nachgegangen werden.
[583] Vgl. dazu oben bei Anm. 553.

Das wird unmissverständlich noch einmal betont in 3,59, indem hier Jesu Erzeugung mit der Erschaffung Adams gleichrangig vorgestellt wird: „Siehe, vor Gott gleicht Jesus Adam. Er erschuf ihn aus Erde. Dann sagte er zu ihm: ‚Sei!' und dann war er." Diese Klarstellung in 3,59, dass anstelle des von Gott ausgehenden Geistes als lebenschaffende Kraft (vgl. so 66,12; 21,91) allein Gottes Schöpferwort für die Erschaffung Jesu wie Adams[584] ausschlaggebend gewesen sei, liegt zwar auf der Linie von 3,47[585], könnte aber wegen der Gleichstellung Jesu mit Adam eine später verschärfende Stellungnahme sein.

Der Verfasser von 3,33–51 ist, wie eben vermerkt, darauf aus, für die am Traditionskomplex „Marias jungfräuliche Geburt Jesu" haftende besondere Bedeutung und Wertschätzung Marias und Jesu einen korantheologisch korrekten Aussagerahmen abzustecken. Er will und kann darlegen: An diesem Traditionskomplex kann festgehalten werden, die Vorstellung einer Gottessohnschaft Jesu ist daraus nicht ableitbar!

Da abgesehen von den oben sondierten Texten im koranischen Textgut weitere Stellungnahmen zum Status Jesu enthalten sind, und zwar mit besonders kritischen Ausführungen zur Jesusverehrung (vgl. z. B. 5,17! und 5,72–75), bezieht der Verfasser von 3,33–51 mit seiner Version Position zu innergemeindlichen Disputen über die strittige Frage einer besonderen Wertschätzung Jesu und Marias. Dass auch zu Marias Status divergierende Auffassungen vertreten wurden, ist 5,116 zu entnehmen[586]. Zur

---

[584] 3,59 ist demnach auch eine „Korrektur" zu Aussagen über die Erschaffung Adams in den Iblis-Erzählungen (vgl. auch 32,7–9). In der ältesten Version 38,71 ff. (vgl. dazu oben nach Anm. 339) in V. 72 (vgl. die Parallele 15,29) heißt es: „Wenn ich es (das menschliche Wesen; vgl. V. 71) zurechtgeformt und ihm von meinem Geist eingehaucht habe, dann fallt und werft euch vor ihm nieder"; in der später konzipierten Parallelversion 7,11 ff. fehlt bereits ein Hinweis auf das Einhauchen des Geistes.

[585] Die übrigen Belegstellen für den Hinweis auf Gottes schöpfungswirksames Wort „Sei! und es ist" (kun wa/fa-yakunu): 2,117: „Wenn er eine Angelegenheit bestimmt, so sagt er dazu nur: ‚Sei!' und dann ist sie". Zuvor in V. 116: „Und sie sagen: ‚Gott hat sich Kinder genommen …'" – 16,40 (gegen die Behauptung, Gott werde Tote nicht auferwecken): „Unser Wort zu etwas, wenn wir es wollen, ist, dazu nur zu sagen: ‚Sei!' und dann ist es." – 36,82 (im Zusammenhang mit der Frage der Möglichkeit der Wiedererweckung zum Leben): „Sein Befehl, wenn er etwas will, ist, dazu nur zu sagen: ‚Sei!' und es ist." – 6,73: „Und er ist, der die Himmel und die Erde in Wahrheit geschaffen hat. Und an dem Tag, da er sagt: ‚Sei!' und dann ist es." – 40,68: „Er ist es, der lebendig macht und sterben läßt. Wenn er eine Angelegenheit bestimmt, so sagt er dazu nur: ‚Sei!' und es ist".

[586] Dieser Vers mit der Frage Gottes, ob Jesus gesagt habe „Nehmt mich und meine Mutter zu Göttern neben Gott", muss nicht als Beleg dafür gewertet werden, dass im Koran die christliche Trinitätsaussage als eine Dreiheit von „Gott, Jesus und Maria" missverstanden sei (vgl. so z. B. Rudolph, Die Abhängigkeit des Qorans [1922], 87: „Dass Muhammed Maria für eine Göttin halten konnte, erklärt sich leicht aus ihrem in der ganzen orientalischen Christenheit geläufigen Namen *theotokos*" [Gottesgebärerin].); die auffällige Berücksichtigung Marias dürfte hier damit zusammenhängen, dass man von christlichen Milieus wusste oder sogar zu ihnen Kontakte hatte, denen diese Art von extremer Hochschätzung Marias unterstellt oder vorgeworfen wurde; zu erinnern ist in diesem Zusammenhang an die Warnung des Nestorius (gest. ca. 450): „Ich habe schon viele Male gesagt, daß, wenn … man sich über das *theotokos* freut, ich nichts dagegen habe;

Frage, ob die auf Jesus bezogenen Textanteile in Sure 5 einheitlich konzipiert sind oder unterschiedliche Gewichtungen der Bedeutung Jesu widerspiegeln, wären genauere Sondierungen insofern wichtig, als sie aufdecken könnten, ob und welche unterschiedlichen Kreise der wachsenden koranischen Gemeinde sich besonders mit den Themen „Jesus" und „Maria" befassten und dabei unterschiedliche Wertschätzungen vertraten. Ein Indiz dafür, dass es in der Gemeinde wegen dieses Themenkomplexes auch zu Animositäten gekommen sein dürfte, ist 5,17 zu entnehmen. Dieser Vers[587] urteilt im Vergleich zur Parallele in 5,72 fast abschätzig über Jesus und Maria[588].

Die gesamte Textfolge 3,33–59 qualifiziert Neuwirth als „eine im Koran einmalig ausführliche Geschichte der Heiligen Familie"[589]. Hier sei, „[w]ie der Einleitungsvers zur Erzählung (Q 3:33) programmatisch deutlich macht, … die Gleichstellung der christlichen mit der abrahamitischen Tradition intendiert"[590]; man könne hier ein „important stage of development in the shaping of the qur'ānic message" erkennen[591]. Wenn man das in dieser Textfolge vorgestellte Bild von Maria wie auch von Jesus sowie die zahlreichen Berührungen mit christlichem Traditionsgut in Betracht ziehe, so deute das auf einen „intense contact between the community and liturgically versed, perhaps ascetic – though dogmatically rather undetermined – adherents of the Christian tradition to have preceded or accompanied the composition of the sura"[592]. Offen bleibt bei Neuwirth, wie man sich diesen „intense contact" und die Art der Beeinflussung auf die Abfassung dieser Sure konkret vorzustellen hat. Zur Frage einer „gemeindegeschichtlichen Verortung" komme man „über hypothetische Annahmen nicht hinaus". Es lasse sich „mit einiger Wahrscheinlichkeit annehmen …, daß in frühmedinischer Zeit ein – später nicht weiter verfolgter – Versuch unternommen wurde, die Autorität der abrahamitischen Tradition, und damit auch ihrer realen schrift- und exegesekundigen Erben, der medinischen Juden, durch die Projektion einer anderen geschichtsmächtigen genealogischen Gruppe, der Christen, zu unterminieren oder zumindest aufzuwiegen" (a. a. O., 541).

Man kann Neuwirth zustimmen, dass 3,33 ff. in der Tat in der Absicht konzipiert worden ist, eine „Gleichstellung der christlichen mit der abrahamitischen Tradition" zu signalisieren. In jedem Fall ging es hier darum, christliche grundlegend wichtige Traditionselemente eben auch als Elemente koranischen Textguts auszuweisen. Ausschlag-

---

nur soll man die Jungfrau nicht zur Göttin machen *(monon ouk poieito ten parthenon thean)*"; vgl. Loofs, Nestoriana (1905), 353.

[587] Auf 5,17 f. als Einschub deutet die Verklammerung dieser Verse nach dem „Prinzip der Wiederaufnahme" (vgl. 5,15 und 5,19).

[588] Vgl. Khoury (Der Koran [2004], 188): „Der Koran läßt in diesem Satz eine sonst seltene Härte gegenüber den Christen erkennen".

[589] Vgl. Neuwirth, Der Koran als Text der Spätantike (2010), 538.

[590] Ebd. – Allerdings zielt auf eine solche „Gleichstellung" im Grunde auch schon Sure 19,16–33.

[591] Neuwirth, Mary and Jesus – Counterbalancing the Biblical Patriarchs (2005), 258; vgl. a. a. O., 233 f.

[592] Neuwirth, Debating Christian and Jewish Traditions (2008), 299.

gebend für dieses Anliegen des Verfassers müssen, wie oben bereits angedeutet, innergemeindliche Entwicklungen gewesen sein.

Die wiederholte Betonung der Wertschätzung Jesu und Marias und die intensive Verhandlung der Thematik der jungfräulichen Geburt Jesu im koranischen Textgut kann man als Indizien dafür werten, dass Zahl und Einfluss derjenigen in der koranischen Gemeinde beachtlich zugenommen hatten, für die der Themenkomplex „Jesus und Maria" als Proprium christlicher Glaubensvorstellungen eine besondere Bedeutung hatte. Die entsprechenden Kreise waren mit dem wichtigsten christlichen Traditionsgut vertraut; z. B. reichten knappe Hinweise wie in 21,91 und 66,12 offensichtlich aus, um auf den ganzen Erzählkomplex „Marias jungfräuliche Geburt Jesu" anzuspielen.

Nach allem ist also davon auszugehen, dass es zur Zeit der Abfassung dieser Texte und zumal von 3,33 ff. innerhalb der koranischen Gemeinde einflussreiche Gruppierungen gab, die in besonderer Weise bestimmte christliche Glaubenstraditionen pflegten und auf ihre Berücksichtigung im koranischen Textgut Wert legten.

Was für diese Kreise zu erheben ist – dass ihnen, wie besonders an 3,33 ff. ablesbar, „die Gleichstellung der christlichen mit der abrahamitischen Tradition"[593] und die hohe Wertschätzung Marias und Jesu ein wichtiges Anliegen ist –, das ist auch für den Verfasser selbst zu veranschlagen. Zugleich spricht das dafür, dass er sich solchen Kreisen besonders verbunden weiß.

Diese Gruppierungen waren als Angehörige der koranischen Gemeinde keine Christen; es spricht aber nach den bisherigen Sondierungen und Erkenntnissen alles dafür, dass es sich um aus christlichen Milieus stammende Konvertiten handelt. Eine Textkonzeption wie die von 3,33–51, die darin vor Augen stehenden Adressaten, für die die Gleichstellung der christlichen mit der abrahamitischen Tradition ein Anliegen war und für die der Verfasser entsprechend korantheologisch korrekt seine Version konzipiert und „liefert", sind dafür eindeutige Indizien.

Insgesamt führen die bisherigen Sondierungen zu 3,33–51 zu dem Ergebnis, dass die Konzipierung einer solchen Textfolge nicht noch in einem Stadium der Gemeindebildung zu Lebzeiten des Verkünders Mohammed erfolgt sein kann. Die oben aufgezeigten Textverhältnisse und -entwicklungen bis zur Konzipierung von 3,33–51 und zumal das daraus ablesbare Verfasserprofil sprechen eindeutig dagegen, hier Mohammed selbst als Autor zu veranschlagen oder an einen Verfasser zu denken, der im Zusammenwirken mit Mohammed agiert hätte.

6.4 Zusammenfassung

In älteren koranischen Texten kommt Jesus zunächst keine Sonderrolle in der Reihe der Gesandten Gottes zu; doch wird er schließlich neben Abraham und Mose als Vorläufer

---

[593] Vgl. oben bei Anm. 590.

Mohammeds besonders genannt. Eine deutliche Nähe zu christlichen Vorstellungen und Einschätzungen ist erst jenen Texten zu entnehmen, die sich zum Vorstellungskomplex „Maria und die jungfräuliche Geburt Jesu" äußern.

Lässt man die einschlägigen Texte Revue passieren, so ist ihrer sukzessiven Einarbeitung ins koranische Textgut zu entnehmen, dass das Thema „Maria und die jungfräuliche Geburt Jesu" über längere Zeitspannen, und zwar bis in die Spätphase der Korangenese, innergemeindlich von Bedeutung war.

Die Sondierungen zu diesen Texten (vgl. 21,91; 66,12; 19,2–36; 5,10; 3,33–51) ließen darin unterschiedliche Akzentsetzungen, zumal die divergierenden Angaben zum Geist Gottes bzw. zum heiligen Geist erkennen. Für diese Divergenzen waren sukzessive Bemühungen ausschlaggebend, zum einen analog zur christlichen Tradition das Mitwirken des Geistes oder heiligen Geistes an Marias jungfräulicher Geburt Jesu zwar zu betonen, um so die hohe Wertschätzung Marias und Jesu in Gottes Augen zu belegen; aber zum anderen sollte je länger je mehr durch als koranisch ausgewiesene Klarstellungen ausgeschlossen werden, dass mit diesem Vorstellungskomplex „Maria und die jungfräuliche Geburt Jesu" Jesus in eine exklusive Nähe zu Gott gerückt werde bzw. dass damit der Gedanke einer Gottessohnschaft Jesu verbunden sein könne.

Zumal die jüngste Version zum christlichen Traditionskomplex „Maria und die jungfräuliche Geburt Jesu" in 3,33–51 mit dem deutlichen Anliegen, die Gleichstellung der christlichen mit der abrahamitischen Tradition[594] zu signalisieren bzw. grundlegend wichtige christliche Traditionselemente eben auch als Elemente koranischen Textguts auszuweisen, spricht eindeutig für die Annahme, dass der hier zuständige Verfasser im Interesse und als Vertreter von Kreisen agierte, die sich aus aus christlichen Milieus stammenden Konvertiten zusammensetzten[595]. Der Verfasser gehört zu den in ihren Reihen in den eigenen religiösen Traditionen und Texten besonders bewanderten Leuten, die sich zugleich bestens im bereits verschriftet vorgegebenen koranischen Textgut auskannten und „schriftgelehrte", literarische Techniken zur Konzipierung und Einpassung eigener, neuer Texteinheiten beherrschten[596].

Nach allem ist also festzuhalten, dass sich zur Zeit der Abfassung von 3,33–51 eine beachtliche Zahl von Konvertiten aus christlichen Milieus zur koranischen Gemeinde zählten. Für sie war das christliche Traditionsgut über Marias jungfräuliche Geburt Jesu weiterhin wichtig und unaufgebbar; man musste sich aber der Frage stellen, in welcher Weise dieses Traditionsgut korantheologisch korrekt zu vertreten war.

Wie die sondierten Textverhältnisse erkennen lassen, musste die besondere Wertschätzung dieses Traditionsguts gegenüber Vorwürfen oder Missverständnissen einer

---

[594] Vgl. oben bei Anm. 590.
[595] Die Diskussion der Frage, ob die Konzipierung einer Textfolge wie 3,33–51 (bzw. bis 3,59) eher den Hintergrund von juden-christlichen Traditionen und Lehren (so z.B. Neuwirth, Debating Christian and Jewish Traditions [2008], 303) oder „a mainstream type of Christianity" (vgl. z.B. Mourad, Mary in the Qurʾān [2008], 172) widerspiegelt, kann hier nicht geführt werden; zu Berührungen koranischen Textguts mit dem Juden-Christentum vgl. auch oben Anm. 444.
[596] Vgl. oben die Hinweise bei Anm. 582.

von koranischen Grundauffassungen abweichenden Theologie mit wiederholten Klarstellungen verteidigt werden. Kreise von Konvertiten aus christlichen Milieus auf der einen Seite – wer waren die anderen?[597]

---

[597] Für Neuwirth weist Sure 3 „Spuren einer intensivierten theologischen Auseinandersetzung mit Christen auf …, ohne jedoch bereits eine polemische Position zu bestimmten christlichen Dogmen zu beziehen" (Der Koran als Text der Spätantike [2010], 474, Anm. 61). Die hier gewonnenen Erkenntnisse zur Genese von Sure 3,33 ff. sprechen jedoch eher für innergemeindliche Auseinandersetzungen, also Differenzen zwischen Konvertiten aus christlichen Milieus und anderen Gläubigen; es ist allerdings auch denkbar, dass hier unklare Positionen unter den christlichen Konvertiten selbst geklärt werden.

IV Ergebnisse und Folgerungen

Die uns überkommene Fassung des Korans ist das Ergebnis erst nach Mohammeds Tod einsetzender Sortierung und redaktioneller Arrangierung des vom Propheten hinterlassenen koranischen Textguts. Ob und in welcher Weise und in welchem Umfang dieses Textgut auch schon vom Propheten selbst geordnet war, ist schwer zu entscheiden. Ebenso weiß man nur wenig über die Prozesse der literarisch-redaktionellen Gestaltungen des koranischen Textguts nach Mohammeds Tod. Die Hinweise dazu seitens der islamischen Tradition sind oft unklar und insgesamt dem Dogma verpflichtet, dass das in der jetzigen Endversion des Korans arrangierte Textgut jedenfalls insgesamt von Mohammed herzuleiten ist[598].

In den Bibelwissenschaften ist es inzwischen eine Selbstverständlichkeit, dass historisch-kritische Forschung ergebnisoffen nur gelingen kann, sofern die Vorgaben der Tradition und des Dogmas selbst kritisch auf ihren historischen Wahrheitsgehalt hin analysiert werden und nicht mehr von vornherein als historisch zutreffende Informationen die Ausgangslage wissenschaftlicher Forschung bilden[599]. Übertragen auf Untersuchungen zur Korangenese heißt das, die islamischen Traditionen über die Herleitung sämtlicher Texte von Mohammed sowie deren Arrangierung zum fertigen Koran enthalten möglicherweise historisch zuverlässige Informationen, aber möglicherweise auch nicht. Von vornherein ist jedenfalls nicht auszuschließen, dass auf dem Wege zur Endversion des Korans nach Mohammeds Tod auch Textfolgen konzipiert und in vorgegebenes koranisches Textgut redaktionell einsortiert wurden, die nicht von Mohammed hergeleitet werden können, die aber eben gerade deswegen ein Licht auf Phasen der Korangenese und damit auch auf Entwicklungen und Konstellationen in der koranischen Gemeinde nach Mohammeds Tod werfen.

Entsprechend sind die hier vorgelegten Studien ein Versuch, Textgestaltungen im Koran unabhängig von den Vorgaben der Tradition und somit auch unabhängig von der bis heute überwiegend von Nöldeke beeinflussten traditionellen Koranforschung[600] zu analysieren und dabei aufzudecken, welche Textfolgen als literarisch-redaktionell konzipiert einzustufen sind und ob die entsprechenden literarischen Prozesse noch von Mohammed selbst verantwortet sein können.

Aus bibelwissenschaftlicher Sicht erscheinen die Textverhältnisse im Koran durchaus denen in den alttestamentlichen Prophetenbüchern vergleichbar. Hier wie dort ist

---

[598] Vgl. dazu die Ausführungen oben nach Anm. 51 sowie nach Anm. 78.
[599] Vgl. dazu oben die Ausführungen nach Anm. 109 sowie nach Anm. 132.
[600] Vgl. dazu oben die Ausführungen nach Anm. 51 sowie nach Anm. 103 und ferner Anm. 247 und Anm. 475.

häufig unklar, ob Prophetenrede oder Gottesrede vorliegt; hier wie dort lassen sich deutliche Einschubtexte sondieren; hier wie dort stößt man häufig auf Dubletten oder Parallelversionen etc.

Zu den Formen der Gottesrede im Koran: Für alttestamentliche Prophetenbücher lässt sich inzwischen zeigen, dass es im Verlauf ihrer Tradierungsgeschichte zunehmend die Tendenz gab, vorgegebenes Textgut durch literarische Eingriffe deutlicher als Gottesrede zu kennzeichnen und damit die Textautorität zu steigern[601]; schließlich hat dieses Verfahren auch bei der Konzipierung der sog. Tempelrolle aus Qumran eine Rolle gespielt[602].

Da im koranischen Textgut überaus häufig Er-Berichte über Gott in die Gottesrede als Wir- oder Ich-Rede Gottes übergehen sowie auch Wir- oder Ich-Rede Gottes aufeinander folgen bzw. miteinander abwechseln, die bisherigen Erklärungen dieses Befundes jedoch völlig unbefriedigend wirken[603], lag es nahe, zu sondieren, ob nicht in bestimmten Textfolgen ebenfalls der merkwürdige Wechsel in die Gottesrede aus dem Anliegen resultiert, den Offenbarungscharakter der Aussagen, die Herleitung von Gott selbst, nachträglich eindrücklicher vor Augen zu rücken. Als Ergebnis solcher hier nur exemplarisch durchführbaren Spurensuche[604] kann festgehalten werden, dass jedenfalls eindeutige Belege für ein solches literarisch redaktionelles Eingreifen in vorgegebene Textfolgen beigebracht werden können. Den verantwortlichen Bearbeitern des ihnen zugänglichen (oder: des von ihnen betreuten) literarisch fixierten koranischen Textguts lag nicht nur daran, die von ihnen vorgenommenen Einschubtexte eindeutig als Gottesrede zu kennzeichnen. An mehreren Beispielen ist zu erkennen, dass Einschübe oder auch Zusätze von Ich-Rede die jeweiligen Kontextaussagen deutlicher als Gottesrede etikettieren sollten.

Wie auch immer noch zu bestimmen sein wird, in welchem Umfang über die oben beigebrachten Belege hinausgehend sich weitere späte Interpolationen von Ich- oder auch Wir-Rede Gottes nachweisen lassen – in jedem Fall geht aus den hier unternommenen Sondierungen zu Formen der Gottesrede und ihren Kontextverankerungen schon eindeutig hervor, dass für die Textgestaltung des koranischen Textguts auch literarisch redaktionell ausgerichtete Textinterpolationen zu veranschlagen sind, die nicht mehr noch während der Wirkungszeit des Verkünders und also auch nicht von ihm autorisiert erfolgt sein können[605]. Ferner ist schon auf Grund der angeführten Beispieltexte die Annahme naheliegend, dass die dafür verantwortlichen Bearbeiter damit eben Diskussionen über Art und Weise der Offenbarungsübermittlung und auch über die direkte oder indirekte Herleitung des koranischen Textguts von Gott berücksichtigten.

Während im Blick auf diese Textinterpolationen von Gottesrede bislang lediglich

---

[601] Vgl. oben vor Anm. 119.
[602] Vgl. oben nach Anm. 120 sowie Anm. 121.
[603] Vgl. oben nach Anm. 161.
[604] Vgl. oben nach Anm. 154.
[605] Vgl. dazu oben nach Anm. 133 die Hinweise auf die Kriterien, nach denen die Herkunft von Einschüben aus der Hand Mohammeds auszuschließen ist.

auszumachen ist, dass sie zwar eindeutig nicht schon während der Wirkungszeit Mohammeds vorgenommen worden sein können, aber sonst Hinweise für eine genauere Verortung der dafür verantwortlichen Bearbeiter noch fehlen[606], ist auf Grund der umfassenderen textvergleichenden Sondierungen zu den Iblis/Satan-Texten[607] deutlicher zu erkennen, welche Kreise für die Konzipierung dieser Textfolgen verantwortlich zeichnen.

Zu den Iblis/Satan-Texten: Im Wesentlichen sind drei Sachverhalte für die Eigenart dieser Textgruppe kennzeichnend.

a) Die verantwortlichen Verfasser konzipieren ihre Iblis/Satan-Versionen mit dem Ziel, für Aussagen und Ausführungen im ihnen vorgegebenen koranischen Textgut, die sie als theologisch lückenhaft und unsystematisiert, also ergänzungsbedürftig, empfanden, eine theologisch stimmigere Systematik zu liefern.

Schon für die Grundversion in Sure 38,71–85 gilt: Während sonst im Koran die „einzelnen Nachrichten zu den Satanen schwer systematisierbar" sind[608] und keineswegs klarstellen, woher die Satane kommen, welchem Bereich sie angehören, inwieweit sie Gott „gehorchen" oder auch nicht, soll diese am Ende von Sure 38 sekundär eingearbeitete Iblis-Erzählung über Ursprung und Anfang aller die Menschheitsgeschichte begleitenden satanischen Aktionen informieren, also die bislang außer Acht gelassene Frage „unde malum" beantworten; die Iblis-Erzählung ist hier also konzipiert gleichsam als theologisch umgreifender Bezugsrahmen zur Orientierung für die rechte Einschätzung aller Satanaussagen[609].

Die an 38,71–85 anknüpfenden, sukzessiv in der zeitlichen Abfolge 1) 7,11–24; 2) 20,116–123; 3) 2,30–38 konzipierten Iblis/Satan-Versionen zielen mit ihren zusätzlichen Ausführungen über die Stammeltern im Paradies und die Folgen ihrer Verführung durch Satan ganz eindeutig darauf ab, allgemeingültige, die gesamte Menschheit von Anfang an betreffende Bestimmungen Gottes (Verlust des Paradieses bzw. der Nähe Gottes; Bleibe und Nutznießung auf der Erde; Feindschaft unter den Menschen zwischen Gläubigen und Ungläubigen; von Gott ausgehende Rechtleitung) vor Augen zu führen. Diese Textfolgen mit unverkennbar universalisierenden Anliegen[610] widerspiegeln den Anspruch der „Religion Gottes" mit der Zusage der Rechtleitung auf alle Menschen.

Die textvergleichenden Gegenüberstellungen belegen eindeutig, dass die Primärversion 38,71–85 für den Verfasser von 7,11–24 als Ausgangstext diente, dass wiederum 7,11–24 den Ausgangstext für den Verfasser von 20,116–123 bildete und diese Version zusammen mit 7,11–24 wiederum die Ausgangstexte für den Verfasser von 2,30–38 darstellten. Dieses Beziehungsgeflecht der Versionen untereinander erklärt die engen

---

[606] Möglicherweise stößt man auf aussagekräftige Indizien nach Untersuchungen, in denen sämtliche Belegstellen für Ich- und Wir-Rede Gottes zu analysieren wären.
[607] Vgl. dazu oben nach Anm. 247.
[608] Vgl. oben Anm. 353.
[609] Vgl. zu Einzelheiten oben nach Anm. 362 sowie die Ausführungen vor Anm. 375.
[610] Vgl. auch die Anrede „O Kinder Adams".

wörtlichen und thematischen Berührungen. Die deutlichen Divergenzen wiederum resultieren daraus, dass der jeweilige Verfasser die ihm vorgegebene Version kritisch auf theologische Stringenz überprüft und festgestellte Defizite in seiner Neufassung zu beheben sucht. Offensichtlich waren Eingriffe und Textverbesserungen direkt an der jeweils vorgegebenen Version nicht mehr möglich. Man konnte aber, um das theologische Reflexionsniveau anzuheben und das eigene theologische Anliegen deutlich zu machen, literarisch Parallelversionen konzipieren und diese redaktionell anderenorts im koranischen Text einsortieren.

So ist schließlich die jüngste Version 2,30–38 bezogen auf die älteren Textfolgen der korantheologische Spitzentext. Diese Textfolge ist gezielt im Blick auf bereits im koranischen Textgut vorgegebene verschriftete Iblis/Satan-Texte literarisch neu konzipiert worden. Mit der Verklammerung von 2,30–38 im Eingangsteil zu Sure 2, also nach der *Fātiḥa* gezielt zu Beginn des „Buches" (Sure 2,2), erreicht der Verfasser, dass der Leser alle weiteren Aussagen zu Iblis/Satan nach Vorgabe seiner Interpretation wahrnimmt.

b) Damit ist schon der zweite Faktor angesprochen, der für die Eigenart der Iblis/Satan-Versionen kennzeichnend ist. Man muss sich vor Augen halten, dass der jeweilige Verfasser vorgegebene koranische Aussageeinheiten im Blick auf ihre erzählerische (textdramatische) wie theologische Stimmigkeit einer Relecture bzw. einer Revision unterzog und daraufhin eine eigene Version gleichsam als „Neuauflage" erarbeitete und schließlich im vorgegebenen koranischen Textgut literarisch redaktionell geschickt (vgl. bes. 2,30–38) einarbeitete. Daraufhin wird deutlich, in welchem Ausmaß nicht nur theologisches Wissen, sondern auch literarisches Spezialistentum als Basis für die Konzipierung dieser Textfolgen zu veranschlagen ist[611]. Hier waren Gelehrte am Werk, die auf Grund ihrer literarischen Fähigkeiten und Kenntnisse nach dem Tode Mohammeds sich der Aufgabe stellten, das damals wie auch immer schon sortierte koranische Textgut neu zu ordnen, zu redigieren und zu ergänzen.

c) Zudem waren diese Gelehrten, denen das koranische Textgut vertraut und in verschrifteten Versionen zugänglich war, zugleich Kenner und Vermittler spezieller biblischer und außerbiblischer Stoffe und Themen jüdischer und judenchristlicher Provenienz. Zahlreichen und deutlichen Indizien ist zu entnehmen, dass die jeweiligen Autoren sich in Schriften wie z.B. „Vita Adae et Evae", die sog. „Schatzhöhle" oder deren Vorstufen sowie „Midrasch Gen. Rab." und „Buch der Jubiläen" bestens auskannten und daraus bei der Konzipierung der Iblis/Satan-Erzählungen bestimmte Erzählstoffe bzw. Inhalte aufgegriffen und theologisch reflektiert literarisch verarbeiteten[612].

Insgesamt ist also festzuhalten: Da die Entstehung dieser Textpassagen nicht anders zu erklären ist, als dass sie zum Zweck einer theologischen Klarstellung oder Korrektur des vorgegebenen koranischen Textguts literarisch konzipiert wurden und dafür als

---

[611] Vgl. dazu auch die Erwägungen bei Anm. 421 sowie nach Anm. 451.
[612] Vgl. zur „Schatzhöhle" nach Anm. 367; 380; 413; zu VitAd vgl. z.B. oben bei Anm. 371; zum „Buch der Jubiläen" vgl. oben bei Anm. 375 sowie 381; zu Gen. Rab vgl. oben bei Anm. 417; vgl. auch die Hinweise bei Anm. 399 zu Kenntnissen bibelexegetischer Problemstellungen.

Voraussetzung beachtliche Kenntnisse von Sondertraditionen aus nachbiblischen jüdischen oder christlichen Schriften ausschlaggebend waren und dieses Spezialwissen textprägend eingesetzt wurde, leuchtet die Herleitung solcher Textpassagen nach dem traditionellen Erklärungsmodell als Mohammeds authentisches Wort nicht mehr ein[613]. Im speziellen Fall der Iblis/Satan-Texte versagt auch der Erklärungsversuch, es könne sich um „transcripts of different *oral* recitations of the same story made in close succession"[614] handeln, woraufhin auch solche Texte von dem einen Verkünder herzuleiten seien.

Es spricht vielmehr alles dafür, dass die Verfasser der Iblis/Satan-Versionen eben wegen ihres besonderen religiösen Wissens und ihrer theologischen Interessen als „schriftgelehrte" (mit den eigenen Schriften und Traditionen vertraute) zur koranischen Gemeinde konvertierte Juden und/oder (Juden-)Christen zu identifizieren sind[615]. Im Fall von 2,30–38 deuten alle Sondierungen und Beobachtungen darauf hin, dass es sich um die gelehrte Arbeit jüdischer Konvertiten handelt. Für die älteren Versionen kann man nicht gänzlich ausschließen, dass hier Konvertiten aus christlichen Milieus federführend waren.

Dass sich die an den Iblis/Satan-Versionen erkennbare Bearbeitung koranischen Textguts nach Mohammeds Tod über einen längeren Zeitraum hingezogen haben muss, ist schon aus den zeitversetzt aufeinander folgenden Texten selbst zu schließen.

Ferner dürften die in diesen Texten unverkennbaren universalisierenden Tendenzen die nach Mohammeds Tod schließlich forciert einsetzende Ausweitung des muslimischen Machtbereichs reflektieren[616].

Dass die „schriftgelehrten" Autoren ihre Arbeit nicht lediglich für den eigenen Gebrauch leisteten, sondern damit einem wie auch immer empfundenen Defizitcharakter von Korantexten abzuhelfen suchten, den gerade auch konvertierte oder konversionsbereite Normaljuden und -christen im Vergleich zu ihrem eigenen religiösen Wissen wahrnehmen konnten[617], könnte durch inzwischen zunehmende Konversionen zum Islam veranlasst sein, was ebenfalls auf einen seit Mohammeds Tod inzwischen expandierten muslimischen Einflussbereich hinweisen würde[618].

Zu koranischen Versionen der Mose-Erzählung – „Mose und die Kinder Israel nach der Errettung vor Pharao": Durchsicht und Vergleich der Textfolgen zum Thema „Mose und Tun und Ergehen der Kinder Israel nach der Errettung vor Pharao" (2,49–93; 7,141–166; 10,93; 20,80–98) ergeben, dass davon 7,141–166 und 2,49–93 wegen der hier gesteigerten Israel-Kritik/Polemik die jüngeren Versionen sind. Die zwischen die-

---

[613] Vgl. dazu ausführlicher die Hinweise und Erwägungen bei Anm. 453.
[614] Vgl. oben bei Anm. 421.
[615] Zu Hinweisen auf jüdische und christliche Konvertiten in der Frühzeit des Islam vgl. die Hinweise oben bei Anm. 462, 463 und 467.
[616] Vgl. oben bei Anm. 469 sowie 228.
[617] Vgl. oben bei Anm. 466.
[618] Es ist durchaus möglich, dass der Koran seine endgültige Textgestalt erst in der Zeit 'Abd al-Maliks um 690 erhalten hat (vgl. dazu schon oben nach Anm. 73).

sen beiden Textfolgen feststellbaren engen inhaltlichen und wörtlichen Übereinstimmungen einerseits, aber auch die beachtlichen Differenzen andererseits resultieren daraus, dass 7,141–166 als ältere Version die Ausgangsbasis zunächst für die Konzipierung der Textfolge 2,47–65 darstellte, mit der der zuständige Verfasser eine unmissverständliche Abwertung des jüdischen Glaubens und des Judentums in auffällig pointierter Position in Sure 2 festschreibt. Deutlicher als die Vorlage demontiert er mit Verweisen auf Israels Tun und Ergehen in seiner Anfangszeit die Einschätzung der „Kinder Israel" als eine von Gott bevorzugte Größe[619].

Die jetzige Textfolge 2,40–93 ist das Ergebnis der noch später vor 2,47 ff. eingeschalteten Ergänzung durch 2,40–46 zusammen mit 2,92 f. Der hier verantwortliche Interpolator propagiert mit Bezug auf 2,47–65 konsequenterweise für seine zeitgenössischen Juden (vgl. die Anrede in 2,40) die Konversion zum koranischen Glauben[620].

Auch für diese Textentwicklungen waren Leute verantwortlich, die zum einen bestens mit dem ihnen verschriftet zugänglichen koranischen Textgut vertraut waren, die zum anderen auf Spezialwissen im Bereich biblischer und rabbinischer Texte[621] zurückgreifen konnten und die zum dritten literarische Techniken schriftgelehrter Textbearbeitung beherrschten[622]. Als Autoren kommen am ehesten zur koranischen Gemeinde konvertierte schriftgelehrte, literarisch versierte Juden in Frage.

Zur Frage nach dem konkreten Anlass für diese redaktionelle Neuausrichtung kann vorerst lediglich festgehalten werden, dass es möglicherweise bestimmten Gruppen jüdischer Konvertiten innerhalb der koranischen Gemeinde zu signalisieren galt, die Herkunft aus dem Judentum bedeute keineswegs einen privilegierten Status in Gottes Augen; es ist aber auch vorstellbar, dass Konfrontationen mit jüdischen Milieus und Streit über den wahren Glauben ausschlaggebend gewesen waren[623].

Zu koranischen Aussagen über Rolle und Rang Jesu: Erst in jenen Texten, die sich zum Vorstellungskomplex „Maria und die jungfräuliche Geburt Jesu" äußern (vgl. 21,91; 66,12; 19,2–36; 5,10; 3,33–51), ist eine deutliche Nähe zu spezifisch christlichen Vorstellungen und Einschätzungen erkennbar. Ihrer sukzessiven Einarbeitung ins koranische Textgut und zumal dem Beziehungsgeflecht zwischen Textfolgen 19,2–36; 5,10; 3,33–51 ist zu entnehmen, dass das Thema „Maria und die jungfräuliche Geburt Jesu" über längere Zeitspannen, und zwar bis in die Spätphase der Korangenese, innergemeindlich von Bedeutung war, dass aber zugleich die besondere Wertschätzung dieses christlichen Traditionsguts offensichtlich wiederholt gegen Missinterpretationen abgesichert werden musste.

3,33–51 als die jüngste Version zu diesem christlichen Traditionskomplex mit dem deutlichen Anliegen, die „Gleichstellung der christlichen mit der abrahamitischen Tra-

---

[619] Vgl. oben nach Anm. 522.
[620] Vgl. oben nach Anm. 510, 523.
[621] Vgl. oben bei Anm. 505, 525, 527.
[622] Vgl. oben nach Anm. 502; s. a. oben bei Anm. 529.
[623] Vgl. oben bei Anm. 532.

dition"⁶²⁴ zu signalisieren bzw. grundlegend wichtige christliche Traditionselemente eben auch als Elemente koranischen Textguts auszuweisen, lässt eindeutig erkennen, dass der hier zuständige Verfasser im Interesse und als Vertreter von Kreisen agierte, die sich aus aus christlichen Milieus stammenden Konvertiten zusammensetzten. War für diese das christliche Traditionsgut über Marias jungfräuliche Geburt Jesu unaufgebbar, so war allerdings die Frage zu klären, in welcher Weise dieses Traditionsgut korantheologisch korrekt einzuordnen war. Zu diesem Zweck ist 3,33–51 konzipiert worden. Der verantwortliche Verfasser will darlegen: An diesem Traditionskomplex kann festgehalten werden, die Vorstellung einer Gottessohnschaft Jesu ist daraus nicht ableitbar! Dieser Verfasser war nicht nur in der Lage, im ihm zur Verfügung stehenden bereits umfangreichen koranischen Textgut verstreut vorgegebene Textfolgen zum Thema (so deutlich 19,2–36 und 5,110) kritisch zu sichten, teilweise wörtlich zu übernehmen und in kompilierender Weise auf dieser Basis eine neue literarische Texteinheit zu konzipieren⁶²⁵, sondern er konnte dabei auch zugleich seine Kenntnisse anderweitiger christlicher Traditionen zum Thema⁶²⁶ einbringen. Mit seiner in Sure 3 ziemlich am Anfang verklammerten Version will der Verfasser die richtige Lesart für alle weiteren Aussagen über Maria und Jesus vorgeben. Insofern ist sein Text zugleich ein in redaktioneller Absicht konzipiertes Textprodukt, das er auf das ihm zugängliche koranische Textgut bezogen buchkonzeptionell durchdacht in Sure 3 platziert hat.

Nach allem ist eine Textfolge wie 3,33–51 ein Beleg dafür, dass an der redaktionellen Sortierung und Gestaltung des koranischen Textguts nach Mohammeds Tod auch Gelehrte aus Kreisen christlicher Konvertiten beteiligt waren.

Die oben vorgenommenen Sondierungen und Analysen lediglich ausgewählter Textfolgen führen naturgemäß nur begrenzt zu Erkenntnissen über die Entstehungsgeschichte der Endfassung des Korans. Eindeutig ist jedoch auf Grund der bereits bisher beigebrachten Indizien Folgendes und daher abschließend zu betonen: In dem Zeitraum, der sowohl von islamischer Seite als auch von der sog. westlichen Forschung für die endgültige redaktionelle Konzipierung des Korans nach Mohammeds Tod veranschlagt wird⁶²⁷, hat es nicht nur eine Phase gegeben, in der vom Propheten Mohammed hergeleitete Suren und Textfolgen – wie auch immer – zusammengestellt, sortiert, arrangiert und bewahrt worden sind; auf dem Wege zur Endversion des Korans hat es auch eine Phase gegeben, in der Textprodukte entstanden, die nicht mehr auf Mohammed zurückgeführt werden können. Für die *Iblis/Satan-Texte*, ferner die Textfolgen zum Thema „*Mose und die Kinder Israel nach der Errettung vor Pharao*" sowie die jüngeren Ausführungen zum Vorstellungskomplex „*Maria und die jungfräuliche Geburt Jesu*" waren Autoren verantwortlich, die Zugriff auf literarisch fixiertes koranisches

---

⁶²⁴ Vgl. oben bei Anm. 590.
⁶²⁵ Vgl. dazu oben bei Anm. 561, 572.
⁶²⁶ Vgl. bei Anm. 577.
⁶²⁷ Neuwirth will inzwischen nicht mehr ausschließen, dass der Koran erst in der Zeit 'Abd al-Maliks um 690 n.Chr. in seiner Endfassung vorlag (vgl. dazu oben nach Anm. 73).

Textgut hatten, dieses betreuten, kontrollierten, theologisch reflektierten und so auf dem Wege kreativer Relecture Korrektur- und Ergänzungsbedarf wahrnahmen, also Textfolgen mit neuen Aussagerichtungen konzipierten und kompilierten und entsprechende Redaktionsarbeit leisteten.

Aus ihrer Arbeit und ihren Textprodukten[628] ist zu schließen, dass in der koranischen Gemeinde inzwischen Konvertiten aus jüdischen wie auch christlichen Milieus eine Rolle spielen, also Gruppierungen mit durchaus unterschiedlich religiösen Vorprägungen die Gestaltung des koranischen Textgut mitbeeinflusst haben.

Für die zum besseren Verständnis der koranischen Texte notwendige Erforschung und Aufhellung der Korangenese ist es m. E. künftig unabdingbar, unbeeinflusst von den Vorgaben der islamischen Tradition die Textverhältnisse im Koran ergebnisoffen intensiver und genauer zu analysieren. Möglicherweise lassen sich über die bisher wahrgenommenen Anzeichen hinaus weitere Indizien ausmachen, die ein deutlicheres Licht auf die innergemeindlichen Entwicklungen bzw. Diskurse und Differenzen zwischen unterschiedlichen Gruppierungen nach Mohammeds Tod werfen können.

---

[628] Darf man sich schließlich ein Gremium von Koranspezialisten unterschiedlicher Herkunft vorstellen, das sich innerhalb des expandierenden koranischen Gemeinwesens wie auch immer allmählich konstituiert hatte, um das koranische Textgut nach Mohammeds Tod zu betreuen, redaktionell zu überarbeiten und den korantheologisch korrekten Kodifizierungsprozess zu steuern?

Literaturübersicht

Abboud, H., Qur'anic Mary's Story and the Motif of Palm Tree and the Rivulet, in: Parole de l'Orient 30 (2005), 261–280.

Abu Zaid, Nasr Hamid, Gottes Menschenwort. Für ein humanistisches Verständnis des Koran. Ausgewählt, übersetzt und mit einer Einleitung versehen von Thomas Hildebrandt, Georges-Anawati-Stiftung 3, Freiburg i. Br. u. a. 2008.

Beck, E., Die Gestalt des Abraham am Wendepunkt der Entwicklung Muhammeds. Analyse von Sure 2,118(124)–135(141), in: Le Muséon LXV (1952), 73–94.

–, Iblis und Mensch, Satan und Adam. Der Werdegang einer koranischen Erzählung, in: Le Muséon 89 (1976), 195–244.

Becker, U., Exegese des Alten Testaments, UTB 2664, Tübingen 2005.

Berger, K., Das Buch der Jubiläen, JSHRZ II,3, Gütersloh 1981.

Bergsträßer, G., Koranlesung in Kairo, in: Der Islam XX (1932), 1–42.

Bobzin, H., Mohammed, München (3. Aufl.) 2006.

–, Der Koran. Eine Einführung, München 1999 (= 7. Aufl. 2007).

–, Der Koran. Aus dem Arabischen neu übertragen von Hartmut Bobzin unter Mitarbeit von Katharina Bobzin, München 2010.

Bobzin, H. u. Kleine, P. M. (Hg.), Glaubensbuch und Weltliteratur. Koranübersetzungen in Deutschland von der Reformationszeit bis heute. Katalog hg. von H. Bobzin u. P. M. Kleine, Arnsberg 2007.

Böwering, G., Recent research on the construction of the Qur'ān, in: Reynolds, G. S. (Hg.), The Qur'ān in Its Historical Context (2008), 70–87.

Bothmer, H.-C. Graf von, Ohlig, K.-H. u. Puin, G.-R., Neue Wege der Koranforschung, in: magazin forschung 1/1999 (Universität des Saarlandes), 33–47.

–, Die Anfänge der Koranschreibung: Kodikologische und kunsthistorische Beobachtungen an den Koranfragmenten in Sanaa, in: magazin forschung 1/1999 (Universität des Saarlandes), 40–47.

Bubenheim/Elyas (Scheich Abdullah as-Samit Frank Bubenheim u. Nadeem Elyas), Der edle Qur'ān und die Übersetzung seiner Bedeutungen in die deutsche Sprache, Medina (1422/1423 A. H.), 2002.

Burgmer, C., Streit um den Koran, Berlin (3. Aufl.) 2007.

Busse, H., Die theologischen Beziehungen des Islams zu Judentum und Christentum. Grundlagen des Dialogs im Koran und die gegenwärtige Situation, Darmstadt 1988 (= 2. unv. Aufl. 1991).

Crone, Patricia u. Cook, M., Hagarism: The Making of the Islamic World, Cambridge u. a. 1977.

Crone, P., What do we actually know about Mohammed, in: Open Democracy New Analysis, 10.6.2008 (http://www.opendemocracy.net).

de Blois, F., Elchasai – Manes – Muhammad. Manichäismus und Islam in religionshistorischem Vergleich, in: Der Islam LXXXI (2004), 31–48.

Diestel, L., Geschichte des Alten Testaments in der christlichen Kirche, Jena 1869.

Dochhorn, J., Die Apokalypse des Mose. Text, Übersetzung, Kommentar, Text and Studies in Ancient Judaism 106, Tübingen 2005.

Donner, F. M., The Qur'ān in recent scholarship. Challenges and desiderata, in: Reynolds, G. S. (Hg.), The Qur'ān in Its Historical Context (2008), 29–50.

Duhm, B., Das Buch Jeremia, Tübingen/Leipzig 1901.

Eichler, P. A., Die Dschinn, Teufel und Engel im Koran, Diss. Leipzig, 1928.

Eißfeldt, O., Einleitung in das Alte Testament unter Einschluß der Apokryphen und Pseudepigraphen sowie der apokryphen- und pseudepigraphenartigen Qumran-Schriften – Entstehungsgeschichte des Alten Testaments, 3., neubearbeitete Aufl., Tübingen 1964.

Ferchl, D., Die „rätselhaften Buchstaben" am Beginn einiger Suren – Bemerkungen zu ihrer Entschlüsselung, Beobachtungen zu ihrer vermutlichen Funktion, in: Nagel, T. (Hg.), Der Koran und sein religiöses und kulturelles Umfeld, München 2010, 197–215.

Fischer, A., Der Wert der vorhandenen Koran-Übersetzungen und Sure 111, in: Paret, R. (Hg.), Der Koran, WdF 326, 1975, 3–10 (ursprünglich in: Berichte über die Verhandlungen der Sächsischen Akademie der Wissenschaften zu Leipzig. Phil.-hist. Klasse 89, 2 [1937], 3–9).

Fohrer, G., Ezechiel von Georg Fohrer. Mit einem Beitrag von Kurt Galling, Handbuch zum AT I, 13, Tübingen 1955.

–, Einleitung in das Alte Testament, 10. Aufl., Heidelberg 1965.

–, Wandlungen Jesajas, in: Fohrer, G., Studien zu alttestamentlichen Texten und Themen (1966–1972), Berlin/New York 1981 (BZAW 155), 11–23.

Frey, J. u. Schröter, J. (Hg.), Jesus in apokryphen Evangelienüberlieferungen, Tübingen 2010 (WUNT 254).

Gerstenberger, E., „Gemeindebildung" in Prophetenbüchern? Beobachtungen und Überlegungen zum Traditions- und Redaktionsprozeß prophetischer Schriften, in: Fritz, V., Pohlmann, K.-F. u. Schmitt, H.-C. (Hg.), Prophet und Prophetenbuch. FS für O. Kaiser zum 65. Geburtstag, Berlin/New York 1989 (BZAW 185), 44–58.

Gilliot, C., Art. „Informants", in: EQ II, 2002, Sp. 512–517.

–, Les traditions sur la composition ou coordination du Coran *(ta'līf al-Qur'ān)*, in: Gilliot, C. u. Nagel, T. (Hg.), Das Prophetenhadith. Dimensionen einer islamischen Literaturgattung, Göttingen 2005, 14–39.

–, Une reconstruction critique du Coran ou comment en finir avec les merveilles de la lampe d'Aladin?, in: Kropp, M., (Hg.), Results of contemporary research on the Qur'ān. The question of a historico-critical text of the Qur'ān, Beiruter Texte und Studien, Bd. 100, Beirut 2007, 33–137.

–, Zur Herkunft der Gewährsmänner des Propheten, in: Ohlig u.a. (Hg.), Die dunklen Anfänge (2007), 148–178.

–, Reconsidering the Authorship of the Qur'ān. Is the Qur'ān partly the fruit of a progressive and collective work?, in: Reynolds, G. S. (Hg.), The Qur'ān in Its Historical Context (2008), 88–108.

Goldziher, I., Die Richtungen der islamischen Koranauslegung, Leiden 1920 (Unveränderter Neudruck Leiden 1952).

–, Muhammedanische Studien. Erster Teil, Halle 1889; Muhammedanische Studien. Zweiter Teil, Halle 1890.

Griffith, S., Christian Lore and the Arabic Qur'ān. The „Companions of the Cave" in *Sūrat al-Kahf* and in Syriac Christian tradition, in: Reynolds, G. S. (Hg.), The Qur'ān in Its Historical Context (2008), 109–137.

Groß, M. u. Ohlig, K. H. (Hg.), Schlaglichter. Die beiden ersten islamischen Jahrhunderte, Berlin 2008.

Harnack, A. von, Beigaben: III. Der Islam, in: Lehrbuch der Dogmengeschichte II, 4. Aufl. Tübingen 1909/10, 529–538.

Hartwig, D., Der „Urvertrag" (Q 7:172) – ein rabbinischer Diskurs im Koran, in: Hartwig, D. u.a. (Hg.), „Im vollen Licht der Geschichte". Die Wissenschaft des Judentums und die Anfänge der kritischen Koranforschung (Ex Oriente Lux, Bd. 8), Würzburg 2008, 191–202.

Hildebrandt, T., Einleitung zu: „Nasr Hamid Abu Zaid, Gottes Menschwort. Für ein humanistisches Verständnis des Koran. Ausgewählt, übersetzt und mit einer Einleitung versehen von Thomas Hildebrandt", Georges-Anawati-Stiftung 3, Freiburg i. Br. u.a. 2008, 11–37.

Horn, C. B., Intersections: The Reception History of the *Protevangelium of James* in Sources from the Christian East and in the Qur'ān, in: Apocrypha 17 (2006), 113–150.

-, Syriac and Arabic Perspectives on Structural and Motif Parallels Regarding Jesus' Childhood in Christian Apocrypha and Early Islamic Literature: The ‚Book of Mary,' the *Arabic Apocryphal Gospel of John,* and the Qur'ān, in: Apocrypha 19 (2008), 267–291.

Horovitz, J., Koranische Untersuchungen, Berlin 1926 (Studien zur Geschichte und Kultur des islamischen Orients, Heft IV).

Hoyland, R. G., Seeing Islam as Others Saw It. A Survey and Evaluation of Christian, Jewish and Zoroastrian Writings on Early Islam, Studies in Late Antiquity and Early Islam 13, Princeton (NJ) 1997 (3. Aufl. 2007).

Ibn Warraq (ed.), The Origins of the Koran. Classic Essays on the Islam's Holy Book, Amherst New York 1998.

-, What the Koran Really Says. Language, Text, and Commentary. Edited with Translations by Ibn Warraq, Amherst New York 2002.

Kaiser, O., Grundriß der Einleitung in die kanonischen und deutero-kanonischen Schriften des Alten Testament. Band 2: Die prophetischen Werke. Mit einem Beitrag von Karl-Friedrich Pohlmann, Gütersloh 1994.

Khoury, A. Th., Der Koran. Arabisch-Deutsch. Übersetzt und kommentiert von Adel Theodor Khoury, Gütersloh 2004.

-, Der Koran. Arabisch-Deutsch. Übersetzung und wissenschaftlicher Kommentar von Adel Theodor Khoury, 12 Bände, Gütersloh 1990–2001.

Koder, J., Möglichkeiten biblischer Glaubensvermittlung der Byzantiner im Umfeld der Entstehung des Islam am Beispiel der Hymnen des Romanos Melodos, in: Nagel, T. (Hg.), Der Koran und sein religiöses und kulturelles Umfeld, München 2010, 135–156.

Körner SJ, F., Alter Text – Neuer Kontext. Koranhermeneutik in der Türkei heute. Ausgewählte Texte übersetzt und kommentiert von Felix Körner SJ, Freiburg i. Br./Basel/Wien 2006.

Kratz, R. G., Art. Redaktionsgeschichte/Redaktionskritik I. AT, in: TRE 28 (1997), 67–378.

Kraus, H.-J., Geschichte der historisch-kritischen Erforschung des Alten Testaments, Neukirchen (3. Aufl.) 1982.

Kropp, M., Den Koran neu lesen. Über Versuche einer Vereinbarung des koranischen mit dem modernen Weltbild, in: Zeller, D. (Hg.), Religion und Weltbild (Marburger Religionsgeschichtliche Beiträge, hg. von R. Flasche, Bd. 2), Münster u. a. 2002, 151–178.

-, Antikes Lernen. Die orale Rezeption des Koran. Ein Gespräch mit Manfred Kropp, in: Burgmer, C., Streit um den Koran (2007), 90–98.

-, Beyond single words. *Māʾida – Shayṭān – jibt* and *ṭāghūt*. Mechanisms of transmission into the Ethiopic (Ge'ez) Bible and the Qur'ānic text, in: Reynolds, G. S. (Hg.), The Qur'ān in Its Historical Context (2008), 204–216.

Kuhl, C., Die „Wiederaufnahme" – ein literarkritisches Prinzip?, in: ZAW 64 (1952), 1–11.

Lester, T., What is the Koran?, in: Atlantic Monthly, January 1999 (wieder abgedruckt in: Ibn Warraq, What the Koran Really Says [2002], 107–128).

Levin, C., Die Verheißung des neuen Bundes in ihrem theologiegeschichtlichen Zusammenhang ausgelegt, Göttingen 1985 (FRLANT 137).

-, Noch einmal: die Anfänge des Propheten Jeremia, in: VT 31 (1981), 428–440.

Loofs, F., Nestoriana. Die Fragmente des Nestorius, Halle 1905.

Lüling, G., Über den Ur-Qur'ān, Erlangen 1974 (vgl. die 2. Aufl. Erlangen 1993; erweitert und ins Englische übersetzt: A Challenge to Islam for Reformation, Dehli 2003).

-, Die Wiederentdeckung des Propheten Muhammad. Eine Kritik am christlichen Abendland, Erlangen 1981.

Luxenberg, C., Die syro-aramäische Lesart des Koran. Ein Beitrag zur Entschlüsselung der Koransprache, Berlin 2000 (= 2. Aufl. Berlin 2002).

-, The Syro-Aramaic Reading of the Koran: A Contribution to the Decoding of the Koran, Berlin 2007.

Madigan SJ, D. A., Foreword, in: Reynolds, G. S. (Hg.), „The Qur'ān in Its Historical Context" (2008), XI–XIII.
Maier, J., Die Tempelrolle vom Toten Meer, 2. unveränderte Aufl., München 1992.
Marx, M., Glimpses of a Mariology in the Qur'ān: From Hagiography to Theology via Religious-Political Debate, in: Neuwirth, A., Sinai, N. u. Marx, M. (Hg.), The Qur'ān in Context. Historical an Literary Investigations into the Qur'ānic Milieu (Texts and Studies on the Qur'ān, Vol. 6), Leiden u. Boston 2010, 533–563.
Merk, O. u. Meiser, M., Das Leben Adams und Evas (Übersetzung zu vita Adae et Evae), JSHRZ Bd. II, 5, Gütersloh 1998, 737–870.
Mingana, A., Syriac influence on the style of the Kur'an, in: Bulletin of the John Rylands Library 11, January 1928, 1, 77–98.
Motzki, H., The Collection of the Qur'ān. A Reconsideration of Western Views in Light of Recent Methodological Developments, in: Der Islam, LXXVIII (2001), 1–34.
Mourad, S. S., Mary in the Qur'ān: A reexamination of her presentation, in: Reynolds, G. S. (Hg.), The Qur'ān in Its Historical Context (2008), 163–174.
Müller, H.-P., Mythos und Kerygma. Anthropologische und theologische Aspekte, in: ZThk 83 (1986), 405–435 (wieder abgedruckt in: ders., Mythos – Kerygma – Wahrheit. Gesammelte Aufsätze zum Alten Testament in seiner Umwelt und zur Biblischen Theologie, Berlin u. a. 1991 [BZAW 200], 188–219).
Nagel, T., Vom Qur'ān zur Schrift – Bells Hypothese aus religionsgeschichtlicher Sicht, in: Der Islam LX (1983), 143–165.
–, Geschichte der islamischen Theologie. Von Mohammed bis zur Gegenwart, München 1994.
–, Medinensische Einschübe in mekkanische Suren, Abhandlungen der Akademie der Wissenschaften in Göttingen, Phil.-Hist. Klasse, dritte Folge, Nr. 211, Göttingen 1995.
–, Medinensische Einschübe in mekkanische Suren, in: Wild, S. (Hg.), The Qur'ān as Text (1996), 59–68.
–, Mohammed. Leben und Legende, München 2008.
– (Hg.), Der Koran und sein religiöses und kulturelles Umfeld, München 2010.
Neuwirth, A., Studien zur Komposition der mekkanischen Suren, Studien zur Sprache, Geschichte und Kultur des islamischen Orients, NF Bd. 10, Berlin/New York 1981.
–, Rezension zu: Wansbrough, Quranic Studies, in: Welt des Islams, 1984, 539–541.
–, Koran, in: H. Gätje (Hg.), Grundriß der arabischen Philologie, Bd. 2, Literaturwissenschaft, Wiesbaden 1987, 96–135.
–, Erste Qibla – Fernstes Masgid? – Jerusalem im Horizont des historischen Muhammad, in: Hahn, F., Hossfeld, F.-L., Jorissen, H. u. Neuwirth, A. (Hg.), Zion – Ort der Begegnung. FS L. Klein, Hain 1993, 227–270.
–, Vom Rezitationstext über die Liturgie zum Kanon: Zu Entstehung und Wiederauflösung der Surenkomposition im Verlauf der Entwicklung eines islamischen Kultus, in: Wild, S. (Hg.), The Qur'ān as Text (1996), 69–105.
–, Negotiating Justice: A Pre-Canonical Reading of the Qur'ānic Creation Accounts (Part I), in: JQS Vol. I/II (2000), 25–41; Negotiating Justice ... (Part II), in: JQS Vol. II/III (2000), 1–18.
–, Qur'ān, Crisis and Memory. The Qur'ānic path towards canonization as reflected in the anthropogonic accounts, in: Neuwirth, A. u. Pflitsch, A. (Hg.), Crisis and Memory in Islamic Societies, Beiruter Texte und Studien Bd. 77, Beirut 2001, 113–152.
–, Erzählen als kanonischer Prozeß. Die Mose-Erzählung im Wandel der koranischen Geschichte, in: Brunner, R. u. a. (Hg.), Islamstudien ohne Ende, FS für Werner Ende, Würzburg 2002, 323–344.
–, Qur'ān and History – A Disputed Relationship. Some Reflections on Qur'ānic History and History of the Qur'ān, in: JQS V/1 (2003), 1–18.
–, Meccan Texts – Medinan Additions? Politics and the re-reading of liturgical communications,

in: Arnzen, R. u. Thielemann, J. (Hg.), Words, Texts and Concepts Cruising the Mediterranean Sea, Orientalia Lovaniensia Analecta 139, Leuven 2004, 71–93.

–, Mary and Jesus – Counterbalancing the Biblical Patriarchs. A re-reading of *sūrat* Maryam in *sūrat Āl 'Imrān* (Q 3:1–62), in: Parole de l'Orient 30 (2005), 231–260.

–, Zur Archäologie einer Heiligen Schrift. Überlegungen zum Koran vor seiner Kompilation, in: Burgmer, C. (Hg.), Streit um den Koran (2007), 130–145.

–, Debating Christian and Jewish Traditions. Embodied Antagonisms in *sūrat Āl 'Imrān* (Q 3:1–62), in: Jastrow, O., Taly, Sh. u. Hafenrichter, H. (Hg.), Studien zur Semitistik und Arabistik. Festschrift für Hartmut Bobzin zum 60. Geburtstag, Wiesbaden 2008, 281–303.

–, Imagining Mary – Disputing Jesus. Reading *Sūrat Maryam* and related Meccan texts within the Qur'ānic communication process, in: Jokisch, B., Rebstock, U. u. Conrad, L. I. (Hg.), Fremde, Feinde und Kurioses. Innen- und Außenansichten unseres muslimischen Nachbarn (Studien zur Geschichte und Kultur des islamischen Orients, NF Bd. 24), Berlin/New York 2009, 383–416.

–, Der Koran als Text der Spätantike. Ein europäischer Zugang, Berlin 2010.

Neuwirth, A., Sinai, N. u. Marx, M. (Hg.), The Qur'ān in Context. Historical an Literary Investigations into the Qur'ānic Milieu (Texts and Studies on the Qur'ān, Vol. 6), Leiden/Boston 2010.

Neuwirth, A. u. Sinai, N., Introduction, in: Neuwirth, A., Sinai, N. u. Marx, M. (Hg.), The Qur'ān in Context (2010), 1–24.

Nöldeke, Th., Die alttestamentliche Literatur in einer Reihe von Aufsätzen dargestellt, Leipzig 1868.

–, Geschichte des Qorāns. Zweite Auflage bearbeitet von Fr. Schwally. Erster Teil. Über den Ursprung des Qorāns, Leipzig 1909, 1–262; Zweiter Teil. Die Sammlung des Qorāns mit einem literarhistorischen Anhang über die muhammedanischen Quellen und die neuere christliche Forschung. Zweite Auflage völlig umgearbeitet von Fr. Schwally, Leipzig 1919, 1–224; Dritter Teil. Die Geschichte des Korantexts von G. Bergsträßer und O. Pretzl, Leipzig 1938 (= 5. Nachdruck der 2. Auflage 1909–38 [drei Teile in einem Band], Hildesheim u. a. 2005).

–, Zur Sprache des Korans, in: ders., Neue Beiträge zur semitischen Sprachwissenschaft, Strassburg 1910, 1–30 (II. Stilistische und syntaktische Eigentümlichkeiten der Sprache des Korans, 5–23).

Ohlig, K.-H. (Hg.), Der frühe Islam. Eine historisch-kritische Rekonstruktion anhand zeitgenössischer Quellen, Berlin 2007.

Ohlig, K.-H. u. Puin, G. R., Die dunklen Anfänge. Neue Forschungen zur Entstehung und frühen Geschichte des Islam, Berlin (3. Aufl.) 2007.

Paret, R., Mohammed und der Koran, Stuttgart u. a. 1957 (3. Aufl. 1972).

– (Hg.), Der Koran, WdF 326, Darmstadt 1975.

–, Der Koran als Geschichtsquelle, in: Der Islam XXXVII (1961), 24–42 (= wieder abgedruckt in: Paret, Der Koran [1975], 137–158).

–, Der Koran und die Prädestination (Besprechung von Daud Rahbar, God of Justice), in: OLZ 58 (1963), Sp. 117–121 (= wieder abgedruckt in: Paret, Der Koran [1975], 159–164).

–, Der Koran. Übersetzung von Rudi Paret, Stuttgart (10. Aufl.) 2007.

–, Der Koran. Kommentar und Konkordanz von Rudi Paret, Stuttgart (7. Aufl.) 2005.

Pohlmann, K.-F., Studien zum Jeremiabuch. Ein Beitrag zur Frage nach der Entstehung des Jeremiabuches, Göttingen 1978 (FRLANT 118).

–, Die Ferne Gottes – Studien zum Jeremiabuch. Beiträge zu den „Konfessionen" im Jeremiabuch und ein Versuch zur Frage nach den Anfängen der Jeremiatradition, Berlin/New York 1989 (BZAW 179).

–, Das Buch des Propheten Hesekiel (Ezechiel) Kapitel 1–19. Übersetzt und erklärt von K.-F. Pohlmann, Göttingen 1996 (ATD 22,1).

–, Das Buch des Propheten Hesekiel (Ezechiel) Kapitel 20–48. Übersetzt und erklärt von K.-F. Pohlmann mit einem Beitrag von Th. A. Rudnig, Göttingen 2001 (ATD 22,2).

–, Jeremia als Identifikationsfigur im Frühjudentum, in: Aland, B., Hahn, J. u. Ronning, C. (Hg.),

Literarische Konstituierung von Identifikationsfiguren in der Antike (Studien und Texte zu Antike und Christentum 16), Tübingen 2003, 157–171.
–, Ezechiel. Der Stand der theologischen Diskussion, Darmstadt 2008.
Puin, G.-R., Observations on Early Qurʾān Manuscripts in Sanʿaʾ, in: Wild, S. (Hg.), The Qurʾān as Text (1996), 107–111.
–, Über die Bedeutung der ältesten Koranfragmente aus Sanaa (Jemen) für die Orthographiegeschichte des Korans, in: magazin forschung 1/1999 (Universität des Saarlandes), 37–40.
Radscheit, M., Word of God or prophetic speech? Reflections on the Qurʾanic *qul*-statements, in: Edzard, L. u. Szyska, C. (Hg.), Encounter of Words and Texts. Intercultural Studies in Honor of Stefan Wild … presented by His Pupils in Bonn, Hildesheim/Zürich/New York 1997, 33–42.
Reynolds, G. S., A reflection on two Qurʾānic words *(iblis* and *jūdi)* with attention to the theories of A. Mingana, in: JAOS 124 (2004), 675–689.
– (Hg.), The Qurʾān in Its Historical Context, London/New York 2008.
–, Introduction. Qurʾānic studies and its controversies, in: Reynolds, G. S., (Hg.), The Qurʾān in Its Historical Context (2008), 1–25.
–, Reading the Qurʾān as Homily: The Case of Sarah's Laughter, in: Neuwirth, A. u. a. (Hg.), The Qurʾān in Context (2010), 586–592.
–, The Qurʾān and Its Biblical Subtext, London/New York (Routledge Studies in the Qurʾān, 10) 2010.
Ri, A. S. M., Commentaire de la Caverne des Trésors, Louvain 2000 (CSCO 581, Subs. 103).
Richter, G., Der Sprachstil des Koran. Aus dem Nachlass von Dr. G. Richter herausgegeben von Otto Spies, Leipzig 1940.
Rippin, A., Literary Analysis of Qurʾān, Tafsir, and Sira. The Methodologies of John Wansbrough, in: Martin, R. C. (Hg.), Approaches to Islam in Religious Studies, Tuscon 1985, 151–163.
–, Muhammad in the Qurʾān: Reading Scripture in the 21st Century, in: Motzki, H. (Hg.), The Biography of Muhammad. The Issue of the Sources. Islamic History and Civilization. Studies and Texts Vol. 32, Leiden u. a. 2000, 298–309.
–, Art. „Devil", in: EQ 1, 2001, 523–527.
– (Hg.), The Islamic World, London/New York 2008.
Robinson, C. H., Discovering the Qurʾān: A Contemporary Approach to a Veiled Text, London (SCM) 1996.
Rudolph, W., Die Abhängigkeit des Qorans von Judentum und Christentum, Stuttgart 1922.
Saadi, A.-M., Nascent Islam in the seventh century Syriac sources, in: Reynolds, G. S. (Hg.), The Qurʾān in Its Historical Context (2008), 217–222.
Schäfer, P., Rivalität zwischen Engeln und Menschen. Untersuchungen zur rabbinischen Engelvorstellung, Studia Judaica. Forschungen zur Wissenschaft des Judentums Bd. VIII, Berlin/New York 1975.
Schmitz, B., Das Spannungsverhältnis zwischen Judentum und Christentum als Grundlage des Entstehungsprozesses des Islams in der Interpretation von Vers 124 bis 141 der zweiten Sure, in: Nagel, T. (Hg.), Der Koran und sein religiöses und kulturelles Umfeld (2010), 217–238,
Schneemelcher, W., Neutestamentliche Apokryphen in deutscher Übersetzung. I. Band, Evangelien, Tübingen 1990.
Schoeler, G., Schreiben und Veröffentlichen. Zu Verwendung und Funktion der Schrift in den ersten islamischen Jahrhunderten, in: Der Islam LXIX (1992), 1–43.
–, The Codification of the Qurʾān: A Comment on the Hypotheses of Burton and Wansbrough, in: Neuwirth, A., Sinai, N. u. Marx, M. (Hg.), The Qurʾān in Context (2010), 779–794.
Schottroff, W., Jeremia 2,1–3. Erwägungen zur Methode der Prophetenexegese, in: ZThK 67 (1970), 263–294.
Schreiner, J., Das 4. Buch Esra, JSHRZ Bd. V, 4, Gütersloh 1981.
Sinai, N., Orientalism, Authorship, and the Onset of Revelation: Abraham Geiger and Theodor

Nöldeke on Muhammad and the Qur'an, in: Hartwig, D. u. a. (Hg.), „Im vollen Licht der Geschichte" (2008), 145–154.
–, Fortschreibung und Auslegung. Studien zur frühen Koraninterpretation, Diskurse der Arabistik 16, Wiesbaden 2009.
Sinai, N. u. Neuwirth, A., Introduction, in: Neuwirth, A. u. a. (Hg.), The Qurʾān in Context (2010), 1–24.
Speyer, H., Die biblischen Erzählungen im Qoran, Graubünden 1931 (= WBG Darmstadt, 2. unveränderte Auflage 1961).
Sprenger, A., Das Leben und die Lehre des Mohammad, Bd. I–III, Berlin 1869, 2. Ausgabe.
Stemberger, G., Einleitung in Talmud und Midrasch, 8., neubearb. Aufl., München 1992.
Toepel, A., Die Adam- und Seth-Legenden in (sic!) syrischen Buch der Schatzhöhle. Eine quellenkritische Untersuchung, Louvain 2006 (CSCO Vol. 618, Subs. 119).
Wansbrough, J., Quranic Studies. Sources and Methods of Scriptural Interpretation. London Oriental Series 31, Oxford 1977.
Watt, W. M., Bell's Introduction to the Qurʾān, completely revised and enlarged, Islamic Surveys 8, Edinburgh 1970.
Weiser, A., Einleitung in das Alte Testament, 5. Aufl., Göttingen 1963.
Wellhausen, J., Reste arabischen Heidentums, 2. Aufl., Berlin 1897.
Wild, S. (Hg.), The Qurʾān as Text (Islamic Philosophy, Theology and Science. Text and Studies, ed. by H. Daiber and D. Pingree, Vol. XXVII), Leiden/New York/Köln 1996.
Wisskirchen, Rotraut, Der bekleidete Adam thront inmitten der Tiere. Zum Bodenmosaik des Mittelschiffs der Nordkirche von Huarte/Syrien, Jahrbuch für Antike und Christentum 45 (2002), 137–152.
Zimmerli, W., Ezechiel. 1. Teilband Ezechiel 1–24, 2. Aufl., Neukirchen 1979 (BK XIII/1); 2. Teilband Ezechiel 25–48, 2. Aufl., Neukirchen 1979 (BK XIII/2).

Stellenregister (in Auswahl)[1]

Koran

Sure 2		253	172, 175	99	60
21 ff.	84, 85, 96			105	135
29	84	**Sure 3**		121	112
30–38	84 f., 97, 98, 103, 137, 190	33–51	176, 180 f., 182, 185, 192	**Sure 7**	
30–33	96, 97, 128 f., 143	38 ff.	61	11–24	85 f., 95, 97 ff., 100, 102, 103 ff., 124, 126, 127, 144, 189
30	64, 95, 96	40	179		
34–38	84, 96, 99	45	170		
34	84, 95, 98	46 ff.	178	11	60
35	84	47	174, 176, 181, 182	12–18	98
37	66, 99, 102, 122	49	177, 178	19–24	84, 85, 125
38	99, 102, 122	57	61	19	105
40–46	160	59	118, 182, 185	25	60
40	155, 159, 161	87–91	66	26, 27	143
47–65	158, 161, 163, 164, 166 f., 192	110–115	160	26	126
		178	68	30	86, 105, 125
47 ff.	153, 155, 161, 163	199	160	103–166	149
49–93	166, 191			140	156, 162
62	157	**Sure 4**		141–166	163, 166, 192
63	150, 157 f., 159	46	158, 159	141	151, 155, 157, 161, 162, 163
67–74	166	153	154		
75–82	166	163	168	143	64
84–86	166	171 f.	170	157	150
87	172, 175			159	161
88–91	165, 167	**Sure 5**		183	68, 69, 72
91	165, 166	3	71		
97 f.	61, 72	20	156, 162	**Sure 9**	
117	182	72 f.	170, 182, 183	101	78
122	155, 156, 161 f.	75	170		
123	156	110	172, 174, 176, 178, 179, 181	**Sure 10**	
124 f.	63, 160			75–93	147
136	169	111	170		
150	64, 67, 71	116	170, 182	**Sure 14**	
159	66, 80			14	69, 70, 71
160	66, 67, 80	**Sure 6**			
161	66, 80	71	112	**Sure 15**	
186	64, 67, 71	73	182	17	87, 113
197	66, 67	74–87	169	26–42	86 f., 90, 92, 106

---

[1] Texte bzw. Textteile, die über das Inhaltsverzeichnis auffindbar sind, sind nur z. T. berücksichtigt.

29	107, 173, 182	123	84, 99, 100, 101, 102, 127	**Sure 35**	
34	100, 107, 111			3 ff.	94
39	110, 111			28	143
		Sure 21			
Sure 16		91	169, 171, 172, 174, 175, 182, 184	**Sure 36**	
2	171			60	113
40	182			82	182
98 ff.	86, 113	**Sure 22**			
102	171	26	64	**Sure 37**	
103	135			75–148	168
		Sure 23		161 ff.	74
Sure 17		23 ff.	169	164–166	72
1	73	50	169, 171		
23–25	61	66	65	**Sure 38**	
61–65	87, 90, 92, 106			69	89
61	83, 97, 98, 111	**Sure 24**		71–85	89 f., 106 ff., 109 f., 121, 144, 189
63	100	1	77		
		34	77	71 f.	64
Sure 18		46	77	72	117 f., 173
9–26	137	55	77	77	100, 109, 111, 112, 122
47	5, 87, 88				
50–51	8, 92, 106	**Sure 25**		79–85	115, 119, 143
		4 f.	135		
Sure 19				**Sure 39**	
2 ff.	179, 180	**Sure 26**		1–6	89
8	179	10–67	147, 150	6	90
10 f.	179	95	82	8	86
16 ff.	174, 176				
17	172	**Sure 28**		**Sure 40**	
28	176	30	60	68	182
29 f.	174, 178	35	60		
30	170			**Sure 42**	
34–36	175, 176, 181	**Sure 29**		13	169
35	175, 177, 181	1–11	72	51	61
64 f.	72, 74	7	64, 69, 80		
83	113	8	68, 69, 72, 80	**Sure 43**	
		20	60	64 f.	174, 177, 178
Sure 20		23	69		
9–98	146, 164	56	69	**Sure 44**	
10–99	147			14	135
12–15	60	**Sure 31**		32	156, 162
22, 24	60	7	65		
37–40	64	33	94	**Sure 45**	
39 ff.	64			16	156, 162, 163
53	60	**Sure 33**			
115–123	88, 95, 101 ff., 106, 122, 127	7	169	**Sure 46**	
				15	140
117	103, 105, 122	**Sure 34**			
122	99, 100, 101, 105, 122, 127	20	82	**Sure 48**	
				10	61

Sure 49		Sure 66		Sure 86	
13	75, 76, 80	12	171, 172 f., 175, 184	16	70
				29 f.	
Sure 55					
14 f.	87, 110, 112	**Sure 68**		**Sure 87**	
46–76	34	44	69	2	95
46	69				
		Sure 73		**Sure 88**	
Sure 57		20	56	24 ff.	76
14	94				
25 ff.	169	**Sure 74**		**Sure 89**	
		11 ff.	65	29 f.	70
Sure 60		26	65		
1	64, 70, 71, 80			**Sure 92**	
13	64, 70	**Sure 79**		3	95
		15–26	147		
Sure 61				**Sure 96**	
5	169, 170	**Sure 80**		1	95
14	76	18 ff.	95		
		25–32	61	**Sure 97**	
				4	74

Bücher des Alten Testaments

Gen	**Das 1. Buch Mose**	**2. Kön**	**Das 2. Buch der Könige**	18,18–23	50
1,29 ff.	125			18,23	50
2,7	118	24,12–16	49	20,7–18	50
3,21	125, 143			25,30–38	50
18,23 ff.	120	**Jes**	**Das Buch Jesaja**	30,23 f.	50
		13,9 ff.	50		
Ex	**Das 2. Buch Mose**	30,18–26	50	**Ez**	**Das Buch Ezechiel**
7,7	45	59,1–20	50	1–3	48
16,4 ff.	153	65,8–16	50	1,1	48, 49
17,5 ff.	153	66,1–16	50	3,12–27	48
24,7	158			4–7*	49
32,20	164	**Jer**	**Das Buch Jeremia**	8–11	48
34,28	153	1,2	45	11,1–13*	49
		1,6	45	12,21 ff.*.	49
Num	**Das 4. Buch Mose**	1,14 ff.	47	14,1–20	49
11,4 ff.	153	4,6	47	15,1–6*	49
11,5 ff.	154	6,1	47	17,1–18	49
20,8 ff.	153	6,22	48	18	49
		6,30	47	19	49
Dtn	**Das 5. Buch Mose**	9,1 ff.	48	20	48
5,27	158	11,18 ff.	50	21,1–5*	49
9,21	164	11,23	50	24*	49
17,14 ff.	48	12,3	50	24,24–27	48
34,7	45	14,17 ff.	48	28,1–10	46
		15,10–20	50	31*	49
		17,14–18	50	33,21 ff.	48
		17,17	50	36,1–15	49

36,16 ff.	48	**Zeph**	**Das Buch Zephanja**	**Neh**	**Das Buch Nehemia**
37*	48	3	50	9	164
37,11–14*	49			9,15.20	153
37,12–13	46	**Ps**	**Die Psalmen**		
37,15 ff.	48	78	164	**Hiob**	**Das Buch Hiob**
38/39	48	78,15–29	153	1,6–12	120
39,25–29	48	105	164	2,1–6	120
40 ff.	48	105,40 f.	153	38,1–42,6	120
		106	164		

Schriften des Neuen Testaments

Mt	**Das Matthäus-**	**Lk**	**Das Lukasevangelium**	1,26 ff.	174
	evangelium	1,5–25	180	1,35	172, 173
1,18	172	1,5 ff.	181	1,57–80	180
1,20	172	1,8 ff.	180		

Außerbiblische Schriften

Gen. Rab	**Midrasch Genesis**	**Schatzhöhle**	**Syrisches Buch**	4,15.18	123
	Rabba		**der Schatzhöhle**	4,21	127
17	129, 143	2,1–3,7	117	4,22	125
		2,1–25	116 f., 128	5,1	127
Jub	**Das Buch der Jubiläen**	2,1–4	117	5,2–6	127
III,26	125	2,12	117, 128	5,2 f.	127
X,1–14	120	2,15–19	128	5,3	122
X,3–7	120	2,17	123	5,6	122, 127
X,8–11	122	2,20	96, 117, 128	5,14	127
X,8 f.	120	2,21	117		
X,11	120, 122	2,22–24	117	**VitAd**	**Vita Adae et Evae**
		2,23	128	11,1–16,4	118
ProtevJak	**Protevangelium**	2,24	128	12,1–16,1	118
	des Jakobus	2,25	117, 128	12,1	118 f.
4,1	180	2,30–33	128	13,1–14,2	129
7,2	180	3,1 f.	117, 122	13,2	118
8,1	180	3,1–7	116 f., 122	14,1 f.	118, 119
8,2	180	3,4.8	100	14,1	118
9,1	180	3,4	117, 122	16,2–4	118
11,2	174	3,5 f.	117, 122	16,4	119
14,2	172	3,8–5,6	116 f., 118	25,1–28,2	127
19,1	172	3,14	123		
		4,4–5,6	117	**TR**	**Tempelrolle aus**
		4,4 f.	122		**Qumran**
		4,5	100	56, 12 ff.	48
		4,12	122		

Autorenregister

Abu Zaid, N. H. 17

Beck, E. 69, 91 f., 95, 97, 101, 102, 105, 106, 110, 111, 112, 113, 114, 118, 123, 124, 128, 132, 162
Becker, U. 49
Berger, K. 120
Bergsträßer, G. 20, 22, 25
Bobzin, H. 10, 20, 21, 25, 31, 56, 61, 72, 79, 91, 113, 123, 171
Böwering, G. 32, 36, 136, 140
Bothmer, H.-C. Graf von 22, 23, 24, 33
Bubenheim, F. 10, 21, 61, 91
Busse, H. 94

Cook, M. 34
Crone, P. 34

de Blois, F. 137
Diestel, L. 14
Dochhorn, J. 115, 116, 119, 120, 123, 126
Donner, F. M. 24, 25, 37, 39, 130, 137
Duhm, B. 44

Eichler, P. A. 91
Elyas, N. 10, 21, 61, 91

Ferchl, D. 112
Fischer, A. 16
Fohrer, G. 42

Gerstenberger, E. 43
Gilliot, C. 9, 37, 38, 132, 133, 136, 141, 143, 146
Goldziher, I. 29, 143, 145
Griffith, S. 136, 144

Hartwig, D. 158, 159
Hildebrandt, T. 17
Horn, C. B. 180
Horovitz, J. 60, 62, 87, 88, 89, 171, 174, 175
Hoyland, R. G. 143, 144

Kaiser, O. 42

Khoury, A.Th. 10, 21, 25, 56, 61, 68, 75, 91, 102, 161, 171, 183
Koder, J. 143
Körner SJ, F. 20
Kratz, R. G. 44, 49
Kraus, H.-J. 15
Kropp, M. 13, 24, 111, 137
Kuhl, C. 46

Lester, T. 23, 24
Levin, C. 45, 48
Loofs, F. 183
Lüling, G. 35, 36, 37
Luxenberg, C. 35, 37, 136

Madigan SJ, D. A. 9, 37, 39
Maier, J. 48
Marx, M. 23, 37
Meiser, M. 82, 115, 118
Merk, O. 82, 115, 116
Mingana, A. 29, 37, 136
Mourad, S. S. 185
Motzki, H. 19, 22, 29, 32
Müller, H.-P. 13

Nagel, T. 14, 16, 21, 29, 30, 31, 34, 56, 57, 58, 72, 130, 133, 134, 138, 139, 147
Neuwirth, A. 9, 21, 22 f., 24, 30, 33, 35, 36, 37, 38, 52, 53, 57, 58, 59, 60, 67, 68, 72, 87, 92, 93, 97, 103, 105, 112, 124, 132, 133 ff., 137, 140, 141, 142, 144, 145, 146 ff., 153, 155, 158, 159, 160, 168, 174, 176, 178, 180, 183, 185, 186, 193
Nöldeke, Th. 16, 21, 25, 26, 33, 38, 56 f., 60, 81, 82, 85, 89, 91, 132, 134, 138, 139, 140, 146, 147, 187

Paret, R. 10, 16, 22, 28, 66, 70, 71, 87, 89, 91, 97, 100, 110, 111, 114, 123, 124, 126, 171
Pohlmann, K.-F. 44, 46, 47, 48, 49, 50, 51
Puin, G.-R. 22, 23 f.

Radscheit, M. 60

Reynolds, G. S. 21, 24, 35, 37, 82., 93 f., 111, 125, 132, 147, 154, 176, 180
Ri, A. S. M. 116
Richter, G. 61, 62
Rippin, A. 9, 24, 34, 60, 82
Robinson, C. H. 61
Rudolph, W. 180, 182

Saadi, A.-M. 144
Schäfer, P. 129
Schmitz, B. 165, 166, 169
Schneemelcher, W. 172, 178, 180
Schoeler, G. 28, 29
Schottroff, W. 43
Schreiner, J. 15

Sinai, N. 9, 16, 23, 35, 37, 53, 58, 59, 65, 92 f., 97, 112, 138, 140 f.
Speyer, H. 82, 91, 102, 129, 132, 134, 143, 154, 158
Sprenger, A. 95, 140, 143
Stemberger, G. 129

Toepel, A. 82, 116, 119, 122, 123, 125, 127, 128, 129

Wansbrough, J. 16, 29, 33 f., 35, 37, 58, 130, 147
Watt, W. M. 16, 60, 68, 74
Weiser, A. 42
Wisskirchen, R. 123

Zimmerli, W. 42